Liebe Frau Schmarsow,

für Ihre glänzende

Zukunft!

22.05.09

Pero Mićić
Die fünf Zukunftsbrillen

Pero Mićić

Die fünf Zukunftsbrillen

Chancen früher erkennen durch besseres Zukunftsmanagement

Bibliografische Information der Deutschen Nationalbibliothek

Die Deutsche Nationalbibliothek verzeichnet diese Publikation
in der Deutschen Nationalbibliografie; detaillierte bibliografische
Daten sind im Internet über http://dnb.d-nb.de abrufbar.

ISBN 978-3-89749-669-9

Lektorat: Susanne von Ahn, Hasloh
Umschlaggestaltung: +malsy Kommunikation und Gestaltung, Willich
Satz und Layout: Das Herstellungsbüro, Hamburg | www.buch-herstellungsbuero.de
Druck und Bindung: Aalexx Druck, Großburgwedel

www.gabal-verlag.de
www.gabal-shop.de
www.gabal-ist-ueberall.de

Inhalt

1 Zu diesem Buch 7

1.1 Die fünf Zukunftsbrillen als mentaler Setzkasten für Zukünfte 7

1.2 Leser, Ziele und Nutzen dieses Buches 10

2 Warum man Zukunftsbrillen braucht 16

2.1 Des Menschen Motive für die Vorausschau 16

2.2 Zukunftsmanagement: Die unternehmerische Zukunftsforschung 19

2.3 Zukunftsverwirrungen 25

2.3.1 Die Ziel-Verwirrung 27

2.3.2 Die Rollen-Verwirrung 33

2.3.3 Die Methoden-Verwirrung 37

2.4 Was die Praxis fordert 41

3 Viele Zukünfte und fünf Zukunftsbrillen 42

3.1 Sichtweisen auf die Zukunft in der Geschichte 42

3.2 Eine Landkarte der Zukünfte 42

3.2.1 Zukünfte statt Zukunft 44

3.2.2 Arten von Zukünften 45

3.2.3 Wie denkbar sind Zukünfte? 46

3.2.4 Wie wahrscheinlich sind Zukünfte? 47

3.2.5 Wie gestaltbar sind Zukünfte? 51

3.2.6 Wie wünschenswert sind Zukünfte? 54

3.3 Das Konzept der fünf Zukunftsbrillen 57

3.3.1 Von Zukünften zu Zukunftsbrillen 58

3.3.2 Wie Sie sich die fünf Zukunftsbrillen leicht merken können 61

3.3.3 Die fünf Zukunftsbrillen im Überblick 63

4 Ihre blaue Zukunftsbrille: Was kommt auf Sie zu? 67

4.1 Ihre blaue Zukunftsbrille im Überblick 69

4.2 Fallbeispiele zur blauen Zukunftsbrille 71

4.3 Sinn und Zweck der blauen Zukunftsbrille 80

4.4 Denkobjekte der blauen Zukunftsbrille 84

4.5 Denkhaltung und Prinzipien der blauen Zukunftsbrille 96

4.6 Checklisten zur Methodik 108

4.6.1 Vorgehensweise für Unternehmen 108

4.6.2 Vorgehensweise für Lebensunternehmer 112

4.6.3 Checkliste der Methoden und Techniken 113

5 Ihre grüne Zukunftsbrille: Welche Zukunftschancen haben Sie? 115

5.1 Ihre grüne Zukunftsbrille im Überblick 116

5.2 Fallbeispiele zur grünen Zukunftsbrille 118

5.3 Sinn und Zweck der grünen Zukunftsbrille 123

5.4 Denkobjekte der grünen Zukunftsbrille 128

5.5 Denkhaltung und Prinzipien der grünen Zukunftsbrille 132

5.6 Checklisten zur Methodik   **145**

    5.6.1   Vorgehensweise für Unternehmen   **145**

    5.6.2   Vorgehensweise für Lebensunternehmer   **150**

    5.6.3   Checkliste der Methoden und Techniken   **151**

6 Ihre gelbe Zukunftsbrille: Welche Zukunft wollen Sie schaffen?   **154**

6.1 Ihre gelbe Zukunftsbrille im Überblick   **157**

6.2 Fallbeispiele zur gelben Zukunftsbrille   **159**

6.3 Sinn und Zweck der gelben Zukunftsbrille   **166**

6.4 Denkobjekte der gelben Zukunftsbrille   **174**

6.5 Denkhaltung und Prinzipien der gelben Zukunftsbrille   **179**

6.6 Checklisten zur Methodik   **207**

    6.6.1   Vorgehensweise für Unternehmen   **207**

    6.6.2   Vorgehensweise für Lebensunternehmer   **211**

    6.6.3   Checkliste der Methoden und Techniken   **214**

7 Ihre rote Zukunftsbrille: Wie könnte die Zukunft Sie überraschen?   **216**

7.1 Ihre rote Zukunftsbrille im Überblick   **218**

7.2 Fallbeispiele zur roten Zukunftsbrille   **219**

7.3 Sinn und Zweck der roten Zukunftsbrille   **226**

7.4 Denkobjekte der roten Zukunftsbrille   **233**

7.5 Denkhaltung und Prinzipien der roten Zukunftsbrille   **240**

7.6 Checklisten zur Methodik   **256**

    7.6.1   Vorgehensweise im Unternehmen   **256**

    7.6.2   Vorgehensweise für Lebensunternehmer   **261**

    7.6.3   Checkliste der Methoden und Techniken   **262**

8 Ihre violette Zukunftsbrille: Welche Zukunft planen Sie?   **264**

8.1 Ihre violette Zukunftsbrille im Überblick   **265**

8.2 Fallbeispiele zur violetten Zukunftsbrille   **267**

8.3 Sinn und Zweck der violetten Zukunftsbrille   **271**

8.4 Denkobjekte der violetten Zukunftsbrille   **273**

8.5 Denkhaltung und Prinzipien der violetten Zukunftsbrille   **278**

8.6 Checklisten zur Methodik   **290**

    8.6.1   Vorgehensweise für Unternehmen   **290**

    8.6.2   Vorgehensweise für Lebensunternehmer   **293**

    8.6.3   Checkliste der Methoden und Techniken   **294**

9 Mehr von der Zukunft sehen   **296**

9.1 Die fünf Zukunftsbrillen und das Eltviller Modell   **296**

9.2 So nutzen Sie die Zukunftsbrillen in der Praxis   **299**

Anhang   **305**

Denkobjekte im *Eltviller Modell*   **305**

Anmerkungen   **310**

Literaturverzeichnis   **315**

Stichwortverzeichnis   **320**

1 Zu diesem Buch

Gutes Zukunftsmanagement ist einer der bedeutendsten Erfolgsfaktoren im Leben und im Unternehmen. Unabhängig davon, ob Sie Konzernlenker oder Vorstandsvorsitzender in Ihrem eigenen Lebensunternehmen sind, können Sie Ihren Lebenserfolg umso leichter aufbauen und behaupten, je besser es Ihnen gelingt, kommende Veränderungen und die darin liegenden Chancen zu einem frühen Zeitpunkt wahrzunehmen und zu nutzen.

Seneca sprach es schon vor zweitausend Jahren aus:

 »Es werden Zeiten kommen, in denen wir uns wundern werden, dass wir so Offenbares nicht gewusst haben.« (Lucius A. Seneca)

Die meisten Trends, Technologien und Themen, die unsere Zukunft in den nächsten zehn bis zwanzig Jahren bestimmen werden, sind bereits heute sichtbar. Die Zukunft ist also schon da, sie ist nur noch nicht bei allen gleichmäßig angekommen. Wie können wir die Zukunftsforschung als Quelle für Orientierung, Inspiration und Innovation nutzen? Wie können wir auf sinnvolle und vernünftige Weise mehr von der Zukunft sehen?

1.1 Die fünf Zukunftsbrillen als mentaler Setzkasten für Zukünfte

Selbst unter Fachleuten herrscht eine geradezu babylonische Sprachverwirrung über die wesentlichen Konzepte und Begriffe der Zukunft. Es fehlt uns eine schlüssige Sprache für die Phänomene der Zukunft. So bleibt vielen der Nutzen der Zukunftsforschung und des Zukunftsmanagements verborgen. Es fehlt uns ein Modell, mit dem wir genau oder zumindest etwas genauer als üblich ausdrücken können, was wir sehen und fühlen und woran wir denken, wenn es um die Zukunft geht. Es fehlt uns die Landkarte für die Begriffe der Zukunft. Der Wein trinkende Laie kann seine Geschmackseindrücke nur mit wenigen Worten wie herb, trocken oder lieblich beschreiben. Der Experte aber hat tausend Worte dafür. Er hat Modelle und Begriffe für die verschiedenen Anlässe, bei denen man Wein genießen und erleben kann, und er unterscheidet sehr genau, wie sich ein und derselbe Wein in unterschiedlichen Situationen geriert. Um wie viel reicher und klarer mag seine Wahrnehmung von der Welt des Weines sein?!

Sehen wir uns fünf Aussagen über das Jahr 2020 an, die heute in Ihrer Tageszeitung stehen könnten:

1. Die Demographin aus dem Statistischen Bundesamt schreibt in einem Forschungsbericht an die Regierung, dass im Jahr 2020 dreißig Prozent der Bevölkerung älter als sechzig Jahre sein werden.

2. Ein junger Ingenieur schreibt, im Jahr 2020 werde die Hälfte aller Geschäftsreisen durch virtuelle Meetings ersetzt.

3. Der Betriebsrat schreibt, dass er es erreichen werde, dass die Menschen in seinem Unternehmen im Jahr 2020 nur noch dreißig Stunden in der Woche arbeiten müssen.

4. Eine Virologin aus der Weltgesundheitsorganisation schreibt, dass es bis 2020 zu einer Pandemie kommen kann, in deren Folge in kurzer Zeit mehrere Millionen Menschen sterben könnten.

5. Ein Multi-Milliardär sagt in einem Interview, dass er bis 2020 den größten Teil seines Vermögens gespendet haben wird.

Worin unterscheiden sich diese Zukunftsaussagen über das Jahr 2020? Sind es die mit ihnen verbundenen Absichten? Sind es die Methoden, auf denen die Aussagen beruhen? Ist es die Überprüfbarkeit der Äußerungen? Ist es der Grad der Vorhersagbarkeit des angesprochenen Bereiches? Es ist von allem etwas.

Der Unterschied wird schnell klar, wenn wir jedem der fünf Zukunftsdenker eine Wette anbieten. Sie sollen mit uns um 10 000 Euro, nicht
Firmengeld, sondern eigenes versteuertes Geld, wetten, dass es genau
so kommen wird, wie sie es sagen. Wenn sie Recht haben, winkt ein
ordentlicher Gewinn, denn die Quote sei 1:10. Wie werden sie reagieren?

Würde die Demographin auf die Wette eingehen?
Vielleicht würde sie eher als die anderen zustimmen.
Denn schließlich ist Demographie einer der wenigen
Bereiche, in denen die Zukunft wenigstens einiger-
maßen zuverlässig abschätzbar ist. Die Quote 1:10 würde sie wahr-
scheinlich überzeugen. Die Demographin hat eine klare Annahme
über die wahrscheinliche Zukunft formuliert. Sie sieht mit der blauen
Zukunftsbrille in die wahrscheinliche Zukunft.

Wie reagiert der Ingenieur, wenn man ihn auffor-
dert, 10 000 Euro darauf zu verwetten, dass im Jahr
2020 wirklich fünfzig Prozent der Geschäftsreisen
virtuell stattfinden? Wir können davon ausgehen,
dass er seine Aussage relativieren wird. Er habe es ja gar nicht als
sichere Prognose gemeint. Von der Möglichkeit habe er gesprochen.
Es sei schlicht eine Option, eine Chance, die man schon heute nutzen
könne, wenn man sich nur daran gewöhnen würde. Er sieht durch
die grüne Zukunftsbrille und erblickt dabei die Chancen im Sinne von
Handlungsmöglichkeiten und Optionen.

Was macht der Betriebsrat? Man wird vermutlich
von ihm hören, dass es eben seine Vision sei. Geld
und Materielles sei doch nicht alles im Leben. In den
1970ern habe die Gewerkschaft mit dem Slogan ge-
worben »Samstags gehört Papi mir«. Nun sei der nächste Schritt dran,
der Globalisierung zum Trotz. Es habe ja auch seinen Wert, mehr Zeit
mit den Kindern und der Familie zu verbringen. Sicher sei es natürlich
nicht, dass er seine Vision verwirklichen kann. Daher könne er darauf
nicht wetten. Der Betriebsrat sieht durch die gelbe Zukunftsbrille für
die gewünschte Zukunft, für die Vision.

Was hören wir von der Expertin aus der Weltgesund-
heitsorganisation, wenn wir ihr unser Wettangebot
unterbreiten? Es ist nicht auszuschließen, dass sie
uns beleidigt die Tür weist. Es gehe ihr doch darum,
die Menschheit zu warnen und Veränderungen in der Einstellung zu
Hygiene, Vorsorge und Notfallplanung zu erreichen. Sie wird unsere
Wette schon aus moralischen Gründen strikt ablehnen und vielleicht
noch nachschieben, dass sie ja nicht auf etwas wetten würde, was sie
gerade zu verhindern versucht. Sie sieht durch die rote Zukunftsbrille
für die überraschende Zukunft. Diese muss nicht wie im vorliegenden
Fall negativ, sie kann auch positiv sein.

Der Multi-Milliardär wird sich von 10 000 Euro sicher
nicht beeindrucken lassen, aber Spiel ist Spiel. Wird
er die Wette annehmen? Mit hoher Wahrscheinlichkeit. Denn schließlich hat er es geplant, hat es sich
fest vorgenommen, bereits angekündigt; und kaum jemand kann ihn
daran hindern, genau diesen Plan in die Tat umzusetzen. Er sieht die
Zukunft durch die violette Zukunftsbrille der Planung und der Tat.

Viele Probleme im Zukunftsmanagement resultieren aus der Unter-
schiedlichkeit der Sichtweisen auf die Zukunft. Viele Menschen neigen zu der unbewussten Annahme, dass jeder ihre über die Zukunft
gedachten Gedanken und ihre gesprochenen Worte genau so versteht
wie sie selbst. Sie setzen einfach voraus, dass die anderen die gleiche
Zukunftsbrille tragen, und schaffen damit die Voraussetzung für viel
Frustration, Missverständnis und Misserfolg.

1.2 Leser, Ziele und Nutzen dieses Buches

Dieses Buch richtet sich an alle Entscheider, ob als Lebensunternehmer,
Familienoberhäupter, Vereinsvorsitzende, Unternehmer, Geschäftsführer, Vorstände, Bürgermeister oder Regierungschefs. Im Grunde
sind wir ja alle Vorstandsvorsitzende im eigenen Lebensunternehmen,
ganz gleich, in welcher Rolle wir sind und ob wir nur uns selbst oder
Millionen von Menschen führen. Alle müssen wir über unsere Zukunft nachdenken und dabei die fünf Zukunftsbrillen aufsetzen.

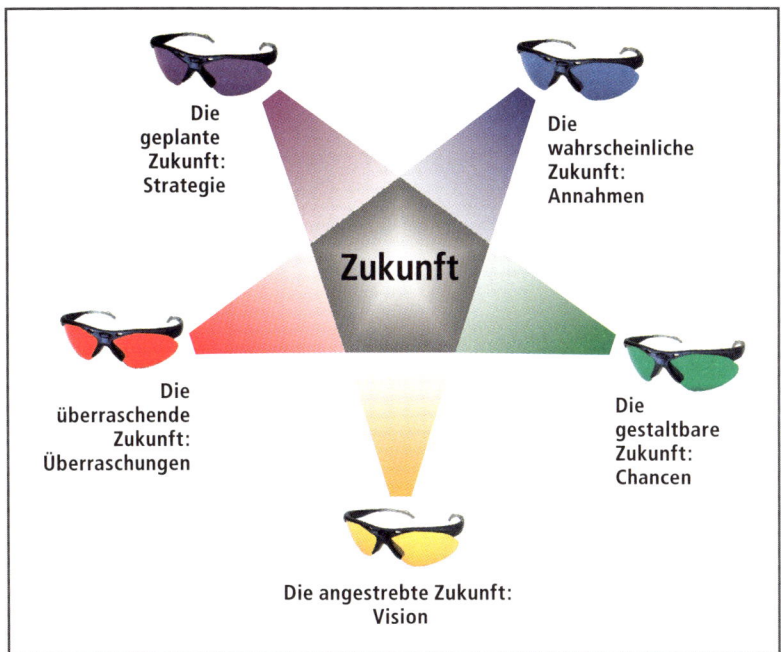

Abb. 1: Die fünf Zukunftsbrillen

Die Ziele dieses Buches

Wer die fünf Zukunftsbrillen bewusst wahrnimmt, ihren jeweiligen Charakter im Detail kennt und mit ihnen routiniert umgehen kann, erntet daraus eine Reihe von Vorteilen:

1. **Ganzheitlicher mentaler Setzkasten:** Dieses Buch soll das mögliche Maß an Klarheit über die Sichtweisen, die Begriffe und die Denkobjekte des Zukunftsmanagements schaffen. Mit den fünf Zukunftsbrillen und dem darauf beruhenden *Eltviller Modell* des Zukunftsmanagements (siehe Seite 296) erhalten Sie ein mentales Modell und eine kognitive Landkarte für Ihr persönliches und unternehmerisches Zukunftsmanagement. Sie bekommen quasi einen mentalen Setzkasten für Zükünfte, der Ordnung und Präzision in Ihr Denken und Arbeiten an der Zukunft bringt. Damit fällt es Ihnen leicht zu verstehen, wie Menschen über die Zukunft nachdenken und nachdenken können.

2. **Klare Kommunikation:** Dieses Buch soll Ihnen in der Praxis eine präzise Sprache und ein schlüssiges Modell für Ihre Zukunftsarbeit und für Ihre Kommunikation über die Zukunft anbieten. Die Zukunftsbrillen machen klar, was das jeweilige Ziel des Nachdenkens über die Zukunft ist. Wir erleben täglich in der Praxis, wie viel leichter es einer Gruppe von Menschen fällt, über die Zukunft nachzudenken, wenn alle gelernt haben, sich gegenseitig über die gerade getragene Zukunftsbrille zu informieren. Es gibt wesentlich weniger Missverständnisse und Konflikte und die Kommunikation ist effektiver im Sinne besserer Ergebnisse und / oder effizienter im Sinne eingesparter Zeit.

3. **Brücke in die Zukunft:** Dieses Buch soll Ihnen helfen, die Trend- und Zukunftsforscher besser zu verstehen. Es soll Ihnen eine Brücke von der Gegenwart in die Zukunft und wieder zurück bauen, damit Sie die oftmals theoretischen und abstrakten Arbeitsergebnisse der Trend- und Zukunftsforscher leichter als Ressource für Orientierung und Inspiration im täglichen Leben und Arbeiten nutzen können.

4. **Realistischere Erwartungen:** Dieses Buch soll eine Klärung vorschlagen, was man von einem methodisch fundierten Zukunftsmanagement erwarten kann und was nicht. Es soll die Erwartungen realistischer machen.

5. **Werkzeugkasten:** Die fünf Zukunftsbrillen und das *Eltviller Modell* sind methodenneutral. Sie können prinzipiell jede Methode und jedes Werkzeug des Zukunftsmanagements einsetzen. Dieses Buch soll es Ihnen durch die solide Kenntnis der fünf Zukunftsbrillen und des *Eltviller Modells* erleichtern, die vielen einzelnen Methoden, Techniken und Werkzeuge in ihrer Eignung für die verschiedenen Phasen und Ziele des Zukunftsmanagements zu beurteilen und sie ins richtige Fach in Ihrem Werkzeugkasten zu legen.

6. **Mehr von der Zukunft sehen:** Dieses Buch soll über die Vermittlung der fünf Zukunftsbrillen und des *Eltviller Modells* Ihre Zukunftskompetenz stärken und Ihnen im zunehmenden Wettbewerb um Voraussicht einen Wettbewerbsvorteil verschaffen. Wer eine gute

Landkarte hat, ist denjenigen mit nur ungefähren Vorstellungen deutlich überlegen und sieht mehr von der Zukunft als die Konkurrenz.

7. **Vorlage für die Gestaltung von Zukunftsprojekten:** Dieses Buch soll Ihnen schließlich als Vorlage für die Gestaltung von Zukunftsprojekten dienen. Die fünf Zukunftsbrillen sind deskriptiv, da sie die Gemeinsamkeiten der Menschen im Nachdenken über die Zukunft beschreiben. Durch die präzise Systematisierung dessen, was Menschen ohnehin in sich tragen, sind die fünf Zukunftsbrillen auch präskriptiv. Sie zeigen, in welchen Schritten und Phasen man fundiert und praktisch über die Zukunft nachdenken und Kernfragen des Zukunftsmanagements ganzheitlich beantworten (siehe Seite 24) kann.

Die fünf Zukunftsbrillen sind ein einfaches, dennoch ausreichend komplexes und gerade durch diese Kombination ein sehr wertvolles Denkwerkzeug.

»Die wirkliche Entdeckungsreise besteht nicht darin, neue Landschaften zu suchen, sondern darin, die Welt mit neuen Augen zu sehen.« (Marcel Proust)

Was ist neu?

Die Zukunftsbrillen sind keine Entwicklung, die man mühsam lernen muss. Eher sind sie eine Entdeckung von bereits in den Menschen Vorhandenem. Die Sichtweisen, die durch die fünf Zukunftsbrillen illustriert werden, sind jedem Menschen in ganz natürlicher Weise eigen und vertraut, nur dass die Begriffe in jedem Kopf etwas anders definiert, die Denkobjekte anders sortiert sind und beides ganz individuell miteinander verbunden ist.

»Alles Gescheite ist schon gedacht worden, man muss nur versuchen, es zum richtigen Zeitpunkt noch einmal zu denken.« (Johann Wolfgang von Goethe)

In Praxis und Wissenschaft fehlte bisher ein konsistentes Modell, das die quasi natürlichen Denkprozesse und Denkobjekte für die Zukunft vollständig auf einfache Weise integriert, mit klaren Definitionen und Relationen beschreibt und für die Praxis anwendbar macht. Die fünf Zukunftsbrillen und das *Eltviller Modell* sind das Ergebnis eines Versuches, ein solches Modell zu schaffen. Dieser Versuch beruht auf mehr als 250 Interviews mit Führungskräften und gut 800 Workshops und Seminaren mit Führungsteams verschiedenster Branchen und Organisationsgrößen und ihrer systematischen Auswertung.

Was kann dieses Buch bewirken und was nicht?

Ein Sachbuch kann weder Wunder bewirken noch die Mühe der praktischen Umsetzung ersparen. Was so selbstverständlich klingt, scheint es für manche Kritiker nicht zu sein. Wir versprechen nicht, dass sich mit Hilfe dieses Buches alle Aufgaben im Zukunftsmanagement mit Leichtigkeit lösen lassen. Wenn es leicht wäre, könnte es jeder und es wäre nichts Besonderes mehr.

Wir versprechen allerdings, dass die fünf Zukunftsbrillen und das darauf aufbauende *Eltviller Modell* Ihr Zukunftsmanagement im Sinne der oben genannten Nutzenpunkte wesentlich verbessern kann und Sie somit mehr von der Zukunft sehen können.

Hinweise

1. Die fünf Zukunftsbrillen basieren nicht auf anderen Konzepten, die ebenfalls allegorisch Farben und Gegenstände verwenden, wie es in Wissenschaft und Praxis unzählige Male getan wurde. Die fünf Zukunftsbrillen unterscheiden sich insbesondere deutlich von de Bonos Denkhüten[1], da sie
   a) ausschließlich für Zukunftsanalysen gedacht sind (die Denkhüte richten sich auf alles Mögliche),
   b) verschiedene Objekte betrachten (die Denkhüte betrachten ein und dasselbe aus verschiedenen Perspektiven),
   c) nicht nur Perspektiven, sondern auch ein konsistentes Ergebnismodell beinhalten (siehe Eltviller Modell ab Seite 296),
   d) durch Forschung in Zukunftsworkshops mit Führungsteams entstanden sind,
   e) schon in Zahl und Farbe der Perspektiven nicht vergleichbar sind.

Mit herzlichen Grüßen von

Ro Vicic

Future
Management
Group

Auch mit den schon vor de Bono entwickelten sechs Denkmodi von Hall und mit Spiral Dynamics sind die Zukunftsbrillen nicht vergleichbar.

2. Die gelegentlichen Hinweise auf andere Bücher aus unserer Feder sind keine Schleichwerbung, die ohnehin nicht funktionieren würde, sondern wohlgemeinte Verknüpfungen innerhalb eines Gesamtwerkes.

3. Die männliche Schreibweise gilt für Leser beiderlei Geschlechts.

4. Zu diesem Buch gibt es eine Website: **www.Zukunftsbrillen.com**.

2 Warum man Zukunftsbrillen braucht

2.1 Des Menschen Motive für die Vorausschau

Warum wollen Menschen eigentlich in die Zukunft blicken? Schon in ihren ersten Kulturen haben die Menschen versucht, mehr von der Zukunft zu sehen. Vier grundlegende Motive trieben und treiben sie dabei an.

Neugier

Neugierig auf die Gegenwart sind wir Menschen, wenn etwas ungewohnt ist, anders ist als das Bekannte oder wenn es dem Vertrauten widerspricht[1]. Dann wollen wir es wissen. Neugierig auf die Zukunft sind wir, weil wir wissen oder ahnen, dass die Zukunft anders sein wird oder zumindest anders sein kann als die Gegenwart. Deshalb haben Erzählungen über die Zukunft eine nahezu magische Anziehungskraft. Dabei scheint es keine besondere Rolle zu spielen, ob die gezeigte Zukunft wirklich als Vorhersage gemeint ist oder ob es nur um unterhaltende Fiktion geht.

Furcht

Von Furcht spricht man, wenn wir von einem bestimmten Ereignis, einem Menschen oder einem Phänomen wesentliche Nachteile erwarten. Kierkegaard[2] hat die Furcht klar von der Angst abgegrenzt, die nicht an eine konkrete Bedrohung gebunden ist. Wir folgen dieser Unterscheidung aus der praktischen Beobachtung heraus, dass es für die Motivlage durchaus einen Unterschied macht, ob eine konkrete Bedrohung den Anlass für Zukunftsstudien gibt, die dann recht klar fokussiert sind, oder ob eher eine unspezifische Angst zu einem breiten Scannen der Zukunft nach potenziellen Bedrohungen führt.

Nach Heidegger[3] suchen wir der Furcht zu entkommen, indem wir Wissen über die Bedrohung sammeln, es in unser Wissenssystem integrieren und auf diese Weise unsere Strategie zum Umgang mit der Bedrohung entwickeln oder verbessern. So erforschte man in den 1980ern das Waldsterben und traf Vorkehrungen dagegen. So beschäftigen wir uns seit erstaunlich wenigen Jahren mit der in den Augen vieler bedrohlichen Alterung und suchen nach Mitteln, die Alterung selbst aufzuhalten oder zumindest ihre Konsequenzen zu mildern. Und auch die Furcht vor den Folgen des Klimawandels treibt viele Experten, Unternehmer und Politiker dazu an, die Zukunft und die darin liegenden Bedrohungen und Chancen zu untersuchen. Bei Shell diskutierte man im Jahr 1972 die Möglichkeit eines schnellen und großen Preisanstiegs beim Rohöl. Als man erkannte, dass die potenziellen Auswirkungen gravierend wären, bereitete man sich systematisch darauf vor, im Wesentlichen durch Flexibilisierung (siehe auch Seite 223 f.).

Angst

Menschen möchten über Veränderungen und die darin liegenden Gefahren informiert sein, auch wenn sie sie nicht benennen können. Für Angst im Sinne Kierkegaards gibt es keine klare und konkrete Begründung. Sie ist demnach ein Gefühl der Verletzlichkeit unter der Annahme, dass unbeherrschbare Bedrohungen auftreten könnten. Angst führt im Gegensatz zur Furcht nicht zu fokussierter Untersuchung bestimmter Themen, sondern zu einer breit angelegten Suche (Scanning) nach potenziellen Bedrohungen. Die Angst ist nach unseren Beobachtungen das wichtigste Motiv, aus dem heraus sich besonders die Leiter großer Organisationen mit der Zukunft befassen. Die Suche nach Chancen spielt hier oft eine überraschend geringe Rolle.

Das Ziel besteht darin, die Angst auf ein erträglicheres Maß zu reduzieren, indem Wissen über die Art, die Wahrscheinlichkeit und die potenziellen Auswirkungen möglicher bedrohlicher Ereignisse und Entwicklungen gesammelt wird. Es kann letzten Endes nicht das Ziel sein, die Angst zu eliminieren, denn Angst macht und hält aufmerksam.

Glücksstreben

Menschen wissen intuitiv, dass sie Vorteile erzielen können, wenn sie die Zukunft besser kennen als andere. Das Motiv des Glücksstrebens[4], wie wir es genannt haben, treibt uns dazu an, absolute Vorteile gegenüber der gegenwärtigen Situation oder relative Vorteile gegenüber unseren Konkurrenten zu erzielen, indem wir mehr von der Zukunft sehen. Absolute Fortschritte in ihrem Glücksstreben können Unternehmer erreichen, wenn sie die Situation ihres Unternehmens gegenüber einem vorherigen Zeitpunkt verbessern, indem sie Zukunftschancen frühzeitig erkennen, beispielsweise mit Hilfe einer neuen Technik. Wer als Lebensunternehmer früh erkennt, dass eine bestimmte Qualifikation in der Zukunft teuer bezahlt sein wird, kann sich als einer der ersten Experten hierin etablieren. Relative Fortschritte werden erzielt, wenn sich die Situation (nur) im Vergleich zu den Wettbewerbern verbessert. Wer unter den Energie- und Elektronikunternehmen als Erster Supraleiter bei Raumtemperaturen nutzen kann, hat neben dem weniger bedeutenden absoluten Vorteil vor allem einen relativen Vorteil erzielt, der dann besonders bedeutsam ist, wenn der Vorsprung durch Rechte und Patente vergrößert werden kann. Ausschließlich relativ kann der Vorsprung sein, wenn man vor den Konkurrenten aus einer alten Technik aussteigt. Selbst ohne Investition in den neuen Markt steht das früh agierende Unternehmen besser da als seine Mitbewerber.

Glück wird nun mal häufiger durch Vergleich mit anderen definiert, also häufiger relativ als absolut. Dass dies zu Trugschlüssen führen kann, zeigen mehrere Glücksindizes, nach denen die Menschen in den materiell reichen Staaten in der Summe oft viel unglücklicher sind als in den materiell armen vermeintlichen Entwicklungs- und Schwellenländern[5]. Das ändert jedoch nichts an der Tatsache, dass das menschliche Glücksstreben ein Motiv dafür ist, die Zukunft besser kennen zu wollen.

2.2 Zukunftsmanagement: Die unternehmerische Zukunfts-forschung

Bevor man ausdrücklich von Zukunftsmanagement im engeren Sinne sprechen konnte, musste sich erst die Zukunftsforschung als ernst zu nehmende Disziplin etablieren. Den Begriff Zukunftsmanagement begannen wir Mitte der 1990er-Jahre zu verwenden, als sich professionell geführte Unternehmen immer häufiger systematisch mit der über die strategische Planung hinausgehenden Analyse der Zukunft beschäftigten.

Von der Zukunftsforschung zum Zukunftsmanagement

Zukunftsforschung ist die interdisziplinäre Entdeckung und Analyse möglicher, plausibler, wahrscheinlicher und gestaltbarer langfristiger Zukünfte[6]. Sie soll helfen,

- die (gegenwärtige) Welt zu verstehen,
- das Wohlergehen der Menschheit zu verbessern,
- das Bewusstsein für die langfristige Zukunft zu steigern,
- bessere Entscheidungen zu treffen,
- das Denken über die Zukunft zu verstehen.[7]

Gerade das Wort »Forschung« wird vielfältig diskutiert, denn nicht wenige streiten der Zukunftsforschung generell die durch dieses Wort angedeutete Wissenschaftlichkeit ab. Die Zukunftsforschung ist nicht wissenschaftlich, wenn man das positivistische Wissenschaftsparadigma vertritt, in dem nur das wissenschaftlich untersucht werden kann, was man messen, zählen, wiegen und generell beweisen oder widerlegen kann. Die Zukunft existiert aber nicht in einem streng ontologischen Sinne. Wenn Wissenschaftlichkeit heißt, dass die verwendeten Methoden den Anforderungen von Validität, Reliabilität, Replikabilität und Generalisierbarkeit gerecht werden, dann *kann* Zukunftsforschung in der Tat wissenschaftlich sein. Schließlich kann auch die Geschichte niemand mehr messen.

Zukunftsmanagement als Brücke

Zukunftsforschung und die mit ihr verwandte Trendforschung werden von Managern und Unternehmern häufig als ungenau, unverbindlich und unzuverlässig betrachtet. Zwischen ihrem Wissensbedarf und dem Wissensangebot der Zukunfts- und Trendforscher klafft oftmals eine große Lücke. Diese Lücke schließt das Zukunftsmanagement, das wir wie folgt definieren:

Zukunftsmanagement ist die Brücke zwischen der Zukunftsforschung einerseits und dem strategischen Management andererseits. Es bezeichnet die Gesamtheit aller Systeme, Prozesse und Methoden zur Früherkennung und Analyse zukünftiger Entwicklungen und ihrer Einbringung in Strategien.

Zukunftsmanagement ist die unternehmerische Zukunftsforschung. Das Zukunftsmanagement verstehen wir als das gegenüber der Zukunftsforschung eher in der Natur des Menschen liegende und praktischere Konzept, da es aus der primär auf die Antizipation fokussierten Zukunftsforschung wieder ein ganzheitliches Konzept mit Nahtstellen zum strategischen und operativen Management macht. Es schließt die Lücke zwischen der oftmals abstrakten und theoretischen Zukunftsforschung und den praktischen Anforderungen der Unternehmen, in dem es systematisch die Zukunft der Märkte erkennt und aus diesen Erkenntnissen praktisch umsetzbare Strategien erarbeitet. Zukunftsmanagement baut auf den Erkenntnissen der allgemeinen Zukunftsforschung auf und schafft die Verbindung zu (unternehmerischen) Entscheidungen und Handlungen im Alltag.

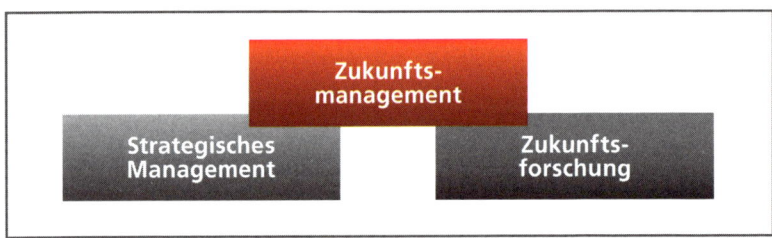

Abb. 2: Zukunftsmanagement als Brücke

Die Bedeutung des Zukunftsmanagements

Fragt man ein beliebiges Publikum, das auch nur ein wenig von Wirtschaft versteht, welcher Anteil des Unternehmenserfolges von langfristigen Weichenstellungen abhängt, bekommt man interessanterweise immer ungefähr die gleiche Antwort: siebzig Prozent. Niemand kann diese Zahl messen oder gar beweisen, aber man hat ein Gefühl für die große Bedeutung des Zukunftsmanagements. Seien es auch nur fünfzig oder sechzig Prozent, es ist ein sehr großer Teil des Erfolges. Langfristige Richtungsentscheidungen, ob bewusst oder unbewusst gefällt, bestimmen, wie investiert, wie konkurriert, wie gearbeitet und wie entschieden wird. Insbesondere die Unternehmenskultur lässt sich nicht eben schnell ändern. Ob man ein weltweit tätiges Hochtechnologie-Unternehmen aufbauen will oder im nationalen Markt auf direkten Kundennutzen ohne technisch Überflüssiges setzt, ist zu einem großen Teil auch eine Entscheidung über die für die jeweilige strategische Vision benötigte Unternehmenskultur, mit der man sich nicht selten auf zehn Jahre verbindlich festlegt. Das Beispiel von Mao Zedong und seinem »großen Sprung nach vorne« auf Seite 160 zeigt, wie die Richtungsentscheidung eines einzigen Mannes dreißig Millionen Menschenleben kosten kann.

> Mit langfristigen Weichenstellungen entscheidet ein Mensch in seinem Leben oder ein Führungsteam im Unternehmen, welchen Berg man langfristig besteigen will, während das operative Management einzig dem Ziel dient, den gewählten Berg gut zu besteigen [8].

Interessant ist nun zu prüfen, wie viel Zeit Top-Entscheider für gewöhnlich damit verbringen, über genau diese großen Entscheidungen bewusst und systematisch nachzudenken. Einer Untersuchung der amerikanischen Professoren Hamel und Prahalad zufolge verwenden leitende Manager nicht mehr als 2,4 Prozent ihrer Zeit für die Arbeit an der Vision [9]. Zwei bis drei Prozent der Arbeitszeit sind in den meisten Ländern immerhin 5,5 bis 6,0 Arbeitstage, recht viel, wie wir meinen. Wer verbringt schon sechs volle Tage im Jahr mit systematischer bewusster Zukunftsarbeit? Auch im Privatleben dürfte das ein selten erreichter Wert sein. Viele sagen an dieser Stelle, das könne ja nicht stimmen, denn schließlich habe man Dutzende oder gar Tausende Menschen in der Forschung und Entwicklung und in der Strategieabteilung beschäftigt. Das sei ja wohl Zukunftsarbeit par excellence. Nein, es geht uns hier gerade nicht um die an Fachleute delegierte Forschung und Analyse zur besseren Besteigung des Berges, sprich für mehr Erfolg im bestehenden Geschäft mit den bestehenden Zielen. Es geht um unternehmerisches Zukunftsmanagement im Sinne von Weichen stellenden Entscheidungen über die zu besteigenden Berge.

Ihr Zukunftsmanagement ist nicht delegierbar. Es geht hier um die seltenen unternehmerischen Richtungsentscheidungen, die mit Sicherheit nicht von Forschern oder Analysten gefällt werden.

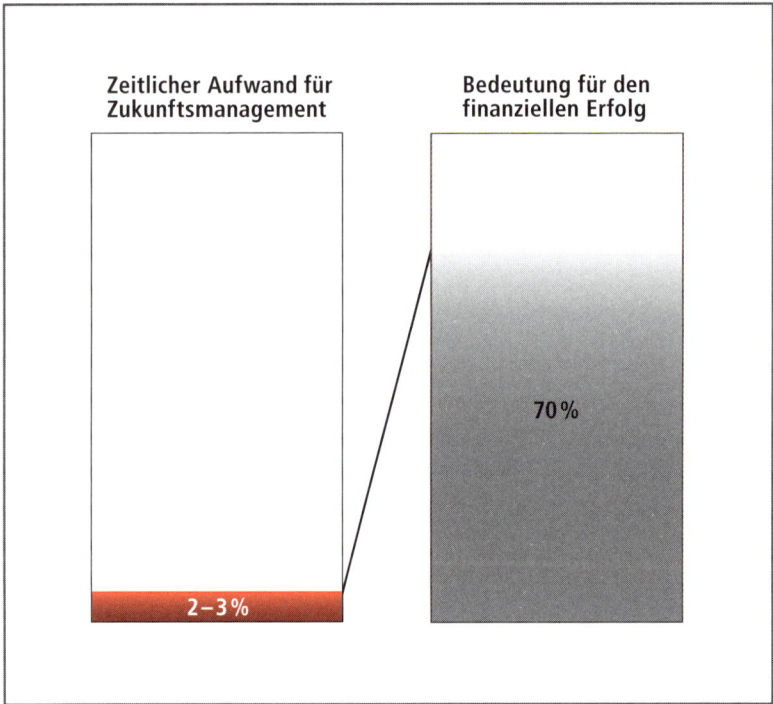

Abb. 3: Bedeutung des Zukunftsmanagements

Das Gesagte lässt sich wie in der folgenden Tabelle gezeigt zusammenfassen:

Tabelle 1: Die Bedeutung des Zukunftsmanagements

Gutes Zukunfts- management ist die beste Investition	■ Sie haben mit Ihrem Zukunftsmanagement einen starken Erfolgshebel in der Hand. ■ Ein großer Teil Ihres Erfolges hängt von einem kleinen Teil Ihrer Zeit ab. ■ Zeitliche und finanzielle Investitionen in fundiertes Zukunfts- management bringen wahrscheinlich die höchstmögliche Rendite.
Zukunftsmanage- ment kann ein Unternehmen auch ruinieren	■ Der Erfolgshebel wirkt auch in die andere Richtung. ■ Schlechtes Zukunftsmanagement führt in den unternehme- rischen Tod. ■ Zukunftsmanagement ist keine simple Erfolgstechnik, sondern eine Verantwortung, die man für Familie, Kollegen, Mitarbeiter oder Mitbürger trägt.
Zwei bis drei Prozent der Zeit reichen aus	■ Es hat seinen Sinn, dass sich die Praxis auf zwei bis drei Prozent eingependelt hat. Dieser Wert hat sich bewährt. ■ Dem systematischen Zukunftsmanagement stehen genügend andere Hindernisse im Wege, als dass man mit der Forderung nach mehr Zeitinvestition eine weitere Hürde aufbauen sollte.
Zukunfts- management erfordert Professionalität	■ Die zwei bis drei Prozent der Zeit reichen aus. Dieser Wert hat sich bewährt. ■ Die zwei bis drei Prozent der Zeit müssen mit der gleichen Professionalität investiert werden, wie man das Tagesgeschäft professionell betreibt. ■ Das Zukunftsmanagement sollte genauso professionell betrie- ben werden, wie man heutzutage Projekte und Prozesse profes- sionell organisiert und durchführt.

Ziele und Früchte des Zukunftsmanagements

Das Ziel des Zukunftsmanagements besteht darin, Menschen und Organisationen dazu zu verhelfen, mehr von der Zukunft zu sehen. Insbesondere im wirtschaftlichen Kontext will man mehr von der Zu- kunft sehen als die Wettbewerber. Zu diesem Zweck gilt es, systema- tisch Antworten auf die fünf Kernfragen des Zukunftsmanagements zu finden, die sich wiederum eindeutig den später ausführlich dar- gestellten fünf Zukunftsbrillen zuordnen lassen. Von den genannten

Fragen betreffen insbesondere die Fragen eins, zwei und vier eher den zukunftsforscherischen und die Fragen drei, fünf und sechs den strategischen Aspekt des Zukunftsmanagements.

Tabelle 2: Zukunftsbrillen und Kernfragen des Zukunfts-managements	
Zukunftsbrille und Arbeitsphase	**Kernfrage des Zukunftsmanagements**
Blaue Zukunftsbrille (Annahmen-Analyse)	Wie wird sich unser Markt-, Arbeits- und Lebensumfeld in den nächsten fünf bis zehn Jahren verändern?
Grüne Zukunftsbrille (Chancen-Entwicklung)	Welche Bedrohungen und Chancen für neue Märkte, Produkte, Strategien, Prozesse und Strukturen erwachsen aus diesen Veränderungen?
Gelbe Zukunftsbrille (Visions-Entwicklung)	Wie soll unser Unternehmen in fünf bis zehn Jahren im Sinne einer strategischen Vision aussehen?
Rote Zukunftsbrille (Überraschungs-Analyse)	Wie sollen wir uns auf mögliche überraschende Ereignisse und Entwicklungen in der Zukunft vorbereiten?
Violette Zukunftsbrille (Strategie-Entwicklung)	Wie gestalten wir unsere Strategie zur Verwirklichung der strategischen Vision?

Mehr von der Zukunft zu sehen bedeutet in erster Linie, mehr Zeit zu haben, um einen Vorsprung zu gewinnen, auszubauen oder zu halten. Der daraus resultierende Nutzen des Zukunftsmanagements lässt sich in den folgenden sechs Punkten zusammenfassen:

Tabelle 3: Nutzen des Zukunftsmanagements

Bessere Wettbewerbsposition
Zukunftsmanagement liefert Wissen über zukünftige Entwicklungen und bietet somit Zeit-vorteile gegenüber Ihren Mitbewerbern, was die Entwicklung und Umsetzung von Strategien, Produkten, Prozessen und Systemen betrifft.

Existenzsicherung
Spät erkannte oder falsch eingeschätzte Marktveränderungen können schnell existenziell bedrohlich werden. Wer frühzeitig mögliche gefährliche Entwicklungen identifiziert, kann sich leichter mit Eventualstrategien darauf vorbereiten.

Steigerung der Erträge
Zukunftsmanagement identifiziert Zukunftschancen in großer Zahl und Qualität und erweitert auf diese Weise Ihren Handlungs- und Gestaltungsraum für den Aufbau und die Ausschöpfung von Ertragspotenzialen.

Einsparung von Kosten
Haben Sie und Ihre Mitarbeiter eine klare strategische Vision von der gewünschten Zukunft des Unternehmens, wird das Ausmaß nötiger Abstimmungen und Richtungsunterschiede stark reduziert. Die daraus folgende höhere Effizienz ist in relativen Kostensenkungen messbar.

Verbesserung der strategischen Entscheidungen
Je fundierter und robuster Ihre Annahmen über die zukünftigen Umfeldentwicklungen sind, desto höher ist die Qualität Ihrer strategischen Entscheidungen.

Verbesserung von Motivation und Zuversicht
Die Gewissheit, die obigen Kernfragen umfassend und fundiert beantwortet zu haben, verbes-sert die Motivation Ihrer Mitarbeiter und das Vertrauen in die Zukunft Ihres Unternehmens.

2.3 Zukunftsverwirrungen

Auch nach Jahrzehnten sprechen Zukunftsexperten und ihre Klienten oft unterschiedliche Sprachen. Selbst Zukunftsforscher, Trendforscher und Zukunftsmanager verstehen sich untereinander häufig nicht. Fol-gende Klagen von Unternehmern und Managern mögen dies veran-schaulichen:

- Wir haben uns die früheren Prognosen angesehen und sind sehr enttäuscht von der Prognosequalität der Zukunftsexperten.
- Wir fühlen uns angesichts all dieser vielen Prognosen, Szenarien und Visionen überfordert, wir bekommen den Überblick nicht.

- Wir kennen die Ergebnisse der Zukunftsforschung, aber es ist uns nicht gelungen, dieses Wissen in unsere Sprache, unsere Konzepte und in praktikable Strategien zu übersetzen.
- Wir haben mit Szenarien gearbeitet, aber das traf unseren Bedarf nicht.
- Wir haben den Zukunftsforschern zugehört, aber was sie zu sagen hatten, enthielt für uns Fachleute wenig neue, hilfreiche und zuverlässige Information.

An solchen Zukunftsverwirrungen, die in der folgenden Tabelle zu-sammengefasst sind, scheitern unzählige Projekte und Vorhaben im praktischen Zukunftsmanagement.

Tabelle 4: Zukunftsverwirrungen

Art der Verwirrung	Beschreibung
Die Ziel-Verwirrung	**Prognose versus Gestaltung** ■ Je stärker die Menschen ihre Zukunft gestalten können, desto weniger ist die Zukunft vorhersagbar. ■ Prognose und Gestaltung stehen im Zielkonflikt, sie schließen sich gegenseitig aus. **Prognose versus Warnung** ■ Szenarien extremer und überraschender Zukünfte werden als Prognosen missverstanden. ■ Sie sollen jedoch dem gegenteiligen Zweck dienen, nämlich genau diese Zukünfte verhindern. **Vision versus Plan** ■ Die Beschreibung einer langfristig angestrebten Zukunft wird als Planung verstanden und abgelehnt. ■ Im engeren Sinne planen kann man heute jedoch nur über kurze Zeiträume. Vision ist nicht Planung. **Pragmatik versus Science-Fiction** ■ Viele verstehen unter Zukunft immer nur das für die Welt Neue, Utopische und noch nie Gedachte. ■ Dabei ist die Zukunft meistens schon da. Ihre Zutaten sind meist schon heute erkennbar.

Tabelle 4: Zukunftsverwirrungen

Art der Verwirrung	Beschreibung
Die Rollen-Verwirrung	**Propheten oder Zukunftsmanager?** ■ Der Klient versteht den Zukunftsexperten meist als Propheten und Prognostiker. ■ Der Zukunftsexperte sieht sich eher als Zukunftsmanager. **Propheten oder Inspiratoren?** ■ Die Trend-Kreationen der Trendforscher werden als Prognosen verstanden. ■ Tatsächlich liefern sie jedoch eher inspirierende Ideen und Gedanken ohne Prognoseabsicht. **Universal-Experten oder Innovatoren?** ■ Vom Zukunftsexperten erwartet man, dass er die Zukunft von allem besser kennt als der Fachspezialist. ■ Seine Kompetenz liegt jedoch vielmehr in seiner Interdisziplinarität und Methodenkompetenz.
Die Methoden-Verwirrung	**Werkzeugkataloge ohne Bauplan** ■ In den Methodenkatalogen wird die Eignung der Methoden und Werkzeuge kaum behandelt. ■ Das führt zur Anwendung falscher Methoden. **Grenzen der klassischen Szenarien** ■ Die klassische Szenario-Methode deckt viele Anforderungen der Praktiker nicht ab. ■ Da sie als State of the Art gilt, sind enttäuschte Erwartungen die häufige Folge.

2.3.1 Die Ziel-Verwirrung

Im Kern der Zukunftsverwirrungen stehen die Dilemmata und Irrationalitäten, die Menschen beim Blick in die Zukunft an den Tag legen.

Prognose versus Gestaltung

Viele nennen zwei Wünsche in einem Atemzug. Sie möchten, dass man ihnen die Zukunft voraussage, und sie möchten, dass sie ihre Zukunft gestalten können. Nur wenigen fällt auf, dass sich diese beiden Wünsche gegenseitig ausschließen. Könnte irgendjemand oder irgendetwas die Zukunft exakt voraussagen, wären wir alle dazu verdammt, nur noch das vorausgesagte Leben zu Ende zu leben. Ein weiteres Kind, etwas Neues lernen, die Meinung ändern, auswandern, noch einmal von vorne beginnen, den dritten Frühling einläuten? Alles das dürften Sie nicht tun, wenn es nicht vorausgesagt wäre. Weder ist die Zukunft so, noch wollen wir, dass sie so ist.

> **Wir sollten uns freuen, dass die Zukunft nicht vorhersagbar ist. In dem Maße wie sie offen ist, ist sie auch gestaltbar.**

Da alle 6,5 Milliarden Menschen auf der Erde ihr Leben in gewissen Grenzen gestalten und ihre Ansichten und ihr Verhalten ändern können, kann die Zukunft nicht voraussagbar sein. Schließlich wissen wir noch nicht einmal selbst, was wir wohl in zwei Wochen genau machen werden. Wir müssen lernen zu unterscheiden, dass es aktive und passive Sichtweisen auf Zukünfte gibt.

Prognose versus Warnung

Im Jahr 2003 ließ das US-amerikanische Verteidigungsministerium eine Zukunftsstudie über den Klimawandel erstellen[10]. Die beauftragten Zukunftsexperten vom Global Business Network, unter der Leitung von Peter Schwartz und Doug Randall, sind ausgesprochene Szenario-Fans. Sie vertreten eine sehr einfache Szenario-Methodik, die im Wesentlichen auf einer Vier-Felder-Matrix basiert, in der zwei Unsicherheitsfaktoren so miteinander kombiniert werden, dass sich vier Szenarien ergeben. Schwartz und Randall wollten sich nicht mit der üblichen Annahme zufriedengeben, dass der Klimawandel allmählich kommen wird, dass sich die Menschheit schon daran anpassen wird. Sie wollten es dramatischer darstellen, damit der Ernst der Lage klarer wird. Also entwarfen sie ein Szenario namens »rapid climate change«, das für den Norden eine starke Abkühlung und für den Süden eine erhebliche Erwärmung beschrieb. Es bestand unter anderem aus folgenden Projektionen für 2010 bis 2020:

- Der Golfstrom im Atlantik, die Heizung Europas, ändert in einer komplexen Reaktion seine Richtung.

- Trockenheit und Dürre prägen den gesamten Zeitraum in wichtigen Landwirtschaftsregionen und in den Gebieten um die großen Ballungsgebiete in Europa und Nordamerika.
- Die Jahresdurchschnittstemperatur fällt um bis zu fünf Grad Fahrenheit (2,8 Grad Celsius) in Asien und Nordamerika und bis zu sechs Grad Fahrenheit (3,3 Grad Celsius) in Europa. Das ist eine dramatische Abkühlung.
- Die Jahresdurchschnittstemperatur steigt um bis zu vier Grad Fahrenheit (2,2 Grad Celsius) in Australien, Südafrika und Südamerika. Das ist eine ebenso dramatische Erwärmung.
- Winterstürme und Winde nehmen stark zu und verstärken die Effekte der Abkühlung.
- Zum Ende des Jahrzehnts, 2020, entspricht das Klima in Mitteleuropa dem Klima in Sibirien im Jahr 2000.

Es wurden für diese Zeit zwischen 2010 und 2020 dramatische Folgen beschrieben: In Europa gibt es militärische Scharmützel um Wasser und Nahrung, Holländer und Deutsche wandern massiv nach Italien und Spanien aus, aus Japan und der Karibik strebt eine Flut von Einwanderern in die USA, China interveniert militärisch in Kasachstan, um die Pipelines gegen Rebellen zu sichern. Die Menschheit kehrt zurück zur alten Gewohnheit permanenter Schlachten um Ressourcen. Der Krieg bestimmt wieder das Leben, diesmal mit den stärksten Waffen, die der Menschheit je zur Verfügung standen.

Es war ein Szenario einer zwar denkbaren, aber doch unwahrscheinlichen Zukunft, mit der man warnen wollte. Was stand in den Tagen nach der Veröffentlichung in praktisch allen Zeitungen und Zeitschriften? Genau, »Zukunftsforscher sagen radikalen Klimawandel voraus«.

 Die Zukunftsforscher malen Szenarien extremer Zukünfte, um sie zu verhindern. Die Öffentlichkeit aber denkt nur an Prognosen.

Ausdrücklich wiesen Schwarz und Randall darauf hin, dass es ihnen darum ging, das Undenkbare zu denken, darum, zu dramatisieren, um die gewaltigen Folgen zu zeigen, die eintreten können, wenn man sich nicht auf eine solche mögliche Zukunft vorbereitet. Es war ein zweckpessimistischer Ansatz. Schließlich lehre die Geschichte, so die

Forscher, dass manchmal gerade die Extreme passierten und, wenn es diese Möglichkeit gebe, sich das Verteidigungsministerium damit befassen müsse. Schwartz arbeitet hier mit dem Begriff der »inevitable surprises«, der unausweichlichen Überraschungen.

Die Medien und auch eine Reihe unserer Gesprächspartner in den Wochen nach der Veröffentlichung sahen die Studie als ziemlichen Unsinn an. So schnell werde sich das Klima doch mit Sicherheit nicht wandeln. Und für so eine unsinnige »Prognose« habe das Pentagon 100 000 Dollar ausgegeben? Schwartz und Randall erstellten ihre Studie mit der roten Zukunftsbrille, der überraschenden Zufkunft, während die Masse der Empfänger das tat, was sie meistens tut. Jede Aussage über die Zukunft wird als Prognose (mit der blauen Zukunftsbrille) verstanden, was gleich in die Diskussion über Wahrscheinlichkeiten führt.

Ein anderer bekannter Fall ist die 1972 erschienene Studie *Grenzen des Wachstums* von Dennis und Donella Meadows. Ein siebzehnköpfiges Forschungsteam beschrieb im Auftrag des Club of Rome auf der Grundlage eines Computermodells unmissverständlich, dass wir um die Jahrtausendwende katastrophale Zustände unserer Umwelt erleben würden. Kaum jemand hat gehört, dass die Thesen immer mit der Anmerkung »ceteris paribus« geschrieben wurden. Wenn wir also so weitermachen, werde es so kommen. Es waren Warnungen, gesehen, gesprochen und geschrieben mit der roten Zukunftsbrille. Und auch in diesem Falle sah die Öffentlichkeit die Szenarien durch die blaue Zukunftsbrille, also als Prognosen. So, als hätten die Autoren hinter jeden Satz »Wahrscheinlichkeit: 100 Prozent, egal was noch passiert« geschrieben. Im Klappentext zur Ausgabe von 1973 im Rowohlt-Verlag steht: »*Die MIT-Studie nutzt erstmals die neuartigen Techniken der wissenschaftlichen Systemanalyse und Computersimulation* (gemeint waren die Arbeiten über systems dynamics von Jay Forrester), *um durch die Kombination großer Informationsmengen präzise Prognosen über die langfristige Entwicklung weltweiter Probleme abzugeben.*«

 Oft wird vergessen, dass wir durch unser Handeln den Eintritt der Prognose herbeiführen oder ausschließen können.

Selbst schuld, könnte man denken, dass man hier das Wort Prognose verwendete, denn darunter verstehen die meisten Menschen eine Aussage, die sich auf jeden Fall bewahrheiten wird, egal, was passiert. Und ein einfaches Kommunikationsmittel wie die fünf Zukunftsbrillen, mit denen man schnell klären kann, worum es geht, gab es nicht.

Vision versus Plan

2020? Man bewundere unseren Mut, so hören wir häufig, so weit in die Zukunft zu planen. Man könne doch noch nicht einmal morgens den Tag so gut planen, dass es sich genau so verwirklichen lässt. Es sei ja allerhand, was wir da täten. Ein weiteres Mal stoßen wir hier auf ein Beispiel für die sprachliche Zukunftsverwirrung. Besonders aufregend wird es, wenn Gastgeber einer Veranstaltung den Referenten vorstellen, der zu einem Zukunftsthema präsentieren soll.

 Mit sympathischer Unbedarftheit wird die Möglichkeit mit der Prognose und die Vision mit dem Plan verwechselt.

Wieder wird der dringende Bedarf nach einem klärenden Denk- und Kommunikationsmodell für die Zukunft deutlich.

Pragmatik versus Science-Fiction

Wie jetzt? Dass die Menschen älter werden und damit die Gesellschaft im Durchschnitt altert, dass ein Sechstel aller physischen Produkte nanotechnologische Komponenten enthalten wird, dass die Speicherkapazitäten exponentiell gewachsen sein werden, dass die Brennstoffzellentechnik langsam, aber sicher vorankommt, dass der globale Energiebedarf steigt und dass Functional Food ein Zukunftsmarkt ist, wisse man doch schließlich. Wo sei denn da der neue Megatrend?

Viele verstehen unter »Zukunft« immer nur das Neue und noch nie Gedachte. Für viele sind Spekulationen über den Personal Fabricator, den 3-D-Drucker für zu Hause, mit dem man sich beliebige Produkte einfach ausdrucken kann, oder über den an geostationären Satelliten aufgehängten Weltraumaufzug oder über die Transatlantik-Brücke gerade noch eben Zukunft. Je mehr Science-Fiction, desto besser. In der Praxis geht es jedoch eher um ernsthafte Analysen dessen, was bereits am Horizont absehbar ist.

Die Brennstoffzelle gibt es seit 1837, 1896 schrieb Svante Arrhenius über die Erderwärmung durch Kohlendioxid, den Hybridantrieb gibt es seit 1902, die ersten Mobiltelefone setzte die Deutsche Reichsbahn 1932 ein, die ersten vegetarischen Restaurants gab es in den 1920ern, die kommende Alterung in Deutschland beschrieb Reinhold Lotze im Jahr 1932, die ersten Online-Tagebücher wurden in den 1970ern publiziert und schon 1995 wurden beim Wiener Marathon die Zeiten der Läufer durch in die Laufschuhe eingebaute RFID-Chips ermittelt.

 »Die Zukunft ist schon da, nur noch nicht so gleichmäßig verteilt.«
(William Gibson)

Der Ausgangspunkt der Zukunftsarbeit sollte im pragmatischen Sinne primär das heute bereits Beobachtbare sein. Es geht um das Phänomen der Innovationsdiffusion, den einer S-förmigen Kurve folgenden Verbreitungsprozess von Innovationen vom Innovator bis zur Allgemeinheit. Was für wen eine Innovation darstellt, ist denkbar relativ. Für einen Technologiekonzern ist die Einführung eines Wissensmanagements Teil seiner Geschichte. Für ein mittelständisches Bauunternehmen stellt die gleiche Chance eine enorme Herausforderung dar. Die Zukunft ist selten das für die Welt absolut Neue. Die Zukunft ist viel häufiger das für den Betrachter relativ Neue, das es schon lange woanders gibt. Blockieren Sie sich nicht durch die Suche nach revolutionär Neuem. Neu ist schon, was Sie in Ihrem Unternehmen noch nicht umgesetzt haben.

Ein Megatrend ist stark, global und langfristig. Er beschreibt umfassende Veränderungsprozesse. Beispiele sind die Alterung in entwickelten Staaten, die Zunahme des globalen Energiebedarfs, die steigende Leistungsfähigkeit von Computern. Megatrends können hilfreich sein, wenn man durch ihre Fortschreibung wahrschein-

Abb. 4: Die nächstliegenden Denkhorizonte

liche Zukünfte denken will. Wer über »neue Megatrends« spricht, gibt vor, die Zukunft voraussagen zu können. Denn der neue Megatrend kann nur im spekulativen Denkmodus gesehen werden. Entweder sprechen wir über die wirklich wirkenden Megatrends oder wir sprechen über *neue* Trends. Aber *neue Megatrends* sind kein schlüssiges Konzept.

> **Für ein besseres Verständnis und für ein gutes Gelingen von Zukunfts-projekten gilt es zu unterscheiden, ob wir über Wahrscheinlichkeiten oder über Möglichkeiten sprechen.**

Es ist ein bedeutender Unterschied, ob man Orientierungsgrundlagen für das wirkliche Leben haben will (blaue Zukunftsbrille) oder ob man sich einfach inspirieren lassen will (grüne Zukunftsbrille). Mit der blauen Zukunftsbrille suchen wir nach Wahrscheinlichkeiten, mit der grünen nach Möglichkeiten. Wer die blaue Zukunftsbrille trägt, will nicht inspirieren, sondern Recht haben. Er will wissen und / oder zeigen, wie die Zukunft seiner Annahme nach sein wird. Er würde sogar einiges darauf verwetten, dass es so kommt, wie er es annimmt. Wer die grüne Zukunftsbrille trägt, will mit seinen Zukunftsaussagen nicht Recht haben, sondern Interessantes mitteilen und die Vorstellungskraft seiner Klientel erweitern. Er würde kaum darauf wetten, dass es wirklich so kommt, wie er es darstellt. Die Zukunftsbrillen können helfen, diese Zusammenhänge besser zu verstehen und leichter zu vermitteln.

2.3.2 Die Rollen-Verwirrung

Die Rollen der verschiedenen Zukunftsexperten, seien es die Trendforscher, die Zukunftsforscher oder die Zukunftsmanager, werden vielfach fehlinterpretiert.

Propheten oder Zukunftsmanager?

Sobald sich jemand beruflich mit der Zukunft befasst, stellen sich die meisten Menschen vor allem eines als dessen Kernaufgabe vor: Prognosen! Die Arbeitsqualität dieser Leute müsse, so die für selbstverständlich gehaltene Annahme, in erster Linie daran gemessen werden, wie genau es ihnen gelingt, Ereignisse und Entwicklungen der Zukunft vorauszusagen. Die Akkuratesse der »Prognose« müsse man in zehn Jahren kritisch prüfen und, wenn es nicht so gekommen ist, den Autor anprangern oder günstigstenfalls auslachen. Immer noch werden Zukunftsexperten als Prognosemaschinen verstanden, deren Existenzberechtigung und primäres Qualitätskriterium die Genauigkeit ihrer Voraussagen ist. Auch wenn es buchstäblich zum Allgemeingut gehört, dass die Zukunft nicht exakt vorhersagbar ist, auch wenn die Chaosforscher diese Vermutung bestätigen, bleibt die Arbeit von Zukunftsexperten mit falschen Erwartungen belastet. Die Klienten erwarten von ihnen klare Aussagen darüber, wie sich ihr Arbeitsgebiet oder Markt in Zukunft entwickeln wird.

Der zeitgenössische Zukunftsexperte hingegen versteht sich weniger als Voraus*sager*, denn als Voraus*denker* der Zukunft. Infolgedessen kommt dem Zukunftsforscher das Denken in Szenarien entgegen. Sie ermöglichen ihm, an Zukünften zu arbeiten und zu Innovationen zu inspirieren, ohne sich unrealistischerweise auf prognostische Aussagen festlegen zu müssen. Die Klienten jedoch verstehen seine Szenarien stoisch als Prognosen. Enttäuschung der Klienten sowie Verhöhnung oder gar Verachtung der Zukunftsexperten sind die regelmäßige Folge eines unklaren Rollenverständnisses.

Propheten oder Inspiratoren?

Liest man heute das Buch über die *Trends 2015* von Gerd Gerken und Michael Konitzer, geschrieben im Jahr 1995, kann man prüfen, wie gut die Autoren damals die Zukunft »prognostiziert« haben (wobei sie das sicher nicht beanspruchten). Unter Fachleuten sei es unstrittig, dass die Arbeitszeit bei vollem Lohnausgleich weiter vermindert werde (S. 124), bis auf 29 Stunden im Jahr 2030. Es werden andere Zukunftsexperten zitiert, so etwa das BAT-Freizeitforschungsinstitut oder das Institut für Arbeitsmarkt- und Berufsforschung. Fast alle glaubten über viele Jahrzehnte hinweg an die kommende Freizeitgesellschaft, so dass man hier nicht allzu streng und schadenfroh sein sollte. Es ist schließlich nicht verwerflich, einen jahrzehntealten Trend fortzuschreiben.

Auch das Ende des gedruckten Wortes (S. 88) ist noch lange nicht gekommen und wird auch bis 2015 nicht gekommen sein. Sehen wir uns einige etwas ungewöhnlichere Themen an, die wir zufällig ausgewählt haben:

- »*Die Kunst der Zukunft wird eine Art Begleiter zur Ekstase … Die Kunst dient nicht mehr der Versicherung eines Sinns, sondern vermittelt das Gefühl von Dasein. Ekstatik heißt, dass es keinen Sinn mehr, keine Anklage, kein klagendes Denken gibt. Wenn man die Ekstatik einführt, scheidet die Bewertung aus.*« (S. 101)

- Die Borderline-Patienten von heute (1995) sind die Multi-Minds der Zukunft. Sie sind die eigentlich fitteren. Sie sind die voranschreitende Elite, die in der Lage ist, mit mehreren Wirklichkeiten umzugehen. »*Solche Menschen geraten nie in die Sackgasse, irgendwann irgendetwas wirklich zu glauben.*« (S. 39)

- »*Mode wird zum individuellen Lautsprecher der eigenen Gefühle und Befindlichkeiten, zum Transportmittel der seelischen Intimität und der persönlichen Imagination.*« (S. 167)

Faith Popcorn schreibt in *Clicking, der neue Popcorn-Report* aus dem Jahr 1997 beispielsweise Folgendes:

- Clanning ist ein Trend. Menschen organisieren sich in Clans und Gruppen (S. 84 ff.).

- Fantasy-Abenteuer boomen. »*Um Stress und Langeweile zu entkommen, haben die Verbraucher das Bedürfnis, Abenteuer und Anregung in einer risikofreien Umgebung zu erleben.*« (S. 103)

Wenn der Maschinenbauingenieur mit seinem positivistischen Geist auf die Aussagen der Trendforscher schaut, kann er nur den Kopf schütteln. Scharlatanerie, hört man ihn rufen. An den obigen Aussagen ist so gut wie nichts überprüfbar oder beweisbar. Zum Teil entziehen sich schon die reinen Worte einem eindeutigen Verständnis. Den prognostischen Wert, sollten die genannten Aussagen überhaupt einen haben, kann man noch nicht einmal im Nachhinein prüfen, geschweige denn a priori. Ohnehin werden oft schlicht Phänomene der Gegenwart als Trends bezeichnet, wie es bei Faith Popcorn und den meisten anderen Trendforschern der Fall ist.

Nehmen Sie die Trendforscher nicht als Prognostiker und Propheten, sondern als Ideenlieferanten.

Wer mit dem nach offenen Ideen suchenden Geist des Konstruktivisten die gleichen Aussagen liest, wird sich über viele Anregungen freuen können. Der Unterschied ist einfach und banal, aber leider wird er viel zu selten gemacht. Die Aussagen der Trendforschung sollten Sie nie als Prognosen (blaue Zukunftsbrille), sondern als inspirierende Ideen und Erfindungen (grüne Zukunftsbrille) begreifen. Die Trendforscher können Ihnen keine Orientierung im engen Sinne geben. Faith Popcorn schreibt offen, dass sie zu einem großen Teil »unterhaltsame Prognosen« (S. 66) erstellt.

Es sind zwei verschiedene Zukunftsbrillen. Die eine will die wahrscheinliche Zukunft sehen, die andere will Ideen für die Zukunft aufzeigen. Der Trendforscher trägt, meist ohne sich dessen bewusst zu sein, die grüne Zukunftsbrille, während der Ingenieur und mit ihm viele andere glauben, der Trendforscher gebe zumindest vor, die blaue Zukunftsbrille zu tragen.

Universal-Experten oder Innovatoren?

Viele Zukunftsexperten tummeln sich als Generalisten in sehr vielen Fachgebieten. Durch ihre Interdisziplinarität und Methodenkompetenz können sie sehr inspirierend wirken und die Denkhorizonte ihrer Klienten enorm erweitern und bereichern.

Leider ziehen viele Zukunftsforscher und -manager keine klare Grenze und betätigen sich heute als Experte für Kosmetik, referieren morgen als Fachmann für Klimatologie und brillieren übermorgen als Kapazität auf den Gebieten Pädagogik und Psychologie. Der Zukunftsspezialist steht damit regelmäßig in Konkurrenz zu den jeweiligen Fachexperten, deren Fachkompetenz im Zweifelsfalle immer der seinen überlegen ist. Die vermeintliche Universalität des Zukunftsforschers führt zu zwei gravierenden Problemen:

1. Viele Fachexperten sind zu Recht enttäuscht, wenn ihnen der Zukunftsforscher Gedanken präsentiert, die auf ihren Fachkonferenzen oft schon seit Jahren diskutiert werden.

2. Die Zukunftsforscher nähren das Vorurteil, dass die Zukunft eines Fachgebietes unabhängig von einer gewissen Expertise in diesem

Fachgebiet analysiert werden kann. Viele Klienten gehen davon aus, dass man einen Zukunftsforscher buchstäblich nach der Zukunft von allem fragen kann.

Es fehlt ein Modell, das diesen potenziellen Konflikt zu lösen vermag. Es müsste klarstellen, dass für die Analyse der wahrscheinlichen Zukunft eines Fachgebietes oder Marktes einschlägige Expertise nötig ist, dass aber gleichzeitig zur Analyse der möglichen und potenziell überraschenden Zukunft des Fachgebietes eher Interdisziplinarität und Erfahrung in ganz anderen Gebieten nützen.

 Der Zukunftsforscher brilliert durch Interdisziplinarität und Kreativität, aber so gut wie nie durch fachliche Tiefe und Expertise in einem Spezialgebiet. Dort ist er den Experten unterlegen.

2.3.3 Die Methoden-Verwirrung

Der dritte Teil der Zukunftsverwirrungen beschreibt die methodischen Problemfelder und Herausforderungen.

Werkzeugkataloge ohne Bauplan

Es gibt eine Reihe von Listen und Katalogen mit Methoden, Techniken und Werkzeugen für Zukunftsforschung und Zukunftsmanagement. Bemerkenswert an ihnen ist neben der Vielfalt vor allem die Tatsache, dass die Methoden so gut wie nie danach differenziert werden, wofür man sie eigentlich in einem Projekt praktisch einsetzen kann. Da werden in unglaublicher Inkonsequenz Methoden wie das simple Brainstorming in einem Atemzug mit Szenarien und Comprehensive Situation Mapping genannt. So wird schnell die einmal liebgewonnene Methode als Universalwerkzeug für Aufgaben im Zukunftsmanagement verwendet, womit Enttäuschungen und Irritationen programmiert sind. Erst mit einer Unterscheidung von Sichtweisen (Zukunftsbrillen) haben solche Listen und Kataloge wirklich für die Praxis einen Sinn.

Grenzen der klassischen Szenarien

Nach den Weltkriegen erlebte die entwickelte Welt einen enormen wirtschaftlichen Aufschwung. In einer wachsenden Wirtschaft war die Antizipation relativ leicht. Und wenn man sich mal irrte, nahm es niemand so recht übel, denn gewachsen war man ja meist dennoch. Als der Wachstumsmotor Ende der 1960er- und Anfang der 1970er-Jahre jedoch ins Stocken geriet, fuhren immer mehr Zukunftsforscher mit ihren Prognosen gegen die Wände der Realität.

Morgendämmerung der Szenario-Methode

Auf der Suche nach Alternativen kam Herman Kahn von der RAND-Corporation mit seinen Szenarien gerade recht. Sein mit Anthony Weiner veröffentlichtes Buch *The Year 2000 – A Framework for Speculation on The Next Thirty-Three Years* (deutsch: *Ihr werdet es erleben*) aus dem Jahr 1967 machte das Prinzip der Szenario-Methode bekannt. Es beschrieb alternative Szenarien der Welt im Jahr 2000. Die Zukunftsforscher begriffen schnell, dass die Szenarien das Denkwerkzeug sind, mit dem man die zunehmende Komplexität und Turbulenz der Zukunft berücksichtigen und trotzdem die Zukunft analysieren kann. Sie befreiten sich aus dem Dilemma, dass die Zukunft zwar nicht vorhersagbar ist, dass es aber einen großen Bedarf an Orientierungswissen darüber gibt, was uns zukünftig erwartet. Sie fanden einen Weg zwischen den nach exakten Prognosen gierenden Kunden einerseits und der dies nicht zulassenden Realität andererseits. Mit der Szenario-Methode konnten sie ihren Beruf weiter ausüben, ohne jedoch an Prognosen gemessen werden zu müssen.

Fortan arbeiteten praktisch alle Zukunftsforscher mit Szenarien als Bilder möglicher Zukünfte. Sie mussten nur ihre Leser und Klienten von Sinn und Nutzen der Szenarien überzeugen. Das fiel vergleichsweise leicht, denn schließlich hatten Edward Lorenz (1963) und andere die ersten Fortschritte im Verständnis komplexer adaptiver Systeme gemacht, zu denen unter anderem praktisch jedes System gehört, in dem Menschen eine Rolle spielen. Solche Systeme sind nicht prognostizierbar (siehe *Das ZukunftsRadar*). Seit Ende der 1960er-Jahre haben die klassischen Szenario-Methoden als Werkzeug der Zukunftsforschung und der Planung dann auch kontinuierlich an Bedeutung gewonnen.

Klassische Szenario-Methoden decken nur einen Teil ab

Szenarien ermöglichen es dem Zukunftsforscher, sich nicht festlegen zu müssen. Sie als Entscheider im Leben oder im Großkonzern müssen sich jedoch sehr wohl festlegen, denn langfristige Entscheidungen wie etwa solche über Geschäftsfelder, Standorte oder leitende Mitarbeiter können kaum so getroffen werden, dass sie in allen denkbaren Szenarien sinnvoll sind. Ein Vergleich zur Wettervorhersage mag dies veranschaulichen. Wir hören auf die Wettervorhersage, weil wir uns auf das kommende Wetter vorbereiten wollen. Man kann wenig anfangen mit drei Szenarien, nach denen es morgen entweder hochsommerlich heiß wird oder heftig gewittert oder kühl windet. Wer sich auf alle möglichen Wetterlagen vorbereiten will, wie es die Zukunftsforscher fordern, muss mit allerlei Extragepäck reisen. In der Praxis hieße das, dass nur solche Strategien robust sind, die allen Szenarien entsprechen. Dies ist in der Praxis kaum finanzierbar und führt zudem geradewegs zur Vergleichbarkeit mit den Mitbewerbern, denn die für alle Szenarien geeigneten Strategien haben die Tendenz, einander sehr zu ähneln. Dies wiederum würde die Differenzierung zu Mitbewerbern und damit die Umsatzrenditen minimieren.

Entscheidungsträger benötigen Zukunftsannahmen mit bestimmten Erwartungswahrscheinlichkeiten genauso wie Inspirationen und Entscheidungshilfen, um Zukunftschancen wahrzunehmen und Visionen zu entwickeln. Schließlich müssen sie gute Wege finden, um ihre darauf aufbauenden Ziele und Strategien auch umzusetzen. Szenarien beinhalten wahrscheinliche, unwahrscheinliche, gewünschte, gefürchtete, machbare und erfundene Zukünfte. Dies ist ein Gemisch verschiedenster Charaktere der Zukunft, mit denen keine Klarheit und keine Orientierung möglich ist. Es hat sich als sehr hilfreich erwiesen, Szenarien der Zukunft differenzierter zu betrachten, als dies gemeinhin getan wird.

Die Klagen der Manager

In unserer Arbeit begegnen wir immer wieder den gleichen Klagen der Praktiker, die hier zum Teil im Wortlaut wiedergegeben sind:

- Wir haben die Szenario-Methode angewendet, aber mit drei oder fünf gleich unwahrscheinlichen Zukünften fehlt uns die orientierende Basis. Im wirklichen Leben kann man nicht auf alles gleichzeitig vorbereitet sein.

- Wir haben über Zukunftsszenarien diskutiert, aber das führte uns nicht zu der wirklich innovativen Sicht auf unsere Chancen in der Zukunft, wie wir es uns versprochen hatten.

- Wir haben die Implikationen von Szenarien ermittelt und analysiert, aber wir wollten eigentlich eine für uns individuelle und klare Vision, auf die wir hinarbeiten können.

- Unser Szenario-Projekt hörte mit Empfehlungen für Leitstrategien auf, aber für uns Praktiker beginnt da erst die Arbeit. Wir hätten uns eine bessere Verbindung zu unseren Scorecards gewünscht.

- Es fehlte uns neben den Szenarien ein Ansatz, mit dem wir die Solidität unserer Strategie auf breiterer Basis testen konnten. Drei, vier Szenarien sind okay, aber wir fürchten ganz andere Überraschungen aus dem realen Leben.

- Wir haben die Szenario-Methode computergestützt angewendet, aber das erwies sich als eine sehr komplexe, zeitaufwändige und teure Übung.

Mit den fünf Zukunftsbrillen soll die klassische Szenario-Methode in ihren Perspektiven geklärt und erweitert werden.

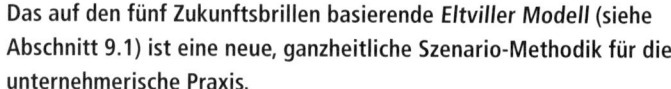

Das auf den fünf Zukunftsbrillen basierende *Eltviller Modell* (siehe Abschnitt 9.1) ist eine neue, ganzheitliche Szenario-Methodik für die unternehmerische Praxis.

2.4 Was die Praxis fordert

Die Dilemmata, Irrationalitäten und Zukunftsverwirrungen lassen sich positiv in Anforderungen der Praxis umformulieren. Diese Anforderungen sollen die fünf Zukunftsbrillen und das *Eltviller Modell* so weit wie möglich erfüllen.

Tabelle 5: Anforderungen der Praxis

Ganzheitlichkeit: Die Methode muss zuallererst in dem Sinne ganzheitlich sein, dass sie alle nötigen Prozess-Schritte und alle Ergebnis-Typen in einem Modell integriert und sie miteinander vernetzt.

Zukunftsdifferenzierung: Die Methode muss klar zwischen den verschiedenen Sichtweisen auf die Zukunft (möglich, wahrscheinlich, gewünscht, gefürchtet, überraschend, geplant etc.) unterscheiden.

Aktiv-Passiv-Klarheit: Es muss im Prozess erkennbar sein, ob man auf sich selbst oder auf die Umwelt schaut. Die aktive und die passive Sicht zu vermischen, ist systemisch nicht praktikabel.

Orientierung: Die Methode muss ein orientierendes Bild einer wahrscheinlichen Zukunft liefern, auch wenn die Zukunft nicht (genau) vorhersehbar ist.

Überraschungsvielfalt: Die Methode muss eine größere Zahl potenzieller Überraschungen berücksichtigen.

Chancen-Fokus: Die Methode muss ein starkes Element der kreativen Erarbeitung von Zukunftschancen und -optionen gewährleisten und darüber die wettbewerbliche Differenzierung unterstützen.

Vision: Die Methode muss ein umfassendes Bild einer vom Akteur oder vom Team gewünschten Zukunft liefern.

Strategie und Planung: Die Methode muss klare Verbindungen zum operativen Geschäft haben.

Permanenz: Die Methode muss geeignet sein, einen permanent laufenden Radarprozess im Tagesgeschäft zu unterstützen.

Effizienz: Die Methode muss in dem Sinne effizient sein, dass sie die oben beschriebenen Anforderungen mit einem angemessenen Aufwand an Zeit und Geld erfüllen kann.

Selbstanwendung: Die Methode muss geeignet sein, von einem durchschnittlich qualifizierten Team selbst angewendet zu werden, zumindest in ihren Grundfunktionen.

3 Viele Zukünfte und fünf Zukunftsbrillen

Dieses Kapitel beschreibt die Entstehung und Konzeption der fünf Zukunftsbrillen. Beginnend mit einem kurzen Blick auf die in der Geschichte relevanten Sichtweisen, differenzieren wir die unterschiedlichen Zukünfte, um darin die fünf Zukunftsbrillen zu identifizieren.

3.1 Sichtweisen auf die Zukunft in der Geschichte

In der Geschichte der Menschheit sind verschiedene Sichtweisen auf die Zukunft nachweisbar. Seit der Antike und dann in größerem Umfang wieder seit der Renaissance haben sich die Menschen bewusst mit der Zukunft beschäftigt. Zwar haben die Menschen immer alle fünf Sichtweisen auf die Zukunft eingenommen und damit alle fünf Zukunftsbrillen getragen, aber diejenigen, die sich professionell mit der langfristigen Zukunft von Märkten und der Welt befassten, haben Schwerpunkte gesetzt.

Tabelle 6 gibt einen Überblick über die in den geschichtlichen Epochen typischen Sichtweisen auf die Zukunft.

3.2 Eine Landkarte der Zukünfte

Die Zukunft. Wenn wir damit schlicht die vor uns liegende, weil noch nicht erlebte Zeit meinen, scheint die Definition der Zukunft einfach und jede weitere Nachfrage überflüssig. Steigt man jedoch etwas tiefer ein, wird schnell klar, dass dieses auf den ersten Blick eindeutige und erschöpfende Verständnis der Zukunft nur sehr ungenügend ist und der Komplexität der Zukunft kaum gerecht werden kann. Mit den

Tabelle 6: Historische Relevanz der Sichtweisen

Zeitraum und Rolle der Zukunft	Sichtweisen / Brillen				
	Wahrscheinliche Zukunft kennen	Zukunftsoptionen kreativ erkennen	Bessere Zukunft bestimmen	Mögliche Überraschungen kennen	Zukunft langfristig planen
Steinzeit: Die ewige Gegenwart					
Bronze- und Eisenzeit: Deuter, Seher und Wahrsager	○				
Antike: Moderne Zukunftsweisheiten	●	○	●		
Mittelalter: Erzwungener Stillstand	○				
Renaissance: Utopien an entfernten Orten in der Gegenwart	○	●	●		
Reformation: Zukunftsgestaltung durch Gegenwartskritik	○	○	●		
Aufklärung: Utopien am gleichen Ort in der Zukunft	●	●	●		
Industrialisierung: Technische Visionen und sozialer Wandel	●	●	●		
Weltkriege und Depression: Militärische und staatliche Planung und Intervention	●	○	●	○	○
Nachkriegszeit und 1950er: Vision und Planung des Wiederaufbaus	●	●	●	○	●
1960er: Morgendämmerung der Zukunftsforschung	●	●	●	○	●
1970er: Popularisierung und Ernüchterungen	●	●	●	●	●
1980er: Krise und Trendzeit	○	●	●	●	●
1990er: Katharsis und Wiederbelebung	○	●	●	●	○
2000er: Etablierung und Anerkennung	○	●	●	●	○

englischen Begriffen *possible* (möglich), *probable* (wahrscheinlich) und *preferred* (wünschenswert, bevorzugt) versuchen Zukunftsforscher, die Zukunft zu kategorisieren. Doch auch diese Struktur bleibt unbefriedigend. Da die Zukunft ein sehr komplexer Denkgegenstand ist, ist es gefährlich, sie mit allzu radikalen Vereinfachungen zu betrachten. Es braucht Komplexität, um Komplexität verstehen und mit ihr umgehen zu können.

Sieht man die einschlägige Literatur durch, stellt man erstaunt und auch etwas befremdet fest, dass kaum ein Zukunftsdenker jemals versucht hat, eine umfassende Kategorisierung der Zukunft vorzunehmen. Die hier vorgestellte Landkarte der Zukünfte ist als ein solcher Versuch gedacht.

3.2.1 Zukünfte statt Zukunft

Die durch das Wort Zukunft angedeutete Singularität der Zukunft ist ganz offenbar ein Trugschluss. Die Zukunft ist multipel. Meist greifen wir mit dem Gedanken an die (eine) Zukunft zu kurz. Schon der spanische Theologe Molina hat im 16. Jahrhundert das später von Bertrand de Jouvenel in Frankreich wieder aufgegriffene Kunstwort »futuribles« verwendet, eine Kombination aus den Worten »futures« und »possibles«, mögliche Zukünfte. Ihm war bereits bewusst, was sich heute noch lange nicht durchgesetzt hat, nämlich die Sinnhaftigkeit der bewussten und bevorzugten Verwendung des Plurals von Zukunft: Zukünfte.

Schon vor einigen Jahrzehnten sind die Zukunftsexperten dazu übergegangen, von der Zukunft nur noch im Plural zu sprechen[1]. Es ist ein sprachlicher Fingerzeig auf die Offenheit und prinzipielle Unvorhersagbarkeit der Zukunft. Mit diesem Begriff tragen wir besser der Tatsache Rechnung, dass die Zukunft unendlich viele Ausgänge nehmen kann. Die Pluralität der Zukunft macht uns bewusst, dass es neben der »Standardzukunft« auch eine prinzipiell unendliche Zahl alternativer Zukünfte gibt.

3.2.2 Arten von Zukünften

Abbildung 5 zeigt die Arten von Zukünften aus unserer Sicht. Die zunächst komplexe Kategorisierung soll letztlich einer angemessenen Vereinfachung dienen, indem sie Struktur und Ordnung in den Begriff und in das Wesen der Zukunft bringt. Nehmen wir also zunächst einmal die vorübergehende Verwirrung in Kauf, um anschließend ein einfaches und praktikables Modell zu entwickeln. Erst wenn man sieht, wie viele unterschiedliche Begriffe und Definitionen es für die Zukunft gibt, kann man wirklich nachvollziehen und verstehen, warum es nötig und wichtig ist, die fünf Zukunftsbrillen zu kennen und anzuwenden.

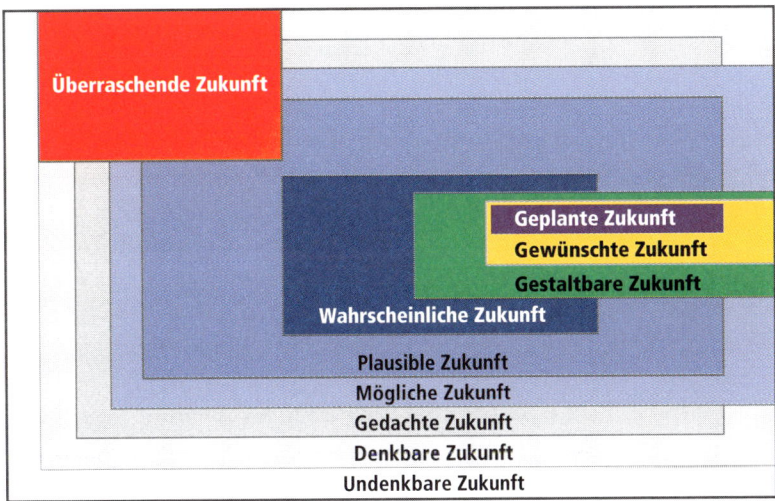

Abb. 5: Arten von Zukünften

Die hier vorgeschlagenen Arten von Zukünften müssen unter folgenden Prämissen betrachtet werden:

1. Die Zukünfte sind aus der Sicht eines einzelnen Akteurs, also eines Menschen, eines Teams oder einer Organisation, definiert. Daher unterliegt der Inhalt jeder Art der Zukunft der Subjektivität und dem unvollständigen Wissen des Einzelnen.

2. Die Definitionen der Zukunftsarten sind abhängig vom Zeitpunkt der Betrachtung. Im Zeitverlauf ändern sich die Inhalte der Kategorien. So kann sich eine bestimmte Zukunft wie der Kontakt mit außerirdischem Leben von der denkbaren Zukunft über die mögliche Zukunft und plausible Zukunft bis hin zur wahrscheinlichen Zukunft entwickeln, bevor sie durch den faktischen Beweis aus den Zukünften heraus und in die Gegenwart oder Gewissheit hineinfällt

3. Die Arten von Zukünften sind abhängig von der Reihenfolge der Betrachtung. Beginnt man bei der geplanten Zukunft, kann man, wohlargumentiert, zu einer anderen Kategorisierung kommen.

3.2.3 Wie denkbar sind Zukünfte?

Es scheint offensichtlich, dass jede Zukunft, mit der sich Menschen befassen und befassen könnten, denkbar sein muss[2]. Denkbar soll hier als Synonym für Begriffe wie vorstellbar, wissbar[3] und potenziell[4] gelten. Wenn es eine denkbare oder vorstellbare Zukunft gibt, könnte es, zumindest theoretisch, auch eine für Menschen undenkbare und unvorstellbare Zukunft geben und sei dies auch nur eine Art von leerer Menge, mit der wir uns nicht weiter befassen müssen. Die Zukunft setzt sich daher aus denkbarer und undenkbarer Zukunft zusammen.

■ [Zukünfte] = [denkbare Zukünfte] + [undenkbare Zukünfte]

Aus dem Begriff der Denkbarkeit folgt zwangsläufig die Unterscheidung, ob eine bestimmte Zukunft bereits einmal gedacht wurde oder nicht. Die gedachten Zukünfte bilden eine Teilmenge der denkbaren Zukünfte.

■ [denkbare Zukünfte] = [gedachte Zukünfte] + [ungedachte Zukünfte]

Selbst wenn die Zukunft noch so unrealistisch und weit weg erscheint, wie es Friedmans Begriff von der »*feasible utopia*«[5] ist, wurde dennoch durch den Vorgang des Denkens und Ausdrückens ein Teil der denkbaren Zukunft in gedachte Zukunft transformiert.

Dass sich selbst die große Politik mit der Problematik gedachter und nur denkbarer Zukünfte beschäftigt, zeigt eine Aussage von Donald Rumsfeld, dem ehemaligen US-Verteidigungsminister: »*Wie wir wissen, gibt es bekanntes Bekanntes, also Dinge, von denen wir wissen, dass wir sie wissen. Wir wissen auch, dass es bekanntes Unbekanntes gibt, das heißt, wir wissen, dass es einige Dinge gibt, die wir nicht wissen. Aber es gibt auch unbekanntes Unbekanntes – die Dinge, von denen wir nicht wissen, dass wir sie nicht wissen*[6].«

3.2.4 Wie wahrscheinlich sind Zukünfte?

Geht es um die Zukunft, denken die meisten Menschen unweigerlich in der Kategorie Wahrscheinlichkeit[7]. Schließlich weiß man intuitiv, wie wertvoll es wäre, die Zukunft zu kennen.

Denkbare Zukünfte und mögliche Zukünfte

Um überhaupt wahrscheinlich sein zu können, muss eine bestimmte Zukunft zunächst einmal physikalisch möglich sein[8]. Eine auf Wasserstoff basierende Weltwirtschaft, das Ausmerzen des Hungers und nachhaltig ausgeglichene Staatshaushalte sind zweifelsohne physikalisch möglich. Über die Wahrscheinlichkeit lässt sich hingegen in allen drei Beispielen diskutieren. Die immer wieder auf den Plan gebrachte Installation von Weltraumaufzügen, die an geostationären Satelliten »aufgehängt« sind, ist theoretisch wohl möglich, aber ihre Möglichkeit ist durch die Praxis weder bewiesen oder widerlegt. Bis 1995 galt dies auch für die Möglichkeit der Existenz von Planeten außerhalb des Sonnensystems. Wer die Möglichkeit bestritt, galt als ignorant oder verblendet, auch wenn ein Beweis bis 1995 nicht erbracht war. Mittlerweile werden monatlich rund zwei neue Planeten entdeckt. Bis 2005/2006 durfte die Herstellung von Tarnkappen als unmöglich bezeichnet werden. Mittlerweile gibt es zumindest in der Physik deutliche Indizien und sogar Experimente, die dafür sprechen, dass Unsichtbarkeit durch Umlenkung von Lichtstrahlen mittels einer entsprechenden Vorrichtung tatsächlich möglich ist[9].

■ [Zukunft] = [mögliche Zukünfte] + [unmögliche Zukünfte]

Was möglich ist, *muss* denkbar sein. Was denkbar ist, *kann* möglich sein. Denkbar, aber physikalisch unmöglich erscheint bis auf weiteres das faktische Beamen, auch wenn es einige erfolgreiche Experimente zur Teleportation von Eigenschaften gab, was nun aber nicht Beamen im eigentlichen Verständnis ist, also die Teleportation eines einzigartigen Körpers.

■ [mögliche Zukünfte] ist Teilmenge von [denkbare Zukünfte]

Man darf davon ausgehen, dass nicht alles, was möglich ist, auch tatsächlich schon gedacht wurde. Den Beweis müssen wir hier naturgemäß schuldig bleiben, denn erstens kann niemand wissen, was alles bereits gedacht wurde, und zweitens würde mit dem Beweis das ungedachte Mögliche sogleich zum gedachten Möglichen, womit das zu Beweisende vernichtet wird.

Was gedacht wurde, kann, muss aber nicht möglich sein. Was möglich ist, kann, muss aber nicht schon gedacht sein. Die möglichen Zukünfte und die gedachten Zukünfte haben also eine Schnittmenge miteinander.

■ [mögliche Zukünfte] hat eine Schnittmenge mit [gedachte Zukünfte]

So können wir nebenbei die Utopie als eine Zukunft definieren, die zwar denkbar, aber doch unmöglich zu realisieren ist.

■ [Utopien] = [denkbare Zukünfte] – [mögliche Zukünfte]

Was möglich ist, ist auch denkbar. Was denkbar ist, *kann* möglich sein. Was undenkbar ist, kann nicht möglich sein.

Plausible Zukünfte

Neben der reinen physikalischen Möglichkeit erscheint es sinnvoll, die Kategorie plausibler Zukünfte[10] einzuführen. Plausibel ist eine Zukunft dann, wenn sie argumentativ so beschrieben werden kann, dass es einleuchtend erscheint, dass diese Zukunft tatsächlich eintreten *könnte*. Zwar ist es wohl grundsätzlich möglich, dass Ihr neues Produkt binnen eines Jahres hundert Prozent Marktanteil erreicht, plausibel ist dies im Regelfall jedoch nicht, zumindest im Zeithorizont von einem Jahr. Zukünfte können also grundsätzlich möglich sein, ohne plausibel zu sein.

■ [mögliche Zukünfte] = [plausible Zukünfte] + [implausible Zukünfte]

Was möglich ist, *kann* plausibel sein. Was plausibel ist, *muss* möglich sein, zumindest, wenn man einen strengen Maßstab von Plausibilität anlegt.

■ [plausible Zukünfte] ist Teilmenge von [mögliche Zukünfte]

Wahrscheinliche Zukünfte

Plausible Zukünfte sind gleichzeitig auch mögliche und gedachte Zukünfte, also Teilmengen dieser Kategorien. Ist eine Zukunft möglich und plausibel, kann sie immer noch recht unwahrscheinlich sein. Sie könnten plausibel darlegen, wie Sie mit Ihrem neuen Produkt innerhalb eines Jahres neunzig Prozent Marktanteil erreichen möchten oder wie Sie im gleichen Zeitraum achtzig Prozent der Hungernden weltweit retten möchten. Bei aller Plausibilität Ihrer Argumente und bei aller Genialität Ihrer Strategie, die Wahrscheinlichkeit müsste man vernünftigerweise als gering einschätzen[11]. Wahrscheinliche Zukünfte sind also eine Teilmenge der plausiblen Zukünfte.

■ [wahrscheinliche Zukünfte] ist Teilmenge von [plausible Zukünfte]

Die Wahrscheinlichkeit von Zukünften ist umso mehr subjektive Einschätzung von Menschen und umso weniger mathematisch fundierbar, je weiter der Zeithorizont in die Zukunft reicht. Dies gilt insbesondere für die vom Menschen gemachten Zukünfte in Gesellschaft, Politik und Wirtschaft. Für Erdbeben hingegen lassen sich recht genaue Wahrscheinlichkeitsrechnungen durchführen, die freilich offen lassen, ob »einmal in 10 000 Jahren« genau morgen heißt oder in 20 000 Jahren. Auf eine knappe Formel gebracht: Die Wahrscheinlichkeit von Zukünftigem ist das Resultat menschlicher Einschätzungen, die nur zum Teil mathematisch fundiert werden können. Daher sind die hier gemeinten Wahrscheinlichkeiten eher »Erwartungswahrscheinlichkeiten« als mathematische Wahrscheinlichkeiten.

Beobachtet man Menschen beim Nachdenken und Kommunizieren über Wahrscheinlichkeiten, werden drei grobe Kategorien deutlich. Entweder halten wir etwas für wahrscheinlich oder für unwahrscheinlich oder eben für weder wahrscheinlich noch unwahrscheinlich, also für »mittelwahrscheinlich«.

■ [plausible Zukünfte] = [wahrscheinliche Zukünfte] + [mittelwahrscheinliche Zukünfte] + [unwahrscheinliche Zukünfte]

Den von Zukunftsexperten verwendeten Definitionen wahrscheinlicher Zukünfte ist gemein, dass diese in der Regel als passive Zukünfte interpretiert werden, die uns passieren, an denen wir also relativ wenig ändern können[12].

Überraschende Zukünfte

Bei den bisherigen Überlegungen zu wahrscheinlichen Zukünften gingen wir immer davon aus, dass wir mögliche und plausible Zukünfte bewusst betrachten und dann hinsichtlich ihrer Wahrscheinlichkeit einschätzen konnten. Was aber ist mit den Zukünften, an die wir gar nicht gedacht haben und die dann trotzdem eintreten? Dass es einmal Peer-to-Peer-Kapitalmärkte für Privatpersonen wie Zopa (www.zopa.com) und Prosper (www.prosper.com) geben könnte, hat praktisch keine Bank vorausgesehen. Nennen wir solche Fälle überraschende[13] Zukünfte. Überraschend kann aber auch der Eintritt der Zukünfte sein, die wir zwar betrachtet, aber dann bewusst oder unbewusst als unwahrscheinlich eingestuft haben. Der am Check-in gedachte Gedanke an einen Flugzeugabsturz, an einen Tsunami in Indonesien wie 2004, an die eigene HIV-Infektion bei wenig riskantem Lebensstil oder an die als unwahrscheinlich verworfene Pleite eines entscheidenden Kunden gehören, wenn das Unerwartete doch eintritt, zur Kategorie der Überraschungen. Es gibt also ungedachte Überraschungen und gedachte Überraschungen.

■ [überraschende Zukünfte] = [gedacht überraschende Zukünfte] + [ungedacht überraschende Zukünfte]

Da wir nie genau wissen können, was möglich ist und was nicht, kann es auch überraschende Zukünfte geben, die wir vor ihrem Eintritt für nicht physikalisch möglich gehalten haben. Gleiches gilt dann auch für die plausiblen Zukünfte.

▮ [überraschende Zukünfte] hat eine Schnittmenge mit
[mögliche Zukünfte] (nach gegenwärtigem Wissen)

▮ [überraschende Zukünfte] hat eine Schnittmenge mit
[plausible Zukünfte]

3.2.5 Wie gestaltbar sind Zukünfte?

Denkt man Zukünfte in der Kategorie der Wahrscheinlichkeit, liegt es nahe, vor allem die Zukunft der nicht beeinflussbaren Bereiche in unserem Umfeld zu betrachten. Wenn wir aber über unsere eigene Zukunft nachdenken, ob als Person, als Team oder als Organisation, geht es in erster Linie um die Dimension der »Gestaltbarkeit« (synonym dazu um Machbarkeit[14] und Realisierbarkeit[15]) und später auch der »Erwünschtheit«.

Die *passive Sicht* auf die wahrscheinliche Zukunft geht davon aus, dass sich unser Umfeld größtenteils unabhängig von unserem Zutun entwickeln und dass diese Entwicklung einen spürbaren Einfluss auf uns haben wird. Die Grundannahme der passiven Sicht auf die Zukunft besteht darin, dass wir das Kommende voraussehen müssen, um uns rechtzeitig auf das vorbereiten zu können, was die Zukunft mit uns macht. Wir denken die Zukunft von außen nach innen, wir sind passiv und reagieren.

Die *aktive Sicht* auf die gestaltbare Zukunft geht davon aus, dass sich unser Umfeld zu einem großen Teil so entwickeln wird, wie wir es wollen. Die Grundannahme der aktiven Sicht auf die Zukunft besteht darin, dass wir die Zukunft gestalten oder gar machen müssen, damit sie so wird, wie wir sie haben wollen. Wir denken die Zukunft von innen nach außen, sind aktiv und agieren.

Jeder Mensch kann in gewissen Grenzen seine Zukunft gestalten. Je weiter diese Grenzen sind, desto besser geht es dem Menschen wie auch jeder Gruppe von Menschen, sei es die Familie, das Unternehmen, die

Organisation oder der Staat. Doch ist nicht jeder seines Glückes und seiner Realität Schmied. Nicht nur das hilflose Kind, das hungert und durstet, sondern jeder Mensch, dem körperliche, geistige, finanzielle oder andere Voraussetzungen fehlen, hat begrenzte Möglichkeiten, seine eigene Zukunft zum Besseren hin zu gestalten.

Das Rechtssystem der Europäischen Union oder der USA, die globale militärische Sicherheitslage und der Klimawandel liegen für jeden von uns, aber auch für die meisten Unternehmen und Organisation außerhalb der direkten Einflussmöglichkeiten. Natürlich kann das weiche Wasser den Stein brechen, wie ein zur Parole gewordener Glaubenssatz der alternativen Szene in den 1970er- und 1980er-Jahren lautete. Schließen wir uns mit vielen anderen zusammen, setzen uns nur Fantasie, Ressourcen und die Zeit die Grenzen dessen, was wir verändern können. Doch realistisch betrachtet, ist es vernünftiger zu akzeptieren, dass sich ein wesentlicher Teil unserer Umwelt unserem gezielten und direkten Einfluss entzieht. Glauben wir der jüngeren Gehirnforschung, entzieht sich sogar ein nicht unbeträchtlicher Teil unseres Selbst unserem Einfluss.

Tabelle 7: Passive und aktive Sicht auf die Zukunft		
Kriterium	**Passive Sicht**	**Aktive Sicht**
Fokus-Punkt	▪ Außenwelt des Akteurs	▪ Innenwelt des Akteurs
Denkrichtung	▪ Von außen nach innen	▪ Von innen nach außen
Leitgedanke	▪ Zukunft antizipieren und sich und die Innenwelt anpassen	▪ Zukunft erfinden, sie gestalten und die Außenwelt anpassen
Gestaltbarkeit	▪ Minimal ▪ Die Zukunft kann vom Akteur kaum beeinflusst werden	▪ Relativ hoch ▪ Die Zukunft kann vom Akteur zu einem großen Teil gestaltet werden
Methodischer Ansatz	▪ Analytisch	▪ Kreativ

Tabelle 7: Passive und aktive Sicht auf die Zukunft

Mindset	■ Beobachtend	■ Imaginativ
	■ Analytisch / logisch	■ Intuitiv
	■ Kritisch	■ Kreativ
	■ Konservativ	■ Progressiv / transformativ
	■ Fatalistisch	■ Handelnd
	■ Pessimistisch / realistisch	■ Optimistisch / realistisch
	■ Bewertend	■ Entscheidend
Zuordenbare Kategorien der Zukunft (siehe nächsten Abschnitt)	■ Denkbare Zukünfte	■ Gestaltbare Zukünfte
	■ Gedachte Zukünfte	■ Gewünschte Zukünfte
	■ Mögliche Zukünfte	■ Geplante Zukünfte
	■ Plausible Zukünfte	
	■ Wahrscheinliche Zukünfte	
	■ Überraschende Zukünfte	

Die Zukunft als Ganzes besteht immer sowohl aus der aktiven wie der passiven Zukunft. Man muss die Zukunft des Umfeldes einschätzen, um das eigene Handeln gestalten zu können, das wiederum einen gewissen, wenn auch meist kleinen Einfluss auf das Umfeld hat. Friedrich Rückert hat am schönsten ausgedrückt, dass und wie Menschen sowohl die absehbare wie auch die unsichere Zukunft brauchen.

 »Des Menschen Glück besteht in zweierlei, dass die Zukunft ihm gewiss und gleichermaßen ungewiss sei.« (Friedrich Rückert)

Vor 2500 Jahren hat Perikles eine klare Priorisierung vorgeschlagen. Es sei nicht unsere Aufgabe, die Zukunft vorauszusagen, sondern uns auf die Zukunft vorzubereiten. Geht man der Logik dieses Satzes etwas intensiver nach, mag man erkennen, dass wir uns nur dann auf die Zukunft vorbereiten können, wenn wir sie in gewissem Umfang eingeschätzt haben, es also doch zunächst Teil der Aufgabe ist, die Zukunft zu antizipieren, wenn auch nicht vorherzusagen. Die gleiche fundamentale Unterscheidung nimmt Cunha[16] vor, indem er »foresight as prediction«, also passiv-antizipative Zukunft, und »foresight as invention«, also aktiv-gestaltende Zukunft, unterscheidet.

Damit Zukünfte gestaltbar sind, müssen sie denkbar und möglich sein.

■ [gestaltbare Zukünfte] ist Teilmenge von [mögliche Zukünfte]

Da Menschen auch irrational denken und handeln können, muss die gestaltbare Zukunft nicht unbedingt plausibel sein, auch wenn das Argument der Irrationalität sie plausibel erscheinen lassen könnte.

▌ [gestaltbare Zukünfte] hat eine Schnittmenge mit
[plausible Zukünfte]

▌ [gestaltbare Zukünfte] hat eine Schnittmenge mit
[wahrscheinliche Zukünfte]

Die plausiblen Zukünfte wie auch die wahrscheinlichen Zukünfte sind zum Teil gestaltbar. Dass die Geburtenraten in vielen entwickelten Ländern unter zwei bleiben, ist sehr wahrscheinlich, aber für den Einzelnen bei stärkstem Willen und größtem Fleiß nur zu einem denkbar kleinen Teil gestaltbar. Wenn wir jedoch in einer Branche arbeiten, die ganz offensichtlich und wahrscheinlich auf eine Krise zusteuert, können wir zwar kaum die Krise der Branche abwenden, aber wir können unsere wahrscheinliche Zukunft ändern, indem wir uns Aufgaben in einer anderen Branche suchen.

3.2.6 Wie wünschenswert sind Zukünfte?

Die meisten Menschen haben eine mehr oder minder genaue Vorstellung davon, wie sie sich die Zukunft wünschen, vor allem ihre eigene[17]. Viele wissen genau, was sie sich hinsichtlich Gesundheit, Partnerschaft, Vermögen etc. wünschen. Wer seine gewünschte Zukunft nicht aus sich heraus genau bestimmen kann, kann zumeist sagen, welche von mehreren Optionen er oder sie für die eigene Zukunft bevorzugt[18]. So werden mögliche berufliche Entwicklungsrichtungen oder auch nur die Optionen für die nächste Urlaubsreise priorisiert. Und wem auch das Priorisieren wünschenswerter Zukünfte schwerfällt, weiß zumindest, was er nicht will.

Die vielleicht einfachste Einteilung der Zukunft ist diejenige nach optimistischer, pessimistischer und realistischer Einschätzung derselben[19]. Zwischen der gewünschten Zukunft und der optimistischen Haltung auf die Zukunft sehen wir jedoch semantisch und ontologisch einen wesentlichen Unterschied. Optimistisch sieht man eher »die Zukunft« als Ganzes, während die »gewünschte Zukunft« eher die den Wünschenden selbst betreffende Zukunft ist. Mit der pessimistischen Haltung und der gefürchteten Zukunft verhält es sich analog.

Gewünschte Zukünfte

Gestaltbare Zukünfte können, müssen aber nicht gleichzeitig wünschenswerte oder gar gewünschte Zukünfte sein. Während dies leicht nachvollziehbar ist, muss man über die Frage, ob die gewünschten Zukünfte auch gleichzeitig gestaltbar sein sollten, schon einen Gedanken mehr denken. Man möge sich nur solche Ziele setzen, die man auch erreichen kann, sagen die Erfolgsratgeber. Alles andere frustriere nur. Um dieses Prinzip zu generalisieren, ist eine kleine, aber wichtige Unterscheidung zwischen wünschenswert und gewünscht angebracht. Gewünscht im Sinne von effektiv als konkretes Ziel verfolgt ist in der Regel eine Teilmenge von wünschenswert. Die menschlichen Träume und Wünsche mögen unbegrenzt sein, was wir uns effektiv wünschen, ist weniger als das, was wir uns alles wünschen könnten. Mag ein Lebensalter von 150 Jahren wünschenswert sein, wirklich gewünscht ist es vernünftigerweise wohl von kaum jemandem. Der sagenhafte Reichtum eines Bill Gates (den er zum weitaus größten Teil bald gespendet haben wird) ist vielleicht wünschenswert, aber eher selten gewünscht, wenn man in der Rangliste der Reichen nicht gerade in Sichtweite von Bill ist.

■ [gewünschte Zukünfte] ist Teilmenge von [wünschenswerte Zukünfte]

Wünscht sich ein Mensch oder ein Team eine bestimmte Zukunft, wird diese Zukunft nicht exakt der wahrscheinlichen Zukunft entsprechen, denn sonst bräuchte es den Wunsch nicht. Bestimmt und verkündet die Führungsspitze eines Unternehmens eine gewünschte Zukunft im Sinne einer Vision, hat dies etwas Normatives[20] – es wird eine verbindliche Orientierungsgrundlage geschaffen – und etwas Präskriptives[21] – es wird vorgezeichnet, wie und in welche Richtung die Mitarbeiter handeln sollen, um die Zukunft im von der Führung gewünschten Sinne zu verwirklichen.

Wenn man gewünschte Zukünfte als verbindliche Zielsetzung und nicht nur als wünschens*wert* versteht, wird man, wie es die Philosophen und Erfolgsratgeber unisono vorschlagen, die gewünschten Zukünfte aus der Menge der gestaltbaren Zukünfte wählen.

■ [gewünschte Zukünfte] ist Teilmenge von [gestaltbare Zukünfte]

Geplante Zukünfte

Was wir als gestaltbar erkennen und als gewünscht einordnen, können wir auch planen. Durch Planung brechen wir die gewünschte Zukunft in eine Abfolge geplanten Handelns[22] herunter.

■ [geplante Zukünfte] ist Teilmenge von [gewünschte Zukünfte]

Gefürchtete und ängstigende Zukünfte

Das Gegenteil der gewünschten Zukünfte sind die gefürchteten Zukünfte[23]. Warum gibt es in unserem Modell nur die Kategorie der gewünschten, nicht aber die der gefürchteten Zukünfte? Welche Zukünfte fürchten wir? Wir fürchten solche Zukünfte, die unsere derzeitige Unternehmensstrategie oder unser Lebenskonzept generell in Frage stellen würden. Dies ist der Fall, wenn sich Zukunftsannahmen, auf denen wir unsere wichtigen Entscheidungen für die Zukunft gründen, als falsch erweisen. Wenn Sie annehmen, dass Ihre Arbeit nicht durch einen Computer erledigt werden kann, fürchten Sie eine Zukunft, in der sich diese Annahme als falsch erweist. Wenn Sie annehmen, dass Ihre Schlüsseltechnologie, beispielsweise Gummi-Membranen in Automotoren, nicht überzeugend durch Elektronik ersetzt werden kann, fürchten Sie eine Zukunft, in der genau das passiert. Und natürlich fürchten wir solche Zukünfte, von denen wir wissen, dass sie uns körperlich oder seelisch verletzen würden.

Wir haben aber auch vor solchen Zukünften Angst, an die wir gar nicht konkret gedacht haben. Wir wissen, dass die Zukunft uns auch in einer Weise überraschen kann, an die wir vorher nie gedacht haben und bei der wir uns zumindest vorstellen können, dass sich unsere bisherige Strategie in dieser überraschenden Zukunft als falsch oder ungünstig erweist. Furcht haben wir vor konkreten Bedrohungen, Angst haben wir, wenn wir die konkrete Bedrohung nicht kennen[24].

Wie es scheint, fürchten wir alles, was in irgendeiner Form überraschend ist, sei es, weil wir es anders erwartet haben oder weil wir es gar nicht erwartet haben. Wir fürchten aber auch das nicht Überraschende, wenn es uns schaden kann. Das Gefürchtete kann wahrscheinlich, mittelwahrscheinlich, niedrigwahrscheinlich, nur plausibel, nur möglich oder auch nur denkbar sein. Fast ist man versucht, alles für gefürchtet oder ängstigend zu erklären, was nicht gewünscht ist. Wollen wir die Realität gut abbilden, müssen wir noch die indifferenten Zukünfte identifizieren, also Zukünfte, die wir weder besonders wünschen noch besonders fürchten, die uns also im Grunde gleichgültig sind. Dann können wir formulieren, dass die gefürchteten Zukünfte sich erst über die anderen Zukünfte definieren, so dass sie im Modell nicht ausdrücklich vorkommen müssen. Gefürchtete Zukünfte sind gleich der gesamten Zukunft abzüglich der gewünschten Zukünfte und der indifferenten Zukünfte.

> [gefürchtete Zukünfte] =
> [Zukünfte] – [gewünschte Zukünfte] – [indifferente Zukünfte]

3.3 Das Konzept der fünf Zukunftsbrillen

Die Landkarte der Zukünfte mag ein gutes Verständnis für die Vielschichtigkeit und Komplexität des so einfach und eindeutig klingenden Begriffs »Zukunft« schaffen. Sie gibt uns auch Anlass für eine gute Portion Bescheidenheit und Demut, wenn es darum geht, die Zukunft managen zu wollen. Um die in der Landkarte der Zukünfte ausgedrückte Komplexität beherrschen zu können, brauchen wir jedoch ein vereinfachtes Modell, das die Zukunft verstehen hilft, ohne allzu sehr zu simplifizieren.

3.3.1 Von Zukünften zu Zukunftsbrillen

Tabelle 8 zeigt die Zusammenfassung der Arten von Zukünften zu dem reichlich einfacheren Modell der fünf Zukunftsbrillen.

Tabelle 8: Arten der Zukunft und fünf Zukunftsbrillen		
Arten von Zukünften	**Aktiv/ Passiv**	**Fünf Zukunftsbrillen**
▪ Wahrscheinliche und nicht-wahrscheinliche Zukünfte ▪ (Plausible Zukünfte)	Passiv	**Blaue Zukunftsbrille** Annahmen-Analyse: Die wahrscheinliche Entwicklung des Umfelds kennen
▪ Gestaltbare Zukünfte	Aktiv	**Grüne Zukunftsbrille** Chancen-Entwicklung: Die Handlungsoptionen für die Zukunft kennen
▪ Gewünschte Zukünfte	Aktiv	**Gelbe Zukunftsbrille** Visions-Entwicklung: Die langfristige Ausrichtung bestimmen
▪ Überraschende Zukünfte	Passiv	**Rote Zukunftsbrille** Überraschungs-Analyse: Die möglichen Überraschungen kennen
▪ Geplante Zukünfte	Aktiv	**Violette Zukunftsbrille** Strategie-Entwicklung: Das für die Zukunft nötige Handeln bestimmen
▪ Denkbare Zukünfte ▪ Gedachte Zukünfte ▪ Mögliche Zukünfte	Aktiv und passiv	Nicht eindeutig einer Zukunftsbrille zuordenbare Zukünfte

Die Farben sind den Zukunftsbrillen intuitiv zugeordnet. Blau erinnert uns an nüchterne, zurückhaltende und logische Analyse. Grün ist für uns die Farbe der Kreativität, der Chancen und der Optionen. Gelb verstehen wir als Farbe der Entscheidung für eine Richtung im Sinne einer Vision. Rot steht für Überraschung und (meistens) für Bedrohung. Violett schließlich gilt uns als die Farbe des Planens und des Handelns.

Die Kategorien »denkbare Zukünfte«, »gedachte Zukünfte«, und »mögliche Zukünfte« sind so grundsätzlich und für jede Sichtweise relevant, dass sie sich keiner Zukunftsbrille eindeutig zuordnen lassen. Sie können vielmehr in alle fünf Sichtweisen einbezogen werden und liefern das mentale Rohmaterial für die differenzierte Betrachtung von Zukünften.

Die beste Reihenfolge

Die fünf Zukunftsbrillen könnte man theoretisch in insgesamt 120 möglichen Reihenfolgen (Permutationen) darstellen ($5! = 5*4*3*2*1$)[25], um eine Methode zu beschreiben. Die in der obigen Tabelle genannte Reihenfolge ist im Regelfall die nützlichste. Woher wissen wir, welche Abfolge für die meisten Anwendungsfälle am geeignetsten ist? Wir leiten sie aus fünf Prinzipien ab.

1. **Zuerst von außen nach innen denken:** Man muss das Umfeld kennen, um sich orientieren zu können.

2. **Man muss das Wahrscheinliche sehen, um das Überraschende definieren zu können:** Die blaue Zukunftsbrille muss am Anfang stehen.

3. **Die Strategie folgt der Vision:** Strategie wird hier als Weg zur Zielerreichung verstanden. Daher liegt die gelbe Zukunftsbrille vor der violetten, die am Ende stehen muss, damit das praktische Tun auf allen Zukunftsbrillen basieren kann.

4. **Die Vision folgt den Chancen:** Man braucht Optionen, um sich entscheiden zu können. Die grüne Zukunftsbrille muss also nach der blauen und vor der gelben Zukunftsbrille stehen.

5. **Erst braucht es eine Vision, um sie robust gegen Überraschungen zu machen:** Die rote muss daher nach der gelben Zukunftsbrille stehen.

Zum letzten Prinzip gibt es in der Fachwelt viele anders lautende Meinungen. In den konventionellen Szenario-Methoden werden zunächst Szenarien erstellt, bevor man eine Vision entwickelt. Wir bleiben bei unserer Empfehlung, weil erstens die Orientierungsfunktion, die in der konventionellen Szenario-Methode durch die Szenarien abgedeckt wird, bereits durch die blaue Zukunftsbrille bzw. die entsprechende

Annahmen-Analyse gewährleistet ist. Zweitens braucht es eine Blickrichtung im Sinne einer vorläufigen strategischen Vision, um relevante Szenarien entwickeln zu können. Es wird häufig übersehen, dass ein großer Teil der Szenario-Methoden, so etwa die bei Shell und beim Global Business Network (GBN) verwendeten, dazu dienten, einzelne Entscheidungen oder Strategien gegen die Unsicherheit der Zukunft abzusichern. Welche Szenarien der Zukunft für eine bestimmte Ausrichtung, Vision oder Strategie bedrohlich werden könnten, kann man erst beurteilen, wenn man die Ausrichtung, Vision oder Strategie wenigstens im Rohentwurf kennt.

In wenigen Fällen kann es sinnvoll sein, die Überraschungs-Analyse direkt nach der Annahmen-Analyse und vor der Visions-Entwicklung durchzuführen. Dies ist dann angebracht, wenn die Visions-Entwicklung eher eine Überprüfung einer bereits im Wesentlichen bekannten Vision ist.

Die sieben Nutzen-Punkte

Welchen Nutzen die fünf Zukunftsbrillen bieten, haben Sie bereits ausführlich auf Seite 11 f. gelesen:

1. Sie sind ein mentaler Setzkasten für Zukünfte, der Ordnung und Präzision ins Zukunftsmanagement bringt.
2. Sie garantieren klare Kommunikation durch präzise Sprache und ein schlüssiges Modell.
3. Sie bauen eine Brücke in die Zukunft, um die Ergebnisse der Zukunftsforschung als Ressource nutzen zu können.
4. Sie ermöglichen realistischere Erwartungen an das Zukunftsmanagement.
5. Sie sind ein Werkzeugkasten, um Methoden, Techniken und Tools präziser anwenden zu können.
6. Mit ihnen kann man mehr von der Zukunft sehen.
7. Sie sind eine Vorlage für praktische Zukunftsprojekte.

3.3.2 Wie Sie sich die fünf Zukunftsbrillen leicht merken können

Die folgende Geschichte soll Ihnen ein mentales Bild von den fünf Zukunftsbrillen vermitteln, damit Sie sie sich leicht merken können. Die Geschichte ist nicht wörtlich zu nehmen und nicht immer seemännisch korrekt. Sie dient als Memotechnik.

Die fünf Zukunftsbrillen des Windjammer-Kapitäns

Stellen Sie sich den Kapitän eines Großseglers vor, der mit seiner Mannschaft zu fernen, noch unbekannten Zielen aufbricht. Um sein Schiff in eine gute Zukunft zu führen, muss er sich regelmäßig ein Bild davon machen, wie sich das Meer und das Wetter in den nächsten Stunden und Tagen entwickeln wird. Der Kapitän und seine Besatzung sind von den Naturgewalten abhängig. Sie können sie nicht beeinflussen, geschweige denn in eine gewünschte Richtung lenken. Es hilft ihnen auch nicht, kreativ über das zukünftige Wetter nachzudenken, denn Fantasie ist hier fehl am Platz. Der Kapitän muss verfügbare Wetterdaten beschaffen und diese mit Erfahrung, Beobachtungsgabe und Logik zu seinen persönlichen Zukunftsannahmen über das Wetter der nächsten Stunden und Tage verarbeiten.

Ein kluger Kapitän wird sich nicht einzig auf seine eigenen Einschätzungen verlassen. Er wird seine Offiziere und seine Wetterspezialisten nach deren persönlichen Zukunftsannahmen fragen. Er wird diese zum Teil nicht nachvollziehen können und seine Mitarbeiter werden wiederum seine Annahmen nicht unbedingt in jeder Hinsicht verstehen können. Erst ein Austausch von Argumenten wird nach und nach ein gemeinsames Bild von den zukünftigen Wetterverhältnissen liefern. Auf diesen gemeinsamen Zukunftsannahmen lässt sich eine Segelstrategie aufbauen, auch wenn es eine gewisse Streuung gibt, etwa bei den Annahmen über die Windrichtung. Die Segelstrategie sollte idealerweise auch dann umsetzbar sein, wenn sich die abweichenden Zukunftsannahmen als die richtigeren herausstellen.

Wenn der Kapitän das Meer und den Himmel beobachtet, sieht er im Wesentlichen welche Farbe? Blau! Er trägt die blaue Zukunftsbrille für die wahrscheinliche Zukunft.

Im nächsten Schritt geht es dem Kapitän darum, sich mögliche Ziele zu überlegen, die er mit seiner Mannschaft ansteuern kann. Welche fruchtbaren Länder und Inseln lassen sich erreichen und erobern? Es handelt sich ja nicht um eine Linienfahrt, sondern um eine Expedition in ein unbekanntes Gebiet. Niemand war je dort, niemand von der Mannschaft, aber auch sonst keiner aus ihrem Land. Die möglichen Destinationen kennt man nur vom Hörensagen und bei manchen Zielen sind starke Zweifel angebracht, ob es sie überhaupt gibt oder ob sie nicht vielmehr ein Fantasieprodukt von Visionären und Gurus sind.

Hinzu kommt, dass der Kapitän und auch viele seiner Leute eigene Fantasien entwickeln und sich lohnende Ziele in so prächtigen Farben ausmalen, dass sie von der Existenz dieser fruchtbaren Inseln und Länder überzeugt sind. Beim Ersinnen und Diskutieren möglicher Ziele ist weniger die Erfahrung, sondern vielmehr die Fantasie und die Kreativität der Mannschaft gefragt. Nicht selten verhindert erfahrungsbasierte Logik sogar die Entdeckung hervorragender Chancen.

Wenn der Kapitän über fruchtbare Inseln und Länder nachdenkt, sieht er vor allem welche Farbe? Grün! Er trägt die grüne Zukunftsbrille für die gestaltbare Zukunft.

Solange sich der Kapitän und seine Offiziere nicht für eine der erdachten Destinationen entscheiden, können sie nur ankern oder durch zielloses Segeln Zeit, Kraft und Geld verlieren. Sie müssen sich entscheiden, welche der möglichen und lohnenden Destinationen sie ansteuern möchten. Sie können ihren Segler nicht in mehrere Richtungen, nicht zu mehreren Visionen hinsteuern. Die Vision gibt es nur im Singular. Die erdachten Destinationen sind gleichsam Visionskandidaten. Welche Visionskandidaten passen zu den Zukunftsannahmen über Wetter und Meer? Welche Visionskandidaten passen zu den Potenzialen und Fähigkeiten der Mannschaft? Welche Visionskandidaten sind mit diesem Schiff in angemessener Zeit und mit angemessenem Aufwand erreichbar, wo es doch so viele andere konkurrierende Schiffe gibt und jede Destination nur wenigen Schiffen ein Auskommen verspricht? Welche der Visionskandidaten stoßen in der Mannschaft auf Begeisterung? Letztlich wird sich der Kapitän mit seiner Mannschaft für einen der diskutierten Visionskandidaten entscheiden und so zu einer, erst einmal vorläufigen, strategischen Vision kommen. Mit einer konkreten, faszinierenden, gemeinsam erstrebten, aber auch realisierbaren Vision vor Augen ist es, als segelte man der Sonne entgegen.

Wenn der Windjammer-Kapitän der Sonne entgegensegelt, sieht er welche Farbe? Gelb! Er trägt die gelbe Zukunftsbrille für die gewünschte Zukunft.

Nur eines, weiß der Kapitän, ist auf seiner Fahrt in die Zukunft fast gewiss: Dass ihn die Zukunft überraschen wird. Vieles könnte ihn überraschen: Kaventsmänner (über dreißig Meter hohe Monsterwellen, die tatsächlich zweimal täglich vorkommen[26]), schwere Stürme oder Piraten, die den Seeleuten auch heute noch das Leben schwermachen, beispielsweise in der Straße von Malakka, in der jährlich hunderte Piratenangriffe stattfinden. All dies ist unwahrscheinlich, aber doch möglich.

Die Segler können solche Bedrohungen meiden, so sie darum wissen. Sie können eine weniger riskante Route wählen oder sogar, wenn beispielsweise die Piratengefahr allzu groß ist, die zweitbeste, aber dafür weniger riskante strategische Vision für das Schiff wählen. Auf jeden Fall wird die Führungsmannschaft Schutzvorrichtungen und Verteidigungswaffen mitnehmen und ihre Besatzung durch Training auf die Begegnung mit Piraten oder mit Riesenwellen vorbereiten. Gegen die Monsterwellen kann sich der Kapitän nur schützen, wenn er die offenen Ozeane meidet.

Bevor er seinen Offizieren das Kommando in Richtung der vorläufigen strategische Vision gibt, wird er sich solche und ähnliche Überraschungen vorstellen, um sich durch Eventualstrategien darauf vorbereiten zu können.

Denn wenn überraschend Piraten zuschlagen, fließt ... richtig, Blut. Und Blut ist ... rot! Der Kapitän trägt die rote Zukunftsbrille für die überraschende Zukunft.

Hat der Kapitän mit seinen Leuten die wahrscheinliche Entwicklung und Zukunft von Meer und Wetter in Zukunftsannahmen eingeschätzt, die möglichen Destinationen als Chancen erdacht und bewertet, die Vision bestimmt, Überraschungen durchdacht und Eventualstrategien entwickelt, kann es an die Planung gehen – die Schaffung der naheliegenden Zukunft. Die Segler legen jetzt strategische Teilziele auf dem Weg zur strategischen Vision fest und unterstützen all dies, modern gesprochen, durch die Einführung und Anpassung von Prozessen, Projekten und Systemen. Pragmatik und Realismus sind hier gefragt. Die Seeleute denken an dieser Stelle noch einmal über Chancen nach. Mit welchen Mitteln kann die strategische Vision auf effiziente und intelligente Weise erreicht werden? Diese kreative Phase ähnelt derjenigen bei der Suche nach Destinationen. Jedoch sind die Chancen, die hier gesucht werden, eher operativer Natur. Es geht um das Wie? Schließlich gilt es, zu planen und umzusetzen.

Wenn man auf einem Segelschiff plant und dann auch zupackt, zieht man sich zwangsläufig Blutergüsse zu. Und die schlimmen davon haben welche Farbe? Violett! Der Kapitän trägt die violette Zukunftsbrille für die geplante Zukunft.

Die Aufgaben des Kapitäns und seiner Offiziere sind denjenigen eines Unternehmers und seines Führungsteams sehr ähnlich. Und da im Grunde jeder Mensch Vorstandsvorsitzender in seinem eigenen Lebensunternehmen ist, kann das Segler-Beispiel für das Zukunftsmanagement praktisch jedes Menschen gelten. Wer im Flugzeug, mit der Bahn, im Auto oder auch im Linienschiff unterwegs ist, hat eine bekannte und genau beschriebene Route vor sich. Wenn wir uns in die Zukunft bewegen, gibt es diese ausgetretenen Pfade oder gar asphaltierten Straßen nicht. Daher ist das Beispiel eines Windjammers auf Entdeckungsfahrt so passend, auch wenn es im Detail ein wenig konstruiert erscheinen mag.

3.3.3 Die fünf Zukunftsbrillen im Überblick

Tabelle 9 gibt Ihnen einen umfassenden Überblick über die Charaktere der fünf Zukunftsbrillen. Sie sind das grundlegende Werkzeug für Ihr Zukunftsmanagement.

> *»Gibst du einem Menschen einen Fisch, nährt er sich einmal,*
> *lehrst du ihn das Fischen, nährt er sich das ganze Leben.«* (Laotse)

In den folgenden Kapiteln wird jede Zukunftsbrille anhand einer gleichbleibenden Struktur ausführlich beschrieben:

1. **Überblick:** Das Wesentliche in tabellarischer Übersicht.
2. **Fallbeispiele:** Einblicke in das Wesen der Zukunftsbrille.
3. **Sinn und Zweck:** Wozu es diese Zukunftsbrille gibt.
4. **Denkobjekte:** Was man durch diese Zukunftsbrille sieht.
5. **Prinzipien:** Was man über diese Zukunftsbrille wissen muss.
6. **Denkhaltung:** Wie man an diese Zukunftsbrille herangeht.
7. **Methodik:** Welche Arbeitsschritte und Methoden es gibt.

Tabelle 9: Die fünf Zukunftsbrillen im Überblick

Zukunfts-brille	Die blaue Zukunftsbrille	Die grüne Zukunftsbrille	Die gelbe Zukunftsbrille	Die rote Zukunftsbrille	Die violette Zukunftsbrille
Primäres Ziel	▪ Die wahrscheinliche zukünftige Entwicklung des Umfelds einschätzen	▪ Die möglichen Handlungsoptionen kennen	▪ Die gewünschte Zukunft und Ausrichtung bestimmen	▪ Die möglichen Überraschungen der Zukunft kennen	▪ Das nötige Handeln zur Erreichung der gewünschten Zukunft bestimmen
Sekundäre Ziele	▪ Auf dem richtigen Weg sein ▪ Bessere Entscheidungen treffen ▪ Risiken reduzieren	▪ Erfolgspotenziale vergrößern ▪ Die Zahl und Qualität der Ideen für die Vision und die Strategie erhöhen	▪ Sich klar ausrichten ▪ Erfolgspotenziale nutzen ▪ Aktivitäten koordinieren ▪ Orientierung bieten	▪ Sich auf Überraschungen vorbereiten ▪ Von der Zukunft weniger überrascht sein ▪ Die Existenz sichern	▪ Die Zukunftsstrategie mit der operativen Strategie verbinden ▪ Aktivitäten koordinieren

Tabelle 9: Die fünf Zukunftsbrillen im Überblick

Zukunfts-brille	Die blaue Zukunftsbrille	Die grüne Zukunftsbrille	Die gelbe Zukunftsbrille	Die rote Zukunftsbrille	Die violette Zukunftsbrille
Beispiel	■ Im Jahr 2020 wird ein Drittel der Bevölkerung älter als 60 Jahre sein.	■ Wir können unsere Effizienz durch den Einsatz von Videokonferenz-Systemen erhöhen.	■ Wir werden der erste Anbieter eines »conversational user interface« für die einfache Kommunikation zwischen Mensch und Computer sein.	■ Eine Pandemie eines unbekannten Virus könnte Millionen Menschen töten. ■ Der 11. September 2001, der 9. November 1989 (Maueröffnung)	■ Wir gehen eine Kooperation mit einem Software-Forschungsinstitut ein, um das »conversational user interface« zu entwickeln.
Betroffene Objekte	■ Annahmenfragen ■ Zukunftsfaktoren (Trends Technologien, Themen) ■ Signale ■ Zukunftsprojektionen ■ Zukunftsszenarien ■ Zukunftsannahmen	■ Chancenfragen ■ Zukunftschancen	■ Visionsfragen ■ Mission (Missionselelemente) ■ Vision (Visionselemente) ■ Strategische Leitlinien	■ Überraschungsfragen ■ Überraschungen (ereignishaft) ■ Überraschungen (prozesshaft)	■ Strategiefragen ■ Ziele ■ Projekte ■ Prozesse ■ Systeme ■ Entwicklungschancen ■ Eventualstrategien
Perspektive	■ Makro-Perspektive ■ Außenorientiert	■ Mikro-Perspektive ■ Innenorientiert	■ Mikro-Perspektive ■ Innenorientiert	■ Makro-Perspektive ■ Außenorientiert	■ Mikro-Perspektive ■ Innenorientiert
Haltung	■ Distanziert ■ Passiv ■ Beobachtend	■ Involviert ■ Aktiv ■ Eingreifend	■ Involviert ■ Aktiv ■ Eingreifend	■ Distanziert ■ Passiv ■ Beobachtend	■ Involviert ■ Aktiv ■ Eingreifend

Tabelle 9: Die fünf Zukunftsbrillen im Überblick

Zukunfts-brille	Die blaue Zukunftsbrille	Die grüne Zukunftsbrille	Die gelbe Zukunftsbrille	Die rote Zukunftsbrille	Die violette Zukunftsbrille
Mindset	■ Realistisch ■ Kritisch ■ Analytisch ■ Erfahrungs-basiert ■ Konservativ	■ Optimistisch ■ Kreativ ■ Intuitiv ■ Imaginativ ■ Progressiv ■ Transformativ	■ Optimistisch und realistisch zugleich ■ Intuitiv und analytisch zu gleich ■ Progressiv	■ Zweck-pessimistisch ■ Analytisch ■ Kreativ ■ Imaginativ ■ Progressiv	■ Realistisch ■ Pragmatisch ■ Analytisch ■ Erfahrungs-basiert ■ Progressiv
Schädliche Faktoren	■ Kreativ die Zukunft erfin-den wollen ■ Wunschdenken ■ Zu optimistisch sein ■ Zu pessimistisch sein ■ Eigene Aktivitäten ein-kalkulieren	■ Kritisches Denken ■ Erfahrungs-basiertes Denken	■ Zu ambitiös sein ■ Zu bescheiden sein	■ Wahrscheinlich-keitsdenken ■ Den Nutzen unterschätzen ■ Verdrängen und vermeiden	■ Zu ambitiös sein ■ Zu bescheiden sein ■ Die Bedeutung von Finanzen und Ressourcen unter- oder überschätzen
Typische Methoden	■ Prognostik ■ Delphi-Methodik	■ Auswirkungs-analysen ■ Kreativitäts-methoden	■ Entscheidungs-methoden ■ Konzeptions-methoden	■ Szenario-Methoden ■ Wild Card-Analysen ■ Kreativ-methoden	■ Planung ■ Projekt-management

4 Ihre blaue Zukunftsbrille: Was kommt auf Sie zu?

Niemand kann die Zukunft voraussagen, aber es ist gefährlich, es nicht zu versuchen, denn jede Entscheidung im Leben wie im Unternehmen gründen wir auf unserer Vorstellung von der Zukunft. Jede menschliche Entscheidung basiert auf Annahmen. Dies sind entweder Annahmen über die Gegenwart, also für Wirklichkeit gehaltene Abstraktionen der Realität, oder Annahmen über die Zukunft, deren unsicherer Charakter uns eher bewusst ist. Die Philosophie und insbesondere die Erkenntnislehre sind seit Jahrtausenden mit Gegenwartsannahmen befasst. Große Namen wie Aristoteles, Heraklit, Descartes, Kant, Popper oder Habermas stehen für Überlegungen zur Bedeutung von Gegenwartsannahmen. Zukunftsannahmen sind hingegen erst ein recht junges Betrachtungsfeld.

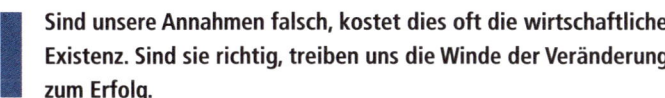

Sind unsere Annahmen falsch, kostet dies oft die wirtschaftliche Existenz. Sind sie richtig, treiben uns die Winde der Veränderung zum Erfolg.

Zukunftsannahmen können über praktisch jeden Denkgegenstand in der Zukunft aufgestellt werden, über zukünftige

- Tatsachen,
- Regeln,
- Ursachen,
- Wirkungen,
- Annahmen anderer,
- Werte anderer,
- Ziele anderer,
- Erwartungen anderer,
- Existenz von etwas,

- Zustand von etwas,
- Entwicklung von etwas,
- Qualität von etwas etc.

Wie die Geschichte des Kapitäns auf dem Windjammer andeutet, geht es mit der blauen Zukunftsbrille darum zu sehen, mit welchen Entwicklungen und generell welchen Zukünften wir in unserem Umfeld zu rechnen haben. Mit der blauen Zukunftsbrille befriedigen Menschen ihr uraltes Bedürfnis nach Vorauswissen, ohne dabei auf eine Glaskugel oder sonst Mystisches zurückgreifen zu müssen. Mit der blauen Zukunftsbrille stellen Sie sich insbesondere zwei Fragen:

1. Wie viel wissen Sie über die treibenden Kräfte des Wandels und die möglichen Veränderungen in Ihrem Umfeld?

2. Welche Veränderungen und Entwicklungen halten Sie für wahrscheinlich, welche für eher unwahrscheinlich und welche für mittelwahrscheinlich?

Da die Vergangenheit durch das den Menschen eigene projektive Denken, wie es Ernst Bloch beschreibt, gewissermaßen die Zukunft kolonisiert, ist der Blick durch die blaue, prognostische Brille vergleichsweise arm an Innovationen und kreativen Zukunftsentwürfen. Schließlich kann auch der Kapitän am Ozean und am Wetter nichts ändern. Doch auch wenn der Blick auf die wahrscheinliche Zukunft weniger innovativ ist, brauchen wir ihn zur Orientierung.

4.1 Ihre blaue Zukunftsbrille im Überblick

Die nachfolgende Tabelle fasst das Wesen der blauen Zukunftsbrille zusammen.

Tabelle 10: Die blaue Zukunftsbrille im Überblick

Ziel: Die wahrscheinliche zukünftige Entwicklung des Umfelds einschätzen

Arbeitsschritt und Leitfrage:

- Annahmen-Analyse
- Welche Veränderungen kommen wahrscheinlich auf uns zu und welche nicht?

Sinn und Zweck:

- Sie festigen die Basis Ihrer Entscheidungen und Strategien.
- Sie verbessern Ihre Orientierung und Ihre Sicherheit.
- Sie reduzieren die Komplexität der Zukunft.
- Sie verstehen besser, was heute passiert.
- Sie erleichtern sich die Kommunikation über die Zukunft.
- Sie integrieren leicht die verschiedensten Zukunftsauffassungen.
- Sie schaffen Attraktoren für Zukunftswissen.

Denkhaltung und Prinzipien:

- Nehmen Sie die Zukunft als weitgehend nicht vorhersehbar an.
- Richten Sie die blaue Zukunftsbrille auf Ihr Umfeld.
- Betrachten Sie die Zukunft mit einem passiven und distanzierten Blick aus der Makro-Perspektive.
- Nehmen Sie mit der blauen Zukunftsbrille eine realistische und konservative Denkhaltung ein.
- Verstehen Sie Erfahrung als Erfolgsfaktor.
- Sie können keine vollständige Annahmen-Analyse durchführen.
- Verwenden Sie Zukunftsannahmen als Ersatz für unmögliches Zukunfts»wissen«.
- Bedenken Sie, dass jeder Mensch zu jedem Zeitpunkt Zukunftsannahmen hat.
- Sie können Ihre Zukunftsannahmen nicht delegieren.
- Verbessern Sie Ihre Zukunftsannahmen durch provokante Projektionen.
- Verbessern Sie Ihre Zukunftsannahmen durch persönliche Betroffenheit.
- Verbessern Sie Ihre Zukunftsannahmen durch breite Unterstützung.

Tabelle 10: Die blaue Zukunftsbrille im Überblick

Denkobjekte:

- Annahmenfragen
- Zukunftsfaktoren
- Signale
- Zukunftsprojektionen und Zukunftsszenarien
- Zukunftsannahmen (Erwartungen, Nicht-Erwartungen, Eventualitäten)

Typische Methoden:

- Prognostik
- Delphi-Methodik
- Szenario-Methodik
- Spiele und Simulationen

Vorgehensweise:

1. Stellen Sie ein Zukunftsteam zusammen.
2. Verschaffen Sie sich einen Überblick über das Wesen der blauen Zukunftsbrille.
3. Bestimmen Sie einen einheitlichen Zukunftshorizont.
4. Stellen Sie Ihre Annahmenfragen.
5. Ermitteln Sie die für Ihre Annahmenfragen grundsätzlich relevanten Zukunftsfaktoren.
6. Recherchieren Sie nach Informationen und Signalen zu den ausgewählten Zukunfts-faktoren.
7. Entwickeln Sie für jede Ihrer Annahmenfragen mindestens drei und maximal sechs Zukunftsprojektionen.
8. Erstellen Sie für jede Projektion eine Argumentenbilanz.
9. Bringen Sie die Zukunftsannahmen jedes einzelnen Mitglieds Ihres Zukunftsteams an die Oberfläche.
10. Erstellen Sie ein Annahmenpanorama.
11. Diskutieren Sie das Annahmenpanorama.
12. Führen Sie einen zweiten Beurteilungsdurchgang durch.
13. Gewinnen Sie mehr Sicherheit in der Einschätzung des Wahrscheinlichen.

Ergebnisse:

Es entsteht ein Annahmenpanorama mit den wichtigsten Annahmenfragen und den dazuge-hörigen Antworten, die als Annahmen über zukünftige Entwicklungen formuliert sind und mit Erwartungswahrscheinlichkeiten versehen sind.

4.2 Fallbeispiele zur blauen Zukunftsbrille

Die folgenden Beispiele zeugen von der Rolle, welche die blaue Zukunftsbrille für die wirtschaftliche Existenz und den Erfolg von Menschen und Unternehmen spielt.

Zukunftsannahmen der Alliierten über Hitlers Ende

Eine frühe Annahmen-Analyse, die schließlich in konkrete Handlungsideen (Chancen) mündet, findet sich in einer im Jahr 1943 für die CIA erarbeiteten Studie. Sie enthält neun mögliche Antworten auf die Frage, wie Hitler wohl enden wird. Aufbauend auf einer Analyse von Hitlers Verhalten und seiner Überzeugungen, entwickelte der Psychologe Henry A. Murray neun Szenarien von Hitlers Ende. Er stellte sie als mögliche Ausgänge dar, bezeichnete sie aber als »predictions«, denen er in der Folge argumentativ Eintrittswahrscheinlichkeiten zuordnete[1].

1. Hitler könnte durch das Militär oder eine revolutionäre Fraktion abgesetzt und in einer Festung inhaftiert werden (unwahrscheinlich).

2. Hitler könnte von einem Deutschen erschossen werden (unwahrscheinlich).

3. Hitler könnte seine Ermordung durch einen Deutschen, vielleicht durch einen Juden, inszenieren, um wie Siegfried, Cäsar und Jesus zum Märtyrer zu werden (leicht wahrscheinlich).

4. Hitler könnte seinen Tod in der Schlacht als Front-Führer seiner Armee inszenieren, um als Verteidiger der Arier gegen Bolschewiken und Slawen zu gelten (wahrscheinlich).

5. Hitler könnte angesichts seiner psychischen Störungen vollends verrückt werden (leicht wahrscheinlich).

6. Hitler könnte Selbstmord begehen, und zwar im letzten Moment und mit großer Dramatik, zum Beispiel mit einer Silberkugel

oder einer Riesenexplosion auf dem Obersalzberg (sehr wahrscheinlich).

7. Hitler könnte eines natürlichen Todes sterben.

8. Hitler könnte in ein neutrales Land fliehen, um seine lange geplante Bibel für die Deutschen zu schreiben (unwahrscheinlich).

9. Hitler könnte in die Hände der vereinten Nationen (hier: der Alliierten) fallen (am wenigsten wahrscheinlich).

Die Szenarien wiederum führten Murray zu originellen wie auch plumpen Empfehlungen, wie etwa der Streuung von Nachrichten, dass man alle deutschen Führer exekutieren würde, außer Hitler. Ihm sei die Verbannung auf St. Helena als schlimmere Strafe zugedacht. Hitler, der Napoleon bewunderte, solle sich schon sehen, wie er seine eigene Legende bildend, auf St. Helena seine Anleitung für den deutschen Kampf der Zukunft schreibt und Landschaften malt. Leider ist nicht bekannt, welche Strategie die Alliierten auf der Grundlage dieser Annahmen-Analyse entwickelt haben.

Die Milliarden-Wette zwischen Airbus und Boeing

Im Markt für Flugzeuge gibt es seit Jahrzehnten eine Wette auf die Zukunft, in der es um Milliardeninvestitionen und Hunderttausende von Arbeitsplätzen geht. Airbus und Boeing liefern sich einen erbitterten Wettkampf. Mitte der 1990er-Jahre zeigten sich die unterschiedlichen Zukunftsannahmen der Unternehmensleitungen sehr deutlich in ihrer jeweiligen Produktstrategie.

Airbus hatte die Zukunftsannahme, dass die entscheidende Determinante im Fluggeschäft nicht die Zeit, sondern die Kosten sein werden. Aufbauend auf dieser Annahme entwickelte Airbus unter dem Motto »cost will count« den A380 mit einem besonderen Fokus auf der Steigerung der Produktivität von Fluggesellschaften und -häfen. Vor allem bei den Flughäfen an den großen Hubs sah Airbus kommende Kapazitätsengpässe, die durch das neue Großflugzeug gelöst werden sollten. Zur gleichen Zeit traf das Management von Boeing grundlegend andere Annahmen. In der Zukunft würden kleine und schnellere

Maschinen den Fluggesellschaften Wettbewerbsvorteile sichern. Unter dem Motto »time will count« konzentrierte sich Boeing auf das Konzept des »Sonic Cruiser«, der schnelle Direktflüge zwischen kleineren Flughäfen ermöglichen sollte.

Boeings Zukunftsannahmen zur Bedeutung der Geschwindigkeit stellten sich als falsch heraus. Aufgrund mangelnden Interesses der Kunden musste Boeing die Entwicklung des Sonic Cruiser im Konzeptstadium einstellen. Das Airbus-Management lag mit seiner Zukunftsannahme dagegen richtiger. Angesichts des starken Konkurrenzkampfs sind Kosten ein entscheidender Erfolgsfaktor für die Fluggesellschaften. Der A380 absolvierte im April 2005 seinen Jungfernflug. Danach kam es aber wegen verschiedener operativer Probleme immer wieder zu Verzögerungen, so dass die ursprünglich für 2006 geplante Erstauslieferung mehrfach verschoben werden musste. Selbst die treffendsten Zukunftsannahmen befreien nicht von der Notwendigkeit bester operativer Leistung.

Im Dezember 2003 eröffnete Boeing mit der Entscheidung für den 787 Dreamliner (damals 7E7) eine neue Runde im Wettkampf der Giganten. Das Management hat seine Zukunftsannahmen dabei teilweise revidiert. Zwar geht Boeing nach wie vor von einer Zunahme der Direktflüge aus. Die Zeit als entscheidender Wettbewerbsfaktor ist aber in den Hintergrund gerückt. Bei seiner jetzigen Neuentwicklung nimmt Boeing eine zukünftig entscheidende Bedeutung der Treibstoffeffizienz an. Die Grundannahme »cost will count« wurde also übernommen. Die Bestellungen entwickelten sich früh sehr vielversprechend. Es gab aber auch bei der Boeing 787 immer wieder Gerüchte über Verzögerungen im Zeitplan.[2]

Die Fluggesellschaften sind als Kunden der beiden Rivalen entscheidende Mitspieler. Deren Zukunftsannahmen wiederum sind eine wesentliche Grundlage für die Annahmen von Airbus und Boeing. Japan Airlines meldete im November 2006, dass der Kauf des A380 nicht sinnvoll sei, und äußerte die Zukunftsannahme, dass der A380 gegen den Trend auf dem Markt laufe, in dessen Zuge es die Fluggesellschaften immer stärker bevorzugten, treibstoffeffizientere mittelgroße Flugzeuge wie die Boeing 787 zu erwerben. Der A380 sei ein vollkommen umstrittenes Konzept auf dem derzeitigen Luftfahrtmarkt.

JAL plant, innerhalb von fünf Jahren den Anteil von Großflugzeugen in der Flotte von 62 Prozent auf 38 Prozent zu reduzieren. Die Milliarden-Wette zwischen Airbus und Boeing auf die Zukunft bleibt spannend.

Wechselnde Zukunftsannahmen bei Daimler

Edzard Reuter, früherer Vorstandsvorsitzender von Daimler Benz, entschied sich für den Versuch, das Unternehmen vom Automobilhersteller in einen »integrierten Technologiekonzern« umzuformen. Die Grundlage für dieses Vorhaben war die Zukunftsannahme, dass eine Sättigung des Automobilmarktes bevorstehe, weshalb ein weiteres Wachstum und daraus folgend ein ausreichendes Maß an Profitabilität allein in diesem Markt nicht möglich sei. Reuters Bemühen endete in einer langen Phase substanzieller Verluste für Daimler Benz. Eine falsche Zukunftsannahme führte ein Unternehmen in die Krise.

Nach dem Führungswechsel im Konzern konzentrierte sich Reuters Nachfolger Jürgen Schrempp wieder auf den Automobilbau. Er nahm an, es würden in der Zukunft nur einige wenige sehr große Automobilkonzerne überleben. Konsequenterweise versuchte er, einen der größten Automobilkonzerne der Welt zu schaffen. Der Höhepunkt dieser Strategie war der Kauf von Chrysler und die Verschmelzung der beiden Unternehmen. Einige Jahre später war der gesamte Marktwert beider Unternehmen niedriger als der Wert von Daimler Benz vor der Übernahme. Entweder waren Schrempps Zukunftsannahmen zur Entwicklung des Marktes falsch oder seine Annahme, Chrysler sei ein gutes Akquisitionsziel.

Erleiden die Buchverlage durch E-Books das gleiche Schicksal wie die Musikverlage?

2006 hat die Philips-Tochter iRex mit dem iLead den ersten E-Book-Reader auf den europäischen Markt gebracht, der nicht durch so genannte DRM-Software (Digital Rights Management) in seiner Benutzung eingeschränkt ist. Die Zukunftsannahme der Macher ist, dass die Kunden sich die nötigen Inhalte selbstorganisiert beschaffen werden, so wie sie es in der Musikszene gemacht haben. Da digitaler Lesestoff in ausreichender Menge bisher nur schwer auf legalem Wege zu beschaffen ist, könnten die dunklen Ecken des Internets dem Produkt zum Erfolg verhelfen. In ähnlicher Weise hatten einst illegale Musiktauschbörsen der digitalen Verbreitung von Musik im MP3-Format zum Durchbruch verholfen, bis Musikindustrie und Quereinsteiger wie Apple schließlich Musikstücke in attraktiven legalen Angeboten feilboten. Eine ähnliche Entwicklung erwartet das iRex-Management. So wird Willem Endhoven, Marketingleiter des Unternehmens, mit den Worten zitiert: »Was der MP3-Player für die Musik ist, das wird der Iliad fürs Lesen.«[3] Ob seine Annahme zutrifft, werden die nächsten Jahre zeigen.

BASF verkauft die Pharma-Sparte

Auf der Grundlage der Zukunftsannahme, dass ein Unternehmen mit einem Umsatz von nur zwei Milliarden Euro im Pharmamarkt künftig keine Chance hat, ausreichend profitabel zu arbeiten, verkaufte die BASF im Jahr 1999 ihre Pharma-Sparte. Der Verkauf ermöglichte die Konzentration auf die Geschäftsfelder, in denen das Chemieunternehmen seine Stärken sah und positive Zukunftsannahmen hatte. Wie der wirtschaftliche Erfolg zeigt, haben sich diese Annahmen bisher als richtig erwiesen.

Selbstberatungssoftware für Finanzdienstleistungen

Das deutsche Steuerrecht, das mit Abstand komplizierteste Steuerrecht der Welt, wurde schon vor mehr als zehn Jahren in Softwarepaketen abgebildet, mit denen man im Dialog mit dem Programm seine Steuererklärung machen kann. Heutzutage bieten diese Softwarelösungen sogar eine Moderatorin, die interaktiv durch das Programm führt und geduldig alles erklärt.

Nun könnte man Finanzberater mit dem Gedanken konfrontieren, finanzielle Altersvorsorgeberatung sei weniger komplex als Steuerberatung, und daraus die folgende Zukunftsprojektion ableiten: Im Jahr 2018 nutzt ein wesentlicher Teil der Kunden, gemeint sind rund zwanzig Prozent, auch mobil verfügbare Selbstberatungssoftware zur Lösung von Finanzfragen und für die Entwicklung der langfristigen Finanzstrategie. Meist erntet man von den Finanzberatern mitleidiges Lächeln und bestenfalls Ungläubigkeit. Analysiert man jedoch

Zukunfts- frage	Wie verändert sich der Wertschöpfungsprozess in der Finanzdienstleistung?
Zukunfts- projektion	2018: Ein wesentlicher Teil der Kunden nutzt (auch mobil verfügbare) Selbstberatungssoftware zur Lösung von Finanzfragen und für die Entwicklung der langfristigen Finanzstrategie.

Pro-Argumente	Contra-Argumente
■ Software zum persönlichen Finanzmanagement findet über das Homebanking immer stärker Anwendung in Privathaushalten. ■ Ein steigender Teil der Menschen erstellt die Steuererklärung am Computer und übermittelt sie digital an das Finanzamt. ■ Die Software entwickelt sich vom reinen Verwaltungsinstrument über Analysefunktionen weiter zum interaktiven Beratungs- und Optimierungswerkzeug. ■ Die Grenzen zwischen Software, die auf dem lokalen Computer installiert ist, und Internet-Applikationen verschwimmt zunehmend. ■ Internetzugang wird immer günstiger. ■ Bereits heute trauen sehr viele Menschen in Finanzfragen in erster Linie sich selbst. ■ Die Selbstberatung per Software gewährleistet ein Höchstmaß an Diskretion. ■ Die Software bietet Lerneffekte und einen Spaßfaktor.	■ Vielen Menschen könnte der zeitliche Aufwand zu hoch sein, der die Auseinandersetzung mit der Software an sich erfordert. ■ Computermanipulationen nehmen zu und führen zu einem Misstrauen gegenüber technisierten Verfahren.

Abb. 6: Projektion mit Argumentenbilanz

systematisch die in der Grafik genannten Argumente, beginnen die Zukunftsannahmen der Finanzberater zu wanken. Vielen wird dann plötzlich bewusst, dass Beratung nicht zwingend eine persönliche Dienstleistung sein muss. Die Folge ist regelmäßig, dass die Annahmen-Basis erschüttert ist – und das Nachdenken über gänzlich andere Zukunftsstrategien anfängt.

Büroimmobilien in Frankfurt

Ulrich Cartellieri, ehemals Vorstand und Aufsichtsrat der Deutschen Bank, entlieh sich 1990 von einem französischen Unternehmer seinen in der Bankenwelt berühmten Satz: »*Die Banken sind die Stahlindustrie der 90er-Jahre«.* Seit 2001 sinkt die Zahl der Arbeitsplätze tatsächlich deutlich. Die Signale sind schon lange mehr als eindeutig.

Die Stadt Frankfurt am Main ist wie keine andere deutsche Stadt abhängig von Banken als Mietern ihrer Büroimmobilien. Es heißt, wenn die Banken husten, hat der Frankfurter Immobilienmarkt gleich eine Lungenentzündung. Fast ein Drittel der Flächen sind von Banken gemietet. Die Deutsche Bank[4] selbst prognostizierte in einer Studie aus dem Jahr 2003 einen um zwanzig Prozent geringeren Bedarf bis 2050. Durch bessere technische Infrastruktur zunehmende Heimarbeit und abnehmende Bevölkerung sind zwei der Einflussfaktoren für den sinkenden Bedarf.

Welche Zukunftsannahmen hatten diejenigen, die die Bürotürme bauen? Welche Konsequenz wurde aus den eindeutigen Signalen gezogen? Gar keine. Bis 2004 wurde einfach weitergebaut! Der Leerstand in Frankfurt betrug 2006 zirka 17 Prozent oder 2,1 Millionen Quadratmeter. Davon sind rund 0,6 bis 0,7 Millionen Quadratmeter so genannter Sockelleerstand. Alle anderen prominenten Immobilienstädte lagen weit darunter, Düsseldorf bei 12,4, München bei 10,4, Berlin bei 10,3 und Hamburg bei 8,0 Prozent. 2005 sind in den fünf genannten Städten vierzig Prozent weniger Büroflächen fertiggestellt worden als im Jahr zuvor.

> **Wenn die Zukunftsannahmen falsch sind, wenn also die Steuerungsinstrumente in die falsche Richtung zeigen, wird sich auch der beste Kapitän verfahren.**

Die wegen enttäuschter Börsenhoffnungen nach 2001 sehr hohe Liquidität alleine kann die Investitionen nicht rechtfertigen. Was wäre passiert, hätte man jeden einzelnen Entscheider zur Seite genommen und mit ihm oder ihr eine Wette um eine höhere Summe privaten versteuerten Geldes gemacht, ob er wirklich glaubt, dass dieser oder jener Bau tatsächlich die geplante Rendite erreicht? Man darf davon ausgehen, dass so mancher Quadratmeter nicht gebaut worden wäre. Es kommt also darauf an, durch persönliche Betroffenheit und Aufrichtigkeit die wahren und wirklichen persönlichen Zukunftsannahmen an die Oberfläche zu bringen und sie auf diese Weise überprüfbar zu machen.

Die Pflegeversicherung ist langfristig finanzierbar

1932 veröffentlichte Reinhold Lotze das erste Buch, das die kommende Vergreisung in Deutschland als Möglichkeit aufwarf. Sein Titel ist *Volkstod?*. Der Autor zeichnete die Bevölkerungspyramide bis ins Jahr 1980 und beschrieb, wie sie sich langsam zur Spindel entwickelt. Ohne Kenntnis von Zweitem Weltkrieg, Babyboom und Pillenknick wurde so die »kommende Vergreisung«, wie Lotze es nannte, auf die Agenda gesetzt. Spätestens seit in den 1980er-Jahren jeder Versicherungsvertreter mit der These warb, zukünftig werde ein Arbeitender einen Rentner finanzieren müssen, wusste es jeder.

Nicht so früh wie die Alterung, aber auch bereits in den 1990er-Jahren war der Trend der Mobilisierung abzusehen, der sich auf dem Boden der in der Aufklärung fußenden Individualisierung vollzog. Im Interesse des beruflichen Fortkommens oder einer eigenständigen Existenz wohnt man seltener in der Nähe der Eltern. Hinzu kommt die Feminisierung, die veränderte Stellung der Frau in der Gesellschaft, die schon Theodor Heuss als größte Revolution des Jahrhunderts bezeichnet hatte. In ihrem Zuge sind immer mehr Frauen berufstätig. Im Resultat gibt es weniger Bereitschaft wie auch weniger Möglichkeit, die Eltern zu Hause zu pflegen, was zu einem wachsenden Bedarf an professioneller Pflege führt.

Ungeachtet all dessen führte man 1995 die Pflegeversicherung als »fünfte Säule« der Sozialversicherung ein. Die Entscheider ignorierten, mit den besten sozialen und menschenfreundlichen Motiven, die Mahner und weigerten sich, ihre naive Zukunftsannahme, dass die Pflegeversicherung schon irgendwie langfristig finanzierbar sei, offenzulegen und somit zu überdenken. Hätten sie diese Annahme auch nur ein einziges Mal der öffentlichen Kritik ausgesetzt, wäre ihre Unhaltbarkeit offenbar und die Einführung der Pflegeversicherung unmöglich geworden. *»Es war ein großer Fehler, sie (die Pflegeversicherung) noch 1995 nach dem herkömmlichen Solidarprinzip zu installieren. Man hat ein überkommenes System aufgebaut, das absehbar nicht funktioniert«*[5], resümierte Bert Rürup 2003.

Unzählige Wissenschaftler und Praktiker hatten seit den 1970er-Jahren und vor allem in den 1980er-Jahren mit eindeutigen und fundierten

Zahlen darauf hingewiesen, dass »*das Umlageverfahren eine Zeitbombe ist*«, so etwa Peter Oberender. Schon 1999 überstiegen die Ausgaben die Beitragseinnahmen. Der Beitragssatz wird von 1,7 auf vier Prozent im Jahr 2030 und auf sieben Prozent im Jahr 2050 steigen müssen, um allein den heutigen Leistungskatalog aufrechtzuerhalten. Die Festschreibung auf 1,7 Prozent und damit auf den Leistungsbetrag führt dazu, dass die Pflegeversicherung für die heute noch Jungen aufgrund der Inflation alles andere als ein solidarischer Pakt ist. Sie ist vielmehr ein unvorstellbar einseitiger Pakt gegen die Jungen.

Natürlich gibt es Argumente für das Umlageverfahren, allen voran die sofortige »Leistungsfähigkeit«. Wenn aber für den kurzfristigen Nutzen die langfristige Katastrophe verursacht wird, entspricht dies dem Verhalten eines Heroinsüchtigen. Dass es bei den Zukunftsannahmen nicht um rationale Wahrnehmung und Interpretation von Tatsachen geht, zeigt Norbert Blüms Aussage aus dem Jahr 2004: »*Die Pflegeversicherung ist ein Erfolg, sie hat ihre Bewährungsprobe bestanden. Sie ist bislang ohne Beitragserhöhung ausgekommen.*«[6]

Bekannte Fehl-Annahmen

Es gibt ganze Bücher mit Zitaten, die von der Begrenztheit menschlicher Vorstellungskraft und von falschen Zukunftsannahmen zeugen. So soll Charles Duell, 1899 Leiter des US-Patentamtes, gefordert haben, man möge seine Behörde schließen, da alles Wesentliche ja nun erfunden sei. Die *Newsweek* zitierte noch 1963 den britischen Astronomen Sir Harold Spencer mit der Ansicht, es werde noch Generationen dauern, bis der Mensch auf dem Mond landet. Und wenn es gelänge, gäbe es wenig Hoffnung auf Rückkehr[7]. »*Ein völlig nutzloses Produkt*«, urteilte die *New York Times* im Jahr 1985 anlässlich der Markteinführung von Microsoft Windows 1.0. Gerhard Schröder nahm noch im Juli 1989, wenige Monate vor dem Mauerfall, selbstsicher an: »*Nach vierzig Jahren Bundesrepublik sollte man eine neue Generation nicht über die Chancen einer Wiedervereinigung belügen. Es gibt sie nicht.*«[8] *Die Welt* schrieb noch im Jahr 2001, dass das Internet kein Massenmedium wird, »*weil es in seiner Seele keines ist*«[9].

4.3 Sinn und Zweck der blauen Zukunftsbrille

Die blaue Zukunftsbrille tragen Sie, um eine Reihe von Bedürfnissen zu befriedigen und um bestimmte Ziele zu erreichen.

Sie festigen die Basis Ihrer Entscheidungen und Strategien

Ein Strategiekonzept wie auch eine einzelne Entscheidung kann nur dann auf Qualität und Sinn geprüft werden, wenn die zugrunde liegenden Zukunftsannahmen bekannt sind[10]. Strategiekonzepte sind selten als solche unlogisch und unsinnig. Wenn Unternehmer und Manager mit ihrer Strategie scheitern, liegt dies selten an der Strategie, viel häufiger an falschen Zukunftsannahmen.

Jede in die Zukunft reichende Entscheidung und Tat des Menschen fußt auf Zukunftsannahmen. Sie gründen praktisch Ihr gesamtes Lebenskonzept auf Ihren Zukunftsannahmen. Ihr Beruf, die nicht gewählten Berufe, die Wahl Ihres Lebenspartners, Ihre persönliche Investmentstrategie für die Altersvorsorge und auch die Region, in der Sie wohnen, sind zu einem guten Teil das Resultat Ihrer Zukunftsannahmen. Ihre Wohngegend hängt sicher auch davon ab, wo Sie aufgewachsen sind, aber im Grunde treffen Sie regelmäßig die meist unbewusste Entscheidung, dass es für Sie sinnvoll ist, weiterhin dort zu leben. Sogar die Ausbildungsrichtung Ihrer Kinder hängt zum Teil von Ihren Zukunftsannahmen ab, zumindest dann, wenn Ihre Meinung eine Rolle spielte.

Die Existenz und die Strategie Ihres Unternehmens oder Ihrer Organisation sind noch offensichtlicher im Wesentlichen auf Zukunftsannahmen gegründet. Diese sind die Grundlage der Mission, der Vision, der Strategien und der Entscheidungen. Welche Produkte Ihr Unternehmen entwickelt, welche Märkte es bearbeitet, welche Menschen eingestellt oder entlassen werden, für all dies schätzen Sie mehr oder minder bewusst die Zukunft ab. Ein nicht unwesentlicher Teil der Investitionen ist in einem Unternehmen auf zehn oder gar zwanzig Jahre ausgerichtet. Dazu gehören Entscheidungen über Produktionsstandorte, insbesondere beispielsweise in der Chemie, wie auch über gewünschte Unternehmenskulturen.

Ob bewusst und systematisch oder eher im Vorbeigehen – Entscheidungen über solche Pfeiler der Existenz können nicht ohne Zukunftsannahmen getroffen werden.

 Mit der blauen Zukunftsbrille *prognostizieren* Sie keine Zukünfte, sondern Sie *diagnostizieren* Zukunftsannahmen.

Karrieren wie Unternehmen blühen und verblühen mit der Qualität der zugrunde liegenden Zukunftsannahmen. Unsere Zukunftsannahmen haben, oft unbewusst, in praktisch jedem Moment unseres Lebens Einfluss darauf, was wir tun, was wir nicht tun und wie wir etwas tun.

Es geht mit der blauen Zukunftsbrille darum, die Zukunftsannahmen an die Oberfläche der Wahrnehmung zu bringen, ihre Qualität zu diagnostizieren und anschließend zu verbessern. Mit der Arbeit an den Zukunftsannahmen schaffen Sie ein kleines Kunststück. Sie sind sicherer, dass Sie die Zukunft gut einschätzen, obwohl Sie die Zukunft nicht vorhersagen. Es klingt zunächst paradox. Wenn Sie Ihre Zukunftsannahmen an die Oberfläche[11] bringen und damit bewusst machen, haben Sie die Möglichkeit geschaffen, ihre Richtigkeit laufend zu kontrollieren. Sie können Kollegen, Experten, Mitarbeiter und Freunde dazu einladen, Ihre Zukunftsannahmen anhand von Fragen wie den folgenden zu überprüfen:

1. Welche Fragen würdet ihr stellen?
2. Welche Projektionen fehlen aus eurer Sicht?
3. Welche Annahmen hättet ihr?
4. Wie würdet ihr die Wahrscheinlichkeiten einschätzen?
5. Wie beurteilt ihr unsere Argumente für und gegen die Wahrscheinlichkeit einer Projektion?
6. Welche Argumente haben wir übersehen?

Sie verbessern Ihre Orientierung und Ihre Sicherheit

Da wir über die Zukunft streng genommen nichts wissen können, helfen uns fundierte Zukunftsannahmen, ein bestimmtes Maß an Orientierung auf die Zukunft zu erhalten. Ergebnis des Blicks durch die blaue Zukunftsbrille ist ein individuell für den einzelnen Menschen oder kollektiv für ein Team erarbeitetes Bild einer als wahrscheinlich angenommenen Zukunft der wichtigsten Beobachtungsfelder und -objekte. Im Blick können Kunden, Markt, Wettbewerber, Technologien, Umwelt oder Gesetze sein.

Die Arbeit mit Zukunftsannahmen reduziert die Zahl der möglichen Zukünfte. Zukunftsannahmen wirken wie die Nebenbedingungen bei einer linearen oder nicht-linearen Optimierung in der Mathematik, die ebenfalls dazu dienen, den Lösungsraum einzugrenzen.

> **Zukunftsannahmen sind das gedankliche Werkzeug, mit dem wir unser Bedürfnis nach Vorauswissen befriedigen, ohne dass wir die Zukunft vorhersagen können.**

Je unsicherer die Zukunft ist, desto nötiger und wichtiger ist eine sorgfältige Erarbeitung und Analyse der Zukunftsannahmen. Falsche Zukunftsannahmen führen zu gefährlichen Strategien und in der Folge zu riskanten Situationen. Gute Zukunftsannahmen sind wie Sextanten für eine gute Strategie[12]. Sie stellen sicher, dass mehr als fünfzig Prozent Ihrer Entscheidungen richtig sind, wie es Hans-Peter Keitel, der Vorstand von Hochtief, einmal als Ziel formulierte[13].

Sie reduzieren die Komplexität der Zukunft

Sozialer, wirtschaftlicher und politischer Wandel ist ein hochkomplexes Phänomen. Zukunftsannahmen über Trends sowie über künftige Entwicklungen und Zustände können helfen, die bei der Betrachtung der Zukunft zwangsläufig entstehende Komplexität zu reduzieren und so das Nachdenken über die Zukunft zu vereinfachen. In der Praxis steht nie so viel Zeit zur Verfügung, wie es für eine wirklich umfassende Zukunftsanalyse nötig wäre. Zukunftsannahmen, die, wie hier empfohlen und gezeigt, in einem bestimmten Umfang argumentativ fundiert und in ein Gesamtmodell eingebettet sind, sollen helfen, das Wesentliche zu erfassen.

Man könnte sagen, dass eine wirklich nützliche Zukunftsannahme zu einem guten Teil falsch sein muss. Falsch in dem Sinne, dass sie einen Teil der Zukunft ausblendet, um die Komplexität wirklich reduzieren zu können.

Mit Hilfe von gut ausgearbeiteten Zukunftsannahmen kann ein ganzes Netzwerk von Details und Sub-Annahmen sinnvoll zusammengefasst werden. Es hängt von Ihrem Standpunkt ab, welche Ebene der Aggregation Sie für Ihre Zukunftsannahmen wählen.

Sie verstehen besser, was heute passiert

Die Erarbeitung von Zukunftsannahmen führt zwangsläufig zu Überlegungen darüber, wie Ihr Markt und im weiteren Sinne Ihr Umfeld funktioniert, und zwar in Vergangenheit und Gegenwart. Es ist nötig, ein Verständnis für die Mechanismen und die Logik des Wandels zu entwickeln und zu nutzen. Dies ist eine unabdingbare Voraussetzung für die Erarbeitung fundierter Zukunftsannahmen. Ihre Zukunftsannahmen müssen in ihrer Gesamtheit konsistent, also zumindest arm an Widersprüchen sein. Ganz widerspruchsfrei ist noch nicht einmal die Gegenwart.

Sie erleichtern sich die Kommunikation über die Zukunft

Wenn Zukunftsannahmen klar begründet sind, entstehen in der Kommunikation über die Zukunft signifikant weniger Missverständnisse. Die Diskutanten verstehen besser, auf welchen Zukunftsannahmen ihr Gegenüber seine Meinungen, Urteile und Entscheidungen gründet. Auf diese Weise können Sie sich etwa mit Ihren Mitarbeitern einfacher und präziser über die Zukunft austauschen. Im Abschnitt 7.3 zur roten Zukunftsbrille wird die Erleichterung der Kommunikation über die Zukunft nochmals angesprochen.

Sie integrieren leicht die verschiedensten Zukunftsauffassungen

Jede noch so eigenartige und unbegründete Ansicht über die wahrscheinliche und mögliche Zukunft lässt sich in einer Zukunftsprojektion ausdrücken. Zukunftsprojektionen sind Thesen. In einem Workshop kann das Konstrukt Zukunftsprojektion einen Moderator davor retten, Mitwirkende mit seltsamen Meinungen vor den Kopf zu stoßen. In einer Zukunftsprojektion wohlformuliert, wird jede Auffassung von der Zukunft verarbeitbar.

Sie schaffen Attraktoren für Zukunftswissen

Der Blick durch die blaue Zukunftsbrille hat heuristischen Charakter. Zukunftsannahmen sind Thesen über die Zukunft, deren Wert unter anderem auch darin liegt, sie auf dem Weg in die Zukunft regelmäßig, wenn nicht laufend, überprüfen zu können. Sobald eine Zukunftsannahme formuliert und dokumentiert ist, ist mit ihr eine Wahrnehmungskategorie geschaffen. Es heißt, man nehme nur wahr, was man kennt. Auch wenn es so extrem formuliert nicht ganz stimmt, so ist doch viel Wahres daran. Es ist so ähnlich wie mit den Annahmenfragen. Sobald sie gestellt sind, nehmen wir mehr Antwortmöglichkeiten wahr als vorher. Zukunftsannahmen sind daher Ausgangspunkte für das Monitoring möglicher Veränderungen in Ihrem Umfeld. Wenn ein Führungsteam aus der IT annimmt, dass Computer in zehn Jahren per Sprache, und zwar auf dem Gesprächsniveau eines Erwachsenen, gesteuert werden können, werden diese Experten weniger in tastaturbasierte Lösungen investieren und sehr viel aufmerksamer sein für Signale, die ihre Annahme bestätigen oder widerlegen können. So werden Zukunftsannahmen zu Attraktoren, also zu Anziehungspunkten für Signale über die Zukunft.

4.4 Denkobjekte der blauen Zukunftsbrille

Wer strukturiert über die Zukunft nachdenken und kommunizieren will, muss sich in einer sehr frühen Phase der wesentlichen Denkgegenstände des Zukunftsmanagements und ihrer Definitionen bewusst werden. Durch die blaue Zukunftsbrille sehen Sie folgende Objekte, die wir kurz charakterisieren und definieren möchten:

- Annahmenfragen,
- Zukunftsfaktoren,
- Signale,
- Zukunftsprojektionen,
- Zukunftsszenarien und
- Zukunftsannahmen (Erwartungen, Nicht-Erwartungen, Eventualitäten).

Wie die nachfolgende Grafik zeigt, werden die oben genannten Denkobjekte im Rahmen der Prozess-Schritte Zukunfts-Radar und Annahmen-Analyse (blaue Zukunftsbrille) erarbeitet. Der Schritt »Zukunfts-Radar« dient der frühzeitigen und systematischen Erfassung von zukünftigen Entwicklungen und Veränderungen in Ihrem Umfeld (siehe auch *Das ZukunftsRadar,* GABAL 2006).

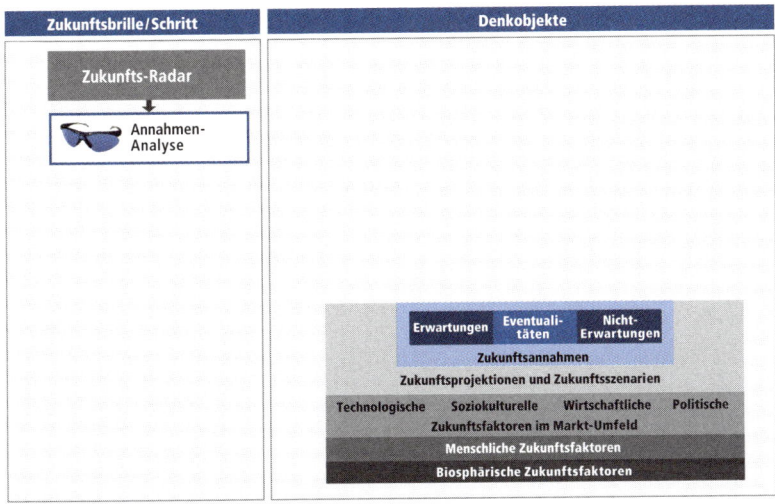

Abb. 7: Die blaue Zukunftsbrille und ihre Denkobjekte

Annahmenfragen

Zu jeder Zukunftsbrille gibt es eine besondere Form von Zukunftsfragen. Zukunftsfragen schaffen einen natürlichen und daher bei Unternehmern und Managern sehr willkommenen Zugang zu den Inhalten des Zukunftsmanagements.

 Mit Annahmenfragen bestimmen Sie den wesentlichen Wissensbedarf über die wahrscheinliche Entwicklung Ihres Umfelds.

Wenn Sie die blaue Zukunftsbrille aufsetzen, stellen Sie Annahmenfragen. Dies sind Fragen an die zukünftige Entwicklung Ihres Umfelds. In der Kapitänsgeschichte wären dies Fragen zur Entwicklung des Meeres und des Wetters, also zur Zukunft der wichtigsten Einflussfaktoren auf die Existenz und das Wohl des Schiffes. Es müssen Fragen sein, mit denen Sie die Zukunft wesentlicher Bestimmungsfaktoren Ihrer wirtschaftlichen Existenz erfassen und einschätzen können. Was müssen Sie über die künftige Entwicklung Ihres Umfelds wissen, um heute zukunftsrobuste Entscheidungen treffen zu können? Es geht in der Regel um Veränderungen

- im Verhalten Ihrer Kunden,
- relevanter Technologien,
- der Marktverhältnisse und des Wettbewerbs,
- der Gesetze und Regularien sowie
- der natürlichen Lebensgrundlagen.

Welche fünf Annahmenfragen würden Sie einer Gruppe von Zukunftsforschern stellen, wenn diese für ihre treffsicheren Prognosen bekannt sind (so es sie gäbe), jede Frage 100 000 Euro kostet und Sie die Möglichkeit hätten, 500 000 Euro in fünf Antworten zu investieren? Selbst die Vorstände der größten Konzerne müssen zumeist lange nachdenken, bevor sie die wichtigsten Annahmenfragen bestimmen können.

Tabelle 11: Beispiele für Annahmenfragen

Branche	Zukunftsfrage
Flugzeuge (1990er)	Werden in Zukunft die Flugpreise (und damit große effiziente Flugzeuge) oder die Flugzeiten (und damit kleine schnelle Flugzeuge) für die Airlines entscheidend sein?
Stromerzeuger	Wie viel Prozent des benötigten Stroms werden in Zukunft von den Verbrauchern in dezentralen Kleinkraftwerken selbst erzeugt?
Banken	Welcher Anteil der Finanzdienstleistungen wird in Zukunft fallabschließend im Wege von E-Finance gekauft?
Zahntechnik	Wird die verstärkte Selbstverantwortung zu dramatischen Umsatzeinbrüchen führen oder Dental-Wellness zum Massenmarkt machen?
Geschäftsreisen	In welchem Maße wird die zunehmende Videofonie- und Videokonferenztechnik die Geschäftsreisetätigkeit einschränken?
Logistik	In welchem Ausmaß wird die fortgesetzte Dematerialisierung und Virtualisierung (wie in der Musikindustrie) zur Reduktion des Transportvolumens führen?

Tabelle 11: Beispiele für Annahmenfragen

Branche	Zukunftsfrage
Bau	Wie marktbedeutend wird das »intelligente Haus« wirklich sein?

Zukunftsfaktoren

Im Bild des Windjammer-Kapitäns wären die Zukunftsfaktoren die Hochs und Tiefs, die Winde, die Himmelskörper und andere das Umfeld bestimmende Faktoren. Dies sind die Zutaten für die Zukunft.

> Zukunftsfaktoren sind Trends, Technologien und Themen, die als treibende Kräfte zukünftiger Veränderungen wirken.

Die drei Arten von Zukunftsfaktoren bedürfen ebenfalls einer eindeutigen Definition, zumal insbesondere der Begriff des Trends in sehr vielfältiger Weise verwendet wird.

> Ein Trend ist eine eindeutig gerichtete Veränderung einer oder mehrerer Variablen im Umfeld.
>
> Eine Technologie ist ein Werkzeug zur Erweiterung der menschlichen Fähigkeiten.
>
> Ein Thema bezeichnet ein Phänomen, das zukünftige Veränderungen in eine oder mehrere Richtungen verursacht.

Wir unterscheiden sechs Kategorien von Zukunftsfaktoren, wie Tabelle 12 zeigt:

Tabelle 12: Kategorien von Zukunftsfaktoren	
Kategorie	**Erläuterung und Beispiele**
Menschliche Zukunftsfaktoren (Bedürfnisfaktoren)	Grundmotive des Menschen, die ihn dazu antreiben, Ideen, Technologien und Werkzeuge zu entwickeln, zu wirtschaften und sich in Gemeinschaften und Gesellschaften zu organisieren
Biosphärische Zukunftsfaktoren	Veränderungen biosphärischer Verhältnisse wie die abnehmende Biodiversität, die globale Erwärmung oder die Vernichtung von Regenwäldern
Technologische Zukunftsfaktoren	Technisch-methodische Entwicklungen und Innovationen wie Mikrochips, das Internet, die Kernkraft, die Nanotechnologien oder die Gentechnologie
Politische Zukunftsfaktoren	Veränderungen der Machtverhältnisse wie im Beispiel der Machtergreifung der Nationalsozialisten, der Entwicklung des Terrorismus, der zunehmenden internationalen Kooperation oder der Europäisierung
Wirtschaftliche Zukunftsfaktoren	Veränderung der Strategien, Systeme und Praktiken zur Befriedigung menschlicher Bedürfnisse wie die Globalisierung oder die Polarisierung der Märkte
Gesellschaftliche Zukunftsfaktoren	Veränderungen gesellschaftlicher Verhältnisse, Kulturen und Ideale wie die Individualisierung, das Wissenswachstum, die Beschleunigung oder auch die Alterung

Die Checkliste der Zukunftsfaktoren gibt Ihnen einen umfassenden Überblick über die wichtigsten Trends, Themen und Technologien der Zukunft. Ein Zukunftsfaktor ist für Ihr Unternehmen sachlich relevant, wenn er einen klar erkennbaren Einfluss auf die Beantwortung einer oder mehrerer Ihrer Zukunftsfragen hat. Formulieren Sie die Zukunftsfaktoren so um, dass sie aus der Sicht Ihres Marktes nicht zu allgemein und nicht zu spezifisch sind. Für einen Stromproduzenten sind »Energie-Innovationen« zu allgemein, hingegen sind für ein Bauunternehmen »Gezeiten-Kraftwerke« zu speziell.

Checkliste der Zukunftsfaktoren (Das ZukunftsRadar, Mićić, 2006)

Biosphärische Zukunftsfaktoren

- Klimaveränderung
- Schrumpfende Biodiversität
- Bodenerosion und Wüstenbildung
- Waldvernichtung
- Trinkwasserknappheit
- Erdölknappheit
- Umweltbelastung

Technologische Zukunftsfaktoren

- Wachsende Computerleistung
- Wachsende Datenübertragungskapazität
- Display-Innovationen
- Informatisierung
- Internetisierung
- Dematerialisierung und Virtualisierung
- Human-Machine-Interfaces
- Automatisierung und Robotik
- E-Business
- Künstliche Intelligenz
- Wissenssysteme
- E-Learning
- Photonik
- Sensorik
- Biometrie
- Mikrosystemtechnik
- Mikroverfahrenstechnik
- Nanotechnologien
- Bio- und Gentechnologie
- Bionisierung
- Energieinnovationen
- Logistik- und Verkehrsinnovationen
- Medizininnovationen
- Werkstoffinnovationen
- Produktions- und Prozessinnovationen
- Functional Food
- Mass Customization
- Mobilisierung

Politische Zukunftsfaktoren

- Demokratisierung
- Europäische Integration
- Staatliche Finanzprobleme
- Ökonomisierung des Staates
- Liberalisierung
- Zuehmende internationale Kooperation

Wirtschaftliche Zukunftsfaktoren

- Interdisziplinarisierung
- Globalisierung
- Globales Wirtschaftswachstum
- Asiatischer Boom
- Sättigung der Märkte in entwickelten Staaten
- Steigender globaler Energiebedarf
- Tertiarisierung und Quartarisierung
- Netzwerkwirtschaft
- Produktivitätswachstum
- Fragmentierung der Märkte
- Polarisierung der Märkte
- Polarisierung des Wohlstands
- Polarisierung der Arbeitswelt
- Nachhaltige Wirtschaft
- Digitales Geld
- Emanzipation der Kunden
- Meereswirtschaft
- Geschäftsfeld Weltraum
- Managementinnovationen

Signale

Signale sind beschreibende und konstituierende Elemente von Zukunftsfaktoren. Wir definieren sie wie folgt:

 Ein Signal ist eine Information über mögliche Entwicklungen und Ereignisse in der Zukunft.

Ein Beispiel wäre die Nachricht »*Zwanzig Prozent der jungen Ausländer und zehn Prozent der jungen Inländer verlassen die Schule ohne Abschluss*«. Im Grunde ist jede für eine Zukunftsstudie oder Zukunftsstrategie relevante Nachricht ein Signal. Das Denkobjekt Signal bezeichnet auch den Begriff des Prognostikums, also eines Anzeichens einer zukünftigen Entwicklung. Der Einfachheit halber ordnen wir die Signale den Zukunftsfaktoren zu.

Zukunftsprojektionen

Ihre Annahmenfragen werden mit Zukunftsprojektionen beantwortet. Ist Ihre Annahmenfrage komplexer, werden Sie mehrere Projektionen zu einem Szenario (siehe unten) zusammenfassen.

 Eine Zukunftsprojektion ist eine Aussage über den möglichen Zustand eines Beobachtungsobjektes im Umfeld zu einem bestimmten Zeitpunkt in der Zukunft.

Die einfachste Methode der Projektionsentwicklung ist die direkte Ableitung von Projektionen aus Zukunftsfaktoren. Trends, Technologien und Themen der Zukunft liefern nach dem in Abb. 8 gezeigten Prinzip recht offensichtliche Antworten auf Ihre Annahmenfragen. Sind die Zukunftsfaktoren in Zahlen beschreibbar, dienen diese als so genannte Prädiktoren, also als Variablen zur Projektion zukünftiger Entwicklungen.

Abb. 8: Projektions-Matrix mit Zukunftsfaktoren

Die Annahmenfragen eines Stromproduzenten könnten mittels Ableitung aus Zukunftsfaktoren wie folgt beantwortet werden:

Tabelle 13: Projektionen eines Stromproduzenten

Annahmenfrage	Zukunftsfaktoren	Projektion 1	Projektion 2
Wie viel Prozent des Stroms wird von den Kunden selbst dezentral erzeugt?	■ Energie-Innovationen (Brennstoffzellen, optimierte Fotovoltaik etc.) ■ Erdölknappheit ■ Klimawandel	2020: Nahezu kein Kunde erzeugt seinen Strom selbst (0 %).	2020: 80 % der Kunden erzeugen einen wesentlichen Teil (ca. ein Drittel) des Stroms selbst.
In welchem Maße wird sich der »intelligente Haushalt« durchsetzen?	■ Informatisierung ■ Individualisierung ■ Dematerialisierung ■ Mensch-Maschine-Interfaces ■ Terrorismus und Kriminalität	2020: Die Haushaltstechnik ist weitgehend unverändert.	2020: Jeder Neubau und jede Renovierung resultiert in einem intelligenten, hochvernetzten Haushalt.

Die Projektionen in Tabelle 13 zeigen, dass eine Projektion nicht unbedingt jedem als wahrscheinlich erscheinen muss und folglich nicht gleichbedeutend mit einer Vorhersage oder Prognose ist. Manche Projektionen werden wie eine provokative These nur zu dem Zweck aufgestellt, das Nachdenken über die Zukunft anzuregen oder zu zeigen, dass die Zukunft auch ganz anders kommen kann als gedacht.

Weitere Beispiele für Zukunftsprojektionen sind:

- Sechzig Prozent der Menschen in der Stadt X werden 2020 in Einpersonenhaushalten leben.
- Die Leistungsfähigkeit von Mikrochips wird in den nächsten sieben Jahren um 1000 Prozent wachsen.
- Extremsportarten werden sich bis 2015 in fast alle sozialen Gruppen verbreitet haben.
- Der Anteil der Hochschulabgänger wird in zehn Jahren um zehn Prozentpunkte gewachsen sein.
- Der Anteil internetbasierter Verwaltungsakte zwischen Bürgern und öffentlicher Verwaltung wird in zehn Jahren über fünfzig Prozent liegen.

Zukunftsszenarien

Projektionen können als Miniszenarien[14] betrachtet werden. Sie geben Antworten auf eine einzige Frage, während die eigentlichen Szenarien auf mehrere Fragen gleichzeitig antworten und daher ein ganzes System von Projektionen umfassen. Szenarien fassen mehrere oder viele Projektionen zusammen und machen es leichter, die Wirkkräfte, die Mechanismen oder schlicht die Logik der Veränderung und des Wandels zu berücksichtigen[15].

Die *Schlacht von Dorking* beschreibt eine fiktive zukünftige Schlacht und ist ein schönes Beispiel für ein Szenario (siehe Seite 221). Allerdings ist dieses Szenario eines, das mit der roten Zukunftsbrille erstellt wurde. Das Szenario, das die 2007 im ZDF ausgestrahlte TV-Dokumentation *2057* zeigte, wurde mit der blauen Zukunftsbrille erstellt, denn die Autoren gaben sich Mühe, eine wahrscheinliche Zukunft zu beschreiben, was allein schon aus dem Umstand erkennbar ist, dass es für jede Szene immer nur ein Szenario gab und nicht mehrere Szenarien alternativer Zukünfte.

Ein Zukunftsszenario ist ein System von Projektionen, das ein komplexes Bild einer möglichen Zukunft und eventuell den Weg dorthin beschreibt.

Durch die blaue Zukunftsbrille werden Szenarien nicht wesentlich anders betrachtet als Projektionen. Ihre besondere Rolle nehmen die Szenarien beim Blick in die Zukunft durch die rote Zukunftsbrille ein (siehe Kapitel 7).

Zukunftsannahmen

Zukunftsannahmen sind das zentrale Denkobjekt der blauen Zukunftsbrille. Ein Beispiel einer Zukunftsannahme ist die Aussage *»wir nehmen mit achtzigprozentiger Wahrscheinlichkeit an, dass im Jahr 2020 sechzig Prozent der Menschen in der Stadt X in Einpersonenhaushalten leben werden«*.

Eine Zukunftsannahme ist eine Überzeugung über die wahrscheinliche Zukunft, die in der einer Projektion oder einem Szenario zugemessenen Erwartungswahrscheinlichkeit ausgedrückt wird.

Es ist bemerkenswert, dass der Begriff der Zukunftsannahme von den Zukunftsexperten nur recht selten untersucht und beschrieben wurde. Sogar Standardwerke[16] verzichten auf eine Definition des Denkobjekts Zukunftsannahme, offensichtlich in der *Annahme*, dass schon jeder wissen wird, was eine Zukunftsannahme ist.

Zukunftsannahmen sind bestreitbare, aber plausible Überzeugungen über zukünftige Zustände, Prozesse oder Fakten. Eine Zukunftsannahme nach der obigen Definition setzt eine Projektion oder ein Szenario als zu beurteilende These voraus. Während Sie die Erarbeitung von Projektionen und Szenarien delegieren oder sie bei Dritten kaufen können, können Sie eine Zukunftsannahme nur selbst ermitteln.

Eine Zukunftsannahme drückt aus, dass man eine Aussage über die Zukunft (Projektion oder Szenario)

1. für eher wahrscheinlich (Erwartungen) oder
2. für mittelwahrscheinlich (Eventualitäten) oder
3. für eher unwahrscheinlich (Nicht-Erwartungen) hält.

Aus Abb. 7 auf Seite 85 ersehen Sie diese Aufteilung der Zukunftsannahmen.

Tabelle 14: Arten von Zukunftsannahmen		
Art	**Definition**	**Bedeutung**
Erwartungen	Eine Zukunftsannahme, die eine hohe Erwartungswahrscheinlichkeit ausdrückt	Die Zukunftsstrategie basiert darauf, dass diese Zukunft eintritt.
Eventualitäten	Eine Zukunftsannahme, die eine mittlere Erwartungswahrscheinlichkeit ausdrückt	Die Zukunftsstrategie berücksichtigt beide Möglichkeiten, dass diese Zukunft eintritt und dass sie nicht eintritt.
Nicht-Erwartungen	Eine Zukunftsannahme, die eine niedrige Erwartungswahrscheinlichkeit ausdrückt	Die Zukunftsstrategie basiert darauf, dass diese Zukunft nicht eintritt.

Entweder glaubt man, dass die Projektion oder das Szenario die zukünftige Realität beschreibt, oder man glaubt es gerade nicht, oder man glaubt, dass Eintritt und Nichteintritt ungefähr gleich wahrscheinlich sind. Zukunftsannahmen sind daher keine Prognosen, sondern heuristische, also Erkenntniszwecken dienende Aussagen über Geglaubtes.

Bei den Nicht-Erwartungen herrscht im Grunde das gleiche Maß an Sicherheit wie bei den Erwartungen, was auf den ersten Blick verwirren mag. Auf beiden Seiten der Wahrscheinlichkeitsskala ist man sicher, entweder dass diese Zukunft eintreten wird oder dass sie nicht eintreten wird. Es wäre demzufolge überraschend, wenn jeweils das Gegenteil einträte. Nicht-Erwartungen sind optionale Ausgänge, so etwa das Steigen oder das Sinken bestimmter Marktpreise. Im Unterschied zu den Überraschungen (siehe Kapitel 7) werden die Nicht-Erwartungen sehr bewusst und rational als zumindest potenziell wahrscheinliche Zukünfte analysiert.

Eventualitäten als dritte Art der Zukunftsannahme drücken den höchsten Grad an Unsicherheit aus. Eventualitäten sind nicht dazu da, Unentschiedenheit oder Unwissenheit zu zeigen. Eine Zukunftsaussage wie »nanotechnologische Komponenten machen in zehn Jahren rund zwanzig Prozent des Marktvolumens aus« mit fünfzig Prozent Erwartungswahrscheinlichkeit zu einer Eventualität zu erklären, ist eine klare Entscheidung, die Konsequenzen für die Zukunftsstrategie hat.

Wenn wir bei Zukunftsannahmen von Wahrscheinlichkeiten sprechen, meinen wir Erwartungswahrscheinlichkeiten. Wahrscheinlichkeit im statistischen Sinne würde Vergangenheitsdaten erfordern, die es in der Regel für strategisch relevante Annahmen über die langfristige Zukunft nicht gibt. Erwartungswahrscheinlichkeiten sind begründete subjektive Erwartungen darüber, ob die jeweilige Aussage zu einem gegebenen Zeitpunkt in der Zukunft wahr sein wird beziehungsweise die Realität beschreibt. Wir verwenden für die Angabe von Erwartungswahrscheinlichkeiten eine Ordinalskala von 1 (sehr unwahrscheinlich) bis 9 (sehr wahrscheinlich). Eine Null und eine Zehn verwenden wir nicht, weil in der Zukunft nichts ausgeschlossen und nichts sicher ist. Weitere Erläuterungen finden Sie im Abschnitt 4.6.1 auf Seite 108.

4.5 Denkhaltung und Prinzipien der blauen Zukunftsbrille

Mit der blauen Zukunftsbrille schauen Sie aus der Makro-Perspektive und außenorientiert auf die von Ihnen als wahrscheinlich angenommene Zukunft Ihres Umfelds. Sie nehmen eine distanzierte und beobachtende Sicht ein. Ihre Denkhaltung ist realistisch, analytisch, erfahrungsbasiert und eher konservativ.

Nehmen Sie die Zukunft als weitgehend nicht vorhersehbar an

Die blaue Zukunftsbrille schaut auf die wahrscheinliche Zukunft, und doch ist diese nicht genau genug vorhersehbar. Die Chaosforschung (nicht nur die Chaostheorie!) legt uns im Ergebnis nahe, jeglichen Versuch aufzugeben, den gegenwärtigen Wandel vollständig nachzuvollziehen oder gar zukünftigen Wandel zu prognostizieren. Zwar seien Märkte und Gesellschaften von recht klaren Gesetzmäßigkeiten geprägt und nach ihnen organisiert (deterministisches Chaos), aber aufgrund ihrer komplexen Struktur verhielten sie sich in der Regel chaotisch, also nicht vollständig nachvollziehbar und prognostizierbar[17].

Abb. 9: Chaos am Werk: Die Zukunft ist unvorhersehbar

Selbst einfache komplexe Systeme lassen sich schon nicht mehr prognostizieren. Wohin ein Blatt genau vom Baume fällt, wie sich der Herzschlag in den nächsten Sekunden auf dem EKG darstellt oder wie drei Körper, zum Beispiel Planeten, mit ihren Anziehungskräften mit welchem genauen Ergebnis aufeinander einwirken, das alles lässt sich nicht vorhersagen. Selbst der Lauf der Kugel im Flipperspiel ist nicht prognostizierbar, obwohl alles messbar und erfassbar ist, sei es das Gewicht oder die Masse der Kugel, die Ein- und Ausfallswinkel, die Stärke des Startstoßes, die Dynamik der sie anstoßenden Aktivelemente, die Reaktionsgeschwindigkeit des Spielers und so weiter. Komplexe Systeme kann man nicht hinreichend durch die Beschreibung ihrer Elemente und ihrer Funktionen erklären und erst recht nicht prognostizieren[18]. Bei jedem Durchgang liefern sie ein anderes Ergebnis. Das gilt für komplexe adaptive Systeme umso mehr. Mit einem solchen hätten wir es zu tun, wenn die Flipperkugel gefühlsgesteuert wäre, Entscheidungen träfe und sich an ihre Umwelt anpassen könnte.

 Wo Menschen eine aktive Rolle spielen, haben wir es mit einem komplexen adaptiven System zu tun, das als solches prinzipiell nicht prognostizierbar ist.

Vor der Chaosforschung ging man davon aus, dass man die Elemente und Zusammenhänge eines Systems nur genau genug erfassen müsse, um sein Verhalten prognostizieren zu können. Heute weiß man, dass aufgrund der sensitiven (empfindlichen) Abhängigkeit des Systemverhaltens, etwa eines Marktes, von den Anfangsbedingungen, schon minimale Abweichungen auf atomarer Ebene (Schmetterlingseffekt[19]) zu völlig unerwarteten Ergebnissen führen können.

Der eine oder andere Zukunftsexperte sagt dennoch, fast alles, was heute passiert, sei vorhergesagt gewesen. Manchmal entscheidet ein Leerzeichen: *Vorhergesagt* oder *vorher gesagt*? Sicher, im Universum der historischen Schriften, von den Sumerern bis zur gestrigen Tageszeitung, wird sich über fast alles, was heute ist, die eine oder andere Zeile finden. Leider aber auch noch viel mehr von dem, was (noch) nicht eingetreten ist. Wieder fehlt die Präzision beim Blick in die Zukunft. Geht es darum, dass es jemand für möglich hielt oder es sich verstellen konnte (grüne Zukunftsbrille)? Oder ist gemeint, dass es jemand für diesen Zeitpunkt und Ort und in dieser Art und Form vorhergesagt oder zumindest aus seiner Sicht angenommen hat (blaue Zukunftsbrille)?

Wenn unsere Klienten (mit der blauen Zukunftsbrille) über wahrscheinliche Zukünfte nachdenken, geben sie sich nicht mit Ideen und Visionen zufrieden, die für irgendwann in ferner Zukunft das eine oder andere für möglich halten. Nur wenn sie darin Chancen für sich erkennen (grüne Zukunftsbrille), wird dies interessant. Die wahrscheinliche Zukunft zu kennen (blaue Zukunftsbrille) hat vor allem dann besonderen Wert, wenn Zeit, Ort und Qualität dieser Zukunft vorher gewusst sind. Und dabei kommt es noch nicht einmal auf die letzte Genauigkeit an. Für einen Chemiekonzern wäre es beispielsweise immens wertvoll zu wissen, ob Anlagen für »additive fabrication« (eine Art dreidimensionales Drucken) in zehn Jahren rund sieben bis zwölf Milliarden Euro Marktvolumen haben. Rund zehn Jahre und rund sieben bis zwölf Milliarden, das würde ja schon reichen. Aber dieses »Wissen« über die Zukunft kann es in dieser Genauigkeit nicht geben. Wir können und müssen Annahmen haben, aber Annahmen sind kein Wissen und keine Prognosen. Zu behaupten, man könne solche Entwicklungen prognostizieren, braucht schon ein recht laxes Verständnis des Wortes »Prognose«, das die meisten Menschen nicht teilen würden.

Wer also sagt, alles sei vorhergesagt gewesen, könnte genau so gut behaupten, dass jede gezogene Zahlenkombination im Lotto bereits einmal vorhersagt worden sei. Natürlich ist es hilfreich zu wissen, was man schon alles über die Zukunft vorhergesagt und vorher gesagt hat. Daraus aber die Möglichkeit der Vorhersage zu schöpfen, ist erkenntniswissenschaftlich schlicht nicht zulässig. Man müsste ignorieren, dass viele auch das Gegenteil vorhergesagt haben. Sonst bräuchte es nur eine genügend große Menge an Voraussagen, um im Nachhinein auf jeden Fall behaupten zu können, es sei ja schon vorhergesagt gewesen.

Es gibt jedoch Bereiche, deren Zukunft nicht ganz dem unprognostizierbaren Verhalten chaotischer (komplexer) System unterliegt. Die Zukunft ist dort entweder, wie in der Demographie, das Ergebnis der gegenwärtigen Verhältnisse und relativ zuverlässig berechenbarer Funktionen. Oder die Zukunft ist das Ergebnis menschlicher Erwartungen, wie man es zu einem großen Teil für das Sozialprodukt, für Umsätze wie auch für die Verbreitung von Technologien annehmen kann.

> **Wer die Zukunftsannahmen beteiligter und betroffener Menschen identifiziert und analysiert und dabei typische menschliche Verhaltensweisen berücksichtigt, der kann früher als andere erkennen, ob seine Einschätzung der Zukunft richtig ist.**

Richten Sie die blaue Zukunftsbrille auf Ihr Umfeld

Im Beispiel des Windjammer-Kapitäns auf Seite 61 geht es mit der blauen Zukunftsbrille um den Ozean und das Wetter, also um Verhältnisse in seinem Umfeld, die der Kapitän nicht beeinflussen kann. Blickt der Kapitän durch die blaue Zukunftsbrille, braucht er eine nahezu fatalistische Haltung.

Das Wohlergehen der eigenen Familie oder des eigenen Unternehmens kann nicht mit der blauen Zukunftsbrille und damit in der Kategorie Wahrscheinlichkeit gedacht werden, weil man selbst einen starken Einfluss auf die Entwicklung hat.

Zukunftsannahmen sollten nur über unabhängige Beobachtungsobjekte aufgestellt werden, also typischerweise über die Entwicklung des Marktes, der allgemein verfügbaren Technologien, der Biosphäre, des Kundenverhaltens oder der Gesetzgebung.

> **Über Wahrscheinlichkeiten kann man nur dann sinnvoll nachdenken, wenn man als Betrachter selbst keinen Einfluss auf das Betrachtete hat.**

Betrachten Sie die Zukunft mit einem passiven und distanzierten Blick aus der Makro-Perspektive

»A desk is a dangerous place from which to watch the world«, soll John le Carré gesagt haben. Durch die blaue Zukunftsbrille sehen Sie Ihr Umfeld idealerweise aus einer Makro-Perspektive. Nicht Ihr Schreibtisch und Ihr Unternehmen stehen im Mittelpunkt Ihrer Betrachtung, sondern die Verhältnisse auf der Erde, auf Ihrem Kontinent, in Ihrem Staat und in Ihrem Markt. Nur so können Sie die größeren Zusammenhänge überblicken.

Sie müssen sich »externalisieren«, sich aus dem betrachteten System lösen, um es beobachten und einschätzen zu können, selbst wenn Sie in Wirklichkeit integraler Bestandteil des Systems sind. Genau dieser vermeintliche Denkfehler macht uns das Denken der wahrscheinlichen Zukünfte leichter und oftmals überhaupt erst möglich.

Aus der Notwendigkeit der Makro-Perspektive folgt zwingend eine passive und beobachtende Denkhaltung. Sie können die Verhältnisse in Ihrem Markt in der Regel nicht maßgeblich und gezielt in eine von Ihnen gewünschte Richtung ändern. Selbst wenn Ihr Marktanteil sehr groß ist, können Sie nicht die Aktivitäten von Wettbewerbern, staatlichen Akteuren und Forschern steuern. Aus systemischer Sicht könnte man einwenden, dass der Beobachter immer einen Einfluss auf das Beobachtete hat, schließlich ist die Heisenberg'sche Unschärferelation[20] praktisch Gemeingut geworden. Nichtsdestotrotz, obschon vollständige Passivität und Neutralität unmöglich sind, sollten Sie Ihre Zukunftsannahmen so formulieren, als *wären* Sie in der Lage, sich passiv und neutral zu verhalten.

Nehmen Sie eine realistische und konservative Denkhaltung ein

Die blaue Zukunftsbrille mutet den einen oder anderen langweilig oder gar unnötig an, weil es mit ihr nicht so sehr darum geht, die neuesten Trends und Hypes zu identifizieren, sondern darum, eine Orientierungsbasis für das Leben von Menschen und Unternehmen zu schaffen. Kreativität und Fantasie spielen in der Betrachtungsweise durch die blaue Zukunftsbrille keine besonders große Rolle. Der Kapitän kann am Meer und am Wetter nichts Wesentliches ändern. Um zu wissen, wie sich sein Umfeld entwickeln wird, hat es daher für ihn wenig Sinn, ein besonderes Maß an Kreativität an den Tag zu legen, denn kreativ, also schaffend, kann er im Zusammenhang mit dem Wetter nicht wirken.

 Wunschdenken, Übertreibungen, Beschönigungen, kreative Ideen und Schwarzmalerei haben in Ihren Zukunftsannahmen nichts zu suchen.

Es versteht sich von selbst, dass eine Zukunftsannahme umso solider ist, je besser sie begründet ist. Je unklarer, emotionaler, narrativer und komplexer sie ist, desto geringer ist ihre Qualität. Soweit möglich, sollten Sie jede Annahme mit Zahlen und Daten untermauern. Zwar kann es solche Fakten im engeren Sinne über die Zukunft nicht geben, aber je faktenähnlicher Ihre Zukunftsannahmen sind, desto besser können Sie sie überprüfen und überprüfen lassen. In der Praxis bewähren sich einfache Argumentenbilanzen[21] mit und ohne Gewichtung der Argumente. Natürlich sind Menschen zu rein rationalen oder gar »objektiven« Urteilen über die Zukunft nicht in der Lage, aber je näher wir dieser Haltung kommen, desto besser. Kreative Ideen und Sehnsüchte sind anderen Zukunftsbrillen vorbehalten.

Gerade im Zusammenhang mit Technologien tendiert man gerne zu allzu großem Optimismus. In der Geschichte der Zukunftsforschung hat man den Durchbruch der meisten großen Techniken viel zu früh erwartet. Wenn Sie durch die blaue Zukunftsbrille sehen, ist es also kein Zeichen achtenswerter Denkweite und Kreativität, die ernsthaften Zukunftsfragen eines Unternehmens mit Science-Fiction zu beantworten. Vielmehr ist dies ein Zeichen dafür, dass jemand die Bedeutung der blauen Zukunftsbrille und vor allem den Unterschied zu den anderen Brillen noch nicht verstanden hat.

Verstehen Sie Erfahrung als Erfolgsfaktor

Wer dreißig Jahre Erfahrung in seinem Geschäft hat, kann recht schnell und intuitiv einschätzen, welche Zukünfte wahrscheinlicher sind und welche nicht. Der Anfänger und Laie kann sich zwar mit der grünen Zukunftsbrille vieles kreativ ausdenken und die Möglichkeiten der Zukunft ausleuchten, der Erfahrene aber hat regelmäßig eine höhere Erfolgsquote, wenn es um die Einschätzung des wirklich Wahrscheinlichen geht. Dies gilt zumindest so lange, wie sich die betrachtete Welt nicht wesentlich verändert.

Sie können keine vollständige Annahmen-Analyse durchführen

In Anbetracht notorisch knapper Zeitbudgets in der Zukunftsarbeit muss die blaue Zukunftsbrille auf die am stärksten relevanten Annahmen gerichtet werden. Relevanz können Sie im Wesentlichen mit der Stärke der voraussichtlichen Auswirkungen der untersuchten Zukunftsentwicklungen gleichsetzen. Je abhängiger Sie oder Ihr Unternehmen vom Gegenstand einer Zukunftsannahme sind, beispielsweise von einem bestimmten Bedarf oder einer bestimmten Angewohnheit Ihrer Kunden, desto stärker wirken sich Änderungen potenziell aus.

Schon bei der Auswahl der mit Zukunftsannahmen zu erfassenden Umfeldfaktoren greifen Sie auf Gegenwartsannahmen zurück. Bereits wie sie Wichtiges und Relevantes bestimmen, basiert zwangsläufig auf tiefer liegenden Annahmen über die Funktionsweise des eigenen Geschäfts. Wer als Verleger davon überzeugt ist, dass nur die fachliche Qualität von Büchern den Verkaufserfolg bestimmt, wird wahrscheinlich eine Auswahl von zu beobachtenden Zukunftsannahmen treffen, die alle diejenigen nicht nachvollziehen können, die davon ausgehen, dass Bestseller »gemacht« und nicht geschrieben werden.

 Die Ideale von Vollständigkeit und Perfektion passen generell selten zum Denkgegenstand Zukunft, zumindest nicht in der Praxis.

Es versteht sich von selbst, dass die Fokussierung auf wenige Annahmen gleichzeitig bedeutet, dass durchaus wichtige Umfeldaspekte aus der Analyse ausgeblendet werden müssen. Konzentrieren Sie Ihre blaue Zukunftsbrille daher auf

1. Umfeldfaktoren, die starken Einfluss auf Ihre zukünftige Existenz haben (Relevanz),
2. Umfeldfaktoren von langfristigem Charakter und auf
3. die Veränderung der Umfeldfaktoren.

Gerade bei der Betrachtung von Trends ist es ratsam, sich auf diejenigen zu konzentrieren, bei denen Sie von einer Beständigkeit über mehrere Jahre ausgehen können. Es ist aus Gründen von Zeit und Aufwand schlicht nicht möglich, jede kurzfristige Entwicklung in einer fundierten Annahmen-Analyse zu betrachten.

Auf seinem Radarschirm will ein Kapitän weniger die dunklen Felder beschrieben haben als die sich bewegenden hellen Punkte. Ihre knappe Zeit sollten Sie nicht mit der Fortschreibung der Gegenwart verbringen. Zwar wird entgegen allen Beschwörungen des turbulenten Wandels vieles, wenn nicht gar das meiste, gleich bleiben, aber es sind vor allem die Unterschiede, die Deltas zur Gegenwart interessant.

Verwenden Sie Zukunftsannahmen als Ersatz für unmögliches Zukunfts»wissen«

Die Schwierigkeiten, die sich im Zusammenhang mit Gegenwartsannahmen stellen, vor allem das Problem unvollständiger und gefärbter Wahrnehmung, sind bei Annahmen über die Zukunft noch wesentlich größer. Die Gegenwart kann man zumindest teilweise auf Zahlen, Daten und Fakten hin prüfen. Die Zukunft kann man niemals prüfen, denn sobald man es kann, ist die Zukunft Gegenwart geworden.

> Über die Zukunft kann es kein Wissen im streng wissenschaftlichen Sinne geben. Da die Zukunft zum Zeitpunkt ihrer Betrachtung nicht wirklich existiert, kann sie auch nicht gemessen, gezählt oder gewogen werden.

Wir können über die Zukunft weder etwas falsifizieren (widerlegen) noch etwas verifizieren (beweisen), was nach Karl Popper eine Voraussetzung für wissenschaftliches Wissen ist. Deklaratorisches Wissen über die Zukunft ist unmöglich. Wir können daher nur subjektives Zukunftswissen haben, also mit Hilfe klarer Argumentationen strukturierte Vermutungen anstellen.

Bedenken Sie, dass jeder Mensch zu jedem Zeitpunkt Zukunftsannahmen hat

Ihre Zukunftsannahmen müssen Sie nicht erst bilden. Sie sind schon da, ob bewusst oder unbewusst. Sie können sich gar nicht entscheiden, auf Zukunftsannahmen zu verzichten. Wie bereits beschrieben, treffen Sie jede Entscheidung auf der Grundlage Ihrer Zukunftsannahmen, sogar die Entscheidung, sich nicht zu entscheiden.

Sie können Ihre Zukunftsannahmen nicht delegieren

Zukunftsinformationen gibt es in unendlicher Menge und Vielfalt. Nicht nur das Internet ist eine unerschöpfliche Quelle. Gerade in der gedruckten Literatur kann man schon für wenige Euro beachtlich gute Zukunftsstudien erwerben. Projektionen, Szenarien und Ideen gibt es im Überfluss. Als Leiter eines Unternehmens stehen Ihnen möglicherweise eine Reihe von Spezialisten zur Verfügung, die Sie mit Analysen und Studien über die Zukunft versorgen. Zudem können Sie externe

Experten und Zukunftsforscher engagieren. Aber eines können Sie nicht: Sie können sich keine Zukunftsannahmen kaufen. Ihre Einschätzung zukünftiger Entwicklungen können Sie nicht delegieren. Zwar können Sie die Einschätzung Dritter ungeprüft zu Ihrer eigenen Zukunftsannahme machen. Aber dann ignorieren Sie Ihre ureigenen Werte, Ihre Vision und Ihre Lebens- und Arbeitsumstände.

Zukunftsannahmen von Dritten, etwa von Mitarbeitern, Beratern und Experten, sind daher für Sie zunächst einmal nur Projektionen oder, wenn sie komplexer sind, Szenarien. Erst wenn Sie die Erwartungswahrscheinlichkeit einer Projektion beurteilt haben, haben Sie Ihre Zukunftsannahme entwickelt oder überprüft.

Verbessern Sie Ihre Zukunftsannahmen durch provokante Projektionen

Die Projektion »*2020: Das Marktvolumen ist um dreißig Prozent gesunken*« kann sehr wertvoll sein, auch wenn man vorher schon weiß, dass alle vom Gegenteil ausgehen werden. Die Diskussion und Argumentation führt zu einem wesentlichen Lerneffekt. Es ist genauso wertvoll, den Eintritt einer Projektion als nicht wahrscheinlich anzunehmen, wie es wertvoll ist, eine Projektion als wahrscheinlich anzunehmen. In beiden Fällen erhöht sich die empfundene Sicherheit in der Wahrnehmung der Zukunft.

Verbessern Sie Ihre Zukunftsannahmen durch persönliche Betroffenheit

Die blaue Zukunftsbrille dient dazu, die wahrscheinliche Zukunft realistisch einzuschätzen. Wer eine Zukunftsannahme aufstellt, will in der Regel Recht behalten. Da man a priori, also vor Eintritt der beschriebenen Zukunft, keine Möglichkeit hat, die Verlässlichkeit einer Zukunftsannahme zu prüfen oder gar zu beweisen, müssen Hilfskriterien herangezogen werden.

Es ist ein hochinteressanter und fruchtbarer Prozess, die Zukunftsannahmen der einzelnen Mitglieder eines Führungsteams unabhängig voneinander zu ermitteln, sie miteinander zu vergleichen und ausführlich zu diskutieren. Wir erleben es nahezu täglich, dass Menschen seit mehreren Jahren gemeinsam ein Unternehmen führen, aber völlig unterschiedliche Einschätzungen darüber haben, wie sich ihr Markt in der Zukunft entwickeln wird. Man stelle sich eine Offiziersmannschaft auf einem Windjammer vor, in der die Offiziere vollkommen unterschiedliche Einschätzungen der zukünftigen Wetterlage haben.

Im Prolog zu den fünf Zukunftsbrillen auf Seite 9 haben wir das Instrument der Wette genutzt, um die Charaktere der Aussagen von fünf Menschen zu unterscheiden. Indem sie einen beträchtlichen Geldbetrag verwetten sollten, wurden sie betroffen gemacht. Prognosemärkte, auf denen echtes Geld verwettet wird, sind in der Regel zuverlässiger als solche, auf denen die Autoren und Bewerter der Prognosen im Falle des Scheiterns kein Risiko tragen.

Die Fallbeispiele ab Seite 71 und insbesondere das Beispiel des Büroimmobilienmarktes in Frankfurt zeigen, dass Betroffenheit ein wesentliches Qualitätskriterium für eine Zukunftsannahme ist.

 Wer einen Schaden erleidet, wenn sich die Zukunftsannahme als falsch erweist, stellt bessere, weil realistischere Annahmen auf.

Der zu befürchtende Schaden muss schmerzhaft sein, ob finanziell oder immateriell. Leider fangen viele Menschen erst dann das Überlegen an, wenn Nachteile drohen. Wer weiß, dass man ihn später auf seine Zukunftsannahmen in der Medienöffentlichkeit kritisch ansprechen wird, zeichnet die wahrscheinliche Zukunft ganz anders als jemand, der anonyme Kommentare im Internet abgibt. Sorgen Sie daher dafür, dass die von Ihnen zu ihren Zukunftsannahmen befragten Mitarbeiter, Kollegen, Berater oder gar Zukunftsforscher wissen, dass Sie deren geäußerte Annahmen später prüfen werden.

Wohlgemerkt, niemand kann die Zukunft kennen. Es kann daher nicht darum gehen, jede falsche Zukunftsannahme als Scheitern zu interpretieren. Wenn aber jemand sagt, etwas werde mit einer Wahrscheinlichkeit von neunzig Prozent eintreten, dann darf man ihn schon später darauf ansprechen, wenn es nicht so gekommen ist. Aber auch neunzig Prozent sind nicht hundert Prozent und die Zukunft ist nun mal offen, so dass man jedem Irrtümer zugestehen muss. Allerdings nicht nach etlichen Fehlversuchen. Wenn der Befragte vorher von sechzig oder siebzig Prozent Erwartungswahrscheinlichkeit gesprochen hat, kann man ihm absolut nichts vorwerfen.

Wer ist am stärksten betroffen, wenn sich die Zukunftsannahmen eines Unternehmens als falsch erweisen? Wer ist am stärksten davon betroffen, wenn sie sich als richtig erweisen? Hierüber könnte man vortrefflich streiten. Wir wollen annehmen, dass es diejenigen sind, deren wirtschaftliche Existenz vom Erfolg des Unternehmens abhängt. Da die Mitglieder des Führungsteams am ehesten ihren Job für falsche Zukunftsannahmen verlieren und am meisten von richtigen Zukunftsannahmen profitieren, sollten Sie zunächst diese nach ihren Zukunftsannahmen befragen. Sollen die Zukunftsannahmen noch solider werden, können Sie zusätzlich noch die Mitarbeiter und auch die Inhaber beziehungsweise die Aktionäre befragen.

 Die ganz persönlichen Zukunftsannahmen, die man mit kaum jemandem teilt, sind die wertvollsten.

Wie das Beispiel vom Frankfurter Büroimmobilienmarkt zeigt, ist es unverzichtbar, dass die Betroffenen ihre Zukunftsannahmen zunächst ohne Einfluss anderer nennen können. Nur so erreichen und nutzen Sie wirkliche Betroffenheit.

Verbessern Sie Ihre Zukunftsannahmen durch breite Unterstützung

Je mehr Menschen Sie dafür gewinnen können, Ihre Zukunftsannahme zu verifizieren oder zu falsifizieren, also zu bestätigen oder zu widerlegen, desto besser. Die von Olaf Helmer[22] an der RAND-Corporation entwickelte Delphi-Methode ist eine Expertenbefragung in zwei bis drei Durchgängen. Nach jedem Durchgang wird den Experten ihr Urteil im Vergleich zu den anderen Experten genannt und die Möglichkeit eingeräumt, das eigene Urteil zu überdenken. Das Prinzip heißt, je mehr Menschen das Gleiche annehmen, desto eher haben sie Recht. Es zeigt sich, dass auch die Delphi-Methode nicht vor großen Irrtümern schützt. So enthielt eine groß angelegte Delphi-Studie aus dem Jahr 1964 genauso viele Irrtümer wie die deutschen Delphi-Reports aus den Jahren 1993 und 1998. Nichtsdestotrotz, es gibt kaum eine solidere Möglichkeit, wahrscheinliche Zukünfte abzuschätzen, als die iterative Befragung von Menschen, die etwas vom untersuchten Thema verstehen. Beim Blick durch die blaue Zukunftsbrille ist Erfahrung wertvoll. Dass sich gerade Experten sehr täuschen können, ist hinreichend bekannt. Ein wahrscheinlich chinesisches Sprichwort sagt, im

Kopf des Anfängers gebe es Millionen Möglichkeiten, im Kopf des Experten nur noch ganz wenige. Experten haben vieles als unsinnig und unmöglich separiert, aber sie sind häufig nicht in der Lage, Veränderungen der Landschaft zu erkennen, und halten ihre Landkarte viel zu lange für die reale Landschaft. Trotzdem, für die blaue Zukunftsbrille sind Experten und Betroffene wertvoll – und am besten sind wirklich betroffene Experten, denen man zur Erweiterung ihres Denkhorizonts auch provokative Projektionen zur Beurteilung vorlegt.

> **Am besten befragen Sie betroffene Experten zu einerseits vernünftigen und andererseits provokativen Projektionen.**

Je höher der Konsensgrad einer Gruppe von Sachverständigen beziehungsweise Betroffenen ist, desto höher darf die Qualität einer Zukunftsannahme eingeschätzt werden[23]. Dies gilt zumindest mit dem Blick durch die blaue Zukunftsbrille auf die wahrscheinliche Zukunft.

Abb. 10: Breite Prüfung von Zukunftsannahmen

In der Summe von persönlicher Betroffenheit und Breite der Unterstützung kommt es vor allem auf die Gesamtheit der persönlichen Zukunftsannahmen Ihres Führungsteams an. Die Qualität der Zukunftsannahmen wird noch verbessert, wenn Sie die Annahmen-Analyse auf weitere Mitarbeiter und interne Experten ausdehnen. Die Annahmen externer Experten erfüllen zwar seltener das Kriterium der Betroffenheit, aber dafür können sie durch weitere Projektionen und stützende wie zweifelnde Argumente Ihre Zukunftsannahmen verbessern. Auf diese Weise können Sie Externe wie Sensoren für ein Zukunftsradar zur regelmäßigen Überprüfung Ihrer Zukunftsannahmen einsetzen.

4.6 Checklisten zur Methodik

In diesem Abschnitt erhalten Sie eine Schritt-für-Schritt-Anleitung für Ihre praktische Arbeit. Die erste Checkliste beschreibt die Schritte für Sie als Leiter oder Strategieverantwortlicher in einem mittleren oder größeren Unternehmen. Die zweite Checkliste zeigt für Sie persönlich in Ihrer Rolle als Lebensunternehmer ein vereinfachtes Verfahren. Die dritte Checkliste, die Methoden-Checkliste, richtet sich an Profis, also an Experten im Bereich des Zukunftsmanagements.

4.6.1 Vorgehensweise für Unternehmen

1. **Stellen Sie ein Zukunftsteam zusammen**, das im Kern aus der ersten Führungsebene des Unternehmens oder der untersuchten Einheit (Division, Ressort, Bereich, Abteilung), möglichst vielen strategienahen Vertretern der zweiten Führungsebene, einigen Kreativen, einigen internen Experten und, temporär, gerne auch aus Kunden, Lieferanten und Partnern besteht.

2. **Verschaffen Sie sich einen Überblick** über das Wesen der blauen Zukunftsbrille anhand der Übersicht in Tabelle 10 auf Seite 69.

3. **Bestimmen Sie einen einheitlichen Zukunftshorizont.** Als Faustformel gilt: Dauer für den Aufbau eines Geschäftsfeldes von der Idee bis zu den ersten Erträgen mal zwei. In den meisten Fällen sind zehn Jahre ein guter erster Ansatz.

4. **Stellen Sie Ihre Annahmenfragen** wie auf Seite 91 beschrieben. Konzentrieren Sie sich bei der ersten Anwendung auf maximal fünf Annahmenfragen.

5. **Ermitteln Sie die für Ihre Annahmenfragen grundsätzlich relevanten Zukunftsfaktoren** (Trends, Technologien und Themen der Zukunft) anhand der Checkliste auf Seite 89 f.

6. **Bestimmen Sie die Zukunftsfaktoren** (Trends, Technologien, Themen), die für Ihre Annahmenfragen am stärksten relevant sind, anhand der hierfür bei den Zukunftsfaktoren genannten Kriterien.

7. **Recherchieren Sie nach Informationen und Signalen** zu den ausgewählten Zukunftsfaktoren. Auf der Website zu diesem Buch (www.Zukunftsbrillen.com) finden Sie eine Reihe nützlicher Links und Tipps zu Wissensquellen über Zukunftsfaktoren. Es sei zu Ihrem Nutzen hier auch der Hinweis auf unser Buch *Das ZukunftsRadar* gestattet, das rund 80 Zukunftsfaktoren ausführlich beschreibt.

8. **Entwickeln Sie für jede Ihrer Annahmenfragen mindestens drei und maximal sechs Zukunftsprojektionen** (siehe Seite 89 f.) als mögliche Antworten. Beginnen Sie zunächst mit zwei Extremprojektionen, wie in der Tabelle auf Seite 92 gezeigt. Für die Annahmenfragen, die nicht so eindimensional sind, werden Sie drei und mehr Zukunftsprojektionen benötigen. Die Projektionen können Sie auf folgende Weisen erarbeiten:

   a) Die in der Abb. 8 auf Seite 91 gezeigte Projektionsmatrix zeigt Ihnen eine Struktur zur Ermittlung möglicher Einflüsse der gewählten Zukunftsfaktoren auf Ihre Annahmenfragen.
   b) Erarbeiten Sie Projektionen mit Hilfe von Denkmodellen, Mechanismen und Formen des Wandels, zu denen Sie Hinweise unter www.Zukunftsbrillen.com finden.
   c) Entnehmen Sie Projektionen aus Zukunftsstudien, die es auf dem Buchmarkt und im Internet in großer Zahl und Vielfalt gibt. Einige Quellen finden Sie wie beschrieben unter www.Zukunftsbrillen.com.
   d) Befragen Sie Experten in Ihrem Unternehmen nach ihren Antwortvorschlägen (Projektionen) auf Ihre Annahmenfragen.
   e) Befragen Sie externe Experten.

9. **Erstellen Sie für jede Projektion eine Argumentenbilanz**, wie Sie sie auf Seite 76 finden. Am Anfang sollten Sie aus Zeit- und Komplexitätsgründen auf die Gewichtung der Argumente verzichten. Mit Argumentenbilanzen kann ein komplexer Diskussionsprozess auf einfache Weise strukturiert werden, weshalb sie in der Praxis eine hohe Akzeptanz haben.

10. **Bringen Sie die Zukunftsannahmen jedes einzelnen Mitglieds Ihres Zukunftsteams an die Oberfläche**. Lassen Sie jede Projektion von jedem Entscheider in Ihrem Zukunftsteam auf einer Skala von 1 bis 9 bewerten. Die Skala von 1 bis 9 lässt sich in drei Bereiche von Erwartungswahrscheinlichkeiten einteilen:

    1–3: Nicht-Erwartung
    (niedrige Erwartungswahrscheinlichkeit),
    4–6: Eventualität
    (mittlere Erwartungswahrscheinlichkeit),
    7–9: Erwartung
    (hohe Erwartungswahrscheinlichkeit).

    Der Bewertungsprozess ist zweistufig. So können Sie und Ihre Mitwirkenden zunächst entscheiden, ob Sie der jeweiligen Projektion eine niedrige, mittlere oder hohe Erwartungswahrscheinlichkeit beimessen. In einem zweiten Schritt können Sie Ihre Entscheidung noch präzisieren und die Zwischenwerte wählen. Damit haben Sie die Delphi-Methode für Ihre Annahmen-Analyse angewendet.

    Für die Mathematiker: Richtig, rein mathematisch gesehen darf man mit Ordinalskalen keine Durchschnitte berechnen. Aber immerhin werden Milliarden Schüler auch mit Durchschnittsnoten aus einer Ordinalskala beurteilt, sogar von Mathematikprofessoren.

11. **Erstellen Sie ein Annahmenpanorama**, wie es in der folgenden Abbildung in tabellarischer Form gezeigt ist. Das Annahmenpanorama beinhaltet

    a) Ihre Annahmenfragen,

b) die Projektionen,

c) die Argumente (in der Abbildung verborgen),

d) die Zukunftsannahmen der Einzelnen,

e) die gemeinsamen Zukunftsannahmen (Mittelwerte),

f) die Umstrittenheit der Zukunftsannahmen (Streuungen in der Form von Standardabweichungen).

Auf diese Weise können Sie über die Durchschnitte und die Streuungen ein gutes Bild von den Zukunftsannahmen Ihres Teams bekommen. In späteren Phasen empfiehlt sich eine grafische Aufbereitung Ihres Annahmenpanoramas.

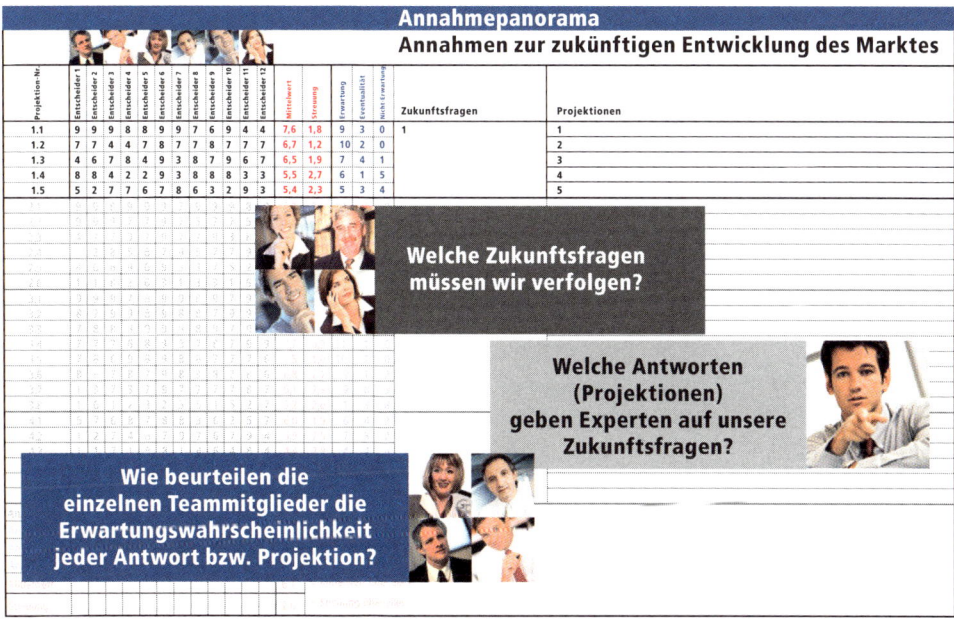

Annahmepanorama
Annahmen zur zukünftigen Entwicklung des Marktes

Projektion-Nr.	Entscheider 1	Entscheider 2	Entscheider 3	Entscheider 4	Entscheider 5	Entscheider 6	Entscheider 7	Entscheider 8	Entscheider 9	Entscheider 10	Entscheider 11	Entscheider 12	Mittelwert	Streuung	Erwartung	Eventualität	Nicht Erwartung	Zukunftsfragen	Projektionen
1.1	9	9	9	8	8	9	9	7	6	9	4	4	7,6	1,8	9	3	0	1	1
1.2	7	7	4	4	7	8	7	7	8	7	7	7	6,7	1,2	10	2	0		2
1.3	4	6	7	8	4	9	3	8	7	9	6	7	6,5	1,9	7	4	1		3
1.4	8	8	4	2	2	9	3	8	8	8	3	3	5,5	2,7	6	1	5		4
1.5	5	2	7	7	6	7	8	6	3	2	9	3	5,4	2,3	5	3	4		5

Welche Zukunftsfragen müssen wir verfolgen?

Welche Antworten (Projektionen) geben Experten auf unsere Zukunftsfragen?

Wie beurteilen die einzelnen Teammitglieder die Erwartungswahrscheinlichkeit jeder Antwort bzw. Projektion?

Abb. 11: Annahmenpanorama

12. **Diskutieren Sie das Annahmenpanorama**, lassen Sie die Argumente präzisieren und ergänzen und prüfen Sie anhand einer Konsistenzmatrix, wo die Zukunftsannahmen möglicherweise im Widerspruch zueinander stehen. Zwar ist noch nicht einmal die Gegenwart widerspruchsfrei, aber ganz offensichtliche Widersprüche lassen sich auf diese Weise ausräumen.

13. **Führen Sie einen zweiten Beurteilungsdurchgang durch**, um noch solidere Ergebnisse zu erhalten. Ein dritter Durchgang bringt in der Regel keine besseren Ergebnisse.

14. **Gewinnen Sie mehr Sicherheit in der Einschätzung** des Wahrscheinlichen, indem Sie Ihr Annahmenpanorama von einem weiteren Kreis Ihrer Mitarbeiter überprüfen und ergänzen lassen. Fragen Sie nach zusätzlichen Projektionen und weiteren Argumenten. Ermitteln Sie auch die Zukunftsannahmen des weiteren Kreises der Mitarbeiter und vergleichen Sie die Ergebnisse. So können Sie Ihre Zukunftsannahmen einem systematischen und sehr wertvollen Erkenntnisprozess von Verifikation und Falsifikation aussetzen.

15. **Gewinnen Sie noch mehr Sicherheit,** indem Sie externe Experten, Ihre Kunden, Ihre Lieferanten oder Ihre Partner zur Diskussion und Ergänzung Ihres Annahmenpanoramas einladen.

4.6.2 Vorgehensweise für Lebensunternehmer

Als Lebensunternehmer können Sie im Grunde auch das oben für Unternehmen beschriebene Verfahren verwenden. Für den Anfang ist freilich ein vereinfachtes Vorgehen ratsam. Das Minimal-Verfahren für den einzelnen Menschen besteht aus folgenden Schritten, zu denen Sie die Ergebnisse möglichst schriftlich festhalten sollten:

1. Stellen Sie Ihre Annahmenfragen.
2. Stellen Sie fest, welche relevanten Zukunftsfaktoren Sie gut genug kennen.
3. Bringen Sie in Erfahrung, welche Zukunftsfaktoren Sie zusätzlich oder besser kennen lernen müssen.
4. Ermitteln Sie die Auswirkungen, die die Zukunftsfaktoren auf der Grundlage Ihrer Zukunftsannahmen auf Ihr (berufliches) Leben haben werden.
5. Erfragen Sie, welche zusätzlichen Auswirkungen andere Ihnen wichtige und kompetente Menschen sehen.

4.6.3 Checkliste der Methoden und Techniken

Die folgende Methoden-Checkliste für Profis ist eine Maximal-Liste der in den einzelnen Arbeitsphasen der blauen Zukunftsbrille anwendbaren Methoden, Techniken und Werkzeuge. Ursprünglich englische Bezeichnungen wurden beibehalten. Mit den Literaturverweisen und dem Literaturverzeichnis im Anhang können sich tiefer interessierte Leser mit wenig Aufwand das Methodenuniversum des Zukunftsmanagements erschließen.

Profi-Checkliste:
Methoden zur blauen Zukunftsbrille mit Literatur-Tipps
(siehe Literaturverzeichnis)

Annahmenfragen erarbeiten

- Annahmenfragen-Delphi (Mićić, 2006)
- Strukturanalyse (Geschka und Reibnitz, 1981; Godet, 1994; Gausemeier et al., 1996)
- Comprehensive Situation Mapping (Georgantzas und Acar, 1995)

Projektionen und Szenarien möglicher Entwicklungen erarbeiten

- Trendextrapolation (time series analysis) (Armstrong, 2001)
- Multivariate regression (Armstrong, 2001)
- Scenarios (Schwartz, 1996; de Geus, 1988; Godet, 1994; Georgantzas und Acar, 1995; van der Heijden, 1996; von Reibnitz, 1991; Gausemeier et. al., 1996; und andere)
- Decision modeling/conjoint analysis (Armstrong, 2001)
- Morphology (Glenn and Gordon, 2003; Godet, 1994)
- Field anomaly relaxation (Coyle, 2003; Rhyne, 1981)
- Futures wheel/Mind Mapping (Glenn und Gordon, 2003; Buzan, 2006)
- Cross impact analysis (Glenn und Gordon, 2003)
- Trend impact analysis (Gordon, 2003a)
- Historische Analogien (Armstrong, 2001)
- Precursor analysis/leading indicators (May, 1996)
- Statistical modeling (Glenn und Gordon, 2003; Armstrong, 2001; Makridakis, Wheelwright, Hyndman, 1998; Martino, 1993).
- Simulations (Rausch und Catanzaro, 2003)
- Games (Rausch und Catanzaro, 2003)
- Agent modeling (Gordon, 2003; Godet, 1994)
- Role playing (Armstrong, 2001)
- Genius forecasting/Expert interviews (Glenn, 2003)
- Auswertung spekulativer Literatur und Kunst (May, 1996)
- Brainstorming/-writing

Die Plausibilität der Projektionen und Szenarien erhöhen

- Argumentenbilanzen (Breiing und Knosala, 1997)
- Judgmental bootstrapping (Armstrong, 2001)
- Expert systems (Armstrong, 2001)
- Strategic conversation (van der Heijden, 1996)
- Causal layered analysis (Inayatullah, 2003)

Die Erwartungswahrscheinlichkeit einschätzen

- Delphi (Helmer, 1983)
- Opinion poll (Armstrong, 2001)
- Multiple perspective concept (Linstone, 2003)
- Zukunftspanorama / Annahmenpanorama (Mićić, 2005)

Ergebnisse präsentieren

- Roadmapping (Möhrle und Isenmann, 2002)
- Zukunftspanorama / Annahmenpanorama (Mićić, 2005)
- Grafiken, Charts und Mind Maps

5 Ihre grüne Zukunftsbrille: Welche Zukunftschancen haben Sie?

Nachdem der Kapitän mit seiner Mannschaft durch Aufsetzen der blauen Zukunftsbrille fundierte Annahmen über die zukünftige Entwicklung des Ozeans und des Wetters hat, fragt er sich, welche interessanten Destinationen es lohnen würde anzusteuern. Fruchtbare Inseln und Länder gilt es zu erreichen oder zu erobern, auch wenn man bislang noch nie dort war und sie nur vom Hörensagen oder aus der Fantasie kennt. Fruchtbare Länder sind grün, so wie die grüne Zukunftsbrille.

Die Zukunft wird aus Zukunftschancen gemacht. Chancen sind vorteilhafte Gestaltungsmöglichkeiten. Sie sind das Material, aus dem Sie Ihre Entscheidungsoptionen und Ihre Zukunftsstrategie formen. Zukunftschancen basieren auf Ihrer Einschätzung der künftigen (Markt-)Entwicklungen, also auf Ihrem in der Annahmen-Analyse erarbeiteten Annahmenpanorama.

 Die blaue Zukunftsbrille bildet das Fundament, die grüne Zukunftsbrille die Bausteine.

Das Ziel der Chancen-Entwicklung mit der grünen Zukunftsbrille ist es, durch mehr oder minder systematisches und grenzenlos kreatives Denken möglichst viele Zukunftschancen zu entwickeln. Dabei gibt es zwei Schwerpunkte, die sich in zwei Fragen ausdrücken lassen:

1. Welche Zukunftschancen haben wir im Sinne langfristiger Gestaltungsoptionen für unsere strategische Ausrichtung?

2. Welche Zukunftschancen haben wir im Sinne kurz- bis mittelfristiger Gestaltungsoptionen zur Erreichung unserer strategischen Vision?

Auch der Windjammer-Kapitän stellt sich nicht nur die Frage nach den möglichen Destinationen, sondern fragt sich auch, welche Möglichkeiten er hat, die einmal zur Vision bestimmte Destination zu erreichen. Da die fünf Zukunftsbrillen nicht nur als Prozess, sondern auch als permanenter Regelkreis zu sehen sind, kann die grüne Zukunftsbrille daher auch noch nach der gelben Zukunftsbrille eingesetzt werden.

5.1 Ihre grüne Zukunftsbrille im Überblick

Die nachfolgende Tabelle fasst das Wesen der blauen Zukunftsbrille zusammen.

Tabelle 15: Die grüne Zukunftsbrille im Überblick

Ziel: Die möglichen Handlungsoptionen kennen.

Arbeitsschritt und Leitfrage:

- Chancen-Entwicklung
- Welche Zukunftschancen haben wir?

Sinn und Zweck:

- Sie können früher handeln und mehr erreichen.
- Sie sehen besser, was die Konkurrenz tun könnte.
- Sie transformieren Bedrohungen in Chancen.
- Sie können besser mit Zukunftsentwicklungen umgehen.
- Sie schaffen Komponenten für Ihre Zukunftsstrategie.
- Sie verbessern Motivation und Zuversicht.

Denkhaltung und Prinzipien:

- Schaffen Sie mit Zukunftschancen die Grundlage für Ihre Wettbewerbsfähigkeit.
- Glauben Sie an Besserung.
- Befruchten Sie Ihr Unterbewusstsein.
- Sehen Sie durch die grüne Zukunftsbrille mit dem Geist des Anfängers.
- Verbieten Sie mit der grünen Zukunftsbrille jede Kritik.
- Bevorzugen Sie Vorteilschancen vor Aufholchancen.
- Suchen Sie nach Chancen in einem frühen Stadium.

Tabelle 15: Die grüne Zukunftsbrille im Überblick

Denkhaltung und Prinzipien:

- Große Chancen bergen große Risiken und umgekehrt.
- Suchen Sie nicht nach Chancen, die neu für die Welt sind.
- Erkennen Sie die Nichtnutzung von Chancen.
- Seien Sie ehrbarer als die »fast followers«.
- Machen Sie Ihre Zukunftschancen so einfach wie möglich.
- Balancieren Sie Umsetzbarkeit und Wettbewerbsvorteil.
- Sie können den Wert einer Chance nur ungenau bestimmen.
- Wählen Sie gut aus, welche Zukunftschancen Sie der Konkurrenz überlassen.
- Bestimmen Sie die Erfolgsaussicht einer Chance nach dem Argumentensaldo.
- Bedenken Sie frühzeitig Ihre spätere Vorsicht.
- Hegen Sie vernünftige und bescheidene Erwartungen.

Denkobjekte:

- Chancenfragen
- Zukunftschancen
- In Zukunftschancen transformierte Bedrohungen

Typische Methoden:

- Auswirkungsanalysen
- Kreativitätsmethoden
- Morphologien
- Empathie

Vorgehensweise:

1. Führen Sie auch die Chancen-Entwicklung mit Ihrem Zukunftsteam durch.
2. Bestimmen Sie die Gestaltungsfelder.
3. Präzisieren Sie Ihren Chancenbedarf durch klare Chancenfragen.
4. Entwickeln Sie Zukunftschancen aus Zukunftsannahmen.
5. Entwickeln Sie Zukunftschancen aus einzelnen Zukunftsfaktoren.
6. Erkennen Sie Chancen durch Befragung.
7. Erkennen Sie Chancen durch Analogien.
8. Erkennen Sie Chancen durch Empathie.
9. Kategorisieren Sie Ihre Zukunftschancen.
10. Erstellen Sie ein Chancenpanorama.
11. Bewerten Sie Ihre Zukunftschancen.

Tabelle 15: Die grüne Zukunftsbrille im Überblick

Ergebnisse:

Es entsteht ein Chancenpanorama, das je nach gewählter Intensität zwischen 50 und 500 Chancen umfasst und systematisch bewertet ist.

5.2 Fallbeispiele zur grünen Zukunftsbrille

Die Beispiele in diesem Abschnitt zeugen von der Vielfalt und Bedeutung der grünen Zukunftsbrille.

Toyota erkennt den Hybridmotor als Chance

Man muss den Brunnen zu graben beginnen, bevor der Durst kommt. Unter diesem Motto entwickelte Toyota Anfang der 1990er-Jahre Szenarien zur Zukunft des Automobilmarktes. Dabei festige sich im Toyota-Management die Zukunftsannahme, dass die kommenden strengen Abgasbestimmungen in Staaten wie Kalifornien mit herkömmlichen Antriebstechniken nicht zu erfüllen seien.

Während sich andere Automobilhersteller mit der Verbesserung der altbewährten Konzepte beschäftigten, erkannte Toyota die bereits 1896 von Ferdinand Porsche zum Patent angemeldete und 1902 verwirklichte Idee des Hybridmotors als Zukunftschance. Keiner der großen Serienhersteller hatte den Hybridmotor zur Serienreife gebracht, obwohl dieses Antriebskonzept vor dem Hintergrund von Trends wie der schon seit langem absehbaren Klimaveränderung und der notorischen Erdölknappheit große Zukunftschancen versprach.

Der Toyota Prius wurde 1997 zum ersten Großserienfahrzeug mit Hybridantrieb. Er erreicht im Jahr 2007 eine Spritersparnis von bis zu dreißig Prozent. Toyota gilt mittlerweile als weltweit führend in der Hybridtechnik und konnte die technologischen Erkenntnisse inzwischen auch in das Luxussegment übertragen, in dem Fahrzeuge der Marke Lexus mit Hybridantrieb ausgestattet werden.

E-Mail für jedermann

Sabeer Bhatia und Jack Smith hatten Mitte der 1990er-Jahre die Zukunftsannahme, dass in absehbarer Zukunft jeder eine private E-Mail-Adresse haben könnte. Da sie stets Probleme mit den Firewalls ihrer Arbeitgeber hatten, wenn sie Daten untereinander austauschen wollten, entwickelten sie die Idee eines E-Mail-Postfachs, das über einen Internet-Browser von jedem beliebigen Rechner der Welt abgerufen werden könnte. Diese früh erkannte Zukunftschance führte zur Gründung des Unternehmens Hotmail, das sich auf persönliche elektronische Postfächer spezialisierte. 1998 verkauften sie ihr Unternehmen für 400 Millionen Dollar an Microsoft.

Puma sieht Sportkleidung als Alltagskleidung

Der Erfolg des Sportartikelherstellers Puma aus Herzogenaurach ist zu einem großen Teil auf das frühzeitige Erkennen von Zukunftschancen zurückzuführen. So erkannte man bei Puma früher als die Konkurrenten Adidas oder Nike, dass Sportkleidung mehr und mehr als normale Bekleidung im Alltag getragen wird.[1]

Reinhold Würth erkennt das Potenzial seines Unternehmens

Als Reinhold Würth mit 21 Jahren die Schraubengroßhandlung seines Vaters übernahm, war sie ein regionales Handelsunternehmen mit ersten internationalen Kontakten. Der Produktfokus lag auf dem Großhandel mit Schrauben. Reinhold Würth berichtet[2], dass er mit Blick auf die Klebstoffhersteller immer wieder das Gefühl hatte, dass jede Umsatzmark auf deren Seite eine Umsatzmark weniger auf seiner Seite ist. Genau erklären und verstehen konnte er den Zusammenhang erst, als er sich die Frage stellte, wofür er von seinen Kunden eigentlich bezahlt wird. Zunächst war die Antwort »für Befestigung«, also dafür, etwas Bewegliches an etwas Feststehendem anzubringen. Später hieß es dann noch umfassender »für Verbindung«. Mit dieser Perspektive, so Würth, öffnete sich ihm überhaupt erst der Blick für das unvorstellbare Potenzial, das in seinem Unternehmen lag. Daraufhin stellte er sein Unternehmen Schritt für Schritt vom Produkthändler zum Wirkungslieferanten um. Durch die Konzentration auf die Wirkung konnte das Unternehmen sein Tätigkeitsfeld erweitern, ohne seine

Kernkompetenz zu verlassen. So wurde die Würth-Gruppe einer der ersten Anbieter, die Klebstoffe für den Einsatz im Auto verkauften. Heute hat das Unternehmen 55 000 Mitarbeiter in 83 Ländern.

Von Pestiziden zu Versicherungen

Ein Hersteller von Pestiziden denkt in Tonnen. Tonnen Pestizid sind in diesem Geschäft nicht selten die Maßeinheit für Leistungsfähigkeit und Größe. Fragt man aber einen seiner Kunden, einen Landwirt, für welche Wirkung er den Pestizidhersteller *wirklich* bezahlt, wird dieser schnell darauf kommen, dass es ihm nicht wirklich um Pestizide und Schädlingsvernichtung geht. Es wird ihm einfallen, dass er Ertragssteigerung einerseits und Ertragssicherung andererseits kauft. Stellen wir uns nun vor, der Landwirt kommt auf den Gedanken, den Pestizidhersteller nur noch für die Wirkung zu bezahlen. Zwar liefert dieser schon die Lösung, er bringt nämlich das Pestizid direkt aufs Feld, aber er berechnet immer noch Kilogramm und Tonnen Pestizid. Der Landwirt jedoch bietet ihm jetzt stattdessen zwanzig Prozent vom zusätzlich durch das Pestizid erzielten Ertrag und zudem eine Versicherungsprämie in Höhe von weiteren fünf Prozentpunkten.

Würde der Pestizidhersteller ablehnen, suchte der Landwirt so lange einen anderen Lieferanten, bis sich einer auf den neuen Deal einlassen würde. Als der Pestizidhersteller einschlägt, hat sich in diesem Moment sein wirtschaftliches Leben radikal verändert. Vorher hatte sein Wirken den Tonnen Pestizid gegolten, je mehr, desto besser. Von da an gilt es jedoch, möglichst wenig Pestizid einzusetzen.

Als der ehemalige Pestizid-Experte weiter nachdenkt, stellt er fest, dass er die Wirkung seines Pestizids auch mit anderen Mitteln erreichen kann. Er sucht und findet biotechnologische und nanotechnologische Lösungen und bezieht Düngemittel ein. Dann erkennt er schließlich, dass er ja schon immer auch im Versicherungsgeschäft war, es so nur nie gesehen hat. Sinnvollerweise baut er keine neuen Kapazitäten auf, sondern kauft die Biotechnologie, die Nanotechnologie und die Versicherungen zu. Er kommt zur ultimativen Frage, warum er denn noch das Pestizid selbst herstellen soll, wenn er es doch billig auf dem Weltmarkt einkaufen könnte. Der Pestizidhersteller wandelt sich somit zum Wirkungsspezialisten für ertragreiche und erntesichere Felder, der die

Lösungen verschiedener Anbieter wie optimiertes Saatgut, Pestizide, Düngemittel und Versicherungen in optimaler Weise orchestriert. Es kommt, wie es kommen musste, er verkauft mit Überzeugung seine Pestizid-Produktion, die kurz zuvor noch sein Lebenswerk und ganzer Stolz war.

Was ist geschehen? Nur weil ein Kunde und ein Lieferant ihr Geschäft einmal zu Ende gedacht haben und das Wesentliche gesehen haben, verändert sich ein für alle Mal ihre Welt.

Zukunftschance »Personal Fabricator«

Der aus der Science-Fiction-Serie *Star Trek* (Raumschiff Enterprise) bekannte Replikator zeichnet sich allmählich als wirkliche Option am Horizont ab. Dem Replikator rief man im Zukunftsszenario einfach zu, was man haben wollte, etwa einen Cocktail oder auch ganze Gegenstände, und schon setzte das Gerät das Gewünschte Atom für Atom zusammen. Diese aus heutiger Sicht noch futuristisch anmutende Zukunftschance könnte den Weg in reale Anwendungen finden. Genau dies ist die Idee des »Fabbing«. In Zukunft soll jeder ähnlich dem Personal Computer (PC) einen Personal Fabricator (PF) besitzen. Die Computermodelle von Produkten können aus dem Internet heruntergeladen und die physischen Produkte zu Hause produziert werden. Realisieren ließe sich dies mit Nachfolgern der heutigen 3-D-Drucker, wie sie beispielsweise die amerikanische Firma 3D-Systems herstellt. Hiermit können komplexe CAD-Modelle am jeweiligen Arbeitsplatz ausgedruckt werden. Zurzeit sind sie noch auf einige wenige Materialien beschränkt und werden daher hauptsächlich in der Produktentwicklung eingesetzt. Zahlreiche Unternehmen forschen an Möglichkeiten für die Verwendung weiterer und neuer Materialien. Boeing gehört zu den Pionier-Unternehmen der »additive fabrication«, wie das Konzept auch genannt wird.

Visionskandidaten für Banken als Ausleuchtung der vorstellbaren Zukunftschancen

Die grüne Zukunftsbrille schafft für den Kapitän auf dem Groß-Segler die strategischen Optionen. Er sieht damit die potenziellen Destinationen, die Visionskandidaten, zwischen denen er sich anschließend mit der gelben Zukunftsbrille entscheiden muss. Die Visionskandidaten leuchten den Möglichkeitsraum zur Gestaltung der eigenen Zukunft aus. Die nachfolgende Tabelle zeigt eine Auswahl potenzieller strategischer Visionskandidaten für Banken in einer groben Beschreibung. Aus den Bezeichnungen lassen sich mit ein wenig Fantasie die zugrunde liegenden Vorbilder erkennen.

Tabelle 16: Einige Visionskandidaten für Banken 2020	
Bankvision	**Kurzbeschreibung**
Bank »Ryanaldi«	Konsequentes, einfachstes Banking ohne Firlefanz. Die Kunden benötigen bestimmte Kernleistungen, und nur für diese zahlen sie einen sehr günstigen Preis.
Bank »CIT«	Ganz den Bedürfnissen der Privatkunden verschrieben. Produkte, Leistungen und Beratung sind bis ins Detail standardisiert. Fremdprodukte werden konsequent in die eigene Leistungspalette integriert.
Bank »PLM«	In erster Linie durch Beziehungskompetenz gekennzeichnet. Das enge Verhältnis zwischen Beratern und den Kunden erfordert Aufwand, führt jedoch zu langjähriger Loyalität und Folgegeschäften. Die Berater und die Kunden werden gemeinsam alt.
Bank »MCK«	Spezialisiert auf die hochprofessionelle Beratung von Unternehmern und Unternehmen mit starker Verwandtschaft zur klassischen Management- und Unternehmensberatung.
Bank »MCD«	Verständliche Leistungspakete, transparente Kosten und unkomplizierte Abwicklung stehen im Fokus. Standardoptionen erleichtern die Auswahl. Banking ist unbeschwert, erschwinglich und erlebenswert.
Bank »TschiPOS«	Die Bank ist dort, wo die Kunden sind, am Point of Sale, wo man gerne wöchentlich mal reinschaut. Neben Finanzprodukten und Beratung findet man Produkte in wechselnden Sortimenten.
Bank »Tiffany's«	Es wird ausschließlich die sehr gehobene Klientel der vermögenden Privatkunden bedient. Exklusivität und Diskretion sorgen bei hohem Qualitätsanspruch für Kundenbeziehungen über mehrere Generationen.
Bank »Community«	Die Gemeinschaft steht im Vordergrund. Die Bank ist die Plattform für die gemeinschaftliche Problemlösung und für die Bereitstellung wichtiger Dienstleistungen, nicht nur finanzieller Art. Zugang hat nur das Mitglied.

Tabelle 16: Einige Visionskandidaten für Banken 2020	
Bank »3M«	Ständig auf der Suche nach innovativen Lösungen, kennt man keine Geschäftsfeldgrenzen. Neue Chancen werden genutzt, Märkte entwickelt und in selbstständigen unternehmerischen Einheiten geführt.
Bank »3I«	Die Beteiligungsbank investiert in eigenständige Geschäftsfelder und Unternehmen und führt diese in einer Holding-Organisation mit strategischer Hoheit.
Bank »Brainpool«	Die Projektbank führt mit einer hoch qualifizierten Mannschaft verschiedenste Projekte durch und sieht ihre Kernkompetenz in der wirtschaftlichen Intelligenz und Leistungsfähigkeit ihrer Mitarbeiter.

5.3 Sinn und Zweck der grünen Zukunftsbrille

Zukunftschancen sind Lebensoptionen für Menschen wie für Unternehmen. Sie erfüllen eine Reihe existenziell wichtiger Funktionen.

Sie können mehr von der möglichen Zukunft sehen

Die grüne Zukunftsbrille hilft Ihnen, die Möglichkeiten der Zukunft auszuleuchten, so wie Sie einen dunklen Raum ausleuchten, um sich seiner Dimensionen und Eigenschaften besser bewusst zu sein. Die im vorherigen Abschnitt beschriebene blaue Zukunftsbrille soll es Ihnen erleichtern, die wahrscheinliche Zukunft zu sehen. Da die wahrscheinliche Zukunft aber eine Teilmenge der möglichen Zukunft ist, hilft die grüne Zukunftsbrille, die Ergebnisse der blauen zu verbessern. Was in der Zukunft alles möglich sein könnte, wird auch dadurch bestimmt, was die sechseinhalb Milliarden Zukunftsgestalter auf der Erde als möglich ansehen.

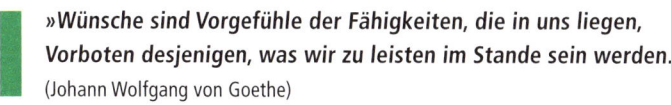

> *»Wünsche sind Vorgefühle der Fähigkeiten, die in uns liegen,*
> *Vorboten desjenigen, was wir zu leisten im Stande sein werden.«*
> (Johann Wolfgang von Goethe)

Die Perspektive der grünen ist eine ganz andere als die der blauen Zukunftsbrille, denn mit der grünen Brille geht es nicht um die Umwelt, sondern um Sie selbst. Es geht nicht um das Meer und das Wetter, sondern um wählbare Destinationen und mögliche Segelstrategien.

Sie erhöhen Ihre Erfolgswahrscheinlichkeit

Wer wählen kann, ist freier und meistes auch glücklicher. Je mehr Wege sich Ihnen bieten, desto größer ist die Wahrscheinlichkeit, dass sich darunter solche befinden, die sehr gut zu Ihnen passen und / oder die leichter und schneller zum Erfolg führen. Es spielt dabei keine Rolle, ob der Erfolg nun materiell oder eher immateriell und damit mehr im Sinne von Glück verstanden wird. Es spielt für diesen Zusammenhang auch keine Rolle, ob es um das persönliche Lebensmanagement oder um die Führung eines großen Konzerns geht.

Menschen bringen sich um, wenn sie keine Chance mehr sehen, ein lebenswertes Leben zu führen. Wenn keine der für den Selbstmörder erkennbaren Optionen lebenswert oder wenigstens annehmbar ist, wird er seinem Leben ein Ende setzen. Gelingt es aber, dem Lebensmüden zusätzliche Chancen aufzuzeigen, die er, obwohl sie denkbar und erkennbar waren, vorher nicht sah, kann man möglicherweise seinen Suizid verhindern.

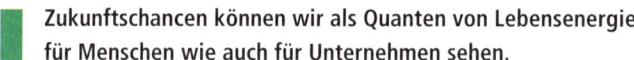

Zukunftschancen können wir als Quanten von Lebensenergie für Menschen wie auch für Unternehmen sehen.

Je mehr Zukunftschancen Sie für Ihr Unternehmen erkennen, Wettbewerbsvorteile zu erzielen, desto weiter ist der Chancenhorizont[3] Ihres Unternehmens, desto erfolgreicher und in seiner Existenz gesicherter kann es sein[4]. Jede zusätzlich wahrgenommene Chance erhöht den Wert des Unternehmens[5], da, abhängig von der Art der Chance, das Erreichen einer starken Marktposition im bestehenden Markt, der Eintritt in bestehende und noch nicht bediente Märkte oder der Aufbau gänzlich neuer Märkte mit jeder Chance wahrscheinlicher wird[6].

»Nichts ist gefährlicher als eine Idee, wenn sie unsere einzige ist.«
(Émile Chartier)

Man sagt, wenn man zwei Möglichkeiten hat, solle man die dritte wählen. Die Annahme ist, dass es meist mehr Alternativen gibt, als man im Moment der Entscheidung gerade sieht. Je mehr alternative Entscheidungsoptionen Sie zu erkennen in der Lage sind, desto besser ist wahrscheinlich Ihre Entscheidung, zumindest potenziell. Die grüne Zukunftsbrille macht es Ihnen also leichter, eine Angelegenheit tiefer und besser zu durchdenken und daraus mehr Zukunftschancen im Sinne von Gestaltungs- und Handlungsoptionen zu erkennen, bevor Sie sich entscheiden[7].

Sie können früher handeln und mehr erreichen

Eine Zukunftschance zu erkennen hat zwar nichts mit Prognostik (blaue Zukunftsbrille) zu tun, ist aber dennoch ein Akt der Antizipation. Man könnte davon ausgehen, dass Chancen schon vor ihrer Entdeckung existiert haben[8], sie also zur möglichen, aber noch nicht gedachten Zukunft gehörten. Die Idee zu Sonys Walkman wurde beispielsweise bereits 1894 von Octave Uzanne in einem Buch über das Ende der Bücher gezeichnet.

 Eine Chance früher zu erkennen heißt, einen Gedanken zu denken, der irgendwann in der Zukunft ohnehin gedacht werden würde.

Eine Chance aktiv zu nutzen heißt also, etwas zu tun, was irgendwann in der Zukunft ohnehin getan werden würde. Da unsere Lebensspanne nun mal begrenzt ist, verhilft uns die grüne Zukunftsbrille zu einem an Erfahrungen und Erfolgen reicheren Leben und im Unternehmen führt sie schlicht zu mehr Erfolg.

Sie sehen besser, was die Konkurrenz tun könnte

Mit der grünen Zukunftsbrille kommen Sie Ihren Wettbewerbern (und im Grunde auch sich selbst) zuvor[9] und können Erfolge früher verursachen, erreichen und genießen. Die grüne Zukunftsbrille erfüllt daher auch ein kleines Stück der Funktion der roten Zukunftsbrille, denn sie weist Sie auf mögliche Überraschungen hin. Da Zukunftschancen, wie beschrieben, manchmal buchstäblich in der Luft liegen, können Sie durch gezielte und systematische Chancen-Entwicklung mehr von dem sehen, was Ihre Mitbewerber gerade denken und planen oder in absehbarer Zukunft denken und planen werden.

Sie transformieren Bedrohungen in Chancen

Im Zusammenhang mit der Zukunft spricht man gerne von Chancen und Risiken oder von Chancen und Bedrohungen. Rein semantisch geht es um Risiken, wenn wir aktiv etwas tun und uns dabei in riskante Situationen begeben, und es geht um Bedrohungen, wenn wir passiv Veränderungen in unserem Umfeld erleben und unsere derzeitige Position gefährdet wird. Sowohl Bedrohungen wie auch Risiken lassen sich durch Früherkennung mit der grünen Zukunftsbrille in Chancen verwandeln.

> Ist eine Bedrohung frühzeitig erkannt, haben Sie die Chance,
> sie leichter abzuwenden, als wenn Sie sie später erkannt haben.

Bedrohungen wachsen üblicherweise mit der Zeit, so dass es immer schwieriger wird, sie abzuwenden oder zu bewältigen. Wie wir im Rahmen der roten Zukunftsbrille noch sehen werden, gibt es mehrere Möglichkeiten, um eine Bedrohung in eine Chance zu transformieren. Selbst wenn es eigentlich zu spät ist, hilft die grüne Zukunftsbrille, mit Fantasie und Vorstellungskraft mehr Chancen zu sehen, so dass Bedrohungen die Saat für Chancen werden. Die allerletzte Möglichkeit kennt schon der Volksmund; für irgendetwas wird es schon gut gewesen sein. So könnte man die Alterung vieler moderner Gesellschaften auch als Chance begreifen, die bestehenden Einstellungen hinsichtlich Gesundheit, Leben, Alter, Weisheit und Tod zu überdenken[10].

Auch die Risiken, die Sie eingehen, können Sie durch die grüne Zukunftsbrille in Chancen umwandeln. Wer sich der Risiken frühzeitig bewusst wird, hat die größere Chance, sie zu vermeiden, zu verringern oder sie als Anregung für eine bessere Strategie zu nutzen. So wird die grüne Zukunftsbrille, neben der roten, ein Instrument zur Früherkennung der Risiken, die sich anschließend im Risikomanagement Ihres Unternehmens analysieren und verwalten lassen.

Sie können besser mit Zukunftsentwicklungen umgehen

Wenn Sie mehr Gestaltungsoptionen kennen und somit haben, können Sie mit den oftmals herausfordernden Entwicklungen, welche die Zukunft zu bringen verspricht, wesentlich besser zurechtkommen. Wer mehr Zukunftschancen sieht, steht der Zukunft optimistischer oder zumindest gelassener gegenüber. Wer hingegen kaum eine Alternative zu seinem gegenwärtigen Lebenskonzept hat, kann die Zukunft nur als Bedrohung empfinden.

 Mehr Zukunftschancen bedeuten mehr Flexibilität und mehr Flexibilität bedeutet mehr Zukunftssicherheit.

Sie schaffen Komponenten für Ihre Zukunftsstrategie

Zukunftschancen sind das Material, aus dem gute Entscheidungen und gute Zukunftsstrategien gebaut werden. Zukunftschancen sind also die Roh-Komponenten, die Sie zu Visionselementen, Zielen, Projekten, Prozessen, Leitlinien und Systemen umwandeln können[11]. Auch hier gilt wieder: Je mehr Optionen Sie haben, desto besser ist grundsätzlich das Ergebnis.

Sie verbessern Motivation und Zuversicht

Wer mehr Zukunftschancen sieht, höhere Erfolgschancen in der Zukunft hat und auch in Bedrohungen positive Handlungsmöglichkeiten erkennt, wird ohne Zweifel mit mehr Zuversicht in die Zukunft sehen und angesichts der in Aussicht stehenden Erfolge auch motivierter sein. Chancen stärken Ihre Energie[12], Ihre eigene und die Ihres Unternehmens. Das schlechteste Klima findet man in solchen Unternehmen, Organisationen und auch Familien, deren Mitglieder kaum noch eine Zukunftschance erkennen können.

 »Wenn in der Zukunft Hoffnung liegt, liegt Kraft in der Gegenwart.«
(John Maxwell)

Wenn Sie Ihren Mitarbeitern zeigen können, dass Ihr Unternehmen trotz eventueller Bedrohungen mehr wertvolle Zukunftschancen hat, als Sie gemeinsam verwirklichen können, werden Sie eine optimistische und entsprechend engagierte Mannschaft haben. Nicht umsonst heißt es, die Aussicht auf eine bessere Zukunft mache es leichter, manche Schwierigkeit der Gegenwart zu ertragen.

5.4 Denkobjekte der grünen Zukunftsbrille

Die grüne Zukunftsbrille kennt zwei Denkobjekte: die Chancenfragen und die Zukunftschancen. Die Zukunftschancen bauen auf den Zukunftsannahmen auf, wie die nachstehende Grafik zeigt.

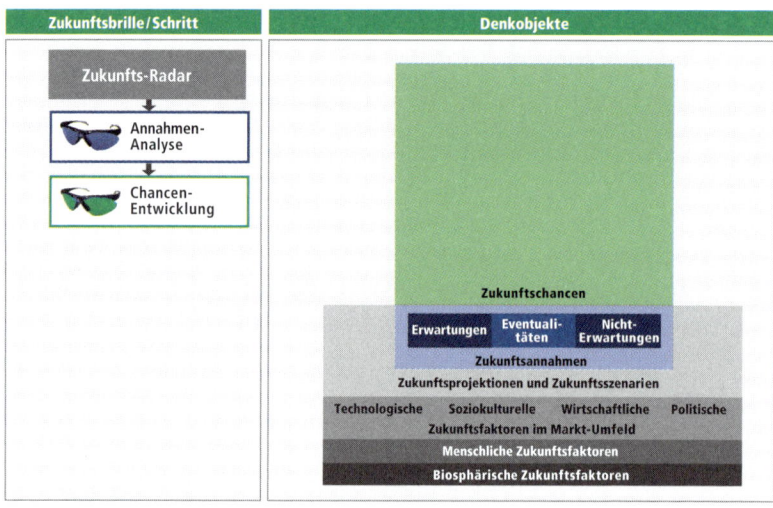

Abb. 12: Die grüne Zukunftsbrille und ihre Denkobjekte

Chancenfragen

Chancenfragen bestimmen die Suchfelder, die im Rahmen der jeweiligen Aufgabenstellung im Vordergrund stehen. Sie lenken das Suchen nach Zukunftschancen auf solche Gestaltungsfelder, die Ihnen und Ihrem Unternehmen wichtig sind. Schließlich kommen viele gute Ideen eben nicht in Workshops und Kreativsitzungen, sondern oft an den unmöglichsten Orten und zu unerwarteten Zeiten.

 Mit Chancenfragen bestimmen Sie den wesentlichen Wissensbedarf über vorteilhafte Gestaltungsmöglichkeiten in wichtigen Gestaltungsfeldern Ihres Unternehmens.

Mit Hilfe der Chancenfragen wollen Sie bestimmen, wofür genau Sie Zukunftschancen erkennen möchten. In der Kapitänsgeschichte wären dies beispielsweise Fragen zu möglichen Destinationen, Segelstrategien und Gestaltungsoptionen am Schiff selbst.

Chancenfragen beziehen sich auf Gestaltungsfelder. Diese beschreiben grob Kategorien von Entwicklungsfaktoren als Zutaten oder Elemente, die für die Existenz und den Erfolg eines Unternehmens benötigt werden. Jedem Gestaltungsfeld lassen sich eine oder mehrere Chancenfragen zuordnen, wie Beispiele in der folgenden Tabelle zeigen.

Tabelle 17: Gestaltungsfelder und Chancenfragen

Gestaltungsfeld	Beispiele für Chancenfragen
Strategie und Führung	■ Welche Mission setzen wir uns? ■ Wie positionieren wir uns?
Märkte und Geschäftsfelder	■ Welche Märkte können wir erschließen? ■ Welche Geschäftsfelder können wir aufbauen?
Marketing, Vertrieb und Akquisition	■ Wie gewinnen wir neue Kunden? ■ Wie können wir Kunden halten?
Produkte und Lösungen	■ Wie können wir unsere Produkte und Lösungen verbessern? ■ Welche neuen Produkte und Lösungen können wir entwickeln und anbieten?
Mensch und Kultur	■ Wie ziehen wir die besten Talente im Markt an? ■ Wie werden wir das beste Team der Branche? ■ Wie schaffen wir eine Kultur, in der wir mit Spaß und Erfüllung Höchstleistungen erbringen können?
Systeme und Prozesse	■ Wie werden wir hocheffizient durch mehr Ausbringung? ■ Wie werden wir hocheffizient durch weniger Ressourceneinsatz?
Partner und Lieferanten	■ Welche neuen Partner können uns Wettbewerbsvorteile verschaffen? ■ Wie machen wir unser Netzwerk zum Erfolgsfaktor?
Finanzen und Ressourcen	■ Wie stellen wir eine Finanzierung sicher, die flexibel und in den Kapitalkosten vertretbar ist?

Zukunftschancen

Die in der Literatur und in der Praxis diskutierten Definitionen für den Begriff der Zukunftschance pendeln zwischen drei Verständnisbildern. Die Ersten verstehen die Chance als eine günstige Eigenschaft des Umfelds[13], während die Zweiten hierin eine vorteilhafte Eigenschaft im Sinne einer Erfolgsvoraussetzung sehen[14] und die Dritten die Chance als vorteilhafte Gestaltungsmöglichkeit verstehen[15]. Wir favorisieren die dritte Definition:

■ **Eine Chance ist eine vorteilhafte Gestaltungsmöglichkeit.**

Diese Definition schließt die anderen beiden Definitionen als Voraussetzungen ein. Eine Chance ist also immer eine Möglichkeit, etwas zu tun: *»Wir treten in den chinesischen Markt ein«* oder *»Wir gründen ein Logistikunternehmen«*. Idealerweise ist die Chance vorteilhaft für die Umwelt und dadurch vorteilhaft für Sie.

Eine Zukunftschance kann in mehreren Formen auftreten, wie diese Liste zeigt:

1. als Konsequenz aus einer erwarteten oder nicht erwarteten Zukunft,
2. als Bedrohung, die durch frühes Erkennen zur Chance wird,
3. als Option für die Gestaltung der Zukunft, also als Visionskandidat, Zielkandidat oder andere mögliche Handlung (die Tabelle 16 zeigt eine Reihe von Visionskandidaten, die eine spezielle Form der Zukunftschance sind).

Selbst Bedrohungen können Sie begrifflich in Zukunftschancen umwandeln. Schließlich haben Sie immer die Möglichkeit, einer Bedrohung auf diese oder jene Weise zu begegnen. So wird die Bedrohung *»neue Wettbewerber kommen aus fremden Märkten«* beispielsweise zur Chance, *»den aus fremden Märkten kommenden Mitbewerbern durch Kauf eines solchen zu begegnen«*.

Wir verwenden den Begriff *Zukunft*schance, weil dieser auch Chancen umfasst, die erst in der weiteren Zukunft wahrgenommen werden können. Innovation wird häufig als Synonym für Chance verwendet.

Wir sehen die Innovation jedoch eher als Prozess der Transformation von Chancen in greifbare Realität[16]. Auch der Begriff der Idee trifft die Bedeutung der Chance nicht ganz, weil eine Idee nicht nur auf das Ersinnen einer Handlungsmöglichkeit beschränkt ist. Die Chance ist ein Teilbegriff der Idee.

Tabelle 18 zeigt die Morphologie (Formenübersicht) von Zukunfts-chancen. Um eine Zukunftschance zu beschreiben, können Sie eine oder mehrere Ausprägungen für jedes Element verwenden. Auf diese Weise entsteht eine Chancen wie diese: »*Wir (Akteur) entwickeln (Handlung) eine Software (Gestaltungsfeld), die unter Nutzung künstlicher Intelligenz (Quelle und Mittel) selbstständig (Resultat) Investitionsentscheidungen trifft.*«

Tabelle 18: Aufbau von Zukunftschancen

Element	Ausprägungen	
Quelle	■ Zukunftsfaktor ■ Zukunftsprojektion	■ Überraschung ■ Sonstiges
Akteur	■ ich ■ wir (Team) ■ wir (Organisation)	
Gestaltungsfeld	■ Strategie ■ Märkte und Geschäftsfelder ■ Marketing, Vertrieb und Akquisition ■ Produkte und Lösungen ■ Mensch und Kultur ■ Systeme und Prozesse ■ Partner und Lieferanten ■ Finanzen und Ressourcen	
Handlung	■ schaffen ■ verändern ■ verbessern ■ beenden ■ eliminieren	■ integrieren ■ einführen ■ kopieren ■ wählen ■ multiplizieren usw.

Tabelle 18: Aufbau von Zukunftschancen		
Element	**Ausprägungen**	
Mittel	■ Strategie	■ Technologie
	■ Leitlinie	■ Methode
Resultat	■ anders	■ besser
	■ neu	■ nicht mehr

5.5 Denkhaltung und Prinzipien der grünen Zukunftsbrille

Die grüne Zukunftsbrille für die Chancen-Entwicklung erfordert eine besondere Art des Denkens. Die grüne Brille betrachtet die Zukunft aus der Mikro-Perspektive Ihrer eigenen Welt. Der Blick richtet sich innenorientiert auf die für Sie gestaltbaren Zukünfte. Sie sehen sich involviert und aktiv eingreifend. Die Denkhaltung der grünen Zukunftsbrille ist grundsätzlich optimistisch, kreativ, imaginativ, progressiv und transformativ, denn schlussendlich soll die grüne Zukunftsbrille die Möglichkeiten der Zukunft ausleuchten.

Schaffen Sie mit Zukunftschancen die Grundlage für Ihre Wettbewerbsfähigkeit

Aus wirtschaftlicher Sicht sind Zukunftschancen die Bausteine der Wettbewerbfähigkeit. Wer Zukunftschancen in höherer Zahl erkennt, schafft Grundlagen für Wettbewerbsfähigkeit. Wer sie auch verwirklicht, erreicht Wettbewerbsfähigkeit, die wiederum die Basis für weitere Zukunftschancen schafft. Der potenzielle Beitrag einer Zukunftschance zur Stärkung oder Steigerung der Wettbewerbsfähigkeit, die man auch Wettbewerbsfitness nennen könnte, sollte eines von wenigen primären Qualitätskriterien bei der Bewertung und Auswahl von Zukunftschancen sein[17], zumindest im wirtschaftlichen Kontext. Im privaten Kontext könnte der »Glücksbeitrag« einer Chance das Kriterium sein. Eine Zukunftschance trägt dann zur Wettbewerbsfähigkeit bei, wenn sie bei früher Umsetzung nur schwierig von Wettbewerbern nachvollzogen oder kopiert werden kann[18]. Was jeder gleich nachmachen kann, ist kein wirklich großer Beitrag zur Wettbewerbsfähigkeit. Die Wettbewerbsfähigkeit können Sie verbessern, indem Sie Stärken stärken oder Schwächen ausgleichen.

Glauben Sie an Besserung

Die blaue Zukunftsbrille verlangt Realismus. Es hat keinen Sinn, sich über die zukünftige Entwicklung der Welt und des Marktes Illusionen zu machen. Die grüne Zukunftsbrille verlangt eine optimistische Sicht, damit Sie die gestaltbare Zukunft so weit und breit wie möglich ausleuchten.

Unsere Gegenwart ist in vielem deutlich besser, als man es sich in der Vergangenheit für die Zukunft vorgestellt hat. Der Rhein war vor einer Generation noch die Kloake Europas, während heute vielerorts Anwohner und Touristen wieder in ihm baden. Der deutsche Wald ist nicht massenhaft gestorben. Die Jugend ist nicht in einer »No-Future-Haltung« und im Drogensumpf versunken. Der dritte Weltkrieg ist bislang nicht ausgebrochen.

Es ist allgemein bekannt, dass eine pessimistische und zynische Einstellung gegenüber den Möglichkeiten der Zukunft sich selbst verwirklicht. Wer daran glaubt, dass die Zukunft schlimmer wird als die Gegenwart, wird nur noch schwache oder gar keine Versuche mehr unternehmen, seine Situation und die der Welt zu verbessern. Die grüne Zukunftsbrille verlangt daher eine grundsätzlich optimistische Denkhaltung, und sei sie auch nur zweck-optimistisch.

Befruchten Sie Ihr Unterbewusstsein

Für gewöhnlich entstehen Zukunftschancen wie Unkraut, vollkommen ungeplant, häufig ungewollt und selten gezielt. Viele große Ideen kamen den genialen Erfindern und Unternehmern nicht im Rahmen einer systematischen Chancen-Entwicklung, sondern eher bei Spaziergängen, beim Baden oder in Träumen. Es ist aus zwei Gründen trotzdem sinnvoll, systematisch nach Zukunftschancen zu suchen, denn einerseits können wir in den schnellen Märkten von heute nicht auf geniale Eingebungen warten, ohne zurückzufallen, und andererseits befruchten wir mit dem Blick in die Zukunft unser Unterbewusstsein, so dass wir beim Spazierengehen und beim Träumen intuitiv und quasi »zufällig« bessere Zukunftschancen erkennen und entwickeln können.

Sehen Sie durch die grüne Zukunftsbrille mit dem Geist des Anfängers

In der Annahmen-Analyse mit der blauen Zukunftsbrille war es von Vorteil, besonders qualifiziert zu sein und viel Erfahrung zu besitzen. Erfahrung ist dort ein Erfolgsfaktor, je erfahrener der Zukunftsmanager ist, desto besser. In der Chancen-Entwicklung kehrt sich dieser Wert um. Je mehr Erfahrung man hat, desto weniger ist man in der Lage, sich neue Zukünfte vorzustellen. Erfahrung wird zum Erfolgsdivisor, je mehr Kenntnisse jemand auf einem Gebiet hat, desto schwächer sind die Ergebnisse bei der Chancen-Entwicklung. Die Chinesen sagen, im Geist des Anfängers gebe es noch Millionen von Möglichkeiten, im Geist des Experten aber nur noch sehr wenige. Die Psychologen nennen es negativen Transfer. Man wendet Erfahrungen, Methoden und Prinzipien, die man aus einem Bereich kennt, auf ein anderes Gebiet an und behindert sich damit selbst. Im Falle der grünen Zukunftsbrille erfolgt der negative Transfer aus der Welt der Vergangenheit in die veränderte Welt der Zukunft.

 »*Ich habe gelernt, das Wort ›unmöglich‹ mit größter Vorsicht zu verwenden.*« (Wernher von Braun)

Je distanzierter der Blick auf Ihre Gegenwart ist, desto mehr Chancen und desto kreativere Möglichkeiten können Sie entdecken. So besteht in der Chancen-Entwicklung für Sie die Herausforderung darin, sich, Ihr Unternehmen und Ihren Markt aus der Ferne zu sehen.

Verbieten Sie mit der grünen Zukunftsbrille jede Kritik

Über die Notwendigkeit der Trennung von Kreativität und Kritik ist im Zusammenhang mit Innovation und Brainstorming nahezu alles Wesentliche gesagt und geschrieben worden. Kreativität und Kritik neutralisieren sich bekanntlich gegenseitig. Schade ist nur, dass bei allem Wissen die Praxis so schwach ist.

 In der grünen Zukunftsbrille ist Kritik eine sträfliche Schädigung Ihrer Existenzfähigkeit.

Zukunftschancen sind insbesondere deshalb so schwierig zu erkennen, weil sie in ihrem Frühstadium viel Toleranz und Vorstellungskraft verlangen. Kritisches Denken wird in unserer Kultur sehr geschätzt. Schließlich sollen wir nicht alles glauben, was man uns vorsetzt. Auf dass wir nicht verführt werden! Wenn es aber um die Kreation des Neuen geht, schadet uns das lebenslange Kritiktraining enorm. Vor allem Manager, die dem positivistischen Erkenntnisparadigma anhängen, in dem nur das zählt, was man beweisen oder widerlegen kann, empfinden es erfahrungsgemäß als Zumutung oder zumindest als große Herausforderung, ihnen abwegig erscheinende Ideen kommentar- und kritiklos hinzunehmen. Sie fühlen sich nur mit Fakten wohl und bewundern sich für ihre Kritikfähigkeit. Naturwissenschaftler gehören traditionell zu dieser Gruppe.

Wir haben erlebt, wie sogar erfahrene Managementberater trotz entsprechender Anleitung und wiederholter Erinnerung es nicht geschafft haben, den Kreativmodus aufrechtzuerhalten. Die Lust, auf die Ideen anderer einzuhacken, war nicht zu bändigen.

> **Jeder dumme Junge kann einen Käfer zertreten, aber tausend Wissenschaftler können keinen bauen.**

Die Entwicklung einer Idee und hier einer Chance ist eine enorme kreative Leistung. Das buchstäbliche Zertreten eines zarten Ideenpflänzchens bedarf hingegen nur einer minimalen intellektuellen Kapazität und verursacht dabei einen nicht abschätzbaren, potenziell sehr großen Schaden. Eine kleine Chance, die man schon durch ein Augenrollen vernichten kann, ist bisweilen Millionen oder gar Milliarden wert.

Gerade in jenen Momenten, in denen Ihnen ein Gedanke verquer, absurd oder undenkbar erscheint, wird möglicherweise eine neue erfolgreiche Ära angedacht. Der Blick durch die grüne Zukunftsbrille ist nicht ein Wettbewerb um das Rechthaben, sondern um das weitestmögliche Ausleuchten zukünftiger Chancen und Optionen.

> **Die Grenzen des Denkens sind die Grenzen des Erfolges.**

Bevorzugen Sie Vorteilschancen vor Aufholchancen

Stärken zu stärken ist ein größerer Beitrag zur Steigerung der Wettbewerbsfähigkeit als Schwächen auszugleichen, lautet eine Grundregel der Wettbewerbsstrategie. Die Energie des Unternehmens, also Geld, Zeit und Geist, soll demgemäß vor allem in den Ausbau der vorhandenen Potenziale investiert werden. Diese Regel weist zumeist den richtigen Pfad zum Erfolg. Voraussetzung ist jedoch, dass der aktuelle Markt oder der zukünftig zu bedienende Markt eine Stärkung der Stärke auch belohnen würde. Wenn eine noch kürzere Lieferzeit von den Kunden nicht wertgeschätzt wird, ist jede Bemühung darum widersinnig. Wenn man in der Fehlerrate, auf welche die Kunden sehr sensibel reagieren, hinter den Wettbewerbern steht, können große Chancen auch darin bestehen, gute Wege für das Aufholen zu finden. Von Zukunftschancen sollte man in diesem Falle allerdings nicht unbedingt sprechen.

Suchen Sie nach Chancen in einem frühen Stadium

Eine Zukunftschance ist umso wertvoller, je früher sie erkannt ist[19]. Das früheste Erkennen ist die erstmalige Erfindung, Entdeckung oder Ersinnung einer Zukunftschance.

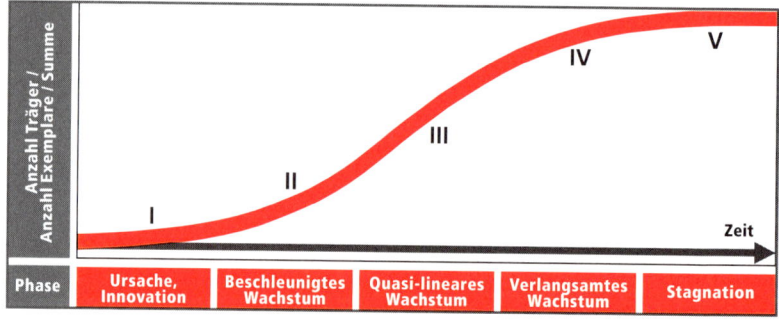

Abb. 13: S-Kurve als Denkmodell für Zukunftsentwicklungen

Einer S-Kurve (auch logistische Funktion oder Diffusionsfunktion genannt) folgend, verbreitet sich eine einmal erkannte Chance zunächst langsam in den Köpfen weniger, dann immer schneller in immer mehr Köpfen, dann immer langsamer in immer mehr Köpfen, und schließlich verbreitet sie sich gar nicht mehr. Wird sie vergessen oder sterben ihre Träger, sinkt sogar die Verbreitung des Wissens um die Chance. Das Konzept der Memetik von Dawkins[20] beschreibt die evolutionären Mechanismen solcher Verbreitungsprozesse.

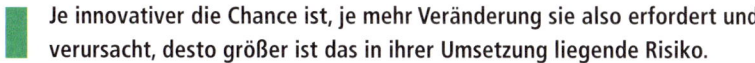 **Je früher eine Chance erkannt wird, desto größer ist sie.**

Je früher die Chance im Diffusionsprozess erkannt wird, desto größer ist der für den Erkennenden erschließbare Nutzen. Dieses offensichtliche Prinzip lässt sich unter anderem damit begründen, dass in einem frühen Stadium die Zahl der potenziellen Nutznießer der Chance relativ groß, der Aufwand zur Nutzung der Chance verhältnismäßig gering ist und die Zahl der Wettbewerber klein oder gleich null ist.

Große Chancen bergen große Risiken und umgekehrt

Dieses weithin bekannte Prinzip wird trotz seiner Offensichtlichkeit gerne übersehen, ignoriert oder verdrängt. Aber so gut wie nie gibt es die Chance, mit der ein Unternehmen mit geringem Aufwand in kürzester Zeit riesige Erträge erzielen kann. Die augenscheinliche Leichtigkeit des Erfolges von Red Bull ist ausgesprochen selten. Es gibt schließlich auch keine Geldanlage, die risikolos zehn oder gar zwanzig Prozent Zinsen bringt. In der Regel werden offensichtlich gute Chancen sehr schnell von allen Anbietern eines Marktes erkannt und genutzt. Übrig bleibt die große Mehrheit der Chancen, deren Nutzung entsprechend große strategische und operative Risiken birgt. In der Naivität, mit der die meisten Menschen sich an die Zukunftsarbeit machen, verschließt man gerne die Augen vor dieser Realität und wünscht sich Zukunftschancen, deren Umsetzung praktisch kein Risiko birgt, aber so gut wie sicher zu unermesslichem Erfolg führt.

Man könnte das Prinzip auch anders formulieren:

Je innovativer die Chance ist, je mehr Veränderung sie also erfordert und verursacht, desto größer ist das in ihrer Umsetzung liegende Risiko.

Ausnahmen von diesem Prinzip sind selten und beschränken sich auf solche Fälle, in denen eine Innovation ohne besonderen Aufwand wirklich brennende Probleme löst oder große Wünsche erfüllt.

Das finanzielle Risiko ist die Wahrscheinlichkeit des Scheiterns multipliziert mit den auf dem Spiel stehenden Finanzmitteln. Das ergibt den möglichen finanziellen Verlust aus dem erfolglosen Versuch, die Chance zu nutzen.

> **Das strategische Risiko ist die Wahrscheinlichkeit zu scheitern multipliziert mit dem nötigen Flexibilitätsopfer.**

Diese mathematisch nicht wirklich greifbare Formel soll verdeutlichen, dass die Nutzung einer Chance zur Effizienzverbesserung oftmals die Flexibilität und damit die Überlebensfähigkeit des Unternehmens reduziert, weil man sich beispielsweise durch eine effizientere Produktionsanlage stärker festlegt und bindet. Dieser Nachteil vergrößert sich noch durch das Risiko des Scheiterns in der Chancenumsetzung.

Die klassische Betriebswirtschaft kann nur Effizienz berechnen und belohnen. Für den Wert der Flexibilität ist sie halbblind, so dass man ihre Verminderung selten als Nachteil und Risiko einkalkuliert. Strategisches Risiko schlägt sich letztlich auch in finanziellem Risiko nieder, häufig allerdings erst nach Jahren, so dass seine Betrachtung durchaus sinnvoll ist.

Suchen Sie nicht nach Chancen, die neu für die Welt sind

Benjamin Franklin sagte, es sei keine Kunst, eine Chance zu sehen. Eine Chance als Erster zu sehen, sei die Kunst. Diese Weisheit mag in manchen Lebensbereichen stimmen. Im Zusammenhang von Wirtschaft und Lebensmanagement ist sie missverständlich. Oft waren und sind es nicht die Erfinder und Entdecker, die mit der von ihnen erkannten Chance glücklich und / oder reich geworden sind.

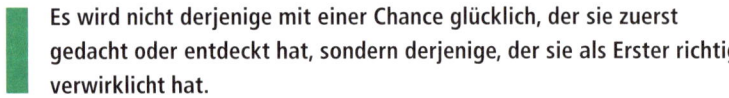

> **Es wird nicht derjenige mit einer Chance glücklich, der sie zuerst gedacht oder entdeckt hat, sondern derjenige, der sie als Erster richtig verwirklicht hat.**

Eine Chance als Handlungsmöglichkeit zu denken ist der erste Schritt. Eine Chance auch zu verwirklichen, das ist ganz offensichtlich die zweite, unabdingbare Stufe. Daher ist es wenig gewinnbringend, nur mit solchen Chancen zufrieden zu sein, von denen man glaubt, dass die Welt sie noch nicht gesehen hat. Sie können praktisch nie genau wissen, ob eine Chance neu ist oder nicht.

Die Lebenserfahrung und das oben beschriebene S-Kurven-Konzept zeigen, dass in einem Zeitraum von beispielsweise einem Jahr immer nur ein kleiner Teil der Zukunft wirklich zum ersten Mal gedacht wird. Die Zukunft ist, so könnte man sagen, in jedem Jahr nur zu fünf Prozent Innovation und zu 95 Prozent Diffusion. Dementsprechend ist, wie Goethe es schon wusste, praktisch alles schon da.

> *»Alles Gescheite ist schon gedacht worden, man muss nur versuchen, es zum richtigen Zeitpunkt noch einmal zu denken.«*
> (Johann Wolfgang von Goethe)

Es ist vernünftig, davon auszugehen, dass die Zukunftschancen, die Sie durch Umfeldbeobachtung *erkennen* können, bereits existieren, und dass die Chancen, die Sie sich *erdenken* können, schon von anderen gedacht wurden. In der kreativen Chancen-Entwicklung ist eine Zukunftschance daher ausreichend neu, wenn Sie sie in Ihrem Leben oder Ihrem Unternehmen noch nicht verwirklicht haben.

Erkennen Sie die Gefahr der Nichtnutzung von Chancen

Unzählige Manager wurden entlassen und zahllose Unternehmen gingen in den Ruin, weil sie Zukunftschancen nutzten und dabei scheiterten. Es gilt ganz offensichtlich als »Managementfehler«, ein Projekt zu starten, das am Ende Verluste bringt oder gar die Existenz kostet. Hätten sie konservativ still gehalten und nur das gewagt, was ganz offensichtlich lediglich minimale Risiken und damit natürlich auch minimale Chancen birgt, wären sie in der Wahrnehmung der Mitarbeiter wie auch der Öffentlichkeit und sogar der Anteilseigner besser gefahren. Scheitert das Unternehmen in diesem Fall, war eben der Markt schuld, nicht die Führung selbst. Erst wenn ein Mitbewerber erfolgreicher wird, indem er Zukunftschancen nutzt, keimt ein gewisser positiver Verdacht. Doch meist gelingt es auch in solchen Situationen, die Stakeholder zu überzeugen, man könne nicht die Arbeitsplätze und die Existenz des Unternehmens für solch riskante Strategien aufs Spiel setzen. Der Wettbewerber habe schlicht Glück gehabt, aber es hätte ganz anders kommen können. Das habe mit verantwortlicher Unternehmensführung nichts zu tun.

Dies überzeugt so lange, bis auch weitere Wettbewerber die betreffende Zukunftschance nutzen und man ganz offensichtlich in Erklärungsnot kommt. Der rational wie emotional nächstliegende Weg durch dieses Minenfeld ist die sehr beliebte Strategie des »fast followers«. Man kann dann in die argumentative Waagschale werfen, dass es ja nicht darauf ankomme, der Erste zu sein, sondern darauf, es als Erster richtig zu machen. Aus genau diesem Grund gibt es so wenige Pioniere unter den Managern. Stellen Sie sicher, dass die Nichtnutzung von Chancen in Ihrem Unternehmen erkannt wird.

■ **Wer alle Risiken ausschließen will, zerstört auch alle Chancen.**

Seien Sie ehrbarer als die »fast followers«

Wem es nur um Gewinnerzielung und -maximierung geht, der mag im Abkupfern – oder schöner gesagt in der systematischen Imitation – eine geeignete Strategie finden. Natürlich kann systematische Imitation zu Unternehmenserfolgen führen, wie zahlreiche Fälle zeigen[21]. Doch keine Wirtschaft und kein Unternehmen kann dauerhaft hauptsächlich von der Imitation leben.

Die Chinesen haben 2005 begonnen, ganze europäische Kleinstädte zu kopieren, zuerst aus Großbritannien. Dabei kopierten sie vollständige Bar-Konzepte, und sogar die Namen und Rezepte der Cocktails auf der Bar-Karte imitierten sie. Ende 2006 wurde bekannt, dass sie nicht nur ähnlich aussehende Busse wie die Europäer bauen, sondern auch kaum mehr zu unterscheidende Kopien von Autos wie dem Kleinstwagen Smart (durch CMEC) oder dem BMW X5, zu dem der Händler dem Käufer zu guter Letzt noch das BMW-Emblem zum Austausch gegen das Logo des chinesischen Herstellers in die Hand drückt[22]. Die rund 100 chinesischen Autohersteller werden nicht dauerhaft so arbeiten. Es wird sich der gleiche Prozess vollziehen wie in Japan dreißig Jahre zuvor. Die Japaner begannen mit Kopien und sind heute technologisch in unzähligen Bereichen Weltspitze.

■ **Kopieren alleine verspricht nur vorübergehenden Erfolg.**

Kopieren verspricht vielleicht Erfolg, aber keine Ehre, keinen Ruhm und keinen Stolz. Da Sie ein Buch wie dieses lesen, geht es Ihnen ohnehin nicht nur um den Mammon. Ehre, Ruhm und Stolz werden auch für Ihre Mitarbeiter essenzielle Kategorien sein, die man mit reinem Kopieren nicht bedienen kann.

Machen Sie Ihre Zukunftschancen so einfach wie möglich

Die Praxis wie auch die Lehre fordern nachdrücklich, dass Zukunftschancen so einfach wie möglich sein sollen[23]. Es sind insbesondere die offensichtlichen Chancen, bei denen man sich fragt, warum man sie denn nicht früher erkannt habe, die den größten Wert darstellen. Die Einfachheit einer Chance ist meist, aber nicht zwingend, gleich der Machbarkeit. Schiller sagte treffend, dass Einfachheit das Resultat von Reife ist. Eine Chance kann von ihrem Prinzip her einfach sein, aber eine große Herausforderung in ihrer Verwirklichung bedeuten, so wie es bei der Vereinfachung von Telefontarifen der Fall war und ist. Die Chance ist einfach und offensichtlich, aber ihre Realisierung verlangt vom Anbieter viele Ressourcen und einen langen Atem.

Balancieren Sie Umsetzbarkeit und Wettbewerbsvorteil

Immer wieder gilt: Wenn es leicht wäre, könnte es jeder. Einfach ist nicht gleich leicht, wie das obige Beispiel der Telefontarife zeigt. Alles das, was jeder Mitbewerber sofort auch machen kann, ob plump kopiert oder kreativ adaptiert, ist keine wirklich große Zukunftschance.

 Je leichter Chancen umzusetzen sind, desto weniger Wettbewerbsvorteil bieten sie wahrscheinlich.

Ein gewisser Grad an Herausforderung in der Verwirklichung, sowohl auf der Managementebene[24] wie auf der Handlungsebene, ist für eine gute Zukunftschance geradezu eine Voraussetzung.

Sie können den Wert einer Chance nur ungenau bestimmen

Erfahrungsgemäß eignen sich nur fünf bis zehn Prozent der Chancen als Bausteine Ihrer Zukunftsstrategie. Der Nutzen einer Chance lässt sich vom Prinzip her mit klassischen Nutzwertanalysen ermitteln, also durch Vergleich des geschätzten zukünftigen Nutzens mit dem geschätzten zukünftigen Aufwand unter Berücksichtigung von Mindestanforderungen.

Der nominale Nutzen einer Chance bemisst sich im wirtschaftlichen Kontext nach ihrem Beitrag zur Verbesserung der Wettbewerbsfähigkeit. Es ist in den meisten Fällen unmöglich, den genauen nominalen Nutzen einer Chance als Kapitalwert oder Barwert aus abgezinsten zukünftigen Erträgen zu messen. So kann noch nicht einmal der zu erwartende langfristige Ertrag aus dem Ersetzen von reinen Verbrennungsmotoren durch Hybridmotoren ohne zahlreiche unsichere Nebenbedingungen ermittelt werden, obwohl es sich um technisch und wirtschaftlich leicht rechenbare Objekte handelt. Wie allgemein bekannt, machen Kunden- und Wettbewerberverhalten oder zukünftig erst zu erfindende Technologien solche Abschätzungen zu unsicheren und riskanten Unterfangen. Andererseits begründet gerade diese Unsicherheit schließlich die Aussicht auf überdurchschnittlichen Gewinn.

Der Aufwand für eine Chance bemisst sich in Geld, Zeit oder Mühe, sei es nun in Form absoluter Werte oder relativer Größen wie Opportunitätskosten, also entgangener Erträge aus anderen Chancen. Neben dem Aufwand sind der absolute Investitionsbetrag wie auch die Amortisationsdauer von Belang. Auch wenn die untersuchte Chance enormen Erfolg verspricht, kann der Investitionsbetrag limitierend sein, wenn Sie ihn aufgrund seiner schieren Höhe nicht finanzieren können oder wenn Ihre Liquidität zu sehr beansprucht würde. Die Amortisationsdauer schließlich drückt aus, wie lange das Kapital gebunden ist, und damit, wie hoch die im Aufwand zu berücksichtigenden Kapitalkosten sind. Der reale Nutzen oder der Nettonutzen ist dann der nominale Nutzen abzüglich des realen Aufwandes. Der Investitionsbetrag ist oft ein K.o.-Kriterium.

 Die wirksamste Evaluationsmethode ist das Testen mit begrenztem Aufwand und unter idealen Bedingungen.

Den Walkman, die Post-it-Notizaufkleber oder das Fernsehen hätte es ohne »trial and error« nicht gegeben. Sie können unmöglich 150 Chancen in einem vertretbaren Zeitrahmen durchtesten, sondern lediglich fünf oder zehn Chancen. Insofern ist der Praxistest allenfalls für eine dritte Beurteilungsstufe geeignet. Er sorgt für ein schnelles und recht zuverlässiges Feedback. Wenn Sie mit Ihrer Chance scheitern müssen, dann müssen Sie dafür sorgen, dass Sie möglichst früh scheitern.

Im privaten oder ideellen Kontext lassen sich die gleichen Modelle verwenden, nur sind die Begriffe anders zu definieren. Die Steigerung der Wettbewerbsfähigkeit könnte für Sie als Privatmensch die Erhöhung des Glücksempfindens oder für eine karitative Organisation der Beitrag zur Erfüllung ihrer Mission sein.

Wählen Sie gut aus, welche Zukunftschancen Sie der Konkurrenz überlassen

Zukunftschancen sind niemals verloren. Wenn Sie sie nicht nutzen, nutzen sie andere – oft Ihre Wettbewerber. Wenn die Umsetzung einer Zukunftschance auch nur irgendeinen Sinn hat, wird sie früher oder später jemand verwirklichen. Es ist leider alles andere als selbstverständlich, diesen Umstand bei der allzu schnellen Zurückweisung von Zukunftschancen einzukalkulieren. Entwickeln Sie Zukunftschancen daher zunächst immer frei von der Frage, ob es die richtigen Chancen für Sie oder Ihr Unternehmen sind, ob sie zu unbequem oder politisch nicht durchsetzbar sind. Lassen Sie alle Zukunftschancen zu, denn Ihre Konkurrenten könnten vielleicht freier sein und weniger Rücksichten nehmen.

Bestimmen Sie die Erfolgsaussicht einer Chance nach dem Argumentensaldo

Zur Beurteilung der Frage, ob es gelingen wird, eine Zukunftschance erfolgreich zu verwirklichen, erstellen Sie am besten eine Argumentationsbilanz. Alle Argumente für und gegen eine hohe Erfolgsaussicht werden gegenübergestellt und, wenn nötig, gewichtet. Der Unterschied der beiden Argumentenlisten ist der Saldo, der die Erfolgsaussicht anzeigt. Wir sprechen hier übrigens nicht von Erfolgswahrscheinlichkeit, weil gemäß der Definition der blauen und grünen Zukunftsbrille das Kriterium der Wahrscheinlichkeit nur dann eingesetzt werden sollte, wenn man selbst so gut wie keinen Einfluss auf das Betrachtete hat. Die Erfolgsaussicht, eine Zukunftschance zu verwirklichen, wird zwar auch von nicht oder kaum beeinflussbaren externen Kriterien wie der Nachfrage bestimmt, aber auch in großem, wenn nicht größerem Maße von den eigenen Aktivitäten, Potenzialen und Fähigkeiten.

Bedenken Sie frühzeitig Ihre spätere Vorsicht

Wenn es an die Verwirklichung besonders innovativer Zukunftschancen geht, werden die meisten Führungs- und Fachteams wieder sehr sicherheitsbewusst. Da wünscht man sich am Anfang ein Denken ganz weit »out of the box«, da können die Denkhorizonte nicht weit genug sein. Und wenn es dann um die Bewertung der Zukunftschancen geht, werden in der Praxis ganz konservative Aspekte herangezogen. Ein überschaubares Risiko, natürlich zum Preis eines ebenso überschaubaren Nutzens, ein klarer Beitrag zur Steigerung der Wettbewerbsfähigkeit, eine baldige Realisierbarkeit sowie ein vertretbares Investitionsvolumen sind gerne verwendete Kriterien. Diesen Kriterien fallen regelmäßig gerade die innovativsten und am weitesten gedachten Zukunftschancen zum Opfer. Bedenken Sie diese konservative Haltung frühzeitig in Ihrer Arbeit. Es ist vor diesem Hintergrund nur im Ausnahmefall angebracht, viel Zeit und Geld in sehr entfernte Zukünfte zu investieren. Es bleibt jedoch trotzdem sinnvoll, die Zukunft weit und breit auszuleuchten, denn nur so kann man trotz späterer Vorsicht ein gutes Maß an Innovation sicherstellen.

Hegen Sie vernünftige und bescheidene Erwartungen

Ein häufiger Fehler besteht darin, von der grünen Zukunftsbrille patentreife Erfindungen, nobelpreisträchtige Entdeckungen und abenteuerliche Aufbrüche zu erwarten. All dies kann durchaus vorkommen. Da es aber äußerst selten ist, darf es nicht das primäre Ziel der Chancen-Entwicklung sein. Wie in den obigen Prinzipien dargelegt, ist alles das, was Sie noch nicht verwirklicht haben und was offensichtlich vorteilhaft für Sie wäre, eine Zukunftschance für Sie. Wenn die Zukunftschancen zusätzlich die seltene Ehrung verdienen, neu für Ihren Markt oder gar neu für die Welt zu sein, freuen Sie sich über einen glücklichen, aber seltenen Umstand.

 Bescheidenheit in Ihren Ansprüchen und Erwartungen ist im Zukunftsmanagement generell ein gutes Prinzip.

Bleiben Sie realistisch und denken Sie zehn Jahre zurück. Welche revolutionären Zukunftschancen haben Sie, hat man in Ihrem Unternehmen oder hat man in Ihrem Markt in den vergangenen zehn oder zwanzig Jahren erkannt und verwirklicht? Was Sie mit Hilfe dieser Denkfrage finden, bezeichnet das Maximum des Anstrebenswerten. Mehr ist bei vernünftiger Betrachtung mit der grünen Zukunftsbrille nicht machbar.

5.6 Checklisten zur Methodik

In diesem Abschnitt erhalten Sie auch zur grünen Zukunftsbrille eine Schritt-für-Schritt-Anleitung für Ihre praktische Arbeit. Zunächst lesen Sie, wie man im Unternehmen an verantwortlicher Stelle vorgeht, um dann eine verkürzte Checkliste für den Lebensunternehmer kennen zu lernen. Die Methoden-Checkliste richtet sich an Experten im Zukunftsmanagement.

5.6.1 Vorgehensweise für Unternehmen

1. **Führen Sie auch die Chancen-Entwicklung mit Ihrem Zukunftsteam durch.**

2. **Bestimmen Sie die Gestaltungsfelder,** für die Sie Chancen entwickeln und finden möchten. In Tabelle 17 auf Seite 129 finden Sie Beispiele, aus denen Sie wählen können.

3. **Präzisieren Sie Ihren Chancenbedarf durch klare Chancenfragen.** Auch hierfür finden Sie an der oben genannten Stelle eine Reihe von Beispielen. Die Chancenfragen sind Bestellungen an Ihre Arbeit mit der grünen Zukunftsbrille. Sie können Ihre Chancenfragen mit folgenden Denkfragen finden:

   a) Was sind die kritischen Erfolgsfaktoren in unserem Geschäft, in denen wir noch besser werden müssen?
   b) Was behindert unsere derzeitige Entwicklung am stärksten, so dass neue Chancen dort sehr wertvoll sind?
   c) Für die Beantwortung welcher Fragen an unser zukünftiges strategisches Handeln würden wir je eine Million Euro zahlen?

4. Entwickeln Sie Zukunftschancen aus Zukunftsannahmen. Die aus den Zukunftsannahmen der blauen Zukunftsbrille resultierenden Chancen, inklusive der Bedrohungen und der Konsequenzen, zu identifizieren, ist der Pflichtteil der grünen Zukunftsbrille. Die Zukunftsannahmen-Chancenmatrix verdeutlicht den Denkprozess, die Vernetzung von Annahmen und Gestaltungsfeldern. Dabei gibt es neben den Gestaltungsfeldern im bestehenden Geschäft auch solche für das Erkennen neuer Geschäftsfelder. Innerhalb der Gestaltungsfelder werden die Chancenfragen gestellt. Welche Chancen haben Sie, wenn es so kommt (Erwartungen), wenn es nicht so kommt (Nicht-Erwartungen) und wenn es so oder so kommt (Eventualitäten)? In der Chancenmatrix würde beispielsweise die Projektion *»der Wunsch nach Einfachheit und Convenience ist weiter stark gewachsen«* im Gestaltungsfeld *»Systeme und Prozesse«* als Chance nahelegen, ein Projekt *»make it simple«* durchzuführen, um konsequent alle Strukturen und Abläufe zu vereinfachen und damit zu effektivieren. Im Gestaltungsfeld

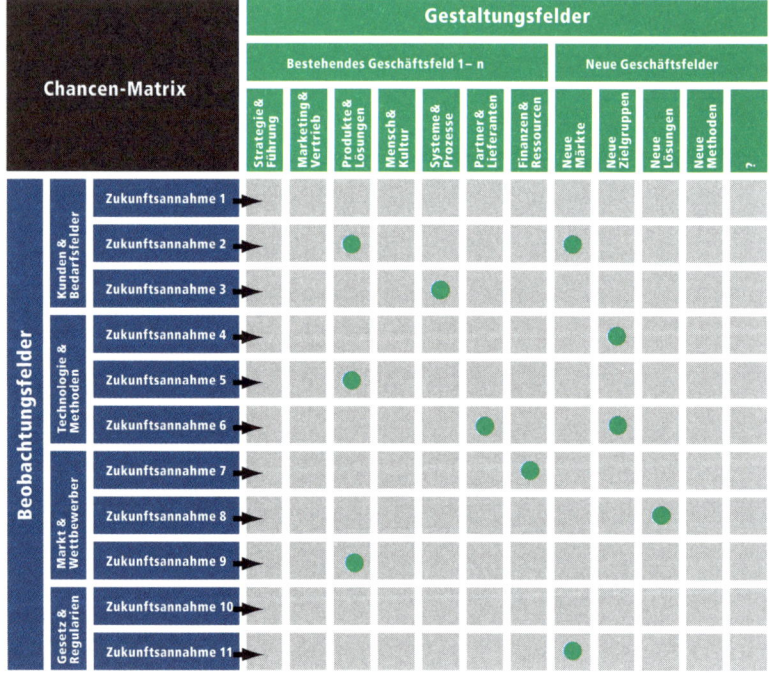

Abb. 14: Chancen-Entwicklung aus Zukunftsannahmen

»Mensch und Kultur« wäre die Chance erkennbar, die Mitarbeiter im Erkennen von Vereinfachungsmöglichkeiten zu schulen und zusätzlich Einfachheit zum Element der Unternehmenskultur zu machen. Im Gestaltungsfeld *»Produkte und Leistungen«* ergäbe sich konsequenterweise die Chance, die Zahl der Grundprodukte radikal zu reduzieren und den Modularisierungsgrad zu erhöhen.

5. **Entwickeln Sie Zukunftschancen aus einzelnen Zukunftsfaktoren.**
   Jeder Trend, jede Technologie und jedes Thema (issue) der Zukunft ist ein Quantum Veränderungsenergie und damit eine große Quelle für Zukunftschancen. Man muss nur lange genug nachdenken, um in jedem der in der Checkliste auf Seite 89 genannten Zukunftsfaktoren wertvolle Chancen zu erkennen. Strukturieren Sie Ihr Denken mit der Zukunftsfaktoren-Chancenmatrix. Sie können die Zukunftschancen auf drei Wegen erkennen:

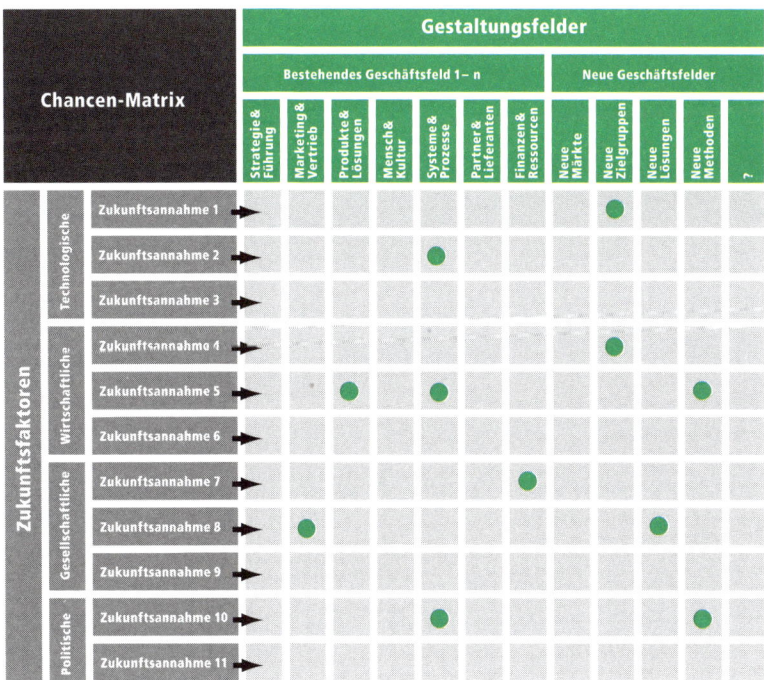

Abb. 15: Chancen-Entwicklung aus Zukunftsfaktoren

a) Sie können extensiv vorgehen und über die vielen Zukunftsfaktoren »surfen«. Ihre Kreativität resultiert so aus der Breite.

b) Sie können intensiv vorgehen und sich jeweils *einen* Zukunftsfaktor vornehmen. Ihre Kreativität kommt so aus der Tiefe der Betrachtung.

c) Sie können kombinierend vorgehen, indem Sie sich, gezielt oder zufällig, jeweils zwei, drei oder vier Zukunftsfaktoren auf einmal vornehmen und sich zu kreativen Chancen aus den Kombinationen inspirieren lassen.

6. Erkennen Sie Chancen durch Befragung. Stellen Sie Ihre Chancenfragen nicht nur Ihrem Zukunftsteam. Beziehen Sie zusätzlich Mitarbeiter, Kunden, Experten, Berater und Partner ein. Häufig haben diese schon mehr als genügend Anregungen, so dass Sie sich viel methodische Kreativarbeit sparen können.

7. Erkennen Sie Chancen durch Analogien.

a) *Erkennen Sie Chancen aus historischen Analogien* zur heutigen Situation Ihres Marktes oder Unternehmens. Aus der Analyse der Strategien früherer Akteure mit ähnlichen Herausforderungen lassen sich Chancen für das eigene Tun in Gegenwart und Zukunft ableiten. Welche Chancen hat oder hätte man damals genutzt?

b) *Erkennen Sie Chancen aus Science-Fiction-Analogien.* Kaum eine Technik und kaum eine denkbare Form menschlichen Zusammenlebens war noch nicht Gegenstand eines Romans oder Films aus dem Genre Science-Fiction. Gerade solche Werke, in denen viel Wert auf Plausibilität und Fundierung gelegt wurde, sind eine Fundgrube für Ideen und reale Zukunftschancen.

c) *Erkennen Sie Chancen aus Branchen-Analogien.* Technologien, Geschäftsmodelle oder Managementkonzepte, die »plötzlich« eine gesamte Branche revolutionieren, waren häufig bereits viele Jahre oder sogar Jahrzehnte zuvor in einer anderen Branche gang und gäbe. Vor allem strategisch verwandte Branchen mit ähnlichen Wirkungsversprechen, Produkten und Lösungen, Zielgruppen, Strategien oder Strukturen. Was können Sie von solchen Verwandten lernen?

d) Erkennen Sie Chancen aus geografischen Analogien. In anderen Ländern und Regionen der Welt haben sich Kulturen und Märkte oftmals auf eine interessante und lehrreiche Art anders entwickelt als in Ihrer Heimat. Was können Sie lernen, wenn Sie durch die Betrachtung anderer Länder und Regionen eine Zeitreise unternehmen?

e) Erkennen Sie Chancen aus Natur-Analogien. Nicht nur in der Technik, Stichwort Bionik, verhilft die Natur traditionell zu Innovationen. Auch für die Strategie und Organisation von Unternehmen bietet die Natur vielfältige Anregungen, so etwa die Prinzipien von Selbstorganisation und Spezialisierung. Wie würde »die Natur« Ihre Chancenfrage beantworten?

8. **Erkennen Sie Chancen durch Empathie.** Denken Sie sich in Ihre Kunden hinein. Dafür gibt es unzählige Ansätze, von der wissenschaftlichen Ethnografie, der teilnehmenden Beobachtung bis zu den vielfältigen Empathie-Methoden der Firma IDEO[25]. Oft reicht aber auch das schlichte Bemühen um den Rollentausch und um den Blick auf die Welt durch die Augen der Kunden.

>**»Derjenige, der sich in die Rolle anderer versetzen kann und es versteht, die Arbeitsweise ihres Denkens zu erforschen, braucht sich niemals Sorgen darüber zu machen, was die Zukunft für ihn bereithält.«** (Owen D. Young)

9. **Kategorisieren Sie Ihre Zukunftschancen.** Teilen Sie die Zukunftschancen nach ihrer möglichen Rolle und Bedeutung ein. Sie können etwa die folgenden Kategorien verwenden. Sie beschreiben Arten von Bestandteilen Ihrer Zukunftsstrategie, für die Ihre Zukunftschancen in Frage kommen, nämlich für potenzielle

a) Visionselemente,
b) Missionselemente,
c) strategische Leitlinien,
d) Ziele,
e) Projekte,
f) Prozesse,
g) Systeme und
h) Eventualstrategien.

10. **Erstellen Sie ein Chancenpanorama.** Hierunter verstehen wir eine tabellarische Übersicht der Zukunftschancen, in der Sie folgende Informationen festhalten sollten:

a) die Gestaltungsfelder,
b) die Chancenfragen,
c) die Zukunftschancen,
d) die Argumente für und gegen einzelne Chancen,
e) die Bewertungen der einzelnen Mitwirkenden,
f) die gemeinsamen Bewertungen (Mittelwerte),
g) die Umstrittenheit der Zukunftschancen (Streuungen in der Form von Standardabweichungen).

11. **Bewerten Sie Ihre Zukunftschancen.** Die wichtigsten Bewertungskriterien sind üblicherweise die Eignung der Zukunftschance zur Beantwortung der gestellten Chancenfragen sowie der Beitrag der Zukunftschance zur Erhöhung Ihrer Wettbewerbsfähigkeit. In den Prinzipien im Abschnitt 5.5 finden Sie weitere Beurteilungskriterien. Die Bewertungen können Sie mit einigem zusätzlichen Aufwand fundieren, indem Sie für jede Zukunftschance eine Argumentenbilanz erstellen, wie es in der Methodik zur blauen Zukunftsbrille beschrieben ist.

5.6.2 Vorgehensweise für Lebensunternehmer

Wenn Sie sich der grünen Zukunftsbrille sehr intensiv zuwenden möchten, können Sie prinzipiell die Methodik für Unternehmen anwenden.

 In Anlehnung an Rockefeller kann man sagen, dass es mehr Sinn hat, einen Tag über seine Zukunftschancen nachzudenken, als einen ganzen Monat hart zu arbeiten.

Im Rahmen eines vereinfachten Verfahrens für sich persönlich sollten Sie mindestens die folgenden Schritte gehen und Ihre Ergebnisse schriftlich festhalten:

1. Stellen Sie Ihre Chancenfragen.

2. Halten Sie fest, welche Antworten Ihnen spontan auf Ihre Chancenfragen einfallen.

3. Ermitteln Sie, welche Zukunftschancen aus Ihren Zukunftsannahmen folgen (sofern Sie welche schriftlich formuliert haben).

4. Ermitteln Sie, welche Zukunftschancen Sie aus den Zukunftsfaktoren in der Checkliste auf Seite 89 f. erkennen können.

5. Ermitteln Sie, welche Zukunftschancen Ihre Freunde, Kollegen und Familienmitglieder als Antworten auf Ihre Chancenfragen sehen.

6. Bewerten Sie die Zukunftschancen danach, in welchem Maße sie zu Ihrer beruflichen Zufriedenheit und / oder zu Ihrem beruflichen Erfolg beitragen.

7. Führen Sie Ihr Chancenpanorama als eine Art Buchhaltung für Zukunftschancen.

5.6.3 Checkliste der Methoden und Techniken

Die Methoden-Checkliste für Profis im Zukunftsmanagement zeigt eine umfassende Zusammenstellung von Methoden und Techniken für die einzelnen Arbeitsschritte der grünen Zukunftsbrille.

Chancenfragen erarbeiten

- Chancenfragen-Delphi (Mićić, 2006)
- Gap-Analyse (Kreikebaum, 1997)

Chancen-Entwicklung aus Zukunftsannahmen

- Brainstorming /-writing (May, 1996)
- Futures wheel / Mind Mapping (Glenn und Gordon, 2003; Buzan, 2006)
- Mikro-Makro-Matrix (Krystek und Müller-Stewens, 1993)
- Chancen-Matrix (Mićić, 2005)

Chancen-Entwicklung aus Zukunftsfaktoren

- Futures wheel / Mind Mapping (Glenn und Gordon, 2003; Buzan, 2006)
- Mikro-Makro-Matrix (Krystek und Müller-Stewens, 1993)
- Trend-Impact-Analysis (Gordon, 2003a)
- Chancen-Matrix (Mićić, 2005)

Chancen-Entwicklung durch Analyse und Simulation

- Strukturanalyse (Geschka und Reibnitz, 1981; Godet, 1994; Gausemeier et al., 1996)
- Comprehensive situation mapping (CSM) (Georgantzas und Acar, 1995)
- S-Kurven-Analyse (Pengg, 2003)
- Causal layered analysis (Inayatullah, 2003)

Chancen-Entwicklung durch Kreativmethoden

- Morphologien (Glenn und Gordon, 2003)
- Field anomaly relaxation (Coyle, 2003; Rhyne, 1981)
- Historische Analogien (Armstrong, 2001)
- Branchen-Analogien (Mićić, 2003)
- Precursor analysis (May, 1996)
- Auswertung spekulativer Literatur und Kunst (May, 1996)
- Meta-Chancen (Mićić, 2003)
- Empathie (Kelley, 2001)
- Intuition (Glenn, 2003)

Chancen bewerten

■ Analytic hierarchy process (Saaty, 1996)
■ Kosten-Nutzen-Analyse (May, 1996)
■ Risikoanalyse (May, 1996)
■ S-Kurven-Analyse (Pengg, 2003)
■ Chancenpanorama (Mićić, 2005)

Ergebnisse präsentieren

■ Mind Mapping (Buzan, 2006)
■ Chancenpanorama (Mićić, 2005)

6 Ihre gelbe Zukunftsbrille: Welche Zukunft wollen Sie schaffen?

Indem er die gelbe Zukunftsbrille aufsetzt, entscheidet sich der Kapitän mit seiner Mannschaft für eine der vielen möglichen Destinationen, die er mit der grünen Zukunftsbrille erkannt hat. Aus dem schönen sprachlichen Bild »der Sonne entgegen« ist die Farbe der gelben Brille abgeleitet. Der Kapitän entschließt sich also, »welcher Sonne«, welcher Vision er entgegensegeln möchte. Durch die gelbe Zukunftsbrille sehen Sie die Zukunft, die Sie zu einem bestimmten Zeitpunkt verwirklicht haben möchten. Es ist die strategische Vision Ihres Lebens oder Unternehmens, die Sie aus den mit der grünen Zukunftsbrille erkannten Zukunftschancen zusammensetzen.

> **Viele empirische Studien haben gezeigt, dass herausragende Unternehmenserfolge mit einer mehr oder minder klaren Vorstellung von der Zukunft des Unternehmens begonnen haben[1].**

Wie im Abschnitt 6.4 ausführlicher dargelegt wird, führt die gelbe Zukunftsbrille zu Entscheidungen über die Mission, also Ihre langfristige Grundaufgabe, die strategische Vision, also das langfristige Zielbild, und die strategischen Leitlinien, mithin die vereinbarten Regeln, die im Rahmen der Mission und auf dem Weg zur strategischen Vision beachtet werden sollen. Das Gemeinsame dieser Elemente einer Zukunftsstrategie besteht in ihrer Normativität, also in einer Richtungsentscheidung. Die Vision stellen wir in diesem Buch besonders heraus, da sie für die praktische Arbeit die größte Bedeutung hat.

Vision war ein Modewort. In den meisten professionell geführten Unternehmen gibt es ein Dokument mit dem Wort Vision in der Überschrift. Meist stehen darunter wenige wohlformulierte, sehr schön klingende Sätze über Qualität, Wachstum, Rentabilität und Fairness.

Mit der gelben Zukunftsbrille geht es jedoch um etwas anderes, nämlich eine klare Richtungsentscheidung für die Zukunft.

Heute sind viele dieses Visionsbegriffs überdrüssig und doch geht kaum ein Weg an der Erkenntnis vorbei, dass Vision nicht den Strömungen der Managementliteratur unterliegt und irgendwann einmal aus der Mode kommt so wie alles, was »lean« ist. Jeder Mensch und jede Organisation hat zu jedem Zeitpunkt irgendeine Form von Vision. Die Frage ist dabei, ob die Vision auch im Einklang mit derjenigen der Kollegen ist und nachhaltig der Umwelt dient.

In der deutschen Sprache hat Vision leider den Beigeschmack des Unseriösen (des nicht Ernsthaften), der Träumerei, des Fantastentums, des Pathologischen oder des Drogenmissbrauchs. »*Wer Visionen hat, soll zum Arzt gehen*«, soll Altkanzler Helmut Schmidt gesagt haben[2]. Wenn Vision gleich Halluzination ist, hat diese Aufforderung ihre Berechtigung. Aber durch die gelbe Zukunftsbrille sehen wir eine strategische Vision, keine rosaroten Träume, Illusionen und Utopien. Jedes Unternehmen, jede Organisation, jedes Land, jede Familie und schließlich jeder Mensch kann mit einer strategischen Vision als einem faszinierenden, gemeinsam erstrebten und realisierbaren Zukunftsbild deutlich erfolgreicher werden als ohne. Man könnte sogar sagen, dass es praktisch kaum etwas gibt, das für den Erfolg eines Menschen oder einer Organisation wichtiger wäre als eine klare und begeisternde Vision davon, wo es hingehen soll.

> »Wenn das Leben keine Vision hat, nach der man strebt, nach der man sich sehnt, die man verwirklichen möchte, dann gibt es auch kein Motiv, sich anzustrengen.« (Erich Fromm)

Haben Sie schon einmal ein Puzzle aus 1000 Teilen zusammengesetzt? Vielleicht auch schon einmal mit mehreren Leuten zusammen? Das macht vermutlich sogar noch mehr Spaß. Würden Sie aber auf die Idee kommen, ein Team mit der Zusammensetzung eines Puzzles zu beauftragen, diesem Team jedoch keine Vorlage zur Verfügung zu stellen? Das wäre zumindest extrem ineffizient, wenn nicht gar gänzlich unmöglich. Genau dies tut aber jeder Führende, wenn er seinem Team keine strategische Vision im Sinne einer Vorlage für das Puzzle im Tagesgeschäft gibt. Er verzichtet damit auf eines der stärksten, wenn nicht auf das mächtigste Führungswerkzeug. Erst eine strategische Vision schafft das orientierende Zielbild und die Vorlage für die vielen kleinen Entscheidungen in der täglichen Arbeit.

Mit der gelben Zukunftsbrille entscheiden Sie sich, welche Zukunft Sie für Ihr Leben oder Ihr Unternehmen verwirklichen möchten. Sie beurteilen Ihre mit der grünen Zukunftsbrille erkannten Zukunftschancen danach, inwieweit ihre Umsetzung angesichts der zukünftigen Umfeldentwicklungen und Ihrer Prioritäten empfehlenswert ist. Es geht in einer strategischen Vision nicht um die üblichen schönen Sätze, die man häufig mit dem Wort Vision überschrieben findet.

Die Vision ist das konkrete Bild einer faszinierenden, gemeinsam erstrebten und realisierbaren Zukunft.

Eine strategische Vision muss Menschen eine bildliche Vorstellung davon vermitteln, wie ihr Leben und Arbeiten in fünf, acht, zehn oder mehr Jahren aussehen soll. Je bildhafter die Vorstellung ist, desto leichter wird sie behalten und desto einfacher wird sie auch realisiert werden. Es gibt weniger Missverständnisse und mehr Orientierung und somit mehr Effizienz, sprich Wirtschaftlichkeit. Eine strategische Vision trägt folglich nicht nur zu einer erfolgreicheren Geschäftsentwicklung, sondern auch in hohem Maße zur Kostenoptimierung bei.

Eine strategische Vision ist dann gut gelungen, wenn sie die Menschen begeistert und ihnen Orientierung gibt und wenn sie sich mit ihr identifizieren. Sie soll durch ihre »Leuchtturmfunktion« eine mentale Fokussierung ermöglichen.

Neben der strategischen Vision als dem Kernbegriff der gelben Zukunftsbrille werden in ihrem Rahmen auch die Mission und die strategischen Leitlinien entwickelt.

6.1 Ihre gelbe Zukunftsbrille im Überblick

Die nachfolgende Tabelle fasst das Wesen der gelben Zukunftsbrille zusammen.

Tabelle 19: Die gelbe Zukunftsbrille im Überblick

Ziel: Die gewünschte Zukunft und Ausrichtung bestimmen.

Arbeitsschritt und Leitfrage:

- Visions-Entwicklung
- Welche faszinierende Zukunft wollen wir langfristig verwirklichen?

Sinn und Zweck:

- Sie können Ihr Unternehmen als komplexes adaptives System leichter führen.
- Sie geben sich und Ihrem Team Orientierung.
- Sie gestalten die Zukunft, die Sie haben möchten.
- Sie erhöhen Ihre Effizienz und senken Ihre Kosten.
- Sie aktivieren Ihre Leistungsfähigkeit.
- Sie können bessere Ziele setzen.
- Sie entscheiden besser, was wichtig und richtig ist.
- Sie erkennen Bedrohungen und Chancen früher.
- Sie vermitteln in schweren Zeiten Zuversicht.
- Sie differenzieren sich vom Wettbewerb.
- Sie werden insgesamt erfolgreicher.

Denkhaltung und Prinzipien:

- Nutzen Sie die gelbe Zukunftsbrille für Entscheidungen.
- Nutzen Sie die Selbsterfüllung.
- Gleichen Sie Ihre Vision mit Ihren Zukunftsannahmen ab.
- Bilden Sie die strategische Vision aus Zukunftschancen.
- Beschreiben Sie Ihre zukünftig gewünschte Situation.
- Sie können ohne Vision leben, Ihr Unternehmen nicht.
- Gestalten Sie Ihre Vision als Bild.
- Visions-Entwicklung ist Ihre Aufgabe, nicht die anderer.
- Glauben Sie an die Selbstverantwortung.
- Glauben Sie an die willentliche Gestaltung der Zukunft.
- Entfachen und fördern Sie Leidenschaft für die Vision.

Tabelle 19: Die gelbe Zukunftsbrille im Überblick

Denkhaltung und Prinzipien:

- Stärken Sie die gemeinsame Vision durch Kohärenz der individuellen Visionen.
- Gewinnen Sie möglichst viele Träger für Ihre Vision.
- Schaffen Sie Einklang mit dem Ganzen.
- Sehen Sie ein homöopathisches Maß an Herausforderung als ideal.
- Trauen Sie sich, eine konservative Vision zu setzen.
- Orientieren Sie Ihre Vision an erreichbaren Kompetenzen und Ressourcen.
- Machen Sie Ihre Vision kompatibel mit Ihrer Geschichte.
- Überfordern Sie Ihre Kunden nicht mit Innovationen.
- Gestalten Sie Ihre Vision so präzise wie nötig, so komplex wie erforderlich und so flexibel wie möglich.
- Schaffen Sie mit Visionskandidaten die nötige Differenzierung.
- Je höher die organisatorische Ebene, desto allgemeiner werden Ihre Ergebnisse zur gelben Zukunftsbrille.
- Ihre strategische Vision ist ein periodischer Prototyp.
- Nicht das Erreichen Ihrer Vision, sondern ihre Gegenwartswirkung ist entscheidend.

Denkobjekte:

- Visionsfragen
- Mission (Missionselemente)
- Vision (Visionselemente)
- Strategische Leitlinien

Typische Methoden:

- Entscheidungsmethoden (Analytic hierarchy process etc.)
- Konzeptionsmethoden (Morphologien etc.)

Vorgehensweise:

1. Nehmen Sie die Visions-Entwicklung mit Ihrem Zukunftsteam vor.
2. Machen Sie sich mit der blauen Zukunftsbrille zunächst Ihre Zukunftsannahmen bewusst.
3. Bestimmen Sie den Zeithorizont Ihrer Vision.
4. Bestimmen Sie die Visionsfragen.
5. Entwickeln oder überprüfen Sie Ihre Mission.
6. Entwickeln Sie Visionskandidaten.
7. Bewerten Sie Ihre Visionskandidaten.
8. Bestimmen Sie den Kern Ihrer strategischen Vision.

Vorgehensweise

9. Bauen Sie Ihre strategische Vision aus.

10. Bestimmen Sie Ihre strategischen Leitlinien.

11. Stellen Sie die Konsistenz Ihrer Vision sicher.

12. Überprüfen Sie Ihre Vision anhand der Zukunftsannahmen.

13. Überprüfen Sie Ihre Vision anhand der Überraschungen.

14. Führen Sie einen Werteabgleich durch.

15. Diskutieren Sie die strategische Vision (mit Mission und Leitlinien) mit Mitarbeitern und anderen.

16. Fassen Sie den Kern Ihrer Vision in einem Satz zusammen.

17. Visualisieren Sie Ihre Vision.

18. Implementieren Sie die strategische Vision.

Ergebnisse:

Eine umfassende und strukturierte strategische Vision, die auch in Zeichnungen oder Bildern visualisiert sein kann, entsteht. Die strategische Vision ist eingebettet in eine klare Mission und umrahmt von den strategischen Leitlinien.

6.2 Fallbeispiele zur gelben Zukunftsbrille

Visionen, die gewünschten Zukünfte, haben im Laufe der Jahrtausende den Gang der Welt bestimmt. Moses zeichnete den Weg ins gelobte Land vor, die Karolinger und Karl der Große hatten wie Napoleon, Hitler und unzählige andere die Vision vom großen Reich, Theodor Herzl hatte die Vision vom »Judenstaat«, Mao Zedong wollte den großen Sprung nach vorne (siehe unten), Martin Luther wollte eine Zukunft, in der sich die Menschen am Wort Gottes orientieren, Karl Marx wollte alle Menschen auf demokratischer Basis nach ihren Möglichkeiten zur Gesellschaft beitragen und nach ihren Bedürfnissen leben lassen, John Kennedy wollte den Amerikaner auf dem Mond, Apple wollte den Computer demokratisieren und Ronald Reagan wollte Gorbatschow die Berliner Mauer niederreißen sehen. Viele dieser Beispiele erinnern daran, dass visionäre Kraft positiv wie negativ, konstruktiv wie destruktiv genutzt werden kann. Sie zeigen, welche Macht jemand auf sich vereinen kann, der weiß, was er will, und versteht, es attraktiv zu kommunizieren.

Die blühenden Landschaften Helmut Kohls werden viel später und anders wahr werden, als er es eigentlich meinte. Und doch werden die Landschaften im Osten Deutschlands früher oder später blühen. Die heutigen Zentren zeichnen den Weg vor. Immerhin soll das Gebiet der neuen Bundesländer in den 1930er-Jahren wirtschaftlich stärker gewesen sein als die alten Bundesländer.

Mao Zedongs großer Sprung nach vorne

Der chinesische Führer Mao Zedong entwickelte 1958 die Vision vom »großen Sprung nach vorne«. Er wollte den landwirtschaftlichen und den industriellen Sektor Chinas in einer großen Kraftanstrengung gleichzeitig ausbauen. Innerhalb von 15 Jahren sollte die Stahlproduktion Großbritanniens überholt sein. Schon im ersten Jahr sollte die chinesische Produktion verdoppelt werden. Mao wollte überholen, ohne einzuholen, wie auch in der DDR die Vorstellung hieß, dass man den Westen zwar in seinen Erfolgen übertrumpfen, aber nicht auf seinen Pfaden wandeln wollte. Der chinesische Stahl sollte in dezentralen kleinen Hochöfen produziert werden. Hierfür wurde die Feldarbeit vernachlässigt, Wälder wurden abgeholzt, zum Teil wurden sogar die Möbel der Bauern für das Heizen der Stahlöfen verwendet. Da Mao auf Expertenmeinungen praktisch nichts und auf das Kollektiv der Bauern alles gab, kamen fachliche Beurteilungen nicht bei ihm an, die besagten, dass man auf diese Weise nur minderwertigsten Stahl erzeugen könne. So verhielt es sich auch mit Maos Annahmen darüber, wie man die Produktivität der Landwirtschaft steigern könnte. Kritiker wurden im besten Fall diskreditiert. Die Stahlproduktion erreichte erst sechs Jahre später wieder den Wert vor der Verkündung der Vision vom großen Sprung nach vorne. Durch die Konzentration auf die Stahlproduktion vernachlässigte man die Landwirtschaft und damit die Nahrungsmittelproduktion. Das Ergebnis sind, um die offizielle chinesische Zahl zu nehmen, 14 Millionen Hungertote. Neutrale Untersuchungen sprechen von 20 bis 43 Millionen Toten!

Hermann Sörgels Vision von Atlantropa

Der Verleger der Zeitschrift *Baukunst* hatte in den 1920er-Jahren die Vision, das Mittelmeer bei Gibraltar vom Zufluss des Atlantiks abzutrennen und im Laufe von 150 Jahren den Meeresspiegel im Mittelmeer durch einfache Verdunstung um 200 Meter abzusenken. Hermann Sörgel nahm an, dass auf diese Weise eine zusätzliche Fläche entstehen würde, die so groß ist wie Frankreich und Belgien. Dies würde die Anrainerstaaten zusammenschweißen und Arbeit für 150 Jahre schaffen. Zudem würden die Staudämme die Energieprobleme Europas lösen. Es entstünde ein neuer Kontinent aus Afrika und Europa, dem Sörgel den Namen Atlantropa gab. Von den Nazis mit Publikationsverbot belegt, erweiterte Sörgel nach dem Zweiten Weltkrieg seine Visionen auf Afrika. Im Rahmen eines riesigen Terraforming-Projekts sollten große Stauseen entstehen, die das Klima in Afrika ändern und die Wüsten urbar machen würden. Der Schriftsteller John Knittel verarbeitete diese Vision in einem Roman und finanzierte einen Werbefilm für Atlantropa. Der große Haken war, dass diese Vision selbst aus heutiger Sicht nicht zu verwirklichen ist.

Was macht man Gutes mit 50 Milliarden Dollar?

Was wären die besten Wege, den globalen Wohlstand, vor allem in den Entwicklungsländern, zu erhöhen, wenn hierfür 50 Milliarden US-Dollar zu Verfügung ständen? Wo sollte investiert werden? Björn Lomborg, Dozent an der Copenhagen Business School, organisierte 2004 den Copenhagen Consensus, eine Initiative mit dem Ziel, eine Entscheidungsgrundlage für die oben gestellten Fragen zu schaffen, welche Maßnahmen zur Lösung globaler Probleme die größten Wohlfahrtsgewinne für die Menschheit bringen würden.

Unter Einbeziehung eines Panels aus acht weltweit anerkannten Wirtschaftsexperten, darunter drei Nobelpreisträger, wurde eine Rangliste möglicher Maßnahmen aufgestellt. Im Sinne der grünen Zukunftsbrille handelte es sich bei den möglichen Maßnahmen um Zukunftschancen. Nach der Bewertung steht die Heilung und Kontrolle von AIDS ganz oben. Etwa 28 Millionen Fälle könnten (aus der Sicht von 2004) bis 2010 verhindert werden. Die Kosten hierfür lägen bei etwa 27 Milliarden Dollar, wobei der Nutzen fast 40-mal so groß wäre. Es überrascht, dass Klimaschutzmaßnahmen wie das Kyoto-Protokoll eher niedrig bewertet wurden. Grund dafür ist, dass die Kosten für die Reduktion von Treibhausgasen überproportional hoch sind. Der mögliche (wirtschaftliche) Nutzen sei dagegen, zumindest verglichen mit dem potenziellen Nutzen aus der Behebung anderer Probleme wie

Krankheiten und Unterernährung, relativ gering. Es sei nicht möglich, alle Probleme der Welt auf einmal zu lösen. So sollte der Copenhagen Consensus den Regierungen und internationalen Organisationen eine Orientierung für ihr Handeln geben. Im Sinne einer Vision gibt der Copenhagen Consensus eine Priorisierung von Zukunftschancen und beschreibt damit in gewissem Sinne auch eine strategische Vision für die Menschheit.

Björn Lomborg ist im persönlichen Gespräch und in seiner Präsentation restlos überzeugend. Es bleibt dennoch die Frage, ob die Hinwendung zur Klimaschutzproblematik mit schwacher Priorität nicht bedeutet, den Planeten aufzugeben. Der Tod ist wirtschaftlich nicht kalkulierbar.

Lou Gerstners Nicht-Vision und Doch-Vision für IBM

Lou Gerstner war von 1993 bis 2002 CEO von IBM. Als er den Posten übernahm, steckte IBM in einer der schwersten Krisen der Firmengeschichte. Das Kerngeschäft mit Großcomputern war weitgehend obsolet und bot auf absehbare Zeit keine Geschäftsgrundlage mehr. Aus dieser Zeit wird Gerstner häufig mit dem Ausspruch zitiert: *»Das Letzte, was IBM jetzt braucht, ist eine Vision.«* Tatsächlich hatte er sich aber bereits für eine Vision entschieden, auch wenn er sie nicht als solche bezeichnete. Mit den gleichen Worten, mit denen er entschlossen eine Vision ablehnte, zeichnete er eine der herausforderndsten strategischen Visionen der letzten Jahrzehnte vor. Der Riese IBM sollte sich vom Hersteller von Großcomputern zum IT-Integrator entwickeln und sich stärker auf Dienstleistungen konzentrieren. Auf diese Vision richtete er alle Aktivitäten aus und schaffte so einen der bemerkenswertesten Turnarounds der Wirtschaftsgeschichte. Als er im Jahr 2002 die Verantwortung als CEO abgab, erzielte IBM fast 45 Prozent der Umsätze mit Dienstleistungen.[3] 1993 waren es nur etwa 15 Prozent.[4] An diesem Beispiel zeigt sich, wie unterschiedlich man das Konzept der Vision verstehen kann.

> *»Man kann die Dinge nicht verändern, indem man gegen die bestehende Realität ankämpft. Um etwas zu verändern, muss man ein neues Modell bauen, welches das existierende Modell obsolet macht.«* (Buckminster Fuller)

Eine Software-Vision

Die Führung eines kleinen Software-Unternehmens, damals eigentlich noch ein Start-up ohne viel Umsatz und mit noch weniger Kapital, motivierte ihre Mannschaft mit einer aus damaliger Sicht faszinierenden strategischen Produktvision mit folgendem Wortlaut: *»Eine Softwarelösung, die die Bedeutung der geschriebenen Sprache versteht, Informationen aus unterschiedlichen Quellen verknüpft, aus diesen Verknüpfungen Schlüsse zieht und mit dem Menschen in seiner Sprache kommuniziert.«* Da diese Vision schon etwas älter ist, ist sie an dieser Stelle zitierbar.

Wechselnde strategische Visionen für Daimler-Benz

Edzard Reuter, Vorstandsvorsitzender der Daimler-Benz AG von 1987 bis 1995, hatte die Zukunftsannahme (blaue Zukunftsbrille), dass das Automobilgeschäft nicht mehr die nötigen Wachstumsraten bringen würde und dass man in mehreren Technologiefeldern aktiv sein müsse, um die Risiken und Chancen in verschiedenen Märkten gegeneinander ausgleichen zu können. Reuter verfolgte die Vision vom »integrierten Technologiekonzern«. Konsequenterweise kaufte die Daimler-Benz AG, zum Teil auch schon vor Edzard Reuters Vorstandsvorsitz, Unternehmen wie AEG, Dornier, MTU, MBB und auf Initiative von Jürgen Schrempp auch Fokker. Im Jahr der Übergabe von Reuter an Schrempp, 1995, verbuchte die Daimler-Benz AG rund drei Milliarden Euro Verlust. Die Verluste wurden nur gemildert durch die Erfolge, die man mit einer der stärksten, wenn nicht *der* stärksten Automobilmarke der Welt erzielte, mit Mercedes.

Mit Jürgen Schrempp, Vorstandsvorsitzender von 1995 bis 2005, rückte das Auto wieder in den Mittelpunkt der »Management-Attention«. Doch auch Jürgen Schrempp entwickelte eine ambitionierte Vision, nämlich die von der »Welt AG«, die mit einer sehr breiten Produktpalette ein wirklicher Global Player sein und Synergiepotenziale maximal ausschöpfen sollte. Diese Vision fußte auf der Zukunftsannahme (blaue Zukunftsbrille), dass nur sehr wenige sehr große Automobilhersteller eine Chance zum Überleben haben würden. Jürgen Schrempp und seine Mitentscheider fusionierten 1998 die Daimler-Benz AG mit der Chrysler Corporation zur DaimlerChrysler AG. Darüber hinaus ging Schrempp eine wesentliche Beteiligung an Mitsubishi und eine kleine

Beteiligung an Hyundai ein. Schrempps Aussage, erst würde er das Unternehmen zusammen mit dem damaligen Vorstandsvorsitzenden von Chrysler, Robert Eaton, dann würde er »die Firma« alleine führen, deutet an, welche Motive bei solchen Entscheidungen mitschwingen. Ökonom Herbert Giersch nannte Fusionen einen Ausdruck der intellektuellen Armut des Managements. Gemessen am Börsenwert des Unternehmens, war diese visionäre Strategie ein fast beispielloses finanzielles Desaster. Der Aktienwert des Gesamtunternehmens ist auf rund ein Drittel gesunken, Chrysler verlor seit der Fusion 40 000 Arbeitsplätze – und das, obwohl der Shareholder-Value die eigentliche Triebkraft war. Natürlich ist Unternehmensführung kein bis ins Letzte planbarer Hausbau, bei dem alles andere als Gelingen Scheitern bedeutet. Aber die Vernichtung von zwei Dritteln des Unternehmenswertes, während die Aktienmärkte in der gleichen Zeit einen enormen Zuwachs erfuhren, ist nicht Pech alleine.

Dieses Beispiel zeigt die Macht, die von einer strategischen Vision ausgehen kann. Gleichzeitig zeigt es, dass eine Vision kein verwegenes innovatives Abenteuer sein muss und meistens auch nicht sein darf. Die konservative Vision kann die beste sein. Mehr zu diesem Beispiel lesen Sie im Abschnitt 6.5 zu den Prinzipien der gelben Zukunftsbrille.

Trier 2020

Kurz nach der Jahrtausendwende erarbeitete die Stadt Trier, eine der ältesten Städte Deutschlands, mit unserer Unterstützung eine strategische Vision. Dies geschah nicht wie üblich anhand externer Gutachten und Arbeiten auf der Fachebene, sondern in direkter und permanenter Zusammenarbeit mit dem Oberbürgermeister Helmut Schröer, seinen Dezernenten sowie mit Leitern wichtiger Ämter wie Johannes Weinand vom Amt für Stadtentwicklung und einer Reihe von Vertretern aus Gesellschaft, Kultur und Wirtschaft.

Die strategische Vision wurde auf der Grundlage des *Eltviller Modells* mit allen fünf Zukunftsbrillen umfassend ausgearbeitet. Sie wurde in Ziele für das Jahr 2010 und dann in Projekte heruntergebrochen. Sie wurde maßgeblich für die lang- und mittelfristige Finanz- und Investitionsplanung, für die Flächennutzungsplanung wie auch für die operativen Teilpläne. So erreichte man eine hohe Kongruenz und Konsistenz der kommunalen Entscheidungen, Planungen und Aktivitäten. Die grobe Zusammenfassung der Visionselemente sehen Sie in der folgenden Tabelle:

Tabelle 20: Strategische Vision »Trier 2020«	
Gestaltungsfeld	**Visionselement für 2020**
Mensch und Umwelt	■ In unserer Stadt leben 100 000 Einwohner mit einer ausgewogenen Alters- und Erwerbsstruktur. ■ Trier und die Trierer Stadtteile sind ein attraktiver Lebensraum für Familien mit Kindern. ■ Trier ist eine Stadt mit hochwertiger Landschaftsqualität. ■ Die Trierer Innenstadt ist sozialer, kultureller und wirtschaftlicher Mittelpunkt. ■ Die Verkehrsinfrastruktur ist bedarfsgerecht ausgebaut. ■ Trier ist erlebbare Kultur.
Wirtschaft	■ Trier ist als eine der ältesten Städte Deutschlands international bekannt. ■ Trier ist ein sehr attraktiver europäischer Wissenschafts- und Bildungsstandort. ■ Trier ist ein Kompetenzzentrum für Wirtschaftsverkehr und Logistik. ■ Trier hat einen hohen Anteil nachhaltig arbeitender Betriebe und Haushalte.
Bürger und Verwaltung	■ Es ist ein gemeinsamer Kultur- und Wirtschaftsraum mit dem nahen Oberzentrum entwickelt. ■ Die Verwaltung wird geführt und organisiert wie ein Unternehmen. ■ Die Einwohner zeichnen sich aus durch ein einzigartiges bürgerschaftliches Engagement. ■ Unsere Stadt ist Teil einer regionalen kooperativen Gebietskörperschaft. ■ Der kommunale Haushalt ist ausgeglichen.

Vom Handelsunternehmen zum persönlichen X-Manager

Dieses Fallbeispiel ist verfremdet, um die Interessen des Unternehmens nicht zu verletzen. Ein europaweit tätiges Handelsunternehmen für Autozubehör sah sich 2004 einem extremen Wettbewerbsdruck im klassischen Handel ausgesetzt. Statt sich nur auf die Effizienz des bestehenden Geschäfts zu konzentrieren, suchte die Unternehmensleitung nach einer neuen strategischen Vision, die sowohl die Differenzierung vom Wettbewerb fördern wie auch den Mitarbeitern wieder eine positive und Kraft gebende Perspektive eröffnen sollte. Aus einer Reihe von Visionskandidaten wählte das Management schließlich die Vision, sich im bedienten Produktbereich zum persönlichen X-Manager zu entwickeln. X steht für ein bestimmtes Bedürfnis. Die zunehmende Komplexität und das daraus entstehende Bedürfnis nach Vereinfachung schufen auf der Kundenseite die Grundlage für die Wahl dieser Vision. Die Vision führte sehr schnell zu einer nach wie vor anhaltenden Aufbruchstimmung und sukzessive zu einem radikalen Umbau des Unternehmens mit entsprechender Stärkung der Ertragsbasis.

6.3 Sinn und Zweck der gelben Zukunftsbrille

Durch die gelbe Zukunftsbrille sehen Sie das langfristige Zielbild Ihres Lebens und Ihres Unternehmens. Nicht nur rational und wirtschaftlich, sondern auch emotional gesehen hat die gelbe Zukunftsbrille eine Reihe positiver Effekte. Mit der Vision wird auch die Mission und werden auch die strategischen Leitlinien bestimmt.

Sie können Ihr Unternehmen als komplexes adaptives System leichter führen

Eine auf zukünftige Entwicklungen abgestimmte, klar formulierte und den meisten Mitarbeitern bekannte strategische Vision wirkt stärker auf den Unternehmenserfolg als jede andere Maßnahme, die Sie mit vergleichbaren Investitionen durchführen können. Ein komplexes adaptives System wie ein Unternehmen oder auch ein Verein kann nicht über Projekte, Programme und Maßnahmen allein geführt werden. All Ihre Aktivitäten müssen zumindest im Wesentlichen zu einem gemeinsamen Bild in der Zukunft hinführen. Es hat keinen Sinn, die Organisation, die Produktion, den Vertrieb, die Mitarbeiterzufriedenheit oder die Kundenzufriedenheit im Einzelnen zu verbessern, ohne zu wissen, wohin sich das Unternehmen eigentlich entwickeln soll. Erst ein langfristiges Zielbild im Sinne einer strategischen Vision gibt die nötige Orientierung. Die Vision schafft die Zielkongruenz, Zielkohärenz und Zielharmonie, die mittel- und kurzfristige Aktionen zu ihrer Wirksamkeit und Schlüssigkeit benötigen. Strategische Unternehmensplanung ist ohne eine strategische Vision buchstäblich sinnlos. Eine notwendig ausführliche und hinreichend flexible strategische Vision ist der wirkungsvollste praktische Schritt einer strategischen Planung, sowohl im Leben wie im Unternehmen.

Hat ein Mensch eine klare Vision, schreitet er schneller und letztlich glücklicher voran. Hat ein Team eine klare gemeinsame Vision, berauscht es sich an der zusammen zu schaffenden Zukunft.

Haben die Menschen in einem Unternehmen eine klare Vision, ist es leichter zu führen, rentabler und zukunftssicherer.

Sie geben sich und Ihrem Team Orientierung

Eine gute strategische Vision hat eine Leuchtturmfunktion. Sie bildet die Grundlage für alle strategischen und operativen Entscheidungen. So wie es viel leichter ist, Metallstifte von einem magnetischen Ziel ziehen zu lassen, als sie durch gegensätzlich gepolte magnetische Kräfte zum Ziel hinzuschieben, ist es auch leichter, Menschen mit einer strategischen Vision zu führen, als sie mit kleinen Zielen oder gar Anweisungen langfristig steuern zu wollen. Deswegen heißt es auch Mitarbeiterführung und nicht Mitarbeiterschiebung.

Menschenführung ist gefragt, nicht »Menschenschiebung«.

Kreativität und Schaffenskraft Ihrer Mitarbeiter und Kollegen können durch eine strategische Vision in intelligenter Weise auf wirkungsvolle Ansatzpunkte, also auf die wichtigsten Ziele und Projekte, konzentriert werden. Ein Weg zur Stärkung der Innovationskraft besteht darin, den Fokus der Innovatoren auf eine kleinere Angriffsfläche zu lenken. Mit einer strategischen Vision wählen Sie eine solche kleinere Angriffsfläche und entfachen gleichzeitig Begeisterung bei denen, die Ihren Weg mitgehen wollen. Dies alles gilt im Idealfall für jeden einzelnen Menschen in Ihrer Organisation. Der Entwickler wird sich vorwiegend um solche Lösungen und Produkte bemühen, die zur Vision führen, der Buchhalter wird die Wahlrechte in den Bilanzen so wahrnehmen, wie es für diesen Weg hilfreich ist, der Verkäufer wird Ihre strategische Vision als Qualitätsmerkmal in seine Argumentation einbauen und seinen Kunden das Gefühl geben, dass Ihr Unternehmen in Zukunft noch bessere Leistungen erbringen wird, und der Bereichsleiter wird seinen Bereich so planen und führen, dass er möglichst viel zur Verwirklichung der Vision beiträgt. Natürlich ist diese Harmonie theoretisch. Sie erfordert viel Partizipation, Reflexion und Kommunikation. Aber ganz ohne eine Vision ist es nicht harmonischer, sondern sehr viel konfliktträchtiger.

Heute haben wir mehr Möglichkeiten denn je, aber wir haben immer weniger Faktoren unter unserer eigenen Kontrolle. Daraus erwachsen vielerorts Angst und Hilflosigkeit. Eine gute strategische Vision integriert und reduziert Komplexität (was durch die rote Zukunftsbrille ergänzt werden muss). Die Ganzheitlichkeit und die relative Einfachheit einer strategischen Vision geben Orientierung im Alltag.

Eine strategische Vision schafft Klarheit darüber, ob die Kollegen oder Mitarbeiter Ihnen dorthin folgen möchten. Häufig klären sich jahrelange Konflikte schlicht durch Trennung der Wege, die endlich durch ein eindeutiges Bekenntnis zu einer bestimmten Ausrichtung möglich wurde.

Sie gestalten die Zukunft, die Sie haben möchten

Eine strategische Vision zu entwickeln und zu verwirklichen, das ist eines Ihrer wertvollsten Rechte. Geist schafft Materie. Eine strategische Vision zu entwickeln bedeutet, Ursache und Wirkung gedanklich zu vertauschen. Sie malen sich die zukünftigen Wirkungen aus, damit Sie heute die Ursachen schaffen können. Der menschliche Geist ist die Ursache der meisten relevanten Wirkungen in dieser Welt, ob es das Eigenheim oder der Klimawandel ist. Der römische Kaiser Mark Aurel wusste es, unzählige Philosophen wussten es und wahrscheinlich wissen und wussten es alle Kulturen. Unser Leben ist das Resultat unseres

Denkens und Fühlens. Wir brauchten erst das moderne Wissen um die Hintergründe sportlicher Trainingsmethoden, um zu begreifen, was mentales Training im eigentlichen Sinne bedeutet. Wer sich lebhaft vorstellen kann, die nächste Hürde zu nehmen, die Acht-Meter-Marke zu überspringen oder Bayern München zu schlagen, der hat zumindest die Voraussetzung dafür geschaffen, dass es auch gelingen kann. Eine strategische Vision ist daher nichts anderes als mentales Training für ganze Unternehmen oder gar Staaten.

»Es ist der Geist, der sich den Körper baut.« (Friedrich Schiller)

Der Soziologe und Zukunftsforscher Fred Polak[5] hat sein Leben der Frage gewidmet, welche Bedeutung die Summe aller individuellen Visionen einer Nation für die Zukunft dieser Nation hat. Sein Werk lässt sich im Wesentlichen in der These zusammenfassen, dass eine Nation und damit letztlich jede Gruppe von Menschen wie auch der einzelne Mensch tendenziell die Zukunft schafft, die sie oder er erwartet. Gibt es keine mit der gelben Zukunftsbrille erblickte Vision, kommt die blaue Zukunftsbrille zum Tragen. Erwartet man eine negative Entwicklung, verstärkt sich die Wahrscheinlichkeit ihres Eintritts durch den Glauben der Menschen.

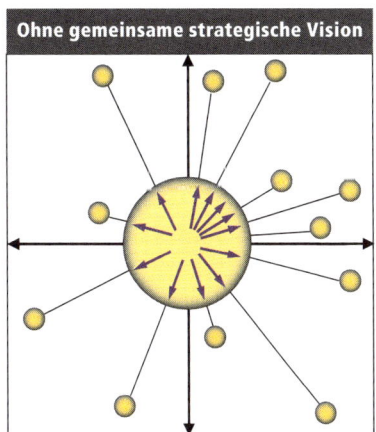
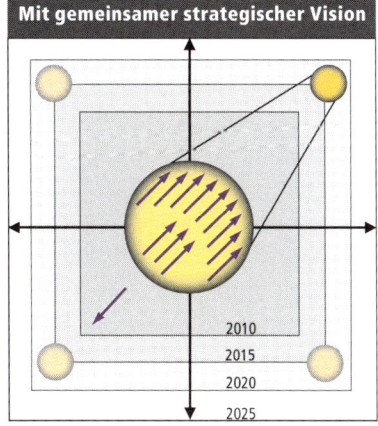

Abb. 16: Wirkung einer strategischen Vision

Sie erhöhen Ihre Effizienz und senken Ihre Kosten

Die eingangs verwendete Allegorie des Puzzlespiels macht deutlich, dass die gelbe Zukunftsbrille die integrierende Vorlage für viele tägliche Aktivitäten und Entscheidungen liefert. Auf diese Weise können Sie sogar etwas erreichen, was man mit dem Begriff »Vision« üblicherweise nicht verbindet, nämlich eine relative Kostensenkung. Eine strategische Vision kann unter gewissen, später beschriebenen Voraussetzungen das mächtigste Kostensenkungswerkzeug einer Organisation sein. Leider lässt sich diese These nicht beweisen, da man ein und dieselbe Organisation in ein und derselben Situation nicht einmal mit Vision und einmal ohne Vision führen kann. Parallelwelten bleiben uns leider verschlossen. Man kann lediglich Argumente und Vergleiche als Indizien heranziehen. Nichtsdestotrotz erscheint es nahezu jedem Betrachter plausibel, dass eine strategische Vision eine Organisation wesentlich effizienter macht.

> Die Vision bündelt die Aufmerksamkeit und die Aktivitäten der Führung und aller Mitarbeiter und führt so zu Effizienz und Kostensenkung.

Sie aktivieren Ihre Leistungsfähigkeit

Reinhold Würth, der aus einem Zweimannbetrieb seit 1954 ein Weltunternehmen mit 55 000 Mitarbeitern machte, hat seinem Unternehmen immer wieder eine weiterentwickelte herausfordernde Vision gegeben. Wie er selbst erzählt, tat er dies, um sein Unternehmen möglichst lange im Zustand des Werdens, im Frühling und in der Jugend zu halten, denn Unternehmen lebten in den Phasen Werden, Sein und Vergehen. Die Menschen in seinem Unternehmen sollten sich immer bewusst sein, dass im Wettbewerb jeder Moment des Stillstands einen Rückschritt bedeutet. Ohne herausfordernde Vision hätten sich die Mitarbeiter, insbesondere die mehr als 29 000 Außendienstler, leicht mit Erfolgen zufriedengegeben und ein oder zwei Gänge zurückgeschaltet.

> Die strategische Vision schafft eine anspruchsvolle, aber realisierbare Zukunftsperspektive und aktiviert Ihre Mitarbeiter zu Höchstleistungen.

Ohne Vision einer gewünschten Zukunft können Menschen, Unternehmen, Städte, Regionen und Länder nicht so erfolgreich sein, wie es eigentlich möglich wäre. Die gelbe Zukunftsbrille hilft, diese Potenziale zu erschließen.

Sie können bessere Ziele setzen

Ohne ein klares langfristiges Zielbild können Sie nur schwierig Ziele setzen und die zu ihrer Erreichung nötigen Maßnahmen ergreifen. Wir können zwar nur in der Gegenwart etwas tun, wir müssen aber unsere heutigen Taten aus der gewünschten Zukunft ableiten.

> *»Ohne ein bestimmtes Zukunftsbild können wir weder leben noch planen noch uns in der Gegenwart orientieren.«* (Horst W. Opaschowski)

Ihre strategische Vision können Sie wie eine mentale Schablone über den Ist-Zustand Ihres Lebens oder Unternehmens legen und dann prüfen, wo Anspruch und Wirklichkeit auseinanderklaffen. An diesen Stellen besteht Handlungsbedarf. Die metaphorische Schablone ist in der Praxis eine Tabelle mit den drei Spalten »Soll«, »Ist« und »Lösung«.

Sie entscheiden leichter, was wichtig und richtig ist

Eine strategische Vision ermöglicht die mentale Fokussierung auf die zwanzig Prozent der Ziele, Projekte, Programme und Aktionen, die achtzig Prozent der Ergebnisse bringen. Sie lenkt damit die Konzentration von geistigen, finanziellen und zeitlichen Ressourcen auf das in der und für die Zukunft Wesentliche.

> **Die gelbe Zukunftsbrille der Vision lenkt Ihre Aufmerksamkeit und damit Ihre zukünftige Entwicklung.**

Justus von Liebig hat das Prinzip des Mineraldüngers entdeckt. Es besagt, dass einer Pflanze in jedem Moment immer nur ein Faktor zum Wachstum fehlt, der Minimumfaktor. Es hilft nichts, andere Faktoren zuzuführen, nur der Minimumfaktor oder der Engpassfaktor ermöglicht den nächsten Entwicklungsschritt. Wolfgang Mewes hat dieses Prinzip, das unter anderem eine Grundlage der Produktionsplanung und -steuerung ist, mit seiner engpasskonzentrierten Strategie auf Menschen und Unternehmen übertragen[6]. Was bei der Pflanze ganz klar ist, müssen Mensch und Unternehmen aber erst schaffen, nämlich die Vision. Erst wenn das langfristig angestrebte Entwicklungsziel bekannt ist, können Sie wissen, was in einem bestimmen Moment der Engpass ist. Ohne Vision kein wirklicher Engpass. Wenn Sie nicht wissen, wohin Sie Ihr Unternehmen entwickeln wollen, können Sie auch nicht feststellen, was Sie auf der Strecke dorthin am stärksten behindert.

Eine strategische Vision hilft Ihnen, in der Gegenwart die richtigen Entscheidungen zu treffen. Jeder in Ihrem Unternehmen kann jede Entscheidung, jede Chance, jede Idee und jede Frage daraufhin prüfen, ob sie ihn und das Unternehmen auf dem Weg hin zur Vision fördert oder nicht.

Sie erkennen Bedrohungen und Chancen früher

Ohne eine strategische Vision beurteilen Sie Trends und Zukunftstechnologien hinsichtlich ihrer Auswirkung auf Ihre (unternehmerische) *Gegenwart*. Mit einer strategischen Vision haben Sie die Möglichkeit, die Auswirkungen dieser Zukunftsentwicklungen nicht nur auf die Gegenwart, sondern auf Ihre *Zukunft* zu prüfen.

> Eine strategische Vision ist wie eine Sonde in die Zukunft, an der Sie Chancen und Bedrohungen zukünftiger Umfeldveränderungen deutlich früher erkennen und beurteilen können.

Zukunftsstrategien bedürfen gerade in dieser Zeit der laufenden Revision und Anpassung an eingetretene oder erwartete Veränderungen. Mit einer strategischen Vision haben Sie die Chance, Veränderungen bereits einzuleiten, bevor deren Notwendigkeit allgemein am Markt und von Mitbewerbern erkannt ist. So können Sie handeln, bevor die meisten anderen auch nur die Notwendigkeit ahnen. Wer die kommenden Realitäten eines Geschäftes vor seinen Mitbewerbern sehen kann, gewinnt den nötigen Vorsprung, mit dem Zeit als strategisches Instrument einsetzbar wird.

Sie vermitteln in schweren Zeiten Zuversicht

■ *»Wer ein Warum hat, kann fast jedes Wie ertragen.«* (Viktor Frankl)

Das schrieb der Psychiater Viktor Emil Frankl über seine KZ-Erfahrungen. Wie macht man Menschen Mut? Wie verhilft man einem Suizidgefährdeten wieder zu Lebensfreude? Indem man glaubhaft zeigt, dass die Zukunft besser sein kann und wahrscheinlich besser sein wird als die Gegenwart. Eine glaubhafte strategische Vision hilft, manche Schwierigkeiten und Misslichkeiten der Gegenwart im Interesse einer besseren Zukunft zu ertragen und in Kauf zu nehmen. Es versteht sich von selbst, dass jeder verlogene Versuch der Vertröstung auf bessere Zeiten nach kurzer Zeit offenbar wird und sich dann in das Gegenteil der gewünschten Wirkung umkehrt.

Ist ein Unternehmen in einer existenziell bedrohlichen Krisensituation, ist eine strategische Vision im Grunde genommen die zweitwichtigste Maßnahme. Die erste ist die Sicherstellung der Existenz durch ausreichende Liquidität. Aber schon die zweite Aufgabe muss darin bestehen, den Menschen im Unternehmen wieder eine klare Richtung zu geben, damit sie sich möglichst schnell und effizient aus der Krise befreien können.

Sie differenzieren sich vom Wettbewerb

Es ist erstaunlich, wie wenig das Wissen über die Wirkung einer strategischen Vision praktisch genutzt wird. Zwar hat so gut wie jedes Unternehmen ein paar schön formulierte und pathetisch klingende Sätze niedergeschrieben, die man dann Vision nennt, aber eine strategische Vision im hier gemeinten Sinne ist die Ausnahme. Genau aus diesem Grund ist es eine große Differenzierungschance, die vielen positiven Wirkungen einer strategischen Vision zu nutzen.

Noch größer ist die Differenzierung vom Wettbewerb, wenn Sie Ihre strategische Vision aus mehreren Visionskandidaten zusammensetzen (siehe Seite 122) und auf diese Weise ein im Markt wirklich einzigartiges Bild einer faszinierenden, gemeinsam erstrebten und realisierbaren Zukunft entwickeln.

Sie werden insgesamt erfolgreicher

Zur Frage, wer im Leben und am Markt erfolgreicher ist, Menschen und Unternehmen mit einer strategischen Vision oder solche ohne, stimmen die Ergebnisse von systematischen Studien mit dem Urteil des gesunden Menschenverstandes überein. Zwar ist Erfolg bei weitem nicht gleich dem finanziellem Gewinn, aber wenn man Erfolg für einen Moment nur daran messen wollte, sagt eine Studie von Collins und Porras[7] an der Stanford University ganz eindeutig, dann macht eine strategische Vision wesentlich erfolgreicher. Die Wissenschaftler beobachteten 18 Unternehmen mit einer strategischen Vision und verglichen sie in einer Langzeitstudie mit 18 Unternehmen der jeweils gleichen Branche, die sich vor allem am kurzfristigen Gewinn orientierten. Die Skepsis gegen die Aussagekraft solcher Studien wird durch die Vielzahl von Untersuchungen mit dem gleichen Ergebnis wettgemacht. Die visionären Unternehmen waren wesentlich erfolgreicher, gerade am langfristigen Gewinn gemessen.

> *»Wenn die utopischen Oasen austrocknen, breitet sich eine Wüste von Banalität und Ratlosigkeit aus.«* (Jürgen Habermas)

6.4 Denkobjekte der gelben Zukunftsbrille

Mit der gelben Zukunftsbrille werden nicht nur die strategische Vision, sondern zusätzlich die Mission sowie die strategischen Leitlinien erarbeitet. Die strategische Vision steht im Vordergrund, weil sie im Vergleich zur Mission und zu den Leitlinien im Normalfall den größten Unterschied zur Gegenwart ausmacht. Wenn Sie jedoch die grundsätzliche Aufgabe Ihres Unternehmens verändern, rückt damit die Mission stärker in den Vordergrund. Alle Denkobjekte der gelben Zukunftsbrille basieren jeweils auf einer oder auf mehreren Zukunftschancen. Für gewöhnlich werden nur sehr wenige Zukunftschancen so hoch bewertet, dass sie in der gelben Zukunftsbrille eine Rolle spielen.

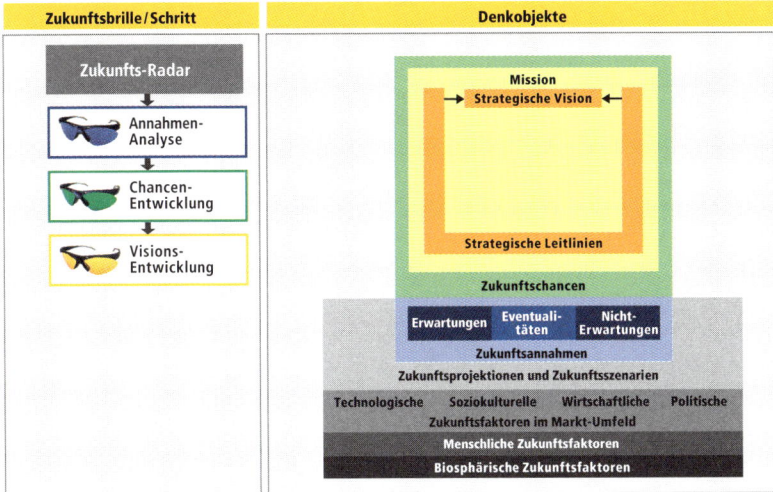

Abb. 17: Die gelbe Zukunftsbrille und ihre Denkobjekte

Visionsfragen

Eigentlich gibt es Visionsfragen, Missionsfragen und Leitlinienfragen. Der Einfachheit halber nennen wir sie zusammenfassend Visionsfragen, so wie wir auch den Arbeitsprozess der gelben Zukunftsbrille Visions-Entwicklung nennen, obwohl dabei auch die Mission und die Leitlinien erarbeitet werden.

> **Mit Visionsfragen bestimmen Sie den wesentlichen Entscheidungsbedarf für Ihre erstrebte Zukunft.**

Es geht um drei auf den ersten Blick einfache Fragen:

1. Vision: Wie soll unser Unternehmen im Jahr 20XX aussehen?
2. Mission: Wofür soll unser Unternehmen in der Zukunft da sein?
3. Leitlinien: Wie wollen wir zukünftig entscheiden und handeln?

Beispiele für tiefer gehende Visionsfragen im engeren Sinne finden Sie in der folgenden Tabelle. Umfasst Ihre Vision mehrere Geschäftsfelder (innerhalb einer Mission), müssen die meisten Fragen für jedes Geschäftsfeld separat beantwortet werden.

Tabelle 21: Visionsfragen im engen Sinne

Gestaltungsfeld	Visionsfragen
Strategie und Führung	■ In welchen Märkten sind wir tätig? ■ Wo haben wir in den vergangenen Jahren investiert? ■ Wodurch unterscheiden wir uns positiv von den Mitbewerbern? ■ Wie gelingt uns Führung auf bestem Niveau?
Marketing und Vertrieb	■ Warum sind unsere Kunden begeistert von unseren Leistungen? ■ Wie gewinnen und halten wir auf effektive Weise unsere Kunden? ■ Warum sind wir für unsere Marktpartner und für die Öffentlichkeit ein sympathisches Unternehmen?
Produkte und Leistungen	■ Welchen besonderen Nutzen bieten wir unseren Kunden? ■ Was wird an unseren Leistungen gelobt? ■ Welche Kompetenzen haben wir auf- und ausgebaut?
Mensch und Kultur	■ Wie schaffen wir es, die besten Leistungsträger des Marktes als Mitarbeiter zu gewinnen? ■ Auf welche Kultur sind wir stolz?
Systeme und Prozesse	■ Was macht uns effizient und schlagkräftig? ■ Wie haben wir ein gutes Maß an Flexibilität bewahrt? ■ Wie sieht die Umgebung aus, in der wir arbeiten?
Partner und Lieferanten	■ Wie arbeiten wir mit unseren Vorleistern gut zusammen? ■ Wie arbeiten wir mit welchen Partnern gut zusammen?
Finanzen und Ressourcen	■ Wie haben wir unser qualitatives und quantitatives Wachstum finanziert?

Strategische Vision (Visionselemente)

Wir definieren die strategische Vision wie folgt:

> **Eine strategische Vision ist das konkrete Bild einer faszinierenden, gemeinsam erstrebten und realisierbaren Zukunft.**

Fasst man eine strategische Vision in einem Satz zusammen, könnte dies wie folgt klingen: *»Wir sind 2018 der schnellste Entwickler von indi-*

viduellen Kosmetikprodukten in Europa.« Visionselemente (Teile der Vision), die komplexe und visionäre Langfristziele sind, werden zu einer Vision zusammengesetzt.

> **Zusammen mit der Mission und den strategischen Leitlinien bildet die strategische Vision die antizipative Grundlage für die Zukunft einer Organisation.**

Die Vision ist demgemäß die Gesamtheit der Visionselemente, die auf Zukunftschancen basieren. Bevor im überstrapazierten Beispiel ein John F. Kennedy 1961 die Vision formulieren konnte, bis zum Ende seines Jahrzehnts einen Menschen auf den Mond und wieder zurück zu bringen, musste die Chance erkannt sein, dass dies eine grundsätzlich mögliche und nützliche Handlungsweise ist, die auch moralisch und militärisch eine Reihe von Vorteilen mit sich bringt. Bevor Sie die Vision von der Weltmeisterschaft in Ihrem Geschäft formulieren können, haben Sie irgendwann die Chance erkannt, dass man eine solche Weltmeisterschaft erreichen könnte.

Dass eine strategische Vision nicht nur ein paar schöne Sätze sein dürfen, macht die obige Tabelle 21 deutlich. Sie zeigt die Grundstruktur und einige typische Leitfragen für die Entwicklung einer strategischen Vision.

Mission (Missionselemente)

Die Mission bildet den Rahmen für die Vision. Während die Mission das Spiel bezeichnet, beschreibt die Vision, was für ein Spieler man geworden sein und wie weit man es zu einem bestimmten Zeitpunkt gebracht haben will. Die Mission ist der »ewige Auftrag« Ihres Unternehmens, sozusagen eine allgemeine Vorgabe dessen, was Ihr Unternehmen in seiner Umwelt bewirkt. Die Mission ist folglich die »raison d'être«, die Daseinsberechtigung im Sinne des Unternehmenszweckes. Die Vision hingegen ist die Zukunft, die Sie mit Ihrem Unternehmen im Rahmen Ihrer Mission erschaffen wollen. Es kann Ihre Vision sein, Ihre Mission auf eine ganz besonders hervorragende Weise erfüllen zu können. Wenn Sie die Mission Ihres Unternehmens als »Versorger für hochwertige Nahrungsmittel« definieren, steckt darin nicht die Antwort auf Frage, ob Sie eine aggressive Weltmarkteroberung oder ein wertegetragenes und wachstumsunabhängiges nachhaltiges Wirtschaften mit angemessenen Erträgen verfolgen. Wir definieren die Mission so:

Eine Mission ist der generelle langfristige Zweck, den eine Organisation für ihre Kunden (im weiteren Sinne) erfüllt.

Die Mission ist die Gesamtheit der Missionselemente, die, genauso wie die Visionselemente, aus Chancen entstehen. Fasst man eine Mission in einem Satz zusammen, könnte sie wie folgt klingen: *»Wir verringern die finanziellen Folgen von Unfällen«* (eine Versicherungsgesellschaft) oder *»wir sind zuständig für die Messung und Abrechnung von Wasser und Energie«* (Techem AG).

Die Mission eines einzelnen Menschen ist selten so eindeutig. Zum Glück, denn nicht viele wollen ihr gesamtes Leben einem einzigen Zweck widmen. Wenn man sich aber auf den beruflichen Lebensbereich konzentriert, kann die Mission eines Menschen genauso fokussiert sein wie die eines Unternehmens. Wir formulieren unsere berufliche Mission als *»help leaders to see more of the future than their competitors«*.

Strategische Leitlinien

Die Leitlinien setzen die Leitplanken für die Zukunft. Sie bestimmen nicht die Vision, wohin Sie oder Ihr Unternehmen sich entwickeln sollen, aber sie bezeichnen die Regeln und Prinzipien, an die Sie sich schon heute auf dem Weg zu Ihrer Vision halten möchten. Wir definieren die strategischen Leitlinien wie folgt:

Strategische Leitlinien sind Regeln und Prinzipien zu strategischen Werten und Verhaltensweisen.

»Wir investieren fünf Prozent unseres Umsatzes in Forschung und Entwicklung«, wäre eine strategische Leitlinie. Leitlinien können

1. auf einer normativ-strategischen Ebene (gemeinsam mit Vision und Mission),
2. auf einer kulturell-strategischen Ebene und

3. auf einer operativ-strategischen Ebene (gemeinsam mit Zielen, Projekten, Prozessen und Systemen)

festgelegt werden. Unter der gelben Zukunftsbrille haben wir es vor allem mit a) und auch mit b) zu tun. Die Leitlinien auf der operativ-strategischen Ebene sind eher Gegenstand der violetten Zukunftsbrille.

Die Summe der strategischen Leitlinien kann man als Leitbild bezeichnen. Wir verwenden diesen Begriff nicht, weil er in so vielen Facetten gebraucht wird und im *Eltviller Modell* nicht nötig ist. Viele verstehen ihr Leitbild so wie eine Vision, vor allem im Schweizer Sprachraum. Die Inhalte der veröffentlichten Leitbilder sind jedoch meist grundsätzliche Aussagen zum Umgang untereinander im Unternehmen, zum Umgang mit den Kunden und zum Umgang mit der Umwelt, so dass wir darin eher einen gegenwartsbezogenen und unternehmensphilosophischen Charakter sehen.

6.5 Denkhaltung und Prinzipien der gelben Zukunftsbrille

Die gelbe Zukunftsbrille für die erstrebte Zukunft hat im klassischen Verständnis der Zukunftsforschung nur eine geringe Bedeutung, ist für ein praktikables Zukunftsmanagement jedoch unabdingbar. Die gelbe Zukunftsbrille liefert ein normatives Bild einer gewünschten Zukunft des Akteurs und blickt damit aus der Mikro-Perspektive und im Wesentlichen innenorientiert auf die Welt. Sie sind aktiver, eingreifender Teil des Geschehens. Die gelbe Zukunftsbrille ist gekennzeichnet durch einen hybriden Charakter. Ein optimistischer und zugleich realistischer Blick, ein kreatives und gleichermaßen kritisches Denken, Intuition und Analytik, Erfahrung und fortschrittliche Imagination, all dies macht sie aus.

Nutzen Sie die gelbe Zukunftsbrille für Entscheidungen

Die gelbe Zukunftsbrille ist durch Entscheidungen charakterisiert. Eine strategische Vision, das wichtigste Ergebnis des Blicks durch die gelbe Zukunftsbrille, ist das Resultat einer sehr gründlichen Priorisierung der

Entwicklungsmöglichkeiten und einer letzten Entscheidung für die eigentliche Ausrichtung. So wie sich der Kapitän auf dem Großsegler mit der gelben Zukunftsbrille für eine der möglichen Destinationen entscheidet, geht es für Sie darum, sich im Leben oder im Unternehmen für eine Richtung und, was noch etwas schwieriger ist, gegen viele andere Richtungen zu entscheiden. Um es mit Stephen Covey auszudrücken, geht es mit der gelben Zukunftsbrille darum zu entscheiden, welchen Berg man besteigen will und nicht darum, wie man den Berg besteigen will.

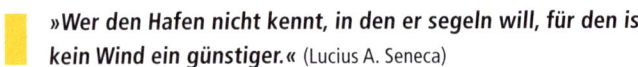 **»Wer den Hafen nicht kennt, in den er segeln will, für den ist kein Wind ein günstiger.«** (Lucius A. Seneca)

Eine gute strategische Vision darf durchaus frei von Überraschungen und Abenteuern sein und einfach nur ein konkretes Bild einer faszinierenden, gemeinsam erstrebten und realisierbaren Zukunft beschreiben. Aber eine Vision, die keine wirkliche Entscheidung und Ausrichtung enthält, die also viele potenzielle Optionen und Richtungen umfasst, kann man sich im Grunde genauso sparen wie das Verkehrsschild, das für den Weg nach Rom in drei verschiedene Richtungen zeigt.

Es ist folglich unabdingbar, dass Ihre Mission, Ihre strategische Vision und Ihre strategischen Leitlinien klare Bekenntnisse und Entscheidungen für und gegen die mit der grünen Zukunftsbrille erkannten Chancen und Optionen sind. Nur dann entsteht ein klares Bild, das den Menschen in Ihrer Familie, Ihrer Organisation oder Ihrem Unternehmen Orientierung gibt. Nur dann bietet die gelbe Zukunftsbrille eine Vorlage für das tägliche Puzzle aus Aktivitäten und Entscheidungen[8].

Profitieren Sie von der Selbsterfüllung

»Jedes starke Bild wird Wirklichkeit«, wusste Antoine de Saint-Exupéry. Buddha, Mark Aurel und viele andere wiesen darauf hin, dass das Leben das Produkt der Gedanken ist. Seit den 1970er-Jahren hat man diesen Zusammenhang in vielen psychologischen Experimenten nachweisen können. Erfolgserwartung und Misserfolgserwartung beeinflussen die Leistung. Der Sozialpsychologe Jens Förster stellte fest[9], dass blonde Studentinnen bei Intelligenztests schlechter abschneiden, wenn man ihnen vorher Blondinenwitze erzählt. Wenn Frauen ihr

Geschlecht angeben sollen, bevor sie mathematische Aufgaben lösen, werden ihre Ergebnisse schlechter. Bei Männern verhält es sich ebenso, wenn ihre Sprachkompetenz gefragt ist. Wird eine Aufgabe, im Experiment das Flechten dünner Drähte zu Fliegengittern, als »Stickarbeit« angekündigt, arbeiten die Frauen meist schneller als die Männer, aber auch weniger sorgfältig. Wird die Arbeit jedoch als technische Aufgabe ausgegeben, kehrt sich der Effekt um. Die Männer arbeiten dann schneller, aber auch nachlässiger. Förster fasst zusammen: »*Positive Konditionierung wirkt sich auf Schnelligkeit und Kreativität günstig aus. Negative Voreinstellung dagegen schärft die Genauigkeit, Selbstdisziplin und Analysefähigkeit.*« Zeigen Sie sich und denen, die Sie führen, eine faszinierende und realisierbare Perspektive für die Zukunft, um ihre Leistungsfähigkeit zu erhöhen.

Gleichen Sie Ihre Vision mit Ihren Zukunftsannahmen ab

Die Offiziere auf dem Segler haben im ersten Schritt Annahmen über die Entwicklung des Meeres und des Wetters aufgestellt. Sie hielten fest, was ihrer Einschätzung nach kommen wird, was nicht und was sie als uneinschätzbar einstufen. Ihre Entscheidung für eine strategische Vision wird auf diesen Zukunftsannahmen fußen. Mit der gelben Zukunftsbrille werden sie ihre strategische Vision vor den Hintergrund ihrer Denkergebnisse mit der blauen Zukunftsbrille bestimmen. In gleicher Weise müssen Sie Ihre Vision mit Ihren Zukunftsannahmen abgleichen, um diejenige gewünschte Zukunft beschreiben zu können, die nicht nur Ihren Werten und Wunschen entspricht, sondern buchstäblich in die Verhältnisse und Mechanismen der als wahrscheinlich angenommenen Zukunft passt.

Bilden Sie die strategische Vision aus Zukunftschancen

Unser Windjammer-Kapitän hat mit seinen Leuten zunächst mit der grünen Zukunftsbrille Optionen ersonnen, bevor er sich mit der gelben Zukunftsbrille an die Entscheidung über die zu wählende Richtung machte.

Man könnte die Genese einer Vision mit der Entstehung einer Perle vergleichen. Die Muschel braucht einen Impuls, um in mehreren Jahrzehnten eine Perle bilden zu können. Man streitet sich noch darüber, ob es ein Staubkorn, ein Sandkorn oder ein anderer Impuls ist. Dergestalt liefert auch die mit der grünen Zukunftsbrille erkannte Chance zumindest den Impuls, wenn nicht gar das Material für die Entwicklung einer Vision. Eine strategische Vision besteht in der Regel aus einem ganzen Bündel von Chancen.

Die grüne Zukunftsbrille liefert die Alternativen, aus denen die gelbe Zukunftsbrille wählt.

Beschreiben Sie Ihre zukünftig gewünschte Situation

Von sehr seltenen Ausnahmen abgesehen wird die Vision von allen Fachleuten im Umfeld der Zukunftsarbeit als eine künftige Situation im Sinne eines späteren Zustands des eigenen Selbst und der Welt interpretiert. Die gelbe Zukunftsbrille erfordert eine buchstäblich egozentrische Sichtweise.

Eine zukünftige Situation kann verwirklicht werden und braucht dann wieder eine neue Vision. Nur eine kleine Minderheit versteht die Vision als etwas Fortwährendes, als eine Tätigkeit oder als eine Wertekonstruktion. Letztere kann zwar zweifellos Grundlage einer Vision sein kann, aber nicht die Vision selbst. Die Definitionen lassen sich versöhnen, wenn man die Vision als das Mittel versteht, mit dem ein emotionaler Zweck erreicht wird. Man strebt eine Vision an, weil man davon ausgeht, dass sie ein ersehntes Lebensgefühl schafft. Es können Gefühle von Macht, Zufriedenheit oder Ekstase sein, die man mit zeitlich aufeinander aufbauenden Visionen erleben will. Im wirtschaftlichen Kontext, auf den wir uns hier konzentrieren wollen, ist die strategische Vision als angestrebter Zustand des eigenen Lebens oder Unternehmens gemeint.

Es geht nicht um »Visionen«. Die Vision gibt es nur im Singular.

Sie können ohne Vision leben, Ihr Unternehmen nicht

Das Konzept der Vision ist vielen eine Ursache des Unglücks. Muss man nach einer anderen, vermeintlich besseren Wirklichkeit streben? Macht die Enttäuschung über nicht Erreichtes die Freude über Erreichtes in der Summe nicht mehr als wett? Was ist so falsch daran, von anspruchsvollen Zielen und Plänen abzusehen und einfach das Leben zu genießen? Ist nicht das Dasein des Künstlers, der in sein Werk versunken im Hier und Jetzt lebt und sein Glück sucht, ein Vorbild? Warum sollen wir unser Glück nicht aus unserem täglichen Wirken und Sein beziehen?

Als Mensch ohne Vision zu leben hat fraglos Vorteile. Man muss nicht die Spannung ertragen, die der wahrgenommene Unterschied von erstrebter Zukunft und gelebter Wirklichkeit erzeugt. Man braucht nicht zu Reisen mit unbekannten Verläufen und überraschenden Ereignissen aufzubrechen. Man kann Geist und Seele vor Anstrengungen verschonen. Man bleibt frei von der Reue und Trauer über nicht Verwirklichtes. Und schließlich wendet man die Qual der Wahl einer Richtung ab, die angesichts immer komplexer werdender Verhältnisse und immer mehr Optionen zusehends schwieriger wird.

Täglich beweisen Milliarden Menschen, dass sie auch ohne eine wirkliche strategische Vision leben können – viele davon sehr glücklich. Wenn wir bei unserer Definition der Vision als konkretem Bild einer faszinierenden, (gemeinsam) erstrebten und realisierbaren Zukunft bleiben und sie nicht nur als Bild eines Glückszustandes verstehen, darf man folgern, dass der Mensch im Grunde keine strategische Vision benötigt, um glücklich zu sein.

Und doch ist es vielen Menschen ein Bedürfnis, den von ihnen bestiegenen Berg nicht dem Zufall zu überlassen, bessere Wirklichkeit zu schaffen und eine verfolgenswerte Vision dieser Wirklichkeit zu beschreiben. Und manche davon machen ihr Glück perfekt, indem sie schon das Verfolgen der Vision genießen.

Unternehmen drohen zu sterben, wenn man ihnen nicht immer wieder eine herausfordernde Aufgabe (Mission) und Entwicklungsrichtung (Vision) vorgibt. Die gelbe Zukunftsbrille konstituiert buchstäblich die Organisation.

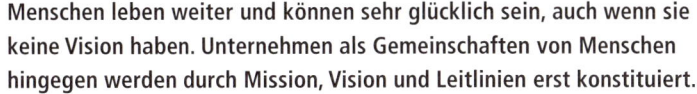
Menschen leben weiter und können sehr glücklich sein, auch wenn sie keine Vision haben. Unternehmen als Gemeinschaften von Menschen hingegen werden durch Mission, Vision und Leitlinien erst konstituiert.

Gestalten Sie Ihre Vision als Bild

Wir müssen eine strategische Vision bildlich sehen können. Beim Blick durch die gelbe Zukunftsbrille steht zwar in der Regel das Wort am Anfang, da die meisten Menschen nicht so schnell und treffend zeichnen können. Doch sobald die angestrebte Zukunft in Worten recht klar beschrieben ist, sollte sie aus mehreren Gründen in Bilder umgesetzt werden:

1. Bilder lassen sich bekanntlich einfacher und schneller vermitteln.

2. Bilder machen das Verständnis präziser, erhöhen die Kohärenz und reduzieren Missverständnisse.

3. Bilder sind die Voraussetzung dafür, dass eine Vision erreicht werden kann, denn erst das Bild im Kopf erzeugt die nötige emotionale Anziehung oder legt die Ablehnung unmissverständlich offen.

4. Bilder verbessern die Merkfähigkeit, so dass die Vision in Ihrem Denken und Handeln und in dem Ihrer Mitarbeiter präsenter und damit wirkungsvoller sein wird.

▮ **Das Wort Vision kommt vom lateinischen »videre« (sehen).**

Die Zeichnungen auf der folgenden Seite sind Auszüge aus einer Gesamtheit von zwölf Zeichnungen, mit denen ein Schweizer Unternehmen seine strategische Vision für die Mitarbeiter visualisiert hat. In diesen Unternehmen, so der Geschäftsführer, weiß sogar das Reinigungspersonal, wo es hingehen soll.

▮ **Eine Vision sollte im Futur Präsens[10] oder zumindest im Futur Perfekt[11] geschrieben sein, also in der Form der zukünftigen Gegenwart, so, als wäre die Vision bereits Wirklichkeit.**

Das Tempus der Vision kann die bildliche Vorstellung auch ohne eine Visualisierung unterstützen. Beide Tempi, Futur Präsens und Futur Perfekt, machen es möglich, die Gegenwart so zu sehen, als sei sie die Vergangenheit der Zukunft. Im Futur Perfekt könnte es beispielsweise

Attraktivität von Produkten

Forschung

Modularer Anlagenbau

Neue Kundengruppen

Produktions-Outsourcing

Individualisierung

Abb. 18: »Videre«: Visualisierung einer strategischen Vision

lauten: *»Im Jahr 20XX werden wir 140 erfolgreiche und begeisterte Lizenz-partner gewonnen haben.«* Im Präsens würde der gleiche Tatbestand aus-gedrückt mit: *»2020: Wir haben 140 erfolgreiche und begeisterte Lizenzpart-ner.«* Während die Formulierung im Futur Perfekt rationaler anmutet, erzeugen Sie mit dem Präsens bei Dritten bei gleicher Aussage leicht den Eindruck von Größenwahn.

Visions-Entwicklung ist Ihre Aufgabe, nicht die anderer

Was, wenn nicht die Formulierung und Weiterentwicklung der Vision, ist die Aufgabe der Führung gleich welcher Organisation? Wenn Sie in Ihrem Unternehmen nicht die Werte und Prioritäten bestimmen, die für Ihr Unternehmen Realität werden sollen, entsteht nicht etwa ein Visionsvakuum. Vielmehr fügen sich die Visionen der einflussreichsten Mitarbeiter zu einer virtuellen Vision zusammen, die selten die beste und für die Existenz Ihres Unternehmens sinnvollste Vision ist. Wenn die Vision die Realität schafft, wird auf diese Weise eine Realität ge-schaffen, die Sie wahrscheinlich nicht wollen.

> **Wenn Sie nicht die strategische Vision bestimmen,
> tun es andere für Sie.**

Für alle möglichen Konzepte wird gefordert, sie mögen unbedingt zur Chefsache gemacht werden. Es gibt jedoch weniges, was offen-sichtlicher einzig die Sache des Top-Managements ist, als die gelbe Zukunftsbrille, also die Mission, die strategischen Leitlinien und die strategische Vision. Die Unterstützung von ganz oben[12] reicht nicht aus, es muss von ganz oben kommen.

Es gibt eine Reihe von Ansätzen, die vorschlagen, möglichst viele Mit-arbeiter in die Entwicklung der Vision einzubinden. Stellenweise wer-den Vorgehensweisen gefordert, die ein oder zwei Jahre brauchen, bis überhaupt die Vision formuliert ist. Angesichts der Erfahrungen in der Praxis halten wir dies für wenig sinnvoll, um es zurückhaltend auszu-drücken. Solche Projekte haben schwerwiegende Nachteile:

- Wenn die Vision von mehreren Hundert oder gar mehreren Tausend Menschen erarbeitet wird und all diesen Individuen gerecht werden soll, kann sie kaum besonders originell oder einzigartig sein. Am Ende eines solchen Mammutprozesses steht eine basisdemokratisch formulierte Vision ohne besondere Differenzierung zu denen der Mitbewerber. Sie hätte dann fast genauso gut durch Zufall ausgewählt werden können.

- Nur ein Bruchteil der Unternehmensführungen ist bereit, in derart umfangreiche Projekte zu investieren, zumal die Vision periodisch gepflegt und aktualisiert werden muss. Wirksame strategische Visionen sind zu selten, als dass man noch größere Hürden davor aufbauen sollte.

- Der vermeintliche Vorteil eines Großprojektes, nämlich die Identifikation aller Mitarbeiter mit der Vision, kann gar nicht eintreten, da sich nur ein Bruchteil der Mitarbeiter wirklich für die als Mehrfachkompromiss entwickelte Vision begeistern kann. Das Gefühl der Gemeinsamkeit kann nicht der alleinige Zweck sein.

- Die Weisheit oder Intelligenz der Masse kann unserer Erfahrung nach keine Wettbewerbsanalyse und -differenzierung vornehmen. Durch basisdemokratische Verfahren entsteht keine Vision, welche die Bezeichnung strategische Vision verdient.

Die Weisheit der Masse kann eine strategische Vision hervorragend solidieren, aber sie kann sie kaum entwickeln.

Es gilt, die strategische Vision auf solider Grundlage als Entwurf zu erarbeiten und erst dann in einen breiten Dialog zu treten, in dessen Verlauf vieles hinzugefügt, geändert oder gestrichen wird.

Glauben Sie an die Selbstverantwortung

Sind alle Menschen für ihre Situation selbst verantwortlich? Schaffen wir unsere Wirklichkeit selbst? Können Menschen nach dem Sprenger'schen »Prinzip Selbstverantwortung«[13] leben? Friedrich Schiller schrieb, es sei der Geist, der sich den Körper baue, und schon der römische Kaiser Marcus Aurelius wusste zu philosophieren, dass unser Leben das Produkt unserer Gedanken sei. Kritiker wenden zynisch ein, man könne dem Vergewaltigungsopfer, dem misshandelten

Kind oder dem auf der Straße von Skinheads blutig getretenen Afrikaner nicht erzählen, dass man seine Situation immer selbst schaffe. Sind Schiller, Aurel und Sprenger also Scharlatane? Diese im ersten Moment zwar überzeugend klingende, aber unsachlich verkürzende Argumentation führt die Ausnahme im Promillebereich als Gegenbeweis für das Ganze an. Nehmen wir es als Chance, die Regel von der Selbstverantwortung etwas nachzuschärfen:

> **Immer dann, wenn nicht ganz eindeutig jemand anders die gegenwärtige Situation zu verantworten hat, ist es meistens richtig und fast immer nützlich, davon auszugehen, dass man für seine Situation selbst verantwortlich ist.**

Bedenken wir die Folgen. Wer nicht an das Prinzip der Selbstverantwortung glaubt, kann vortrefflich jammern und nach den anderen rufen, die ihn bitteschön zu erretten haben. Schuld sind dann die anderen, man kann ja selbst nichts machen und daher *muss* man auch nichts machen. Wer aber an das Prinzip der Selbstverantwortung glaubt, der wird sich, so hart das im Einzelfall auch sein mag, immer zuerst fragen, was er selbst tun kann, um die unerwünschte Situation zu verändern. Mit dieser Geisteshaltung gäbe es in der Welt eine ganze Reihe wirtschaftlicher und sozialer Probleme weniger. Im wahren Leben haben wir uns den nach Knoblauch stinkenden Mitreisenden im engen, heißen Eisenbahn-Abteil zwar nicht geschaffen, aber wir haben jederzeit die Möglichkeit, uns in den Gang zu stellen. Bleiben wir trotzdem im Abteil, ist uns Sitzkomfort eben wichtiger als frische Luft.

Die Kritiker des Machbarkeitsglaubens zweifeln daran, dass der Geist die Materie bewegt, womit sie an einem uralten und für unsere Begriffe fundamentalen Prinzip der Funktionsweise der Welt kratzen. Praktisch jede ernst zu nehmende philosophische Denkschule ist konstruktivistisch. Dass der Geist gelegentlich Realitäten schafft, die er so nicht gewollt hat, ändert nichts an der Tatsache, dass es im Sinne Hegels erst die Idee gibt und dann ihre Ausführung. Es bleibt im Wesentlichen wahr, dass man seine Wirklichkeit selbst schafft. Kinder, Kranke, Hilflose, Verbrechensopfer und Unfallopfer sind dabei Ausnahmen, die an der Grundregel nichts ändern. Die Frage muss immer sein, wer denn sonst, wenn nicht man selbst, die derzeitige Situation gemacht hat. Wenn es eindeutig einen anderen Verantwortlichen gibt, hat man sich seine Realität nicht geschaffen. Wenn es aber diesen anderen eindeutig Verantwortlichen nicht gibt, muss man es selbst gewesen sein.

Glauben Sie an die willentliche Gestaltung der Zukunft

Können wir wirklich die Zukunft gestalten? Glaubt man den Erfolgs-ratgebern, muss der Eindruck entstehen, jede Vision und jedes Ziel sei erreichbar, sofern man die richtige Strategie und Methode anwendet. Es regt sich zu Recht einiger Widerstand gegen diesen Machbarkeits-wahn, wie es Michael Mary nennt[14]. Es sind eine Reihe von Fragen zu stellen:

- Werden wir glücklicher, wenn wir unsere Vision formu-lieren?
- Werden wir glücklicher, wenn wir sie erreichen?
- Ist es überhaupt möglich, sich bewusst eine Vision zu setzen und sie zu erreichen?
- Können wir alles erreichen, was wir uns vornehmen?

Die »Machbarkeitspriester« (Mary) verbreiten in Büchern, Videos, Audios, Seminaren und Vorträgen die frohe Botschaft, jeder wähle sei-ne Wirklichkeit selbst, jeder sei für seine Situation verantwortlich, je-der könne erfolgreich werden, jeder könne seine Situation verändern. Diese Thesen beschreiben schon ihrer Absolutheit wegen so kaum die komplexe Wirklichkeit. Aber sie sind genauso wenig grundsätzlich falsch, auch wenn mancher Kritiker der Machbarkeitspriester diesen Eindruck etwas übereifrig vermittelt. Eine einfache Unterscheidung erhellt die Sachlage:

> Die reine *Möglichkeit* für eine deutlich positive Veränderung innerhalb überschaubarer Zeit gibt es unseres Erachtens tatsächlich für jeden Menschen und damit auch für jede Organisation. Aber die statistische *Wahrscheinlichkeit* ist aus Sicht des Einzelnen vergleichsweise gering.

Mit dem Rauchen aufhören, das *kann* prinzipiell jeder Raucher. Mit dem Rauchen aufhören *wird* aber nur ein Teil von ihnen. Eine Mil-lion Euro Jahreseinkommen *könnte* im Grundsatz nahezu jeder erzie-len, aber es *werden* faktisch nur sehr wenige verwirklichen. Ist es nun grundsätzlich falsch, Strategien für ein gesundes Leben ohne Zigaretten oder eines mit hohem Einkommen zu entwickeln und zu lehren? Vielleicht ist ja schon jede Annäherung an diese Zielzustände ein Erfolg.

Nehmen wir vorübergehend eine utilitaristische Haltung ein: Wer heilt, hat Recht, oder anders, wenn es nützt, ist es sinnvoll. Die Erfolgswahrscheinlichkeit erhöhender Zweckoptimismus spielt hier also eine bedeutende Rolle. Die über die Gesamtheit der Menschen und Unternehmen betrachtete Wahrscheinlichkeit kann für den Einzelnen betrachtet erhöht werden, wenn dieser an seinen Erfolg glaubt, und umgekehrt kann die Wahrscheinlichkeit auf nahezu null sinken, wenn alle davon ausgehen, es habe ohnehin keinen Sinn, Ziele zu setzen, weil man sie ja doch nicht erreiche. Wer den »Machbarkeitswahn« zu Recht kritisiert, dabei aber den Eindruck erweckt, es sei kaum etwas willentlich machbar, macht seine Botschaft als sich selbst erfüllende Prophezeiung wahr. Wer nicht die triviale Unterscheidung zwischen Möglichkeit und Wahrscheinlichkeit macht und dabei von sicheren Strategien spricht, die, wenn man nur wirklich will, fast sicher zum Erfolg führen, ist erstens ein Scharlatan und zweitens für das Unglück vieler Menschen verantwortlich, die bei ausbleibendem Erfolg sich selbst beschimpfen und verachten.

Zusammenfassend kommen wir zu der zwar wenig überraschenden, aber wenigstens realistischen Einschätzung, dass weder die »Machbarkeitspriester« noch die Machbarkeitsbestreiter gänzlich im Recht sind. Menschen können ihr Leben willentlich selbst gestalten, aber eben nur in gewissen Grenzen. Und trotzdem:

Es ist zweckdienlich, den Gedanken an die Grenzen nicht an den Anfang, sondern an das Ende des Denkprozesses zu stellen.

Entfachen und fördern Sie Leidenschaft für die Vision

Die Kraft des Blicks durch die gelbe Zukunftsbrille ist durch den Enthusiasmus bestimmt, mit dem sie von den Mitgliedern des Teams oder der Organisation unterstützt wird. Die Vision muss geteilt sein[15], sie muss den Menschen im Sinne der »ownership« gehören[16], sie muss ihre Sprache sprechen[17] und so in ihren Herzen verankert sein[18]. Mission, Vision und Passion werden oftmals in einem Atemzug genannt.

In vielen großen Unternehmen ist es üblich, Zehnjahreshorizonte zu umreißen und diese dann beispielsweise »Vision 20XX« zu nennen. Die Inhalte solcher Ausarbeitungen sind allzu oft nüchterne Darstellungen von Geschäftsfeldern, Umsatzvolumina und Ertragszahlen. Von Leidenschaft und Faszination fehlt häufig jegliche Spur. Und leider verfallen auch die Führer kleinerer und kleinster Unternehmen in den »Immermehrismus« und schreiben solchen Unsinn wie »das Ziel Nummer eins ist Wachstum« in ihre Vision. Wachstum kann kein Ziel sein, weil es keinen zukünftigen Zustand, sondern einen Prozess beschreibt, und für Wachstum können sich allenfalls die Gesellschafter wirklich begeistern.

 Hirn und Herz sollen in einer strategischen Vision ausgewogen angesprochen sein.

Peter Senge unterscheidet sieben Haltungen, die Mitarbeiter einer Vision gegenüber einnehmen können:

1. Engagement,
2. Teilnehmerschaft,
3. echte Einwilligung,
4. formelle Einwilligung,
5. widerstrebende Einwilligung,
6. Nichteinwilligung und
7. Apathie[19].

Senge wagt sich an den Begriff der Leidenschaft erst gar nicht heran. Seine Vorsicht ist berechtigt. Wahre Leidenschaft entfalten Menschen nur selten für eine Vision, wenn sie nicht ihre ist und wenn sie sie nicht gänzlich zu ihrer gemacht haben. Apathie ist das genaue Gegenteil von Leidenschaft, und sie markiert daher zu Recht das andere Ende der Skala. Es liegt auf der Hand, dass solche Unternehmen, in denen alle Leistungsträger echtes Engagement oder gar Leidenschaft für eine gemeinsame Vision zeigen, enorme Kosten- und Qualitätsvorteile gegenüber ihren Mitbewerbern haben. Wie erreicht man das Engagement aller Leistungsträger für die strategische Vision eines Unternehmens? Das Prinzip ist einfach: Es muss die Vision aller Leistungsträger sein.

Stärken Sie die gemeinsame Vision durch Kohärenz der individuellen Visionen

Jeder hat zumindest eine Ahnung davon, wie sein Leben, seine Familie, sein Unternehmen, seine Stadt, sein Land oder die Welt idealerweise sein müsste, um ihn glücklicher zu machen. Auch wenn der Blick durch die gelbe Zukunftsbrille auf die gewünschte Zukunft nicht konkret und klar genug, nicht systematisch entwickelt, nicht mit anderen abgestimmt und nicht gegen Überraschungen abgesichert ist, so ändert dies nichts an der Tatsache, dass so gut wie jeder Mensch eine grobe Vorstellung von seiner gewünschten Zukunft hat, und sei es auch nur zu wissen, was er nicht (mehr) will. Es gibt immer eine latente Vision Ihres Unternehmens.

 Liebe auf den ersten Blick ist bei einer strategischen Vision extrem selten. Meist verliebt sich ein Team erst allmählich in die Vision.

Äußere Anstöße können anregen, befruchten und Vorschläge liefern. Die eigentliche innere Vision jedoch erkennen Menschen eher in sich selbst. Sie erfahren die Berührung mit ihrer inneren Vision am Grad der Resonanz oder Harmonie mit einer zur Beurteilung stehenden möglichen Vision, einem Visionskandidaten, wie wir es nennen. Dabei steht der von außen von einem Vorbild oder Ideengeber kommende Visionskandidat dem selbst entwickelten kaum nach. Menschen können sich genauso gut für eine Vision begeistern, die ihnen andere vorschlagen und die sie als mit ihrer inneren Vision im Einklang erleben, wie für die selbst entwickelte Vision.

Kurioserweise kann sogar die kategorische Ablehnung einer fremden Vision zur eigenen Vision führen, wenn man sie als leidenschaftlich zu bekämpfendes Feindbild etabliert. Eine gewisse Bedeutung hat in dieser Hinsicht Microsoft für Apple und Coca Cola für Pepsi Cola.

Dass so viele Menschen anscheinend ziellos durchs Leben wandern, liegt vermutlich daran, dass sie ihre Wünsche noch nicht mit praktischem Handeln verbinden konnten oder die Machbarkeit ihrer Ideen und Vorstellungen bezweifeln oder sich nicht zwischen mehreren alternativen Ausrichtungen entscheiden können. Dass so viele Unternehmen ohne eine wirkliche strategische Vision auskommen, liegt nach unserer Wahrnehmung daran, dass man glaubt, die Vision mit ein paar schönen Sätzen erledigt zu haben. Damit macht man viel zu früh einen Haken hinter Aufgabe der Visionsentwicklung.

 Die strategische Vision eines Teams und einer Organisation ist in einem gewissen Maße immer ein Kompromiss.

Gemeinsamkeit macht eine Vision erst wertvoll. Der Kohärenzfaktor, die Gleichgerichtetheit der individuellen Visionen, entscheidet über die Kraft einer Vision. Wie jeder Mensch hat gleichermaßen der weitaus größte Teil der Führungsteams eine grobe Vorstellung davon, wo es mit seinem Unternehmen hingehen soll. Indes gibt es so viele unterschiedliche individuelle Visionen und damit so viele potenzielle strategische Visionen (Visionskandidaten) des Teams, wie es Mitglieder im Team gibt. Die Vision des Teams besteht demgemäß zunächst in der Schnittmenge der Einzelvisionen (der Kongruenz), die ohne gezielte Arbeit erfahrungsgemäß eher klein als groß ist. Mit der gelben Zukunftsbrille geht es in Ihrem Unternehmen also vor allem darum, die vorhandenen Visionen der entscheidenden Mitarbeiter in Einklang zu bringen.

Wir haben häufig erlebt, wie Menschen sich von Unternehmen verabschiedet haben, nachdem klar wurde, dass sie die neue Vision nicht mittragen konnten. Sie entscheiden sich dann, einer anderen Vision zu folgen, bestenfalls der eigenen. So finden Klärungen statt, die in letzter Konsequenz für alle Beteiligten vorteilhaft sind. Kohärenz kann demzufolge durchaus auch durch Trennung der Wege hergestellt werden.

Die Segnungen der Kohärenz sind jedoch nicht umsonst zu haben. Je mehr Kohärenz unter vielen Mitentscheidern erreicht werden soll, desto größer ist die Gefahr, dass der resultierende Kompromiss keine wirkliche Besonderheit mehr enthält.

Gewinnen Sie möglichst viele Träger für Ihre Vision

All die vielen Vorteile Ihrer strategischen Vision kommen nur dann voll zur Geltung, wenn die Vision Köpfe und Herzen der Leistungsträger Ihres Unternehmens erobert hat. Es liegt auf der Hand, dass eine Vision umso kraftvoller ist, je zahlreicher ihre Unterstützer sind[20]. Es wäre jedoch falsch, daraus abzuleiten, dass jeder Mitarbeiter ein begeisterter Träger der strategischen Vision sein muss. Selbst in kleinen Unternehmen und Organisationen ist dies nicht nötig. Obschon es in den meisten Fällen schön ist, wenn selbst das Reinigungspersonal weiß, wohin es mit dem Unternehmen gehen soll, ist die Gefahr nicht zu vernachlässigen, die in allzu breit gestreutem Detailwissen über die strategische Vision liegt.

Die strategische Vision des gesamten Unternehmens müssen alle Führungskräfte jeder Ebene und die entscheidenden Experten kennen. Darüber hinaus ist die Mindestanforderung, dass die Mitarbeiter die Teil-Vision ihres eigenen Bereiches kennen und eine sinnvolle Verbindung zum Gesamtunternehmen sehen. Je größer das Unternehmen ist und je vielfältiger die Geschäftsfelder sind, desto dezentraler muss ohnehin die Entwicklung und Pflege der strategischen Visionen der jeweiligen Einheiten organisiert sein.

Die Entwickler der strategischen Vision, die Mitglieder eines Führungsteams, müssen gleichzeitig auch ihre Botschafter sein. Sie sollten das Feuer in sich brennen spüren, das sie in den Mitarbeitern entfachen wollen. Sie müssen zum Gespräch und Diskurs über den Entwurf der strategischen Vision einladen, um die Weisheit der Masse zu nutzen und darüber die gewünschte Zukunft noch klarer zu sehen und sie robuster gegen potenzielle Überraschungen zu machen.

Wenn Sie in einem der unzähligen Unternehmen arbeiten, in denen man zwar theoretisch viel über Zukunftsmanagement weiß, dies aber im wirklichen Leben kaum eine Rolle spielt, wird es ohnehin eine besondere Herausforderung sein, die Mitarbeiter mitzunehmen. In diesem Fall wäre es kühn zu glauben, man könne gleich im ersten Schritt erreichen, dass alle Leistungsträger die strategische Vision annehmen, verstehen und engagiert unterstützen. Das Denkmodell der Spirale ist an dieser Stelle hilfreich, denn die Überzeugungsarbeit erfordert eine Reihe von Schleifen, in deren Zuge die positive Wirkung zunimmt.

Schaffen Sie Einklang mit dem Ganzen

Die gelbe Zukunftsbrille erfordert eine buchstäblich egozentrische Sichtweise in dem Sinn, dass Sie, Ihre Organisation oder Ihr Unternehmen im Fokus Ihrer Überlegungen stehen. In einer freien, humanen, arbeitsteiligen und marktwirtschaftlichen Welt ist der persönliche Vorteil bekanntlich nur dadurch in legaler und legitimer Weise erreichbar, dass Ihr Wirken bestimmten Menschen nützlich ist und andere Menschen wenigstens nicht stört.

Der kategorische Imperativ Kants ist nur eine Spielart der universellen sozialen Regel: Verhalte dich stets so, wie du andere sich verhalten sehen willst.

Seien Sie sich daher in Denken und Handeln Ihrer Verantwortung für das Ganze bewusst, wie es Alfred Herrhausen zu sagen pflegte. Eine gute Vision sollte in gewisser Weise auch dem Gemeinwohl dienen[21]. Stellen Sie sicher, dass Sie durch die gelbe Zukunftsbrille eine Zukunft sehen, die im Einklang mit den Werten und Bedürfnissen Ihres Umfelds steht und nicht unnötig gegen andere gerichtet ist. Natürlich können Sie nicht Ihre Wettbewerber schonen, aber für die Kunden besser zu sein und darüber zu »gewinnen« ist etwas anderes als den Wettbewerbern direkt ohne Nutzen für die Kunden oder die Welt zu schaden. Stiften Sie alterozentrierten Nutzen, um egozentriert Vorteile zu erzielen.

Die üblichen egozentrischen Visionen, deren Kern darin besteht, der Größte oder Reichste zu werden, sind in ihrer Wirkung nur erreichbar, wenn man vorher alterozentriert Nutzen geboten hat. Daher ist als bildliche Vorstellung weniger die Marktführung erstrebenswert als das Bild, 100 000 begeisterte Kunden zu haben.

Sehen Sie ein homöopathisches Maß an Herausforderung als ideal

Das Wort Vision weckt in vielen die naive Sehnsucht nach der Revolution. Wirklich visionär, so meinen viele, ist doch nur das Verwegene, Abenteuerliche und Hochinnovative, wenn man die weitestmöglichen Horizonte der Zukunft in den schillerndsten Farben denkt und sich zur Verwirklichung vornimmt. Die Vision Herman Sörgels von Atlantropa (siehe Seite 160) fiele in diese Kategorie.

Die persönliche Sehnsucht nach der schnellen positiven Revolution des eigenen Lebens, nach dem Ausbrechen aus dem ungeliebten Teil desselben, wird gerne auf den Erwachsenenspielplatz Unternehmen übertragen.

Man sehnt sich nach verwegenen Abenteuern auf fernen Märkten, aber selbstverständlich mit Erfolgsgarantie. Diese Sehnsucht im Unternehmen befriedigen zu wollen, ist aus mehreren Gründen naiv:

1. Eine gemeinsam angestrebte Vision eines Führungsteams kann diesem nicht im Wesentlichen neu sein, weil sie sonst kaum ausreichende Unterstützung für die Ausrichtung des gesamten Unternehmens fände.

2. Eine starke Neupositionierung eines Unternehmens wird nicht ohne Not vorgenommen. Erst die chronische Ergebnisschwäche oder die in Zukunftsannahmen absehbare Existenzbedrohung sind Auslöser für die eher seltenen radikalen Neuausrichtungen von Unternehmen.

3. Nur ein kleiner Teil der aus purem Entwicklungsdrang rührenden Ausflüge aus dem angestammten Geschäft in neue Welten ist langfristig erfolgreich.

4. Mit der gelben Zukunftsbrille geht es vor allem um strategische Richtungsentscheidungen. In einem Zukunftsprojekt oder Visionsprojekt können in der Regel keine neuen Produkte oder gar neue Technologien erfunden oder entwickelt werden. Dies käme dem Vorhaben gleich, aus einem Hubschrauber heraus die Reparatur einer Schweizer Uhr am Boden dirigieren zu wollen. Man kann auf der strategisch-visionären Ebene keine Detailentwicklungen machen. Allerdings ist es möglich, im Rahmen eines gezielten Innovationsprozesses grundlegende Erfindungen und Entwicklungen zu machen, die man auf der strategischen Ebene weiterdenken kann.

Wir haben mit unzähligen Praktikern am Begriff der Vision gearbeitet und wohl den größten Teil der Literatur zu deren Definition untersucht. Die Mehrheit der Praktiker und der Zukunftsexperten ist sich einig, dass eine Vision ein zwar herausforderndes, aber durchaus nicht unbedingt überraschendes Bild der gewünschten Zukunft ist. Die Zukunft in all ihren unbegrenzten Möglichkeiten auszuleuchten ist eher Gegenstand der grünen, nicht aber der gelben Zukunftsbrille, die vielmehr zur Entscheidung für eine vernünftige Zielsetzung führt.

Wahrscheinlich liegt die beste strategische Vision eher in der Nähe Ihres derzeitigen Geschäfts. Entgegen der weit verbreiteten Sensationssucht ist eine Vision nicht umso besser, je weiter sie von der heutigen Kompetenz Ihres Unternehmens wegführt. Die in diesem Zusammenhang oft angeführten, vermeintlich verwegenen Strategien von Nokia (von Gummistiefeln zu Mobiltelefonen), Mannesmann (von Röhren zu Mobilfunk) und Preussag (von Bergwerken und Hütten zum Touristikkonzern TUI) sind Ausnahmen und keinesfalls die Regel. Derart radikalen Wandel vollzieht man nicht ohne Not.

> **Bezeichnenderweise werden die kühnen Visionen meist von Menschen gefordert, die nie in der Verantwortung gestanden haben, ein Unternehmen mit eigenem Risiko zu führen.**

Wie schon im Zusammenhang mit der grünen Brille geschildert, ist eine allzu anspruchsvolle Vision meist ein unternehmerisch unverantwortliches Unterfangen, das die Menschen im Unternehmen, die Organisation, die Finanzen und schließlich meist auch die Kunden überfordert und einer die Existenz bedrohenden Zerreißprobe aussetzt. Eine gute Vision ist daher idealerweise kompatibel zu Ihrem heutigen Geschäft[22], vor allem zu der Wirkung, die Sie für Ihre Kunden erzielen.

> **Der Wert einer strategischen Vision wächst zunächst ein Stück weit mit der Entfernung zum heutigen Geschäft, um dann mit jedem Stück weiterer Entfernung drastisch abzufallen.**

Das berühmte homöopathische Maß an Innovation macht den Wert aus, aber schnell wird Innovation zur Verzettelung. Worauf Ansoff frühzeitig hinwies, wird von der Praxis bestätigt. Das Risiko und der Verwirklichungsaufwand steigen nicht nur linear, sondern exponentiell an, je weiter die Vision von Ihrem Geschäft entfernt ist. Aus dem Umfeld Ihres bisherigen Geschäfts sollten Sie sich nur dann weiter entfernen, wenn Ihre derzeitige Unternehmenskonzeption, das heißt Ihre Mission und die Art ihrer Erfüllung, existenziell in Frage steht.

Nach Mihaly Csikszentmihalyi entsteht das von ihm »Flow« genannte Glücksgefühl an der Grenze zwischen Routine und Herausforderung. Man sagt, Ziele und Visionen sollten zwar in Sichtweite, aber außerhalb der Reichweite unseres Geistes liegen. Vieles spricht für dieses

Bild, denn wir können es sehen, wir können es uns vorstellen, aber wir wissen noch nicht in allen Details, wie unser Weg dahin beschaffen sein wird. Eine Vision, die Menschen zu wenig fordert, ist genauso wertlos wie eine, welche die Menschen überfordert. In beiden Fällen gefährdet die Vision die Existenz des Unternehmens. Fordert sie zu wenig, aktiviert sie nicht die wettbewerbliche Leistungsfähigkeit, fordert sie zu stark, versagen die Menschen ihr die erforderliche Unterstützung.

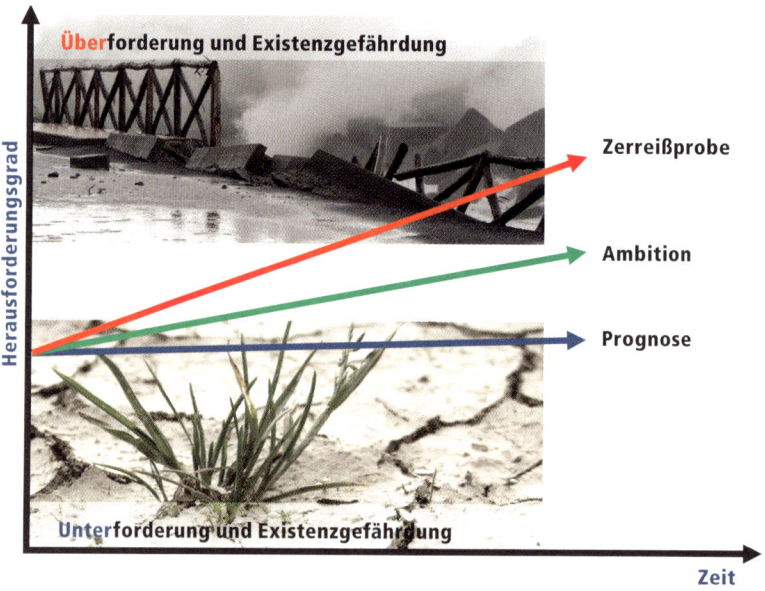

Abb. 19: In Sichtweite, aber außer Reichweite

Wir beobachten in der Praxis, dass sich jedes Team exakt denjenigen Grad an Herausforderung schafft, dessen Umsetzung es sich gerade noch zutraut. Dies ist, was wir mit einem homöopathischen Maß an Herausforderung meinen. Je zukunftskompetenter ein Team ist, desto innovativer und herausfordernder darf und wird die strategische Vision sein. Das richtige Maß an Herausforderung erkennen Sie daran, dass nicht nur Ihre Führungsmannschaft, sondern auch alle anderen Mitarbeiter eine große, aber zu bewältigende Herausforderung sehen. Die häufigen Befürchtungen, man könne viel zu weit oder nicht weit genug in die Zukunft denken, erwiesen sich noch immer als unbegründet.

Trauen Sie sich, eine konservative Vision zu setzen

Zu einem interessanten Gedankenexperiment kommt man mit der Frage, wie heute das Unternehmen Daimler-Benz AG dastehen würde, wenn Edzard Reuter und Jürgen Schrempp ihr Unternehmen so geführt hätten wie Wendelin Wiedeking die Porsche AG und die in Diversifikation und Fusionen vernichteten Milliarden (siehe Abschnitt 6.2) in die Weiterentwicklung und die Vermarktung ihrer Autos investiert hätten.

■ **Die konservativste Vision kann die beste sein.**

Die freilich spektakuläre Geschichte der Daimler-Benz AG alias DaimlerChrysler AG und dann wieder Daimler AG zeigt in jedem Falle deutlich, dass die große Vision nicht zwingend die beste ist. Stellen wir uns nur für einen Moment vor, man hätte die vielen verlorenen Milliarden einzig darauf konzentriert, jedes Auto der Marke Mercedes immer ein Stück besser, sicherer und umweltverträglicher zu machen. Wenn dieses Unternehmen und diese Marke die strategischen Kapriolen der vergangenen zwanzig Jahre so relativ gut überstehen konnten, wäre die Marktposition einer nach Porsche-Manier mit Konsequenz und Konzentration geführten Daimler-Benz AG schier unvorstellbar stark. Hinzu kommt, dass aus vielen Milliarden Verlust an Börsenwert wahrscheinlich viele Milliarden Wertzuwachs geworden wären.

Orientieren Sie Ihre Vision an erreichbaren Kompetenzen und Ressourcen

Genauso falsch wie die naive Sensationssucht ist die falsche Bescheidenheit. Das in der Zukunft maximal Erreichbare wird nicht durch die heutigen Kompetenzen und Ressourcen limitiert, sondern durch diejenigen Kompetenzen und Ressourcen, die ausgehend von Ihrer heutigen Situation für Sie erschließbar sind.

Machen Sie Ihre Vision kompatibel mit Ihrer Geschichte

Ihre strategische Vision sollte vor dem Hintergrund der Geschichte Ihres Lebens oder Unternehmens plausibel sein. Wer als Mensch sein Leben lang zurückhaltend war, hat schon ein gehöriges Maß an Herausforderung vor sich, will er ein extrovertierter Partylöwe werden.

Mit Unternehmen ist dies nicht anders. Nicht, dass die Vergangenheit Ihre Zukunft kolonisieren soll, aber die Geschichte eines Menschen wie auch einer Gruppe von Menschen ist die Zeit, in welcher Werte, Persönlichkeit und Verhalten geformt wurden. All dies kann nicht einfach abgeschüttelt, andere Werte, Charakterzüge und Verhaltensweisen können nicht wie ein neues Betriebssystem installiert werden. Ginge dies, wären Millionen Therapeuten, Berater und Change-Agents arbeitslos. Die übereifrigen Modernisierer, meist jugendlich, schätzen die Geschichte immer geringer, als sie es in Wirklichkeit ist. Bezeichnenderweise war dies in der Geschichte schon immer so.

■ **Zukunft braucht und hat Herkunft.**

Überfordern Sie Ihre Kunden nicht mit Innovationen

Auch dieser Umstand spricht dafür, Ihre strategische Vision nicht maximal innovativ zu gestalten und nicht nur das Sensationelle für wirkliche Zukunft zu halten. Der Smart, der auf Basis der Swatch-Idee von Nikolaus Hayek entstandene Kleinstwagen von DaimlerChrysler, kam mit einem hochinnovativen integrierten Gesamtkonzept auf den Markt. Querparken auf Parkplätzen wie auf Zügen, spezielle Plätze in Parkhäusern und modulbasierte Variabilität des Fahrzeuges selbst waren nur einige der vielen Ideen, mit denen ein völlig neues Mobilitätskonzept verwirklicht werden sollte. Es hat die Zielgruppe ganz offensichtlich überfordert, obwohl die meisten Ideen schon zehn und mehr Jahre alt waren. Dass es in solchen Projekten auch immer um Egoismen und Politik zwischen den Partnern geht, in diesem Falle zwischen Hayek und DaimlerChrysler, ändert nichts am Scheitern der eigentlichen Idee an der mangelnden Akzeptanz der Kunden. Es deutet im Gegenteil nur darauf hin, dass neben dem Erkennen der Chance noch viele weitere Erfolgsvoraussetzungen geschaffen werden müssen.

Der VW Lupo, das erste Drei-Liter-Serien-Auto der Welt, wurde der Fahreröffentlichkeit bereits 1999 angeboten. Er wurde 2005 wegen Erfolglosigkeit ersatzlos eingestellt. Auch wenn es Konstruktions- und Kalkulationsfehler gab, letztlich wollten zu wenige Fahrer ein solch asketisches Auto haben. Die Hormone siegten über Innovation und Vernunft. Erst 2007 begannen die Autofahrer mehrheitlich umzudenken. Klimastudien mit dramatischen Prognosen lösten eine neue Vernunft aus. Plötzlich konnte sich eine Mehrheit vorstellen, aus Gründen des Klimaschutzes ein kleineres und schwächeres Auto zu fahren und Flugreisen zu reduzieren.

Zusammengefasst ist es empfehlenswert, die Aufnahmefähigkeit Ihrer Kunden für Innovationen nicht zu überschätzen und sie nicht durch die eigene Lust an großen Innovationssprüngen zu überfordern.

Gestalten Sie Ihre Vision so präzise wie nötig, so komplex wie erforderlich und so flexibel wie möglich

Die gelbe Zukunftsbrille als Sichtweise der Richtungsentscheidung erfordert ein klares Bild von der gewünschten Zukunft. Es muss so genau beschrieben beziehungsweise gezeichnet sein, dass die designierten Rezipienten eine klare und unzweifelhafte Richtungsangabe erhalten und sich die für die Zukunft gewünschte Situation deutlich vorstellen können. Die Vision soll im Wesentlichen nur das enthalten, was man über den fraglichen Zeitraum tatsächlich entscheiden kann und muss. Eine auf das Entscheidende fokussierte Vision lässt sich zudem bei weitem leichter kommunizieren. Dies wollen wir die nötige Genauigkeit nennen. Eine strategische Vision muss nur an wenigen Eckpunkten so eindeutig beschrieben sein, dass sich ihre Erreichung eindeutig nachweisen lässt. Der argumentative Nachweis reicht dabei aus, um das Erreichen der Vision nicht nur interpretativ erkennen und markieren zu können. Messbarkeit im engeren Sinne ist nicht gefordert, weil sie für gewöhnlich dazu führt, dass einzelne Indikatoren zu stark betont werden.

Niemand kann wissen, ob Sie durch Ihre persönlichen Werte oder Lebensumstände, Ihre Kunden, Ihre Mitbewerber oder wen und was auch immer schon morgen nicht Realitäten geschaffen haben werden, die beim Blick durch die gelbe Zukunftsbrille eine andere Mission, Vision und andere Leitlinien erfordern. In Anbetracht einer im Wesentlichen unprognostizierbaren Welt müssen eine strategische Vision und mit ihr auch die Mission und die strategischen Leitlinien frei von Details und auf das Wesentliche fokussiert sein. Andernfalls gerät die einmal gewählte Richtung zum festgestellten Steuerrad ohne Korrekturmöglichkeit inmitten des Sturms sich wandelnder Umwelten und Märkte. Sie müssen frei sein, Ihre Vision zu ändern und sie neuen

Realitäten anzupassen. Das bedeutet allerdings nicht, dass Sie Ihre Mitarbeiter alle paar Monate in verschiedene Richtungen schicken dürfen. Es bedeutet, dass Sie an der feinen Richtung immer wieder feilen, die grobe Richtung jedoch grundsätzlich möglichst lange konstant halten sollten.

Die radikale Kehrtwende, wenn sie buchstäblich notwendig wird, ist allemal besser als das sture Beharren auf dem einmal eingeschlagenen Weg. Flexibilität ersetzt Voraussicht (siehe auch Seite 250). Ein allzu detailliertes Bild der gewünschten Zukunft ist der gebotenen wie der notwendigen Flexibilität abträglich.

Klar messbare Ziele im Sinne einer Planung sollten nur für solche Zeitspannen gesetzt werden, in denen die Wahrscheinlichkeit eines inneren oder äußeren Paradigmenwechsels eher gering ist. Diese Zeitspanne der Planung (violette Brille) liegt in der heutigen Zeit bei einem bis allenfalls drei Jahren. Es sind viel häufiger die inneren als die äußeren Paradigmenwechsel, die eine Vision unzeitgemäß machen. Wenn die Unternehmensführung wechselt, hat die alte Vision zumeist keine Anziehungskraft auf die neuen Chefs. Selbst die gleichen Unternehmensführer müssen immer häufiger ihre Glaubenssätze und ihr Erfahrungswissen über Bord werfen, so dass auch in diesen Fällen die Vision vom geistigen Hungertod bedroht ist.

Im Unterschied zur Kompliziertheit, die eine Vision undurchsichtig und schwierig macht, ist die Komplexität eine Grundanforderung an eine strategische Vision[23]. Dabei steht Komplexität als Begriff für etwas Zusammenhängendes, alles Umfassendes, Ineinandergreifendes und Gesamtes. Der Blick durch die gelbe Zukunftsbrille muss ein ganzheitliches Bild der gewünschten Zukunft zeigen. Auch Tiefe kann als wünschenswerte Eigenschaft einer Vision verstanden werden, wenn damit ausgedrückt ist, dass eine Vision wie ein gutes Gemälde oder ein guter Roman Tiefe und damit viel gedanklichen Gehalt haben kann[24].

> **Zusammenfassend können wir festhalten, dass die gleichzeitigen Forderungen nach Präzision, Komplexität und Flexibilität eine Reihe von Zielkonflikten enthalten, die sich nur in der Theorie mathematisch formulieren und auflösen lassen.**

In der Praxis bedarf es eines systematischen Diskurses, der über mehrere Visionskandidaten (grüne Zukunftsbrille) angesichts einer Einschätzung wahrscheinlicher Zukünfte (blaue Zukunftsbrille) geführt werden muss, um eine Version der Vision zu identifizieren, die sowohl die Zustimmung des Teams findet wie auch den Anforderungen angenommener zukünftiger Entwicklungen entspricht.

Schaffen Sie mit Visionskandidaten die nötige Differenzierung

Fragt man einen beliebigen Vorstand, wo das Unternehmen in fünf oder acht Jahren stehen will, bekommt man, selbst wenn das Vorstandsteam aus mehrtägiger Klausur zurückgekehrt ist, meist eine vertraute Auskunft. Mehr Qualität, bessere Kundenbeziehungen, neue Märkte, neue Technologien, eine zukunftsfähigere Unternehmenskultur, mehr Gewinn und, ach ja, Wachstum und Marktführerschaft werden angestrebt. Fragt man die Konkurrenten, hört man … das Gleiche! Viel zu oft besteht die Vision selbst sehr professionell geführter Unternehmen nur aus einer Reihe offensichtlicher Statements über Qualität, Wachstum, Ertrag und Marktführerschaft. Zu viele Unternehmer und die meisten Manager haben in Anbetracht der vorwiegend kurzfristig finanziell orientierten Erfolgsmaßstäbe diese Standardzukunft im Kopf.

»Die natürliche Ursache des Gewinns ist der Vorsprung.«
(Joseph Schumpeter)

Ist bereits die Vision derjenigen des Wettbewerbers gleich, beraubt man sich schon sehr früh der Chance auf einen leicht erzielbaren Vorsprung. Es nimmt dann nicht wunder, dass die Lebensfähigkeit oder anders ausgedrückt die Umsatzrendite und der Ertrag im besten Fall unter den Möglichkeiten bleibt und im schlimmsten Fall den Ruin vorzeichnet. Jeder weiß es, und doch sind die Visionen der Unternehmen zumeist unglaublich langweilig und austauschbar.

Das Bestreben aller strategischen Arbeit besteht darin, Ihr Unternehmen dauerhaft positiv zu differenzieren, es also unverwechselbar zu machen. Gerade dort, wo der Grundstein für Strategien gelegt wird, nämlich bei der strategischen Vision, ist die Einzigartigkeit eine Conditio sine qua non. Wo, wenn nicht hier, muss die Grundlage für nachhaltigen Erfolg geschaffen werden?

Differenzierung entsteht durch konkrete Bekenntnisse und Entscheidungen. Einzigartig und originär wird Ihre strategische Vision, wenn Sie zwei differenzierende Faktoren miteinander verbinden und zwei Faktoren zur Qualitätssicherung berücksichtigen:

1. die Vielfalt von Visionskandidaten (siehe hierzu das Beispiel von Visionskandidaten für Banken in Tabelle 16 auf Seite 122);
2. die Zustimmung im Führungsteam im Sinne der Kongruenz der Visionskandidaten mit den individuellen Visionen der Führungskräfte;
3. die Sinnhaftigkeit der Visionskandidaten im Hinblick auf die mit der blauen Zukunftsbrille entwickelten Annahmen über zukünftige Entwicklungen;
4. die Robustheit der Visionskandidaten gegen mögliche strategische Überraschungen im Markt.

> **Die Arbeit mit Visionskandidaten macht es möglich, in einem gleichsam evolutionären Prozess, mehrere alternative Visionsentwürfe gegeneinander in einen Wettbewerb um die emotionale wie rationale Zustimmung des Teams antreten zu lassen.**

Ein Visionskandidat ist der Rohentwurf einer strategischen Vision. Wer einigermaßen sicher in die Zukunft gehen will, muss sich sein Unternehmen nicht nur in einer einzigen Version vorstellen können. Wie in der Evolution sind die Anzahl und die Verschiedenartigkeit von Visionskandidaten und von Selektionskriterien praktisch Garanten für eine seltene, wenn nicht gar einzigartige strategische Vision[25]. Eine Reihe von drei bis zehn Visionskandidaten macht es möglich oder zumindest wesentlich leichter,

- sich weitaus mehr verschiedene Zukünfte vorstellen zu können,
- mit einem im Vergleich zur Standardzukunft deutlich erweiterten Horizont die möglichen Ausrichtungen in alternativen strategischen Visionen zu denken,
- wirklich eine Wahl und Entscheidung *gegen* viele und *für* eine strategische Vision (oder eine Kombination von Visionskandidaten) zu treffen,
- auf diese Weise eine in Ihrem Umfeld einzigartige strategische Vision zu finden und zu definieren.

Je höher die organisatorische Ebene, desto allgemeiner werden Ihre Ergebnisse zur gelben Zukunftsbrille

Jegliche Arbeit im Zukunftsmanagement unterliegt diesem Prinzip. Führt man nur sich selbst, hat man es sehr leicht, zumindest methodisch, wenn auch nicht psychologisch. Führt man ein Team, wird die Vision schon ein Kompromiss. Ein mittelständisches Unternehmen mit einem Geschäftsfeld muss schon Dutzende Interessen und Weltbilder berücksichtigen. Die fünf Leitsätze von Harley Davidson könnten genau so gut von der Volksbank Kötschach-Mauthen in Kärnten stammen:

1. Wir sagen die Wahrheit.
2. Wir halten unsere Zusagen.
3. Wir sind fair.
4. Wir respektieren den Einzelnen.
5. Wir fördern Neugier.

Sie beschreiben keine Vision, sondern kulturelle Leitlinien. In ihrer Summe können sie ein Leitbild sein, aber dies ist ganz offensichtlich keine strategische Vision.

Die höchste Stufe an Allgemeinheit ist erreicht, wenn man einem Konzern mit sehr vielen Geschäftsfeldern mit der gelben Zukunftsbrille eine normative Verfassung geben will. Eine gemeinsame Vision ist da kaum zu finden. Das zeigen die strategischen Leitlinien der BASF:

1. Wir verdienen eine Prämie auf unsere Kapitalkosten.
2. Wir helfen unseren Kunden, erfolgreicher zu sein. Um profitabel zu wachsen, wollen wir uns künftig noch stärker auf die Bedürfnisse unserer Kunden einstellen und für sie und uns das jeweils beste Geschäftsmodell entwickeln und anwenden.
3. Wir bilden das beste Team der Industrie. Wesentlich für den Erfolg der BASF sind die Mitarbeiter. Auf sie kommt es an: auf ihr Können, ihre Ideen, ihre Erfahrung und ihr Engagement.
4. Wir wirtschaften nachhaltig für eine lebenswerte Zukunft. Unter nachhaltiger Entwicklung verstehen wir die Verbindung von wirtschaftlichem Erfolg mit dem Schutz der Umwelt und gesellschaftlicher Verantwortung.

Ihre strategische Vision ist ein periodischer Prototyp

Da die Zukunft nicht vorhersagbar ist, bringt jeder neue Tag eine veränderte Sicht auf die mit der blauen Zukunftsbrille gesehene wahrscheinliche Zukunft. Eine strategische Vision bedarf daher einer regelmäßigen Überprüfung, Korrektur und Ergänzung. Während strategische Ziele so weit wie möglich unumstößlich sein sollten, ist eine Vision meist so viele Jahre von der Gegenwart entfernt, dass ein gewisser Veränderungsbedarf praktisch von Beginn an eingebaut ist. Warum kommen Ihnen frühere Briefe und Texte manchmal fremd vor? Weil Sie sich zwischenzeitlich verändert haben, weil Sie im Kräftefeld zwischen Ihren Interessen und den Umfeldeinflüssen hinzugelernt und wieder vergessen haben. Es werden Dinge denkbar, die früher als unmöglich galten, und ehemalige Hoffnungen erweisen sich als utopisch.

Die strategische Vision, die strategischen Leitlinien wie auch deutlich seltener die Mission müssen in der Praxis einem periodischen Prototyping unterliegen. Eine Vision, deren Grundlagen in Zweifel gezogen sind, verbreitet Unsicherheit und Spott. Selten sind radikale Kehrtwenden notwendig. Meist genügen partielle Änderungen, damit die Vision wieder ihre orientierende Leuchtturmfunktion erfüllen kann.

Nicht das Erreichen Ihrer Vision, sondern ihre Gegenwartswirkung ist entscheidend

Wenn die strategische Vision ein periodischer Prototyp ist, man also buchstäblich den Leuchtturm immer wieder woanders hinstellt, kann das letztendliche Erreichen einer Vision kein geeigneter Erfolgsmaßstab sein. Entscheidend ist vielmehr, welche Wirkung die strategische Vision auf Ihre Gegenwart entfaltet, indem Sie Ihnen und Ihren Mitmenschen oder Mitarbeitern Orientierung und Sinn gibt. Selbst wenn Sie zehn Jahre später auf Ihre Realität sehen und sie mit der vor zehn Jahren entwickelten Vision vergleichen und dabei kaum eine Deckung feststellen, kann die Vision trotzdem hundertprozentig ihren Nutzen erfüllt haben. Dieser auf den ersten Blick bemerkenswerte Umstand hat im Kern zwei Gründe:

1. Man kann nicht in der Zukunft handeln, sondern immer nur in der Gegenwart. Daher muss die Qualität einer Vision an ihrer Ge-

genwartswirkung gemessen werden. Wenn die Vision über zehn Jahre weitgehend konstant geblieben ist, ist das ein willkommener Umstand. Aber es ist kein Makel oder Fehler, wenn die Vision zehn Jahre später eine gänzlich andere ist als zu Beginn der Reise.

2. Eine Vision muss in der Ferne liegen, sie muss in Sichtweite, aber außer Reichweite liegen, sie muss ein bestimmtes Maß an Herausforderung bedeuten. Mit jedem Jahr, das man der Vision näher kommt, verliert sie tendenziell an Anziehungskraft, bis sie schließlich nicht mehr zehn, sondern im gleichen Wortlaut nur noch drei Jahre entfernt liegt. Wenn sie tatsächlich inhaltlich noch Sinn haben sollte, dann hat sie aber mit großer Wahrscheinlichkeit den größten Teil ihres Herausforderungsgrades verloren. Sie müssen also eine neue Vision setzen, lange bevor Sie sie erreicht haben, so dass auch aus diesem Grund die Erfüllung der Vision nicht das Ziel sein kann.

6.6 Checklisten zur Methodik

Dieser Abschnitt beschreibt die Schritte in der Anwendung der gelben Zukunftsbrille. Die obigen Abschnitte zur gelben Zukunftsbrille werden hier miteinander zu einer Handlungsanleitung verknüpft. Nach der detaillierten Checkliste für Unternehmen kommt die weniger umfassende Checkliste für Lebensunternehmer. Die Methoden-Checkliste richtet sich an Experten im Zukunftsmanagement.

6.6.1 Vorgehensweise für Unternehmen

1. **Nehmen Sie die Visions-Entwicklung mit Ihrem Zukunftsteam vor**, mit dem Sie bereits durch die blaue und grüne Zukunftsbrille gesehen haben.

2. **Machen Sie sich mit der blauen Zukunftsbrille zunächst Ihre Zukunftsannahmen bewusst.** Ihre Vision muss mit Ihren Annahmen über die zukünftige Entwicklung Ihres Umfelds im Einklang stehen.

3. **Bestimmen Sie den Zeithorizont Ihrer Vision.** Wie bereits in der Checkliste zur blauen Zukunftsbrille genannt, können Sie folgende Faustformel verwenden: Dauer für den Aufbau eines Geschäftsfeldes von der Idee bis zu den ersten Erträgen mal zwei. In den meisten Fällen sind zehn Jahre ein guter erster Ansatz.

4. **Bestimmen Sie die Visionsfragen** gemäß der Beschreibung und den Beispielen auf Seite 176.

5. **Entwickeln oder überprüfen Sie Ihre Mission** nach den Ausführungen auf Seite 177. Änderungen der Mission werden nicht ohne Not und meist nur im Ausnahmefall vorgenommen. Die Mission legt das Feld fest, auf dem die Vision entwickelt wird. Sie ist insoweit vorläufig, als dass sie später noch durch die rote Zukunftsbrille überprüft und solidiert werden muss.

6. **Entwickeln Sie Visionskandidaten.** Auf Seite 203 wird die Bedeutung von Visionskandidaten erläutert. Auf Seite 122 finden Sie ein Beispiel für Visionskandidaten, die im Retail-Banking vorstellbar sind. Wir empfehlen, nicht den üblichen Weg zu gehen und gleich zu Beginn eine einzige Vision zu entwickeln, sondern zunächst unterschiedliche Kandidaten heranzuziehen. Die Prinzipien im Abschnitt 6.5 vermitteln das nötige Wissen für die Visions-Entwicklung.
   Wenn Sie die Visionskandidaten in einer detaillierten Struktur entwickeln möchten, bietet sich die Methode der Morphologie an. Sie ist vergleichbar einer Speisekarte, in der es jeweils drei verschiedene Optionen für Vor-, Haupt- und Nachspeise und damit 27 mögliche Menüs gibt.

   a) Schreiben Sie Ihre Visionsfragen in die erste Spalte einer Matrix. Die weiteren Spalten beschriften Sie mit Option 1, 2, 3 und so weiter.
   b) Notieren Sie für jede Visionsfrage die denkbaren und sinnvollen Visionselemente (Antwortmöglichkeiten) in den weiteren Spalten.
   c) Priorisieren Sie die Alternativen in jeder Zeile, beispielsweise so, dass Sie 100 Punkte auf die vorhandenen Alternativen verteilen.

d) Bestimmen Sie nun Visionskandidaten. Identifizieren Sie hierzu die Kombinationen von Visionselementen mit den höchsten Punktesummen, indem Sie aus jeder Zeile ein Visionselement wählen.
Schreiben Sie die Kombinationen in eine Liste in der Reihenfolge der Punktesummen.

e) Streichen Sie diejenigen Visionskandidaten aus Ihrer Liste, die unsinnige oder unmögliche Kombinationen von Visionselementen enthalten, beispielsweise höchste Effizienz und große Flexibilität Ihres Unternehmens.

f) Wählen Sie drei bis acht plausible und attraktive Visionskandidaten für die weitere Bearbeitung aus.

7. **Bewerten Sie Ihre Visionskandidaten.** Es gibt eine Reihe von Bewertungsmethoden, die im Wesentlichen alle darauf beruhen, dass die Visionskandidaten daraufhin miteinander verglichen werden, in welchem Grad sie bestimmte Kriterien erfüllen. Wählen Sie eines der folgenden Verfahren, die aufsteigend ihrer Komplexität nach geordnet sind:

a) Einfache schriftlich dokumentierte Diskussion mit Pro- und Kontra-Argumenten (einfache Argumentenbilanzen)

b) Argumentenbilanz mit gewichteten Argumenten

c) Scoring-Verfahren mit mehreren Kriterien

d) Paarvergleich mit mehreren Kriterien, auch bekannt als Analytic Hierarchy Process nach Saaty[26].

8. **Bestimmen Sie den Kern Ihrer strategischen Vision.** Der offensichtliche Kern Ihrer strategischen Vision ist der am höchsten bewertete Visionskandidat. Dieser wird in der Praxis gerne mit einzelnen Aspekten und Visionselementen aus weniger gut bewerteten Visionskandidaten kombiniert.
Was auf den ersten Blick als inkonsequent erscheint, führt letztlich zu einer begrüßenswerten weiteren Individualisierung der strategischen Vision. Zudem erhöht die nachträgliche Aufnahme weiterer Einzelaspekte die Akzeptanz der Vision bei denjenigen Entscheidern, die andere Visionskandidaten bevorzugt hätten.

9. **Bauen Sie Ihre strategische Vision aus.** Die Visionsfragen in Tabelle 21 auf Seite 176 zeigen eine mögliche inhaltliche Struktur einer strategischen Vision.

10. **Bestimmen Sie Ihre strategischen Leitlinien.** Legen Sie auf der Grundlage Ihrer bewerteten Zukunftschancen mit Leitliniencharakter fest, nach welchen Regeln und »strategischen Gesetzen« Sie den Weg zu Ihrer Vision gehen wollen. Nutzen Sie dazu die Beschreibung auf Seite 178.

11. **Stellen Sie die Konsistenz Ihrer Vision sicher**. Zwar ist auch die Gegenwart nicht ohne Widersprüche, aber die Aussagen in Ihrer strategischen Vision sollten sich nicht offensichtlich widersprechen. Erstellen Sie eine Matrix, mit deren Hilfe Sie jedes Visionselement mit jedem anderen verbinden, systematisch Widersprüche identifizieren und in der Folge auflösen können.

12. **Überprüfen Sie Ihre Vision anhand der Zukunftsannahmen.** Vergleichen Sie jeden Satz in Mission, Vision und Leitlinien mit Ihren Zukunftsannahmen. Am besten funktioniert dies mit Hilfe einer Matrix, in der die Elemente der Mission, der Vision und der Leitlinien in Zeilen und die Zukunftsannahmen in Spalten (oder auch umgekehrt) miteinander vernetzt werden. Diese Struktur macht es Ihnen leichter, potenzielle Konflikte zu erkennen und sie in der Folge durch Änderung der Visionselemente zu lösen.

13. **Überprüfen Sie Ihre Vision anhand der Überraschungen.** So wie Sie die Visionselemente mit den Zukunftsannahmen abgeglichen haben, sollten Sie sie in der gleichen Struktur auch mit den Überraschungen abstimmen, die Sie mit der roten Zukunftsbrille identifiziert haben. Mehr hierzu finden Sie in der Methodik zur roten Zukunftsbrille ab Seite 256.

14. **Führen Sie einen Werteabgleich durch.** Im Grunde müssen Sie diese Phase nicht ausdrücklich durchlaufen, da die Werte des Zukunftsteams im Verlauf des Diskussions- und Bewertungsprozesses ohnehin in Ihre Vision eingeflossen sind. Der Werteaspekt sei hier nur der Vollständigkeit halber genannt.

15. **Diskutieren Sie die strategische Vision (mit Mission und Leitlinien) mit Mitarbeitern und anderen.** Wie im Abschnitt zu Denkhaltung und Prinzipien erläutert, ist die Erarbeitung der Vision zwar Sache der Führung, aber gleichzeitig ist es zwingend nötig, dass die Vision in viele Köpfe und Herzen getragen und immer wieder überprüft wird.

16. **Fassen Sie den Kern Ihrer Vision in einem Satz zusammen.** Dies schafft einen mentalen Anker im Bewusstsein aller Beteiligten. Gute Beispiele – rein methodisch, nicht unbedingt inhaltlich – sind »das Land der Ideen«, die Vision für Deutschland von Bundespräsident Köhler, der »große Sprung nach vorn« von Mao Zedong, »Atlantropa« von Herman Sörgel oder »integrierter Technologiekonzern« für Daimler-Benz von Edzard Reutter. Es ist nicht in jedem Fall möglich, ein so komplexes Zukunftsbild in einem Satz oder Schlagwort auszudrücken. Leicht ist es nie. Als letzte Alternative bleibt Ihnen dann das Format [Firmierung + Jahreszahl], also etwa IBM 2020.

17. **Visualisieren Sie Ihre Vision.** Erleichtern Sie sich und anderen die Kommunikation über Ihre Vision und unterstützen Sie die ständige Erinnerung daran mit Hilfe der Beschreibung und der Beispiele auf Seite 184f. Eine Alternative hierzu bieten Fotos und andere Bilder aus darauf spezialisierten Datenbanken.

18. **Implementieren Sie die strategische Vision.** Setzen Sie die strategische Vision, die Leitlinien wie auch die Mission in der täglichen Arbeit ein. Diese müssen immer dann die Präambel und den Rahmen bilden, wenn es um größere Entscheidungen geht.

6.6.2 Vorgehensweise für Lebensunternehmer

Als Lebensunternehmer haben Sie es mit der strategischen Vision wesentlich leichter, zumindest methodisch gesehen. Wenn es Ihnen vor allem um eine beruflich ausgerichtete Lebensvision geht, können Sie sich im Prinzip an die obigen Schritte halten. Geht es Ihnen um eine generelle Lebensvision, können Sie diese durch eine einfache, aber bedeutende Frage entwickeln: Was möchte ich in meinem Leben noch erleben? Die folgende Abbildung zeigt eine Struktur, die sie zur Beantwortung dieser Visionsfrage verwenden können. Die Tabelle enthält natürlich Beispiele aus mehreren fiktiven Leben.

Jahr	2015	2020	2025	2030
Lebensalter	40	45	50	60 und mehr
Beruf & Finanzen	Ein eigenes Unternehmen gründen / Schuldenfrei werden / Finanzielle Unabhängigkeit erreichen	1000 Menschen zur Ausstellung meiner Skulpturen begrüßen / Eine Radiostation eröffnen	Nur sechs Monate im Jahr arbeiten / Vor 10 000 Menschen eine Rede halten / Vorstand werden	Den Bundeskanzler kennen lernen / Bundeskanzler werden / Ein Patent anmelden
Freizeit & Vergnügen	Klavier spielen können / Auf einer Safari freien Löwen begegnen / Beim Tauchen einem Hammerhai begegnen	Ein eigenes Segelboot kaufen und restaurieren / Mit dem Orient-Express nach Istanbul fahren	Einmal im Luxor in Las Vegas wohnen / Kap Horn umsegeln / Ein Pferd haben	Heimlich den Ayers Rock besteigen / Die Panamericana bereisen
Familie, Freunde & Gesellschaft	Eine Tochter und einen Sohn auf einen erfüllten Lebensweg bringen / Eine erfüllte Beziehung leben	Eine Stiftung zur Unterstützung hungernder Kinder gründen	Silberne Hochzeit feiern / Zehn Obdachlosen zur Reintegration verhelfen	Meinen 80. Geburtstag mit meinen besten Freunden A und B feiern
Geist & Wissen	Indien bereisen / Schlagfertigkeit erlernen / Den Mount-Everest besteigen	Einmal die Erde aus dem Weltraum sehen / Den schwarzen Gürtel in Karate erreichen	Ein Buch schreiben / Auf allen Kontinenten einen Monat leben / Das Taj Mahal sehen	Einen Monat bei einem Naturvolk leben / Ein Studium der Philosophie abschließen
Körper & Seele	Ein Landgut besitzen / Einen BMI (body mass index) von 23 erreichen	Ein Jahr Auszeit erleben / Meine Krankheit überwinden	Einen Marathon laufen / Einen Iron-Man mitmachen / gewinnen	Das ganze Jahr in der Sonne leben / 100 Jahre alt werden

Abb. 20: Persönliche Lebensvision (Beispiele)

Mit dem in der Tabelle angedeuteten Verfahren erhalten Sie nicht unbedingt ein konsistentes Bild einer gewünschten Zukunft. Es ist mehr eine strukturierte Wunschliste als eine strategische Vision mit echten lebensstrategischen Entscheidungen. So erlauben Sie sich jedoch die Flexibilität, die ein modernes Leben in dieser Gegenwart und der absehbaren Zukunft erfordert.

> »Wer vom Ziel nicht weiß, kann den Weg nicht haben,
> wird im selben Kreis all sein Leben traben.« (Christian Morgenstern)

Einen methodischen Mittelweg zwischen diesem sehr einfachen Ansatz und dem Vorgehen im Unternehmen gehen Sie mit folgenden Schritten:

1. Stellen Sie Ihre Visionsfragen. Sie können sie aus den Lebensbereichen in der Abbildung ableiten.

2. Gehen Sie zur Erarbeitung Ihrer Visionskandidaten so vor, wie es oben für Unternehmen mit der morphologischen Matrix beschrieben ist.

3. Bestimmen Sie drei Visionskandidaten, die Ihnen am attraktivsten erscheinen.

4. Bewerten Sie Ihre Visionskandidaten durch paarweisen Vergleich, beispielsweise anhand dieser beiden Kriterien:

   a) Wie sehr fühle ich mich davon angezogen?
   b) Wie gut passt dieser Visionskandidat zu meinen Zukunftsannahmen (blaue Zukunftsbrille)?

5. Bestimmen Sie den Visionskandidaten und arbeiten Sie ihn zu einem schlüssigen Bild Ihrer gewünschten Zukunft aus.

6. Visualisieren Sie sich Ihre Vision durch eigene Zeichnungen oder eine Fotocollage auf Papier oder in Dateiform.

7. Gleichen Sie Ihre Vision mit Ihren Zukunftsannahmen ab (blaue Zukunftsbrille).

8. Gleichen Sie Ihre Vision mit den potenziellen Überraschungen ab (rote Zukunftsbrille).

9. Diskutieren Sie Ihre Vision mit Ihrem Partner, guten Freunden oder anderen »Stakeholdern«.

10. Stellen Sie sicher, dass Sie Ihre Vision regelmäßig sehen, beispielsweise durch Ablage als Datei auf Ihrem Desktop oder durch Aushängen in Ihrem Bad. Die zweite Option hat den Vorteil oder

auch Nachteil, dass Ihre Mitbewohner Sie an Ihren Fortschritten messen werden.

6.6.3 Checkliste der Methoden und Techniken

Die Methoden-Checkliste für Profis im Zukunftsmanagement gibt Ihnen Hinweise, mit welchen Methoden und Techniken Sie Ihre Arbeit mit der gelben Zukunftsbrille befruchten und verbessern können.

Profi-Checkliste:
Methoden zur gelben Zukunftsbrille und Literatur-Tipps
(siehe Literaturverzeichnis)

Visionsfragen erarbeiten

- Critical success factors (Rockart, 1979)
- Comprehensive situation mapping (CSM) (Georgantzas und Acar, 1995)
- Visionsfragen-Delphi (Mićić, 2006)

Mission entwickeln oder überprüfen

- Strukturierte Diskussion
- Internes Delphi (Helmer, 1983)
- Analytic hierarchy process (Saaty, 1996)

Visionskandidaten entwickeln

- Creative imagery (May, 1996)
- Personal visioning or group visioning (May, 1996)
- Mind Mapping (Buzan, 2006)
- Beteiligteninterviews (externe und interne)
- Morphologie (Glenn und Gordon, 2003; Godet, 1994)
- Field anomaly relaxation (Coyle, 2003; Rhyne, 1981)
- Retrograder Erfolgsbericht (Mićić, 2003)

Visionskandidaten bewerten

- Strukturierte Diskussion mit Argumentenbilanzen
- Scoring-Verfahren
- Analytic hierarchy process (Saaty, 1996)
- Multiple perspective concept (Linstone, 2003)

Visionskern bestimmen

- Analytic hierarchy process (Saaty, 1996)
- Multiple perspective concept (Linstone, 2003)

Strategische Leitlinien entwickeln

- Morphology (Glenn und Gordon, 2003)
- Internes Delphi (Helmer, 1983)
- Analytic hierarchy process (Saaty, 1996)
- Strategic conversation (van der Heijden, 1996)

Vollständigkeit, Richtigkeit und Konsistenz sicherstellen

- Matrix zur Vernetzung der Visionselemente mit sich selbst
- Matrix zur Vernetzung der Visionselemente mit Zukunftsannahmen
- Matrix zur Vernetzung der Visionselemente mit Überraschungen

Ergebnisse präsentieren

- Text, strukturiert oder prosaisch
- Grafiken, Charts und Mind Maps
- Zeichnungen
- Film und Animationen
- Schauspiel

7 Ihre rote Zukunftsbrille:
Wie könnte die Zukunft Sie überraschen?

Mit der roten Zukunftsbrille widmet sich der Schiffsführer den potenziellen Überraschungen der Zukunft, um seine Mannschaft und sein
Schiff auf diese vorzubereiten, sie zu schützen und möglicherweise
sogar durch Früherkennung von ihnen zu profitieren. Er erkennt beispielsweise, dass sein Schiff von einer Riesenwelle getroffen oder von
Piraten angegriffen werden könnte.

In der Zukunft ist nur eines sicher: dass uns die Zukunft überraschen
wird. Die Zukunft wird anders sein, als wir es uns heute mit der blauen
Zukunftsbrille vorstellen. Mit der blauen Zukunftsbrille entsprechen
Sie im Wege der Erarbeitung von Zukunftsannahmen der naiven, aber
berechtigten Sehnsucht nach vorhersehbarer Zukunft. Ihre Zukunftsannahmen werden sich in heute nicht »wissbarem« und daher mehr
oder minder großem Umfang als falsch erweisen. Daran kann weder
der stärkste Wille noch die beste Methode etwas ändern. Die Zukunft
ist offen, unzähmbar und unberechenbar.

Wenn sich die Zukunftsannahmen als grundlegend falsch erweisen,
droht das gedankliche Gebäude der Zukunftsstrategie in sich zusam-
menzustürzen, wenn es nicht abgesichert wird.

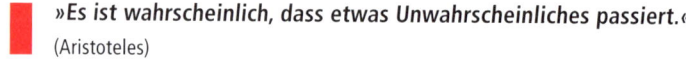

»Es ist wahrscheinlich, dass etwas Unwahrscheinliches passiert.«
(Aristoteles)

Mit der gelben wie auch später mit der violetten Zukunftsbrille formulieren Sie eine klare Strategie für die Zukunft. Doch je eindeutiger die
Strategie ist, desto größer und undurchsichtiger sind die Scheuklap-
pen, die Sie mit der roten Zukunftsbrille durchdringen können.

Um überraschende Ereignisse und Entwicklungen zu identifizieren und so die Zukunftsstrategie zu verbessern und abzusichern, bedienen Sie sich der roten Zukunftsbrille. Sie widmet sich wie die blaue Zukunftsbrille der beobachtenden Analyse des Umfelds, sucht jedoch nicht nach Wahrscheinlichkeiten, sondern ganz bewusst nach unwahrscheinlichen, aber möglichen Überraschungen.

Die erkannten Überraschungen wiederum dienen

1. dem Solidieren der Ergebnisse der gelben Zukunftsbrille, also der Verbesserung von Mission, strategischen Leitlinien und Vision, sowie
2. dem Solidieren der Ergebnisse der violetten Zukunftsbrille, also der Verbesserung der Ziele, Projekte, Prozesse, Systeme, Entwicklungschancen und Eventualstrategien.

Die Überraschungen liegen als solche zunächst jenseits Ihrer Wahrnehmungsgrenzen, sonst wären sie ja keine Überraschungen. Sie müssen aktiv danach suchen. Überraschungen sind per Definition sehr unwahrscheinlich und werden in der Regel mit der blauen Zukunftsbrille noch nicht einmal als Option diskutiert. Für *Gillette* könnte etwa die Aussage »Lasertechnologie ersetzt Rasierklingen« eine potenzielle Überraschung beschreiben. Auch wird ein innerhalb von vier Wochen stattfindender vierzigprozentiger Markteinbruch in der Regel nicht als Option für eine Zukunftsannahme einbezogen. Eine solche Zukunft muss mit der roten Zukunftsbrille eingebracht werden.

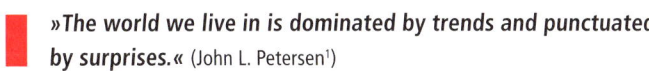

»The world we live in is dominated by trends and punctuated by surprises.« (John L. Petersen[1])

In der traditionellen Methodik des Zukunftsmanagements widmen sich vor allem die Szenario-Methode und die Wild-Card-Analyse der überraschenden Zukunft, wie sie durch die rote Brille sichtbar wird. Die Szenario-Methode hat hier ihre Stärken, während sie den Blick durch die blaue, grüne und gelbe Zukunftsbrille vernachlässigt oder gar vollkommen außer Acht lässt.

7.1 Ihre rote Zukunftsbrille im Überblick

Die nachfolgende Tabelle fasst das Wesen der roten Zukunftsbrille zusammen.

Tabelle 22: Die rote Zukunftsbrille im Überblick

Ziel: Die möglichen Überraschungen der Zukunft kennen.

Arbeitsschritt und Leitfrage:

- Überraschungs-Analyse
- Wie könnte die Zukunft uns überraschen und wie bereiten wir uns darauf vor?

Sinn und Zweck:

- Sie tragen der Unvorhersagbarkeit Rechnung.
- Sie machen die Unsicherheit leichter denkbar, handhabbar und kommunizierbar.
- Sie können mehr von der möglichen Zukunft sehen und sind somit von der Zukunft weniger überrascht.
- Sie erkennen überraschende Entwicklungen früher.
- Sie sichern sich und Ihre Zukunftsstrategie ab.
- Sie stoßen frühzeitig nötige Veränderungen an.
- Sie erkennen mehr Zukunftschancen.
- Sie verbessern Ihr Risikomanagement.

Denkhaltung und Prinzipien:

- Richten Sie die rote Zukunftsbrille auf Ihr Umfeld.
- Denken Sie diskontinuierlich.
- Suchen Sie nach den Unwahrscheinlichkeiten.
- Halten Sie die Überraschungen auf der Agenda.
- Verteilen Sie zukünftig möglichen Stress gleichmäßiger.
- Sehen Sie Überraschungen nicht nur negativ.
- Erwarten Sie von Überraschungen keine Orientierung.
- Suchen Sie nach plausiblen Überraschungen.
- Die Zahl möglicher Überraschungen wächst.
- Die Relevanz folgt aus den potenziellen Auswirkungen.
- Nehmen Sie sich die nötige Zeit.
- Sehen Sie Ihre Verletzlichkeiten in Flexibilitätsopfern.
- Stecken Sie den Möglichkeitsraum mit Extremen ab.
- Reduzieren Sie die Wirkung von Filtern und Barrieren.
- Sorgen Sie für Insider- wie für Outsider-Wissen.
- Gehen Sie bei den Szenarien einen pragmatischen Weg.

Tabelle 22: Die rote Zukunftsbrille im Überblick

Denkobjekte:

- Überraschungsfragen
- Überraschungen (ereignishafte und prozesshafte)

Typische Methoden:

- Szenario-Methode
- Wild Cards
- Annahmenumkehrung
- Spiele und Simulationen

Vorgehensweise:

1. Versammeln Sie Ihr Zukunftsteam.
2. Bestimmen Sie Ihre Überraschungsfragen.
3. Entwickeln Sie Projektionen und Szenarien überraschender Ereignisse.
4. Entwickeln Sie Szenarien überraschender Entwicklungen respektive alternativer Zukünfte.
5. Fügen Sie die Standard-Überraschung »5–50« hinzu.
6. Ermitteln Sie die potenziellen Auswirkungen auf Ihre (vorläufige) Zukunftsstrategie.
7. Alternativ: Ermitteln Sie die potenziellen Auswirkungen auf Ihr derzeitiges Unternehmen.
8. Priorisieren Sie die Überraschungen nach der Stärke ihrer Auswirkungen.
9. Erstellen Sie ein Überraschungspanorama.
10. Verbessern Sie Ihre Vision, Ihre Mission und Ihre Leitlinien.

Ergebnisse:

Projektionen und Szenarien überraschender Entwicklungen und Ereignisse sowie Eventualstrategien zur Immunisierung gegen die wichtigsten strategischen Überraschungen.

7.2 Fallbeispiele zur roten Zukunftsbrille

Die Beispiele der *GBN-Studie* zum Klimawandel auf Seite 28 und die auf Seite 30 behandelte Studie *Grenzen des Wachstums* sind zwei prominente Beispiele für die Anwendung der roten Zukunftsbrille. In der Literatur werden unzählige mögliche Überraschungen (Wild Cards) diskutiert. Hier eine Auswahl:

Biosphärische Überraschungen

- Änderung der Zirkulationsrichtung des Golfstroms und abrupte Klimaveränderung

- Superbeben in Japan oder USA mit weltweiten Folgen
- Kontakt mit außerirdischer Intelligenz
- Super-Tsunami im Atlantik
- Pandemie mit 100 Millionen Toten

Technologische Überraschungen

- Cyberangriff legt Computernetze und das Internet lahm
- Unsichtbarkeit wird möglich
- Kalte Kernfusion wird möglich
- Ende der Verschlüsselungstechniken
- Lösung für das CO_2-Problem wird gefunden

Politische Überraschungen

- Aufhebung der Urheberrechte
- Scheitern des Euro
- Aufstände in westlichen Ländern
- Nuklearwaffeneinsatz

Wirtschaftliche Überraschungen

- Globaler Börsencrash
- Weltwirtschaftskrise
- Aufstieg Afrikas

Gesellschaftliche Überraschungen

- Krieg der Alten gegen die Jungen
- Babyboom in alternden Ländern
- Massive Zeugungsunfähigkeit

In der Lebens- und Unternehmenspraxis interessieren meist die weniger grundsätzlichen und dramatischen Überraschungen. Was macht die Stadt, wenn die Nachbarstadt durch einen Regierungswechsel plötzlich jede Kooperation abbricht? Was macht der Freizeitparkbetreiber, wenn er seine Besucher massiv an Computerspiele und Videos verliert? Was macht die Bank, wenn sie durch allgegenwärtige Finanzdienstleistungsangebote aus anderen Branchen überflüssig wird? Was macht das Fitness-Studio, wenn durch eine Schlankheitspille ohne Nebenwirkungen ein großer Teil der gewichtsmotivierten Mitglieder ausbleibt? Was macht die Kirche, wenn komplexes außerirdisches Leben entdeckt wird? Was macht der Sparer, wenn, wie es bisher immer wieder passiert ist, die Währung reformiert wird und sein Vermögen auf einen Bruchteil zusammenschmilzt?

Die Schlacht von Dorking

1871 veröffentlichte G.T. Chesney im *Blackwood's Magazine* die fiktive Geschichte *The Battle of Dorking*. *When William Came*. Es war wohl eine der ersten gezielten Anwendungen eines Zukunftsszenarios. Kern der Handlung ist eine deutsche Invasion in Großbritannien im Jahr 1872, also ein Jahr in der Zukunft. Die deutsche Reichsgründung und der Sieg des Deutschen Reichs über Frankreich schufen die Kulisse für die Story. Mit William ist Kaiser Wilhelm gemeint.

Chesney beschrieb Folgendes: Die britische Armee ist rund um die Welt verstreut. Sie schlägt Aufstände in Indien nieder, beschützt Kanada vor den Vereinigten Staaten und bewacht Irland vor Übergriffen durch Napoleon III. Indes haben die Deutschen neue Techniken wie Torpedos entwickelt, mit denen sie die verbliebene britische Flotte in der Nordsee rasch überwältigen. Auch der letzte Widerstand in der Schlacht von Dorking schlägt fehl und so kommt, was kommen muss: Die Deutschen erobern Großbritannien. So endet das Szenario.

Der Text verursachte große Aufregung in Großbritannien. Der Premierminister war empört wegen der seiner Meinung nach mangelnden Plausibilität. Dennoch löste *The Battle of Dorking* eine Diskussion aus, in deren Zuge die britische Militärstrategie grundlegend überdacht und geändert wurde. Der Heimatverteidigung wurde wieder wesentlich mehr Gewicht beigemessen.

LOEWE verpasst die Flachbildschirme

LOEWE, der deutsche Traditionshersteller von Fernsehgeräten, kam im Jahr 2003 ins Trudeln. So stand es in der Presse. Im Geschäft mit Fernsehern seien die neuen Flachbildschirmtechnologien zwar erkannt, aber massiv unterschätzt worden, so dass das Unternehmen vom schnellen Marktumschwung überrascht wurde. So sanken die Verkäufe von Röhrenmonitoren im Juni 2003 in Deutschland um 27 Prozent gegenüber dem Vorjahresmonat, während der Absatz von Flachbildschirmen um 152 Prozent zunahm. Erst eine Kapitalbeteiligung des japanischen Wettbewerbers Sharp, einer der führenden Anbieter von Flachbildschirmen, soll das Unternehmen vor dem Konkurs gerettet haben.[2]

VoIP stellt Geschäftsgrundlage der klassischen Telekommunikationskonzerne in Frage

Neue Technologien wie VoIP (Voice over Internet Protocol) bedrohen massiv die traditionellen Telekomkonzerne. So sank die Zahl der Telefonanschlüsse der deutschen Telekom allein 2005 um 1,5 Millionen. Neben dem Festnetz soll und wird in naher Zukunft auch der Mobilfunk internetbasiert ablaufen. Hierdurch würde einer der letzten Renditebringer verloren gehen.[3] Die Deutsche Telekom hat die Bedrohung zwar erkannt, aber lange nicht ernst genommen und folglich nicht darauf reagiert. In einer internen Studie der unternehmenseigenen Beratungsgesellschaft Detecon heißt es, die Geschäftsgrundlagen des Unternehmens könnten binnen zwei Jahren zusammenbrechen.[4] Diese Geschwindigkeit ist in der Tat überraschend. Welche Konsequenzen letztlich aus dieser Entwicklung gezogen werden, bleibt abzuwarten.

»Finanz-Ebay« bedroht das Kreditgeschäft der Banken

Das kleine britische Internetunternehmen Zopa.com betreibt einen Online-Marktplatz für die Vermittlung von Privatkrediten und privaten Geldanlagen (peer-to-peer-lending and -borrowing). Nach eigenen Angaben hatte das Unternehmen Anfang 2007 über 50 000 registrierte Mitglieder. In den USA startete im Februar 2006 Prosper.com mit einem ähnlichen Konzept. Beide Unternehmen ermöglichen es Kreditnehmern und Kreditgebern, in einer Art Auktionsverfahren direkt ins Geschäft zu kommen, ohne Banken als Intermediäre zu nutzen. Der Großteil der Gewinnspanne der Banken soll so den Kunden zufallen. Für Kreditnehmer beträgt die Gebühr nur ein Prozent (statt rund drei Prozent Zinsdifferenz bei den Banken) und für Geldanleger ein halbes Prozent.

Prosper geht mit seinem Konzept noch weiter als Zopa. Während Zopa die Geldanlage seiner Kunden noch auf mindestens fünfzig Kreditnehmer verteilt und so ein gewisses Risikomanagement für den Kreditgeber übernimmt, kann oder vielmehr muss dieser bei Prosper völlig frei agieren und wird somit selbst dafür verantwortlich, das Risiko nach seinen eigenen Bedürfnissen auf verschiedene Kreditnehmer zu streuen.

Sollten sich die Internetplattformen weltweit durchsetzen, würden traditionelle Banken ernsthafte Konkurrenz im Einlagen- und Kreditgeschäft bekommen. Noch beschränken sich die Internet-Marktplätze auf Transaktionen mit relativ geringen Volumina. Potenziell sind aber auch Projekt- und Unternehmensfinanzierungen denkbar. Anfang 2007 wurde schon ein halbes Dutzend Unternehmen mit einem Peer-to-Peer-Konzept gegründet. Sie strafen die Banker, die sich dahinter verstecken wollten, dass all dies ja in Deutschland aus gesetzlichen Gründen nicht möglich sei.

Deutscher Global Player entdeckt überraschende Substitutionstechnologie

Mit der roten Zukunftsbrille entdeckt und untersucht ein bekanntes deutsches Weltunternehmen eine noch nicht auf dem Markt befindliche Möglichkeit, die eigenen Produkte restlos zu ersetzen. Eine physikalische Lösung, die ein akustisches Problem in Fahrzeugen löst, könnte vollständig durch ein elektronisches Verfahren und ein entsprechendes Bauteil ersetzt werden. Indem man dies frühzeitig erkannte, sah man sich in der Lage, Eventualstrategien zu entwickeln und umzusetzen, bevor sich die entdeckte potenzielle Überraschung verwirklichte.

Shell und die Ölkrise

Royal Dutch Shell gilt als einer der Pioniere im Einsatz von Szenario-Methoden zur Absicherung gegen mögliche Überraschungen. Seit Anfang der 1970er-Jahre werden entsprechende Techniken eingesetzt. In einem der Szenarien der damaligen Abteilung »group planning« analysierten Pierre Wack und Ted Newland die Möglichkeit einer drastischen Verteuerung des Erdöls. Bei einem damaligen Preis von etwa 2,80 US-Dollar pro Barrel (159 Liter) und der praktischen Unbekanntheit plötzlicher großer Preisschwankungen wurde es Anfang der 1970er-Jahre als gewagtes Szenario angesehen, sich einen Ölpreis von sechs Dollar vorzustellen. Da bereits zwölf Jahre zuvor die OPEC als Kartell wichtiger Erdölförderer gegründet worden war, war dies durchaus nicht völlig aus der Luft gegriffen.

Das Szenario war Anlass und Ausgangsbasis für eine Reihe von Flexibilisierungsmaßnahmen. Shell führte eine Inventur der Verletzbarkeiten durch. Unter anderem wurde festgestellt, dass Tankerkapazitäten über langfristige Verträge ohne Auslastungskomponente gebucht wurden. Ein plötzlicher Nachfragerückgang in Folge eines Preisanstiegs würde dazu führen, dass in großem Maße Leerkapazitäten bezahlt werden müssten. Bei Shell ersann man die einfache Maßnahme, in die Verträge mit den Tankerbetreibern einen Satz einzufügen, der besagt, dass Shell ein Sonderkündigungsrecht bei einem Ölpreis von sechs Dollar hat.

 »Aber hier, wie überhaupt, kommt es anders, als man glaubt.«
(Wilhelm Busch)

Als die Ölkrise 1973 kam und der Ölpreis deutlich über sechs Dollar stieg, war Shell mit der obigen Maßnahme und einer Reihe weiterer Eventualstrategien wesentlich weniger empfindlich und deutlich besser vorbereitet als die anderen sechs großen Mineralölgesellschaften. Vor der Ölkrise war Shell in Sachen Rendite immer eine der letzten unter den damals so genannten seven sisters. Durch die Ölkrise schoss Shell in der Rendite-Position auf Platz eins und blieb dort mit Ausnahme eines einzigen Jahres für zwölf Jahre. Die Ölkrise hatte Shell zum erfolgreichsten Ölunternehmen der Welt gemacht.

Wargaming gegen Blind Spots

Einer der weltweit größten Automobilzulieferer nutzte Wargaming zur Identifikation möglicher Angriffe durch Wettbewerber und zur Verminderung der blinden Flecken in der Aufmerksamkeit des Managements. Dabei wurden in mehreren Runden Angriffsstrategien realer und fiktiver Wettbewerber sowie eigene Abwehrstrategien erarbeitet. In Form dynamischer Wettbewerbsszenarien wurden Verwundbarkeiten durch Wettbewerbsaktivitäten identifiziert und Chancen für die Stärkung des eigenen Geschäfts entwickelt. Der breite Ansatz des

Wargamings und das gezielte Denken in Unwahrscheinlichkeiten, die methodisch unterstützte Reduktion von Blind Spots sowie die Bewertung des potenziellen Impacts verschiedener Wettbewerbs-Szenarien sicherten Strategie und Wettbewerbsposition wirksam ab. Viele der erkannten potenziellen Überraschungen hatte man zuvor nicht auf dem Schirm.

Staatliche Wargames im Cyberspace

Die National Security Agency NSA, die nationale Sicherheitsbehörde der USA, ist der größte und mächtigste Geheimdienst der Welt. Sie ist dem US-Verteidigungsministerium unterstellt. Seit 2000 führt die NSA jährlich die so genannte Annual Cyber Defense Exercise durch. Das Ziel ist, mögliche Überraschungen frühzeitig zu erkennen, indem andere Dienste und Agenturen eingeladen werden, ein Computernetzwerk einzurichten, das von den Experten der NSA mit allen Mitteln angegriffen wird. Derweil müssen die Funktionalitäten des Netzwerks, also laufender E-Mail-Verkehr, Instant Messaging, Daten-Server, Internet und einige weitere wichtige Dienste, aufrechterhalten werden. Die US Air Force Academy gewann das Wargame im Jahr 2006 [5].

Ähnliche Projekte wurden und werden sowohl in den USA wie auch in anderen entwickelten Ländern einschließlich Deutschland umgesetzt, um die nationale Infrastruktur zu schützen. Die gesuchten potenziellen Überraschungen bestehen hierbei nicht in den Angriffen selbst, sondern in den dadurch ausgelösten dynamischen Entwicklungen und Reaktionen.

In Deutschland wurde der Cyberwar im Rahmen eines Arbeitskreises simuliert, um die Infrastruktur zu schützen. Behörden und Großunternehmen simulierten einen massiven terroristischen Angriff auf das Stromnetz und das Kommunikationsnetz einschließlich der Medien. Forderungen von Terroristen, die mit der Ermordung einiger Staatsangehöriger drohen, kann man vergleichsweise leicht widerstehen. Wenn die Drohung jedoch darin besteht, durch Lahmlegung des Strom- und Kommunikationsnetzes das öffentliche Leben inklusive der Flugsicherung und der medizinischen Versorgung zum Erliegen zu bringen, stellt sich staatliche Härte gänzlich anders dar. Wem ein solcher Cyberwar-Angriff gelingt, kann im Grunde alles fordern, erst recht einen Abzug aller Truppen aus allen exterritorialen Aktionsräumen wie dem Kosovo oder Afghanistan.[6]

7.3 Sinn und Zweck der roten Zukunftsbrille

Die rote Zukunftsbrille soll uns vor allem für den sicheren Teil der Zukunft sensibilisieren, für die Überraschungen. Die rote Zukunftsbrille brauchen wir für das nicht Offensichtliche.

Sie tragen der Unvorhersagbarkeit Rechnung

Wie allgemein bekannt und bereits in den Prinzipien zur blauen Zukunftsbrille dargelegt, ist die Zukunft weitgehend nicht vorhersehbar und damit im Wesentlichen offen. Gäbe es nur die blaue Zukunftsbrille, erlägen Sie einer falschen Sicherheit. Es wäre eine Sicherheit, die nur wie eine solche aussieht, weil man nicht ausreichend darüber nachgedacht hat.

■ Verwandeln Sie unreflektierte Sicherheit in reflektierte Unsicherheit[7].

Die blaue Zukunftsbrille ist zum Zeitpunkt ihrer Nutzung überraschungsfrei. Die rote Zukunftsbrille korrigiert diesen Fehler. Während Sie mit der blauen Zukunftsbrille nur projektiv, also gewissermaßen verlängernd in die Zukunft sehen können, konzentriert die rote Zukunftsbrille Ihren Blick auf die Zukünfte, die außerhalb des gewohnten Denkhorizonts liegen. Es sind die Zukünfte, die uns als überraschende Ereignisse und Entwicklungen begegnen werden, die wir für sehr unwahrscheinlich oder gar praktisch ausgeschlossen gehalten haben.

Sie machen die Unsicherheit leichter denkbar, handhabbar und kommunizierbar

Die rote Zukunftsbrille hilft erkennen, wie unsicher die Zukunft ist und was an ihr unsicher ist. Projektionen und insbesondere Szenarien überraschender Zukünfte machen es Ihnen leichter, über die Unsicherheiten der Zukunft nachzudenken und mit Nichtwissen umzugehen[8]. Die immense Vielfalt gerade der unwahrscheinlichen, aber möglichen

Zukünfte kann auf wenige verständliche Projektionen und Szenarien reduziert werden. Diese Projektionen und Szenarien werden zu gemeinsamen mentalen Bildern und Begriffen einer möglichen überraschenden Zukunft[9]. Projektionen spielen dabei die Rolle von Miniszenarien[10], die Antworten auf eine einzige Frage liefern, während die eigentlichen Szenarien auf mehrere Fragen gleichzeitig antworten und daher ganze Bündel von Projektionen umfassen.

So wie die blaue Zukunftsbrille mit den Zukunftsannahmen die Komplexität der wahrscheinlichen Zukunft reduziert und die Kommunikation darüber erleichtert (siehe Seite 82 und 83), wirken die durch die rote Zukunftsbrille gesehenen Projektionen und Szenarien überraschender Zukünfte ebenfalls als Kommunikationsmittel. Sie fassen vielfältige und auf den ersten Blick verwirrende Daten strukturiert und konsistent zusammen[11] und ermöglichen so eine Vereinfachung und Beschleunigung des Denk- und Diskussionsprozesses.

Sie können mehr von der möglichen Zukunft sehen und sind somit von der Zukunft weniger überrascht

Die Zukunft ist multipel (siehe Abschnitt 3.3.1). Die rote Zukunftsbrille erweitert die Perspektive und hilft, über die blaue Zukunftsbrille hinaus mehr mögliche Zukünfte Ihres Umfelds zu erkennen. Durch die rote Zukunftsbrille werden Sie von der Zukunft weniger überrascht sein, weil Sie mehr von dem gesehen haben, was passieren kann. Wer einmal das Szenario vor Augen hatte, dass die eigenen Produkte durch eine überraschend auftretende Quereinsteiger-Technologie überflüssig gemacht werden könnten, so wie Rasierklingen durch einen Laser-Rasierer, oder dass zwei Konkurrenten fusionieren könnten, wird von solchen Ereignissen weniger überrascht sein. Wer es überdies nicht nur beim Szenario-Denken belässt, sondern auch über Eventualstrategien nachdenkt, ist nicht nur weniger überrascht, sondern auch besser vorbereitet als andere.

> **Die rote Zukunftsbrille ist ein Werkzeug zur Überwindung von Wahrnehmungs- und Denkbarrieren. Sie erhöht die Vorstellungskraft und regt an, fantasievoller und verwegener über das Mögliche nachzudenken.**

Indem sie den Horizont erweitert, erleichtert die rote Zukunftsbrille das Querdenken jenseits der vorherrschenden Muster, die manche etwas übertrieben gleich Paradigmen nennen. Barber[12] sieht drei Intensitäten der Auswirkung von Szenarien überraschender Zukünfte auf Ihr Denken und Ihre Strategie:

1. *Stretching* des bestehenden Paradigmas: Sie sehen mehr Alternativen, ohne Ihre Strategie wesentlich zu ändern.
2. *Expanding* des bestehenden Paradigmas: Sie ändern die Strategie und Ihr Verhalten, allerdings nicht dauerhaft, sondern situationsbezogen.
3. *Cracking* des bestehenden Paradigmas: Sie zerstören das bestehende Paradigma und machen sich auf die Suche nach einem neuen.

Sie erkennen überraschende Entwicklungen früher

Das erste Element der Früherkennung ist bei der roten Zukunftsbrille allein schon die Tatsache ihrer Verwendung. Schon das Bemühen, Überraschendes zu denken und zu imaginieren, lässt Sie Zukünfte erkennen, die Ihnen vorher verschlossen blieben.

Das zweite Element der Früherkennung, gewissermaßen eine Früherkennung zweiter Ordnung, ähnelt der Attraktor-Funktion der blauen Zukunftsbrille. Ein Ziel der blauen Brille ist es, die Annahmen über zukünftige Entwicklungen als Attraktoren für Zukunftsinformationen zu nutzen, so dass man mehr Signale und Nachrichte erkennen kann, die für oder gegen die Richtigkeit der Annahme sprechen (siehe Seite 84). In gleicher Weise wirken die Projektionen und Szenarien überraschender Ereignisse und Entwicklungen als Attraktoren und als Aufmerksamkeitskategorien[13] für Hinweise auf zunehmende oder auch abnehmende Wahrscheinlichkeiten ihres möglichen Eintritts. Diese Hinweise werden als schwache Signale[14] oder auch als Prognostika[15] bezeichnet. Wenn Sie die Pleite Ihres größten Kunden als potenzielle Überraschung in Betracht gezogen haben, werden Sie viel aufmerksamer für Signale und Nachrichten sein, sei es in Gesprächen, in Zeitungen, im Radio, im Fernsehen oder im Internet. Auch diese Attraktor-Funktion der roten Zukunftsbrille hilft Ihnen, von der Zukunft weniger überrascht zu sein.

Sie sichern sich und Ihre Zukunftsstrategie ab

Durch die rote Zukunftsbrille sehen Sie Projektionen und Szenarien überraschender Zukünfte, die als Simulationen des Möglichen, aber Unwahrscheinlichen dienen[16] und zeigen können, wie Sie und Ihre Organisation in unterschiedlichen Zukünften zurechtkommen würden. Mit Projektionen und Szenarien überraschender Zukünfte können Sie

- Ihre Existenz als Mensch oder als Unternehmen,
- Ihre Zukunftsstrategie und
- Ihre einzelne Entscheidung

gegen diese möglichen und wirkungsvollen, aber unwahrscheinlichen Zukünfte absichern und sie auf diese Weise wesentlich in ihrer Erfolgsaussicht verbessern.

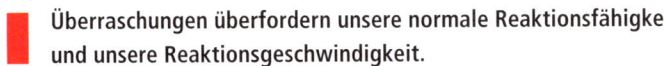

Überraschungen überfordern unsere normale Reaktionsfähigkeit und unsere Reaktionsgeschwindigkeit.

Ein primärer Zweck der roten Zukunftsbrille ist es, a priori zu lernen, mit überraschenden Situationen umzugehen, die sonst nicht oder nicht so leicht zu managen sind. Lernt man dies nicht frühzeitig, fehlt im Falle des wirklichen Eintritts solcher Ereignisse entweder die Erfahrung oder die Zeit oder beides, um der neuen Situation Herr zu werden. Frühzeitig und auf Vorrat über die Implikationen und Auswirkungen möglicher Überraschungen nachzudenken, verbessert die Erfahrung im Umgang mit ihnen und reduziert die zur Entwicklung und Ausführung von Eventualstrategien benötigte Zeit.

Gerald Caplan[17] entwickelte 1964 die in der folgenden Tabelle dargestellte Dreiteilung psychologischer Prävention, die in so gut wie allen medizinischen Feldern verwendet und auch von der WHO vertreten wird. Die rote Zukunftsbrille dient in erster Linie der Prävention, vor allem der primären und sekundären Prävention. Die anderen Zukunftsbrillen dienen der Förderung der Gesundheit im weiteren Sinne – der Salutogenese. So bezeichnet man das Gegenteil der auf Krankheiten konzentrierten pathogenetischen Medizin, und »primordiale« Prävention meint die vor der eigentlichen primären Prävention liegende Konzentration auf die Förderung der Gesundheit.

Tabelle 23: Stufen der Prävention

Stufe	In der Medizin	Im Unternehmen
Salutogenese (primordiale Prävention)	■ Die Gesundheit stärken und fördern (Salutogenese)	■ Den Erfolg erhöhen ■ Die Lebensfähigkeit erhöhen
Primäre Prävention (gesunde Phase)	■ Die Krankheit verhindern oder verzögern ■ Prophylaxe ■ Impfung	■ Die Krise verhindern (weniger die Überraschung selbst) ■ Präventivstrategien umsetzen
Sekundäre Prävention (präklinische Phase)	■ Die Krankheit früh erkennen (Screening) ■ Die Krankheit geringfügig halten ■ Frühe Heilung und Therapie	■ Die Krise früh erkennen ■ Akutstrategien umsetzen
Tertiäre Prävention (manifeste Phase)	■ Die Folgen der Krankheit verringern ■ Späte Heilung und Therapie ■ Rehabilitation ■ Rückfallprävention	■ Die Folgen der Krise verringern ■ Akutstrategien umsetzen ■ Turnaround und Sanierung

Stufen 2 bis 4 nach Caplan, 1964.

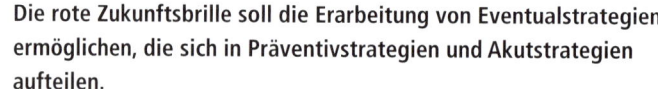

Die rote Zukunftsbrille soll die Erarbeitung von Eventualstrategien ermöglichen, die sich in Präventivstrategien und Akutstrategien aufteilen.

Präventivstrategien werden bereits vor dem Eintreten der Überraschung umgesetzt, um sich quasi zu impfen. Dazu gehört beispielsweise der Kauf der Software *Foldershare* durch Microsoft, der offenbar nur die vorher gekauften und prioritär geförderte Software *Groove* absichern sollte. Beide Softwarepakete dienen der Synchronisierung von Datenbeständen zwischen entfernten Nutzern nach dem Peer-to-Peer-Prinzip, also ganz ohne Server. Ähnlich verhielt sich *Gillette*, als man eine Kooperation mit *Palomar*, einem Entwickler von potenziell bedrohlichen Laser-Rasierern, einging. Akutstrategien sind solche Strategien, die zwar geplant sind, aber erst bei Eintreten des Ernstfalls (der Überraschung) umgesetzt werden. Hierzu gehören beispielsweise Krisen-PR-Pläne, die verantwortungsvolle und vorausschauende Unternehmen in der Schublade haben.

Staaten, Organisationen und Individuen, die schon einmal eine bedeutende strategische Überraschung erlebt haben, sind später gegen eben diese Diskontinuität häufig gut abgesichert und auf sie vorbereitet. Das Erdbeben, das Tokio 1923 traf, forderte noch 142 000 Menschenleben. Nach anerkannten Prognosen wird das nächste große Beben, trotz weitaus größerer Bevölkerungszahl, »nur« 11 000 Menschenleben kosten. Menschen lernen nun mal von Natur aus primär durch Erfahrung und erst in zweiter Linie durch Voraussicht.

◼ **»Es regnete nicht, als Noah die Arche baute.«** (Howard Ruff)

Allerdings kann Erfahrungslernen auch das Bemühen um Voraussicht verstärken, so dass man immer besser auf Überraschungen vorbereitet ist. Eine sich schneller wandelnde Welt wird jedoch immer unberechenbarer, so dass selbst Fortschritte in der Antizipation von Überraschungen letztlich Rückschritte im Absicherungsgrad sein können.

In der Systemwissenschaft würde man die rote Zukunftsbrille auch mit dem Begriff der Sensitivitätsanalyse in Verbindung bringen, die die Empfindlichkeit eines Systems (hier einer Zukunftsstrategie) gegenüber der Veränderung einzelner Parameter misst und darauf aufbauend die Solidierung des Systems erlaubt.

Sie stoßen frühzeitig nötige Veränderungen an

In der Psychologie geht man davon aus, dass wirkliche persönliche Veränderungen hauptsächlich in Krisen stattfinden. Selbst wenn die gelbe Zukunftsbrille eine noch so anziehende Vision zeigt, meist muss die rote Brille die Veränderungsbereitschaft unterstützen.

◼ **»People don't change because they see the light – they change because they feel the heat.«** (unbekannt)

Menschen müssen im Regelfall in Situationen außerhalb ihres bisherigen Erfahrungsspektrums kommen, damit sie ihr Verhalten verändern. Diskontinuitäten beziehungsweise potenzielle Überraschungen können die für positive Veränderungen nötige Krisensituation simulieren helfen und auf diese Weise auch die Bereitschaft zur Veränderung schaffen. Es ist bekannt, dass viele Unternehmer und Manager absichtlich und utilitär immer wieder die potenzielle Bedrohung (nicht unbedingt die Überraschung) an die Wand malen, um ihre Mitarbeiter aufmerksam und in gewisser Weise im Alarmzustand zu halten. Dass Diktatoren so gut wie immer Feindbilder und Bedrohungen aufbauen, dass dies ein beliebtes Instrument zur Machterhaltung von Politikern jeglicher Couleur ist, soll nicht heißen, dass die Unternehmer und Manager gleichsam verwerflich handeln. Schließlich greifen die Diktatoren eher zur Konstruktion von Bedrohungen, während die Unternehmer nur mit realen Bedrohungen eine Chance auf Aufmerksamkeit und Wirkung haben.

Sie erkennen mehr Zukunftschancen

Was auf den ersten Blick paradox anmutet, ist eines der wichtigsten Nutzenmomente der roten Zukunftsbrille. Durch das Ersinnen unwahrscheinlicher, aber doch möglicher Zukünfte schaffen Sie unweigerlich Grundlagen für die Chancen-Entwicklung. Mit der grünen Zukunftsbrille können Sie anschließend auch die mit der roten Brille gedachten Überraschungen analysieren und darin Chancen sehen. Wenn Sie erkennen, dass ein Wettbewerber ein neues Geschäftsmodell einführen könnte, ist der Denkweg nicht weit, diese Möglichkeit auch als Zukunftschance für sich selbst zu nutzen.

> **Durch die rote Zukunftsbrille entstehen nicht selten die mentalen Voraussetzungen für neue Wege, neue Lösungen und neue Entscheidungen.**

Szenarien überraschender Entwicklungen dienen unter anderem dazu, Optionen zu generieren[18]. Wenn der Geist gezwungen wird, sich unwahrscheinliche und nicht naheliegende Zukünfte vorzustellen, entwickelt er leichter alternative Strategien, die sich auch in der als wahrscheinlich angenommenen Zukunft als hilfreich und oftmals als besonders erfolgversprechend erweisen. Man stelle sich vor, alle Flugzeuge müssten am Boden, alle Züge im Bahnhof und alle Autos in der Garage bleiben. Wie würden Sie dann Ihre Geschäfte betreiben? Es wird klar, dass alle Reisebudgets zu einem großen Teil Kommunikationsbudgets sind und umgekehrt und wie leicht daher viele physische Geschäftsreisen durch Videofonie und Videokonferenz und sogar durch das alte Telefon ersetzt werden können.

> »*Wenn du nicht tust, wovor du Angst hast, wird die Angst dein Leben kontrollieren.*« (Glenn Ford)

Sie verbessern Ihr Risikomanagement

Spätestens seitdem das unternehmerische Risikomanagement in vielen Ländern gesetzlich vorgeschrieben ist, ist es selbstverständliche Praxis geworden. Bevor jedoch Risiken gemanagt werden können, müssen sie erkannt sein. Lange bevor Risiken so erkennbar sind, dass sie gemanagt werden können, können sie anhand von Prognostika, also Anzeichen oder so genannten schwachen Signalen[19], erahnt werden.

Risikomanagement und die rote Zukunftsbrille sind demnach verwandt, aber nicht identisch. Die rote Zukunftsbrille gilt vor allem den Überraschungen der Zukunft, seien Sie nun positiv oder negativ. Das Risikomanagement ist gegenüber den Veränderungen der Zukunft defensiver ausgerichtet, auch wenn die Risikomanager immer wieder zutreffenderweise beteuern, in den Risiken steckten auch Chancen.

7.4 Denkobjekte der roten Zukunftsbrille

Die rote Zukunftsbrille widmet sich den Diskontinuitäten und Überraschungen. Die Suche danach wird mit Überraschungsfragen eingeleitet. Die Grafik auf der folgenden Seite zeigt, dass Überraschungen Ihre Zukunftsannahmen in Frage stellen und dass Sie, indem Sie sie bearbeiten, Ihre Zukunftsstrategie fundierter, solider und robuster machen.

Überraschungsfragen

Bei der Arbeit mit der roten Zukunftsbrille sollen Überraschungsfragen die Aufmerksamkeit auf diejenigen potenziellen Überraschungen lenken, die besonders folgenreich wären.

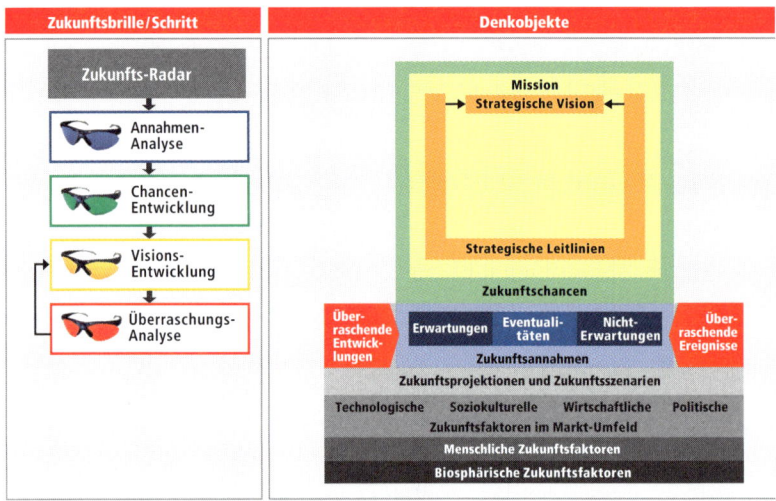

Abb. 21: Die rote Zukunftsbrille und ihre Denkobjekte

> **Mit Überraschungsfragen bestimmen Sie den wesentlichen Wissens-bedarf über mögliche und auswirkungsstarke Überraschungen in Ihrem Umfeld.**

So unterschiedlich wie die Geschäftsmodelle der Unternehmen und die Lebensentwürfe der Menschen sind, so individuell sind auch die Überraschungsfragen. Der einfachste Ansatz, die richtigen Überra-schungsfragen zu finden, besteht darin, sich an den Bestimmungsfak-toren und Beobachtungsfeldern zu orientieren, die Sie bereits für die blaue Zukunftsbrille gewählt und zu denen Sie Zukunftsannahmen aufgestellt haben. Dies waren Veränderungen

- im Verhalten Ihrer Kunden,
- relevanter Technologien,
- der Marktverhältnisse und des Wettbewerbs,
- der Gesetze und Regularien sowie
- der natürlichen Lebensgrundlagen.

Daraus ergeben sich beispielsweise die folgenden Überraschungsfra-gen:

1. Wie könnte der Bedarf unserer Kunden nach unseren Leistungen plötzlich drastisch sinken?
2. Wie könnte es passieren, dass unser Kernprodukt durch eine neue Technik substituiert wird?
3. Wie könnten sich die Wettbewerbsverhältnisse kurzfristig dramatisch verändern?
4. Wie könnten sich die gesetzlichen und regulatorischen Rahmenbedingungen so ändern, dass es uns stark betreffen würde?
5. Was könnte in Natur und Umwelt passieren, das unser Geschäft in seiner Existenz betreffen würde?

Wie die Beispielfragen zeigen, kommt es darauf an, den Wirkungsbereich einer Überraschung in den Vordergrund zu stellen.

Es ist wichtiger zu wissen, wo und wie Sie verletzlich sind, als zu wissen, was genau an Überraschungen passieren kann.

Überraschungen

Die Überraschungen unterscheiden sich von den Nicht-Erwartungen der blauen Zukunftsbrille dadurch, dass ihr möglicher Eintritt mit projektivem Denken meist erst gar nicht ins Gesichtsfeld der Entscheider rückt. Die Nicht-Erwartung hat man bewusst als Möglichkeit in Betracht gezogen und ihr dann eine geringe Erwartungswahrscheinlichkeit zugemessen. Mit der blauen Zukunftsbrille würde man typischerweise das Steigen oder Sinken des Marktvolumens in Form von zwei Extremprojektionen in Betracht ziehen und dann eine Überzeugung (Zukunftsannahme) entwickeln.

Dass der Markt durch eine bekannte oder gar noch unbekannte Substitutionstechnologie vernichtet werden könnte, ist eine Vorstellung, zu der man sich und die Manager vieler Unternehmen erst mit der roten Zukunftsbrille zwingen muss.

Mit der blauen Zukunftsbrille werden eher kontinuierliche Entwicklungen mit graduellen Veränderungen beziehungsweise Funktionen (Kurven) betrachtet, mit der roten Zukunftsbrille eher diskontinuierliche Entwicklungen und Funktionen. Für diese beiden Denkweisen sind unterschiedliche Haltungen und Werkzeuge nötig. Wir definieren Überraschungen wie folgt:

> **Eine Überraschung ist eine Projektion oder ein Szenario eines Ereignisses oder einer Entwicklung im Umfeld mit niedriger Wahrscheinlichkeit, aber potenziell starken Auswirkungen.**

Die Definition macht klar, dass auch die Überraschungen in der äußeren Form von Projektionen oder Szenarien gedacht werden, also ähnlich wie die Denkobjekte der blauen Zukunftsbrille (siehe Abschnitt 4.4).

Überraschend ist eine Überraschung deshalb, weil sie eine Veränderungsgeschwindigkeit im Umfeld verursacht, die Ihre Reaktionsgeschwindigkeit überfordert.

Überraschend kann etwas sein, weil man es

- sich nie vorgestellt hatte,
- für so gut wie ausgeschlossen hielt,
- früher erwartet hatte oder
- später erwartet hatte.

Überraschungen können entweder ereignishaft oder prozesshaft sein, wie die Tabelle 24 im Überblick zeigt. In der Literatur zu Wild Cards wird diese für die praktische Arbeit grundlegende Unterscheidung leider selten gemacht.

Ereignishafte Überraschungen (Wild Cards)

Das Beispiel der *Schlacht von Dorking* (Seite 221) beschreibt das Szenario einer ereignishaften Überraschung. Ereignisse können Auslöser für überraschende Entwicklungen sein. So war der Fall der Berliner Mauer der Wendepunkt für unzählige Trends, von der atomaren Rüstung bis hin zur Steuer- und Finanzpolitik in der EU. Die Entwicklung des World Wide Web, also einer benutzerfreundlicheren Oberfläche für das Internet, bedeutete eine Trendwende in der Entwicklung des Automobilvertriebs oder der Wertpapier- und Rohstoffbörsen. Dabei betrachten wir die Weiterentwicklung des Internets selbst zum HTML-

Tabelle 24: Zwei Arten von Überraschungen

Kriterium	Ereignishafte Überraschungen	Prozesshafte Überraschungen
Definition	■ Plötzlich eintretende Überraschung in Form eines Ereignisses im Umfeld	■ Allmählich eintretende Überraschung, die zu einer alternativen Zukunft des Umfelds führt
Beispiele	■ Bekanntwerden der Produktionsprobleme bei Airbus 2006 ■ Tsunami vom 26. Dezember 2004 ■ Anschläge vom 11. September 2001 ■ Mauerfall vom 9. November 1989 ■ Reaktorunfall in Tschernobyl am 26. April 1986 ■ Siehe auch Beispiele ab Seite 219	■ Ein Musikmarkt, der ohne physische Tonträger auskommt ■ Ein Arbeitsmarkt, in dem die Arbeitszeiten wieder länger sind (Trendumkehr im Jahr 2003, die sich fast zehn Jahre zuvor angekündigt hatte)
Wirkung	■ Schnelle und potenziell dauerhafte Störung des Gleichgewichts	■ Langsame und meist dauerhafte Veränderung des Gleichgewichts
Früherkennungs- möglichkeit	■ Aufgrund fehlender oder minimaler Prognostika (schwacher Signale) praktisch nicht früh erkennbar	■ Aufgrund erkennbarer Prognostika (schwacher Signale) grundsätzlich früh erkennbar
Reaktionszeit	■ Kaum verfügbar	■ Verfügbar
Typische Methode	■ Wild-Card-Analyse (Störereignis-Analyse) ■ Kreativtechniken ■ Analogien	■ Szenario-Analyse alternativer Zukünfte (ergänzend zur blauen Zukunftsbrille)

basierten World Wide Web als Durchbruch respektive als erwartetes Ereignis, denn die kommunikative Vereinfachung des Internets entsprach dem typischen Verlauf von Computertechnologien.

Prozesshafte Überraschungen (alternative Zukünfte)

Das Denken alternativer Zukünfte entspricht den prozesshaften Überraschungen. Im Gegensatz zu den ereignishaften Überraschungen waren der vorläufige Flop der New Economy oder die Wende in der über ein Jahrhundert laufenden Arbeitszeitverkürzung eher prozesshafte Überraschungen. Durch vorausgeworfene Anzeichen, schwache Signale oder Prognostika, eröffnen prozesshafte Diskontinuitäten die Möglichkeit zur Früherkennung und Antizipation. So haben bereits zehn Jahre vor dem 2003 in Ostdeutschland gescheiterten Streik für die 35-Stunden-Woche die ersten Unternehmen die Arbeitszeiten faktisch wieder verlängert. Für prozesshafte Überraschungen werden die so genannten Szenarien (im engeren Sinne) als Denkinstrument verwendet. In der roten Zukunftsbrille hat die Szenario-Methode ihre Stärken.

Wie die Tabelle 24 zeigt, spielt die Plötzlichkeit keine so große Rolle, wie man beim Begriff Überraschung zunächst zu denken geneigt ist. Das Internet kam nicht plötzlich, schon 1964 sah man so etwas wie das Internet in mehreren Studien klar voraus, und das 1962 vorgedachte und 1969 realisierte Arpanet war ein auch damals schon offensichtlicher Vorläufiger. Trotzdem waren unzählige Branchen, Unternehmen und Individuen überrascht, dass und wie das Internet innerhalb von wenigen Jahren die Märkte und die Welt revolutionierte.

Die folgende Abbildung zeigt einen Szenario-Würfel, eine Struktur für acht Szenarien überraschender Entwicklungen respektive alternativer Zukünfte des Bankenmarktes. Der Szenario-Würfel ist durch drei Achsen und dazugehörige Überraschungsfragen (hier gleich den Annahmenfragen) definiert, zu denen an den beiden Enden einer Skala die Extremantworten gegeben sind. Die Struktur entspricht den Projektionen der blauen Zukunftsbrille (siehe Tabelle 13 auf Seite 92).

1. *Achse E-Finance-Intensität:* Wie viel Prozent der Menschen nutzen E-Finance als primären Weg für die Erledigung ihrer Bankgeschäfte? Werden es nach Anschlägen auf das Internet mit zwanzig Prozent eher wenige sein oder mit neunzig Prozent praktisch alle?

2. *Achse Beratungsmarkt:* In welchem Maße wird die Finanzberatung in Zukunft gesondert bezahlt? Wird dies selbstverständlich sein oder wird Beratung wieder ausschließlich ein Verkaufsinstrument?

3. *Achse Anbieterlandschaft:* Wie stark wird der Anbietermarkt in der Finanzdienstleistung fragmentiert sein? Wird es sehr wenige große Finanzdienstleister geben, oder wird praktisch jedes Unternehmen – gleich welcher Branche – Finanzdienstleistungen anbieten?

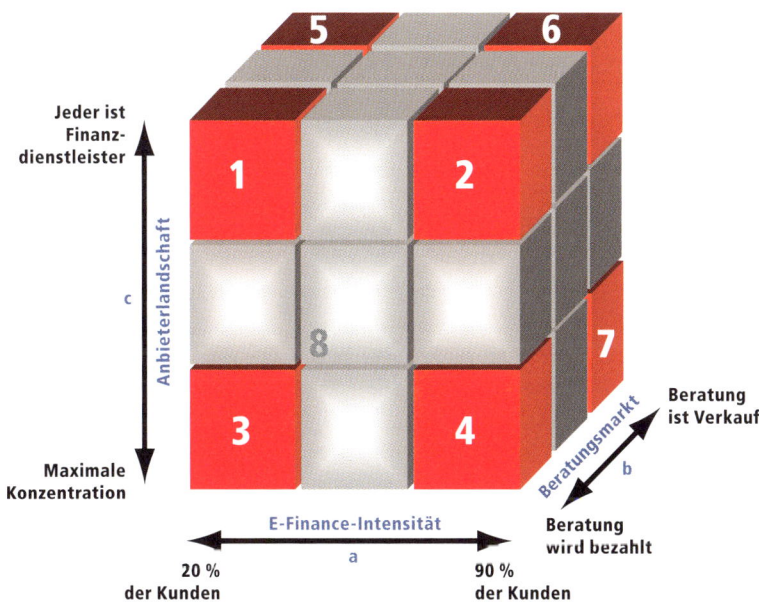

Abb. 22: Szenario-Würfel: Acht Szenarien des Bankenmarktes

Durch die Dreier-Kombinationen der Extremausprägungen sind sehr unwahrscheinliche, aber denkbare Szenarien der Zukunft entstanden. So ergibt die Kombination rechts hinten oben, also

a) neunzig Prozent E-Finance-Intensität,
b) Beratung ist Verkauf und
c) jeder ist Finanzdienstleister

ein Szenario, das man als »Tod der klassischen Banken« bezeichnen könnte, denn in dieser Zukunft werden fast nur noch wenige Rechenzentralen betrieben, die ihre Dienste Anbietern aus den verschiedensten Branchen anbieten. Der kleine Anteil an persönlicher Beratung konzentriert sich auf die wertvollsten Produkte und Lösungen und wird weiterhin überwiegend über Verkaufsprovisionen bezahlt. Das Trio links vorne unten, also

a) zwanzig Prozent E-Finance-Intensität,
b) Beratung wird bezahlt und
c) maximale Konzentration

zeigt hingegen ein Szenario, das man als »Boom der konzernierten Finanzberater« bezeichnen könnte, denn in dieser Zukunft bleibt Finanzdienstleistung ein persönliches Geschäft, das gesondert bezahlt wird. Aufgrund des hohen Volumens sind die Honorare jedoch unter Druck, so dass die Kosten der Back-Office-Prozesse durch Größenvorteile von Konzernen radikal reduziert werden müssen.

7.5 Denkhaltung und Prinzipien der roten Zukunftsbrille

Die rote Zukunftsbrille hat in der erforderlichen Denkhaltung und ihren Prinzipien vieles mit der blauen Brille gemein. Die rote Brille blickt ebenfalls aus der Makro-Perspektive auf die Welt und ist vor allem außenorientiert auf das Umfeld gerichtet. Sie haben einen distanzierten, passiven und beobachtenden Blick auf die Zukunft. Mit der roten Zukunftsbrille denken Sie zweckpessimistisch und fatalistisch, um die Folgen zukünftig möglicher Überraschungen zu simulieren. Sie brauchen eine negative Form der Kreativität, um sich die Überraschungen vorstellen zu können, die die Zukunft für Sie bereithält.

Richten Sie die rote Zukunftsbrille auf Ihr Umfeld

Die rote Zukunftsbrille widmet sich wie die blaue ausschließlich Ihrem Umfeld und dem Umfeld Ihres Unternehmens. Sie selbst dürfen in den Überraschungen keine Rolle spielen, wie die Anforderung der Passivität zeigt (siehe Abschnitt 3.2.5 und Seite 99). Leider sprechen viele Praktiker von Szenarien, wenn sie eigene Handlungs- und Gestaltungsoptionen meinen, was nach Ansicht so gut wie aller Fachleute nicht zweckdienlich ist.

 Die rote Zukunftsbrille darf nicht mit der Planungsfrage »Was kann schiefgehen« und auch nicht mit dem »Risiko« verwechselt werden.

Auch vom Begriff »Risiko« muss man die Überraschung abgrenzen. Das ursprünglich italienische Wort Risiko bedeutet Gefahr und Wagnis. Im Französischen (risquer) meint es noch deutlicher, dass man sich oder etwas in Gefahr bringt oder aufs Spiel setzt. Das Risiko erfordert also aktives Tun, man geht Risiken ein. Üblicherweise sind es die Risiken aus dem normalen Geschäftsbetrieb oder die Risiken aus zusätzlichen Aktivitäten über diesen Geschäftsbetrieb hinaus. Immer ist es aber bewusstes, aktives Handeln, das die Risiken begründet. Etwas anders gelagert ist das Wort Bedrohung, das eher eine Gefahr meint, der man auch durch schlichte passive Existenz ausgesetzt sein kann.

Denken Sie diskontinuierlich

Wenn Menschen über die Zukunft ihres Umfelds nachdenken, tun sie dies meist mit einem projektiven Ansatz. Sie schreiben die Entwicklungen der Gegenwart fort. Dieses Denken ist typisch für die blaue Zukunftsbrille. Die meisten der strategisch relevanten Diskontinuitäten sind jedoch mit den bekannten statistischen oder ökonometrischen Modellprognosen nicht vorhersagbar, weil die Veränderung sich nicht als eine kausallogische Gesetzmäßigkeit der Vergangenheit erklären lässt oder weil die Veränderung bewirkenden »dritten Variablen« nicht quantifizierbar sind.

 Mit dem gängigen projektiven Denken können Sie Überraschungen kaum sehen.

Die rote Zukunftsbrille erfordert vielmehr ein diskontinuierliches Denken, zu dem wir unser Gehirn regelrecht zwingen müssen. Wie könnte es ganz anders kommen? Was, wenn unsere Zukunftsannahmen komplett falsch sind? Was müsste passieren, um unsere Zukunftsstrategie in den Grundfesten zu erschüttern? Was müsste passieren, um uns binnen kürzester Zeit in den Erfolg zu katapultieren? Solche und ähnliche Fragen helfen uns, das Überraschende, Unerwartete und Unwahrscheinliche zu sehen.

Suchen Sie nach Unwahrscheinlichkeiten

Die überraschende Zukunft erfordert im Gegensatz zur blauen Zukunftsbrille der Annahmen-Analyse kein Denken in Wahrscheinlichkeiten, sondern ein Denken in Unwahrscheinlichkeiten. Da die Überraschung das einzig Sichere an der Zukunft ist, müssen Sie davon ausgehen, dass sich wesentliche Zukunftsannahmen als falsch erweisen werden und dass die Zukunft anders sein wird, als Sie sie sich vorgestellt haben.

 »Die überraschendste Zukunft wäre eine, die keine Überraschungen bringt.« (Herman Kahn)

Gerade die besonders großen und unwahrscheinlich aussehenden Überraschungen erfordern eine erweiterte Perspektive und ein gehöriges Maß an Überwindung gewohnter Denkmuster. Ein längerer Ausfall des Internets klingt zugleich unvorstellbar und doch zunächst undramatisch. Wer aber schon nervös wird, weil er das Mobiltelefon zu Hause vergessen hat oder weil er einen Tag lang keine E-Mails abrufen kann, der kann leicht erahnen, welch globale Katastrophe ein Ausfall des Internets hervorrufen würde. Das Internet basiert heute auf dreizehn Root-Servern, die allesamt in den USA stehen. Theoretisch hätten die USA also die Möglichkeit, den größten Teil des Internets »abzuschalten«.

Halten Sie Überraschungen auf der Agenda

Viele Menschen neigen dazu, das Unwahrscheinliche beiseitezukehren. Sie sind es gewohnt, (mit der blauen Zukunftsbrille) nach Wahrscheinlichkeiten zu suchen und sich dann auf sie zu konzentrieren. Die rote Zukunftsbrille soll buchstäblich dazu zwingen, an die Unwahrscheinlichkeiten der Zukunft zu denken. Schließlich gibt es immer mehr davon. Widersetzen Sie sich daher den Aufforderungen Ihrer Kollegen und Mitarbeiter, sich doch bitte auf »Realistisches« zu konzentrieren.

Dies ist weit einfacher gefordert als umgesetzt, denn wenn Sie auf mögliche Überraschungen hinweisen, werden Sie so gut wie immer kritisch, argwöhnisch, bestenfalls mitleidig gemustert. Aus emotionaler Sicht liegt es nahe, den Gebrauch der roten Zukunftsbrille vorzeitig zu beenden oder gar ganz darauf zu verzichten. In diesem Moment ist es hilfreich, sich anhand der im Abschnitt 7.2 beschriebenen Fallbeispiele der Bedeutung der roten Zukunftsbrille bewusst zu werden, so dass Sie den Mut finden, hart zu bleiben und sich durchzusetzen.

 »*Es ist ein Jammer, dass die Dummköpfe so selbstsicher sind und die Klugen so voller Zweifel.*« (Bertrand Russel)

Verteilen Sie zukünftig möglichen Stress gleichmäßiger

Von der Zukunft weniger überrascht zu sein heißt auch, den zukünftigen Stress, der aus dem Eintritt einer Überraschung resultiert, zu antizipieren und auf diese Weise in die Gegenwart zu holen. Sie reduzieren die schmerzlichen, bisweilen tödlichen Stress-Spitzen und verteilen den Stress möglichst gleichmäßig auf Ihre Lebenszeit.

 Die rote Zukunftsbrille verursacht Stress. Aber besser, Sie haben dauerhaft etwas mehr Stress, als dass er unerwartet tödlich wird.

Nach einem ähnlichen Prinzip werden Stromkosten reduziert. Man vermindert die sehr teuren Spitzen, indem man verhindert, dass Geräte und Anlagen gleichzeitig eingeschaltet werden, und stattdessen ihre Stromaufnahme verteilt.

Je mehr über eine potenzielle Überraschung bekannt ist, desto weniger bedrohlich ist sie. Die Lösungen und Eventualstrategien, mit denen man der potenziellen Überraschung begegnen kann, werden offensichtlich[20].

Sehen Sie Überraschungen nicht nur negativ

Für die Überraschungen haben wir zwar Rot als Farbe gewählt, aber das heißt nicht, dass es prinzipiell um Bedrohliches und Gefährliches geht. Die Hersteller von verschließbaren Klarsichtbeuteln aus Kunststoff erlebten eine Überraschung, als unerwartet die Vorschrift eingeführt wurde, dass jeder Fluggast seine in der Kabine mitgeführten Flüssigkeiten in ebensolchen Behältern transportieren muss. Die Vorschrift führte zwar nicht zu einem Boom, aber negativ war sie für die Beutelhersteller ganz sicher nicht.

> **Eine Überraschung ist selten für alle negativ. Immer hat das für den einen Negative für irgendwen etwas Positives und umgekehrt.**

Begrüßenswert wäre etwa der überraschende Durchbruch bei wirtschaftlichen Kernfusionsreaktoren, die eine positive Energiebilanz aufweisen. Sehr bald wären die Energieprobleme der Menschheit und die Klimaprobleme der Erde gelöst. Nicht besonders willkommen wäre dieser Durchbruch allenfalls denjenigen, deren Kraftwerke durch Kernfusionskraftwerke überflüssig würden. Petersen[21] beschreibt ein interessantes Beispiel für eine negative Wild Card, die auch positive Nebeneffekte hat: Eine stark sinkende Spermienkonzentration würde eben auch die Bevölkerungsdichte reduzieren helfen.

Die Krise ist oft Vorbote des Besseren. Die Pest-Pandemie im 14. Jahrhundert raffte die Hälfte der zentraleuropäischen Bevölkerung hin. Weil es danach zu wenig Arbeitskräfte gab, konnten die Bauern sich bei ihren Herren durchsetzen und höhere Löhne sowie geringere Pachten erreichen.

Erwarten Sie von Überraschungen keine Orientierung

Die klassische Szenario-Methodik geht von der prinzipiellen Unvorhersagbarkeit der Zukunft aus und versucht, mit üblicherweise drei bis fünf Szenarien gleich wahrscheinlicher oder gleich unwahrscheinlicher Zukünfte die möglichen Ausgänge der Zukunft aufzuzeigen. Die Forderung besteht dann darin, sich mit einer Zukunftsstrategie so auszurichten, dass man in allen Szenarien einigermaßen gut zurechtkommt. Da es in der klassischen Szenario-Methode außer den Entwürfen alternativer Zukünfte keinen anderen Blick in die Zukunft des Umfelds gibt, sollen die Szenarien auch eine gewisse Orientierungsfunktion erfüllen.

Hierfür ist im System der fünf Zukunftsbrillen, im *Eltviller Modell*, die blaue Zukunftsbrille zuständig, mit der bewusst die Annahmen über wahrscheinliche und unwahrscheinliche Zukünfte herausgearbeitet und laufend überprüft werden. Die rote Zukunftsbrille erfüllt daher keine explizite Orientierungsfunktion und braucht deswegen weniger Konsistenz in ihren Projektionen und Szenarien (siehe unten).

 Im *Eltviller Modell* der fünf Zukunftsbrillen wird die Orientierungs-funktion von der blauen Zukunftsbrille übernommen.

Suchen Sie nach plausiblen Überraschungen

Auch wenn die mit der roten Zukunftsbrille zu erblickenden Über-raschungen unwahrscheinlich sein sollen, sind sie damit nicht von der Anforderung der Plausibilität befreit. Etwas ist plausibel, wenn es einleuchtend, begreiflich, glaubhaft und schlüssig ist. Plausibilität ist das Maß für die generelle *Möglichkeit* des Eintritts einer bestimmten Überraschung. Je besser eine Projektion oder ein Szenario einer po-tenziellen Überraschung beschrieben und argumentativ begründet ist, desto plausibler erscheint sie / es[22].

Unter der Bucht der japanischen Stadt Tokio hat man 2005 eine vierte tektonische Platte entdeckt, durch welche das Erdbebenrisiko deutlich erhöht ist. Fielen große der Teile von Tokio einem massiven Erdbeben zum Opfer, werden 11 000 Tote und nicht weniger als 811 Milliarden Euro Schaden erwartet. Dies könnte zum Abzug japanischen Kapitals aus den Finanzmärkten führen, so dass diese in eine Krise gezogen werden könnten. Zwar sind noch nicht einmal die besten Experten in der Lage, zu bestätigen oder auszuschließen, dass es so kommen kann, aber eine gewisse Plausibilität ist dieser potenziellen Überraschung beizumessen. Es wird übrigens mit einer Wahrscheinlichkeit von neunzig Prozent damit gerechnet, dass Tokio in den nächsten fünfzig Jahren von einem sehr starken Beben (Stärke 7 auf der Richter-Skala) heimgesucht wird[23].

Intuitiv tendiert man dazu, Plausibilität und Wahrscheinlichkeit zu verwechseln. Dass innerhalb weniger Wochen eine Welt ohne Böses und Schlechtes entsteht, ist weder wahrscheinlich noch plausibel. Es müsste schon eine atemberaubende Story geliefert werden, um solch eine Überraschung glaubhaft erscheinen zu lassen. Dass die Mensch-heit Kenntnis von der Existenz intelligenten außerirdischen Lebens erhalten könnte, ist ebenfalls wenig wahrscheinlich, aber diese Projektion ist zumindest nach unserer Beurteilung sehr viel plausibler als die Entstehung einer durch und durch guten Welt. Immerhin wird zurzeit im Durchschnitt alle zwei Wochen ein neuer Planet entdeckt.

 Die Überraschungen müssen herausfordernd, aber plausibel und vorstellbar sein, um ernst genommen zu werden.

Je mehr Vorstellungskraft eine Überraschung erfordert, desto größer ist der Widerstand dagegen, sich mit ihr zu beschäftigen. Lächerlichkeit tötet. Es besteht bei allzu verwegenen Szenarien die Gefahr, dass das Management den gesamten Prozess absagt. Ab einem gewissen Herausforderungsgrad ist eine gesunde Skepsis sehr angebracht, denn schließlich ist es allein finanziell schon unmöglich und unsinnig, sich auf extrem implausible und unwahrscheinliche Überraschungen vorzubereiten. Der Nutzen einer Überraschung steigt also zunächst mit dem Herausforderungsgrad an und fällt dann steil ab.

Die Zahl möglicher Überraschungen wächst

Es wird immer schwieriger, die möglichen Überraschungen als solche und in ihren Auswirkungen zu erkennen und zu verstehen. Ihre Zahl tendiert gen unendlich. Dieser Effekt entsteht durch eine Reihe von Entwicklungen:

Steigende Komplexität

Die Menschheit macht die Welt immer komplexer. Bestrebungen und Erfolge zur Vereinfachung ändern daran nur wenig. Überraschungen sind per Definition ein Merkmal der Komplexität eines Systems. Ein kompliziertes System, ein Schaltkreis beispielsweise, verhält sich im Allgemeinen nicht überraschend. Aber schon ein Computer ist ein komplexes System, das sich bei gleichen Eingaben nicht immer gleich verhält. Wenn wir es zudem noch mit Menschen zu tun haben, die selbstständig mehr oder minder gute Entscheidungen treffen, haben wir ein komplexes adaptives System vor uns, etwa einen Markt oder eine Gesellschaft. Solche Systeme sind in keiner Weise exakt prognostizierbar, oder anders ausgedrückt, sie produzieren ständig Überraschungen.

Steigende Zahl an Faktoren

Ein weiterer Aspekt der Komplexität und damit ein Treiber impliziter Überraschungen liegt in der Zunahme der aktiven und passiven Elemente im System. Mehr Menschen, mehr Unternehmen, mehr Organisationen und mehr Computer machen es immer schwieriger, alle wesentlichen Faktoren zu überblicken, geschweige denn ihre Wirkungszusammenhänge zu kennen und zu verstehen.

Steigende Vernetzung

Die zunehmende Vernetzung der Akteure, sowohl informatorisch wie auch hinsichtlich der gegenseitigen Abhängigkeiten und Anziehungskräfte, schafft immer mehr mögliche Ursachen für Überraschungen. Sie ist ein Treiber der oben genannten Komplexität. Vor der Erfindung des Internets konnte es die Überraschung seines gravierenden Ausfalls oder die eines neuen, rein internetbasierten Wettbewerbers gar nicht geben. Dass durch die Publikation einer Internetseite innerhalb weniger Tage die Anschlagwahrscheinlichkeit in Deutschland enorm steigt, war ebenfalls undenkbar.

 Die Zahl der potenziellen Überraschungen wächst mit der Geschwindigkeit des Wandels und mit der Komplexität der Welt.

Kettenreaktionen und Kumulationen

Überraschungen setzen kaum vorhersehbare und verstehbare Kettenreaktionen in Gang. Ähnlich wirken Kumulationen von Überra schungen, wie etwa der letzte Kindesmord einer Serie, der endlich zu neuen Schutzmaßnahmen führt. Der Auswirkungstrichter, sprich die Gesamtheit der durch eine Überraschung im Zeitverlauf verursachten Veränderungen, kann niemals vollständig überblickt werden. Die Katastrophentheorie von René Thom[24] versprach zunächst Abhilfe. Sie sollte eine Methodik sein, mit der wir diskontinuierliche Entwicklungen genauso verstehen und berechnen können wie kontinuierliche Entwicklungen. Die Auslöser wie auch der Verlauf von Kettenreaktionen sollten so gut gerechnet werden können wie Trends. Leider hat das mathematische Modell nie richtig funktioniert.

Die Relevanz folgt aus den potenziellen Auswirkungen

Einer potenziellen Überraschung sieht man nicht schon auf den ersten Blick an, welche Auswirkungen sie hätte. Da sie für gewöhnlich recht neu ist, hat man die Überraschung selbst wie auch ihre Auswirkungen noch nicht durchdacht. Je stärker die Auswirkungen sind, desto größer ist die Relevanz der Überraschung, desto dringender muss man sich gegen sie immunisieren.

 Nicht auf die Überraschung selbst, sondern auf ihre Wirkung gilt es sich vorzubereiten.

Was so selbstverständlich klingt, ist in der Praxis nicht so leicht umzusetzen. Leichter haben Sie es, wenn Sie eine Abkürzung nehmen und sich zunächst fragen, von welchen zentralen Faktoren Ihr Erfolg abhängt, und dann den gänzlichen oder partiellen Verlust dieser Faktoren simulieren. Für Menschen als Lebensunternehmer, Unternehmen und für praktisch jede Organisation sind Umsatz und Deckungsbeitrag zentrale Größen. Daher besteht die denkbar schnellste und einfachste Diskontinuitäten-Analyse darin, sich die »5–50-Frage« zu stellen und zu beantworten:

Was machen wir, wenn wir innerhalb von fünf Wochen dauerhaft fünfzig Prozent unseres Deckungsbeitrages verlieren?

 Wenn Sie die denkbar schlimmsten Auswirkungen kennen, ist die sie verursachende Überraschung unerheblich.

Wenn fünfzigprozentige Einbrüche in Ihrem Geschäft normal sind, gehen Sie von sechzig oder gar achtzig Prozent aus. Alles, was Sie tun, um diese pauschale Diskontinuität zu überleben, würde Sie auch gegen alle anderen denkbaren Überraschungen schützen.

Nehmen Sie sich die nötige Zeit

Überraschungen werden in ihrer Auswirkung regelmäßig unterschätzt oder überschätzt. Seien Sie immer skeptisch und vorsichtig, wenn jemand nach zwei Sekunden schon weiß, dass etwas dramatische Folgen haben wird oder aber dass eine Überraschung problemlos vernachlässigt werden kann. Mag die Überraschung als solche auch sehr einfach aussehen, ihre Folgen und ihre Wechselwirkungen mit anderen Faktoren können trotzdem sehr komplex und bedeutsam sein.

Sehen Sie Ihre Verletzlichkeiten in Flexibilitätsopfern

Die Überraschungs-Analyse nähme kein Ende, würde man sie nicht auf die wichtigsten potenziellen Überraschungen begrenzen. Die folgende Abbildung hilft bei der Bestimmung derjenigen Strategieelemente, für die Eventualstrategien entwickelt werden sollten.

> *»Nicht die Stärksten überleben oder die Intelligentesten, sondern die am meisten bereit zum Wandel sind.«* (Charles Darwin)

Betrachtungs-objekt	Zeit-punkt	Bei höchster Risikobereitschaft	Bei risikobewusster Strategie	Bei höchstem Sicher-heitsbedürfnis
Strategie-elemente mit kurzfristiger Festlegung	Heute		Präventive Eventualstrategien nicht nötig	Umsetzung präventiver Eventualstrategien
	Zukünftig	Reaktion bei Bedarf	Reaktion bei Bedarf	Umsetzung akuter Eventualstrategien
Strategie-elemente mit langfristiger Festlegung	Heute		■ Umsetzung präventiver Eventualstrategien ■ Vermeidung langfristiger Festlegungen ■ Ausschöpfung von Flexibilisierungsmöglichkeiten	■ Umsetzung möglichster aller präventiven Eventual-strategien ■ Langfristige Festlegungen minimieren
	Zukünftig	Reaktion bei Bedarf	Umsetzung akuter Eventualstrategien	Umsetzung akuter Eventualstrategien
Alle Strategie-elemente	Heute		Installation eines Früherkennungssystems	Installation eines Früherkennungssystems
	Zukünftig		Kontinuierliche Früherkennung	Kontinuierliche Früherkennung

Abb. 23: Fokuspunkte der Überraschungsanalyse

In der ersten Spalte stehen die relevanten Betrachtungsobjekte. Zunächst sind in der ersten Zeile die Strategieelemente mit kurzfristiger Festlegung genannt. Ein Beispiel wäre hier Ihr Preismodell, das Sie in der strategischen Perspektive sehr schnell verändern können. In diesem Zusammenhang sind Sie und Ihr Unternehmen flexibel wie ein Motorboot.

Darunter befindet sich der Bereich der Strategieelemente mit langfristiger Festlegung. Hier sind Elemente wie Immobilien, Ihre Informationstechnologie und insbesondere die Unternehmenskultur gemeint, bei denen Sie wie bei einem Tanker nur sehr langsam umsteuern oder gar wenden können. Die Veränderung einer Unternehmenskultur benötigt meist mehrere Jahre. Im dritten Bereich sind alle anderen Strategieelemente genannt.

> **Sie sind dort am stärksten verletzlich, wo Sie im Interesse der Effizienz die größten Flexibilitätsopfer erbracht haben.**

Die zweite Spalte unterscheidet den Zeitpunkt des nötigen Handelns, was also heute zu tun ist und was in Zukunft zu tun sein wird. Die dritte Spalte beschreibt eine sehr risikobetonte Strategie, in der hohe strategische Risiken in Kauf genommen werden. Diese Strategie kann in den meisten Unternehmen schon aus gesetzlichen Gründen kaum gefahren werden. Die Spalte ganz rechts beschreibt eine sehr auf Sicherheit bedachte Strategie, die jedoch genauso gefährlich sein kann, da bekanntlich jede Chance zerstört, wer sich gegen alle Risiken absichern will. Die Spalte der risikobewussten Strategie zeigt schließlich den Idealfall, in dem Sie sich gegen existenzielle Risiken absichern, aber genügend unternehmerische Verantwortung und Risikobereitschaft an den Tag legen, um im Wettbewerb eine gute Marktposition erreichen und halten zu können.

Die risikobewusste Strategie konzentriert sich auf die Strategieelemente mit langfristiger Festlegung, da hier im Interesse der Wettbewerbsfähigkeit die größten Flexibilitätsopfer erbracht wurden. Je weniger flexibel Ihr Unternehmen ist, desto nötiger ist Voraussicht.

> **Flexibilität ersetzt Voraussicht.**

Die denkbaren Überraschungen müssen daher darauf hin untersucht werden, inwiefern durch sie die Strategieelemente mit langfristiger Festlegung in ihrer Grundlage berührt wären. Könnte beispielsweise

Ihr IT-System durch eine diskontinuierliche Marktentwicklung obsolet werden, ist die Entwicklung einer Eventualstrategie empfehlenswert. Präventiv könnte das IT-System modernisiert oder als Akutstrategie ein Recht auf ein Ausweichsystem gesichert werden.

■ **Flexibilität ist nur Hygienefaktor, nicht Erfolgsfaktor.**

Mit diesem Modell können Sie alle Strategieelemente mit langfristiger Festlegung überprüfen und damit Ihre Zukunftsstrategie solidieren und gegen überraschende Zukunftsentwicklungen robuster machen.

Stecken Sie den Möglichkeitsraum mit Extremen ab

In der Praxis ist es weder durchführbar noch nötig, alle möglichen Überraschungen zu erdenken und zu durchdenken. Es reicht in den meisten Fällen aus, eine Reihe von Szenarien extremer Zukünfte zu berücksichtigen. So könnte sich das Führungsteam einer Bank vorstellen, dass es in absehbarer Zeit eine Zukunft geben könnte, in der neunzig Prozent aller Privatkunden ihre Bankgeschäfte online tätigen, Beratung weiterhin nicht separat berechnet werden kann und in der ziemlich jedes Unternehmen zusätzlich auch Finanzdienstleistungen anbietet. In diesem denkbar schwierigen Szenario gibt es praktisch keinen Raum für eine klassische Bank. Findet das Führungsteam Eventualstrategien, die geeignet sind, das Überleben der Bank in diesem Szenario zu sichern, hat man sich damit gleichzeitig gegen eine unüberschaubare Zahl anderer Szenarien abgesichert.

▌ **Wenige extreme Projektionen und Szenarien können den Möglichkeitsraum ausreichend bestimmen.**

Dass wenige Szenarien den Überraschungsraum abstecken können, heißt jedoch nicht, dass zwei oder fünf Szenarien reichen, wie es von vielen Szenario-Methodikern praktiziert wird. Wir empfehlen für die praktische Arbeit, mindestens acht Szenarien alternativer Zukünfte (überraschender Entwicklungen) und rund ein Dutzend überraschender Ereignisse in die Diskontinuitäten-Analyse einzubeziehen.

Reduzieren Sie die Wirkung von Filtern und Barrieren

Trotz aller Systematik und Rationalität sind gerade bei der roten Zukunftsbrille starke psychologische Faktoren am Werk. Der Begriff »Groupthink[25]« beschreibt das Phänomen, dass gerade gut aufeinander abgestimmte Management-Teams dazu tendieren, sich zu schnell auf eine einheitliche Meinung und Denkweise einzuschwingen. In einer schnelleren und komplexeren Welt kann dies sehr rasch tödlich sein.

Die Fähigkeit, potenzielle Überraschungen überhaupt zu erkennen, hängt von vielfältigen Faktoren ab, nämlich davon, wie viel jemand grundsätzlich weiß, wie gut seine Realitätsannahmen die von anderen wahrgenommene Wirklichkeit abbilden, was er mag (Appetenzen), was er nicht mag (Aversionen), wie intelligent er ist, wie viele Sprachen und Zeichen er versteht und in welchem körperlichen und seelischen Zustand er sich gerade befindet. All dies ist ursächlich für Wahrnehmungs-, Bewusstseins-, Vorstellungs- und Handlungsbarrieren, die allesamt der Früherkennung potenzieller Überraschungen abträglich sind.

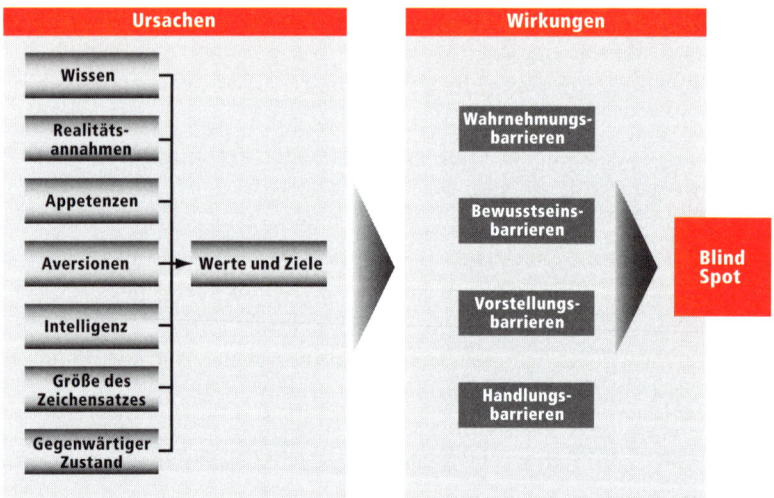

Abb. 24: Psychische Ursachen für Blind Spots

Die Wirkung der genannten Filter lässt sich bereits dadurch reduzieren, dass man um ihre Existenz weiß und sich im Team gegenseitig daran erinnert, dass man im Unrecht sein könnte.

> **»Die erste Lehre aus der Philosophie lautet, dass wir alle im Unrecht sein könnten.«** (William Durant)

Sorgen Sie für Insider- wie für Outsider-Wissen

Der Blick der Fachleute aus der eigenen Organisation reicht zum Erkennen von Überraschungen der Zukunft nicht aus. Für die rote Zukunftsbrille einer potenziellen Überraschung sind vier Arten von Wissen nötig, wie es die folgende Tabelle zeigt.

Tabelle 25: Kompetenzen für die rote Zukunftsbrille		
Stufe	**Leitfrage**	**Nötige Kompetenz**
Erkennen der Überraschung	■ Was könnte Überraschendes passieren?	■ Wissen aus zumeist fremden Feldern
Charakter der Überraschung	■ Wie genau funktioniert die Überraschung?	■ Wissen über die Mechanismen und Eigenschaften der potenziellen Überraschung
Wirkung der Überraschung auf das Gesamtsystem	■ Wie werden sich das System und die Umwelt durch diese Überraschung verändern?	■ Wissen über die Mechanismen und Prinzipien von Systemen im Allgemeinen
Wirkung der Überraschung auf den Betrachter	■ Welche Folgen hat die Überraschung für uns? ■ Wie können wir darauf am vorteilhaftesten reagieren?	■ Wissen über den betroffenen Markt, das Unternehmen oder den anderen fraglichen Gegenstand der Analyse

Für eine sinnvolle Arbeit mit der roten Zukunftsbrille sind folglich sowohl die fachliche Tiefe wie auch die interdisziplinäre Breite nötig. Letztere können Sie vorzugsweise sicherstellen, indem Sie sowohl Außenseiter, Laien und fachfremde Experten konsultieren als auch Informationen aus fachfremden Medien und Konferenzen auswerten.

Mithin ist es immens wichtig, nicht allzu viel Wert auf Branchenerfahrung zu legen, wenn es um die rote Zukunftsbrille geht, denn erst die Analyse der resultierenden Folgen braucht dieses Wissen. In den drei Stufen davor wird Wissen verlangt, das für gewöhnlich nicht in Ihrem Unternehmen verfügbar ist.

Gehen Sie bei den Szenarien einen pragmatischen Weg

Neben der Betrachtung von überraschenden Ereignissen, den Wild Cards, ist es empfehlenswert, auch überraschende Entwicklungen zu identifizieren und zu analysieren. Hierfür bietet sich die Szenario-Methodik an.

Es gibt unzählige Szenario-Methoden, die ein denkbar breites Spektrum an Philosophien und Techniken abdecken. Zwei extreme Schulen wollen wir hier als *intuitive Schule* und *mathematische Schule* ansprechen.

Die intuitive Schule der Szenario-Methodik[26] stellt den Herausforderungsgrad und die generelle Wirkung eines Szenarios auf seine Anwender in den Vordergrund. Plausibilität wird durch eine im Groben einleuchtende, begreifliche, glaubhafte und schlüssige Beschreibung und eine einfache Erstellungsmethode sichergestellt. Dieser Grad an Plausibilität führt gleichzeitig auch zu einer schwachen Form von Konsistenz, also der Widerspruchsfreiheit von Projektionen innerhalb des Szenarios. Auf eine mathematisch begründete Konsistenz legt die intuitive Schule bewusst keinen Wert.

Die mathematische Schule der Szenario-Methodik ist hingegen der Auffassung, dass wirkliche Konsistenz, also vollständige Widerspruchsfreiheit, letztlich nur dadurch zu gewährleisten ist, dass für die Analyse eines Systems wie etwa eines Marktes

1. jedes Element des untersuchten Systems mit seinen Deskriptoren (quantifizierbaren Eigenschaften) einbezogen,
2. alle Beziehungen zwischen allen Elementen abgebildet,
3. die Qualität, Stärke und Richtung aller Beziehungen in ihrer Art und Stärke erfasst
4. und alle möglichen Entwicklungen aller Elemente berücksichtigt

werden. Nur so seien widerspruchslose Szenarien der Zukunft zu erarbeiten[27] und nur solche seien qualitativ akzeptabel. Diese Art von Konsistenz kann freilich nur durch umfassende wie präzise Modellierung und Berechnung im Computer hergestellt werden.

Neuhaus nennt die Haltung der mathematischen Schule *»Hauptsache richtig rechnen«* und die der intuitiven Schule *»Hauptsache in die mentalen Modelle im Management«*. Die Vertreter der jeweiligen Richtungen nennt er die *»Szenario-Grammatiker«* und die *»Szenario-Pragmatiker«*[28].

> **Beide Extreme, sowohl das Szenario-Rechnen wie auch das einfache Szenario-Erfinden, sind für die Praxis nicht optimal.**

1. Die schlicht erdachten Szenarien der intuitiven Schule mit ihrer intuitiv-logischen[29] Basis vermögen zwar mentale Modelle herauszufordern und das Lernen zu beschleunigen[30], aber sie haben dem kritischen Geist der meisten Manager keine oder kaum eine methodische Fundierung entgegenzusetzen und werden daher schnell als Scharlatenerie verworfen, so inspirierend und nützlich sie auch sein mögen.

2. Auch das Szenario-Rechnen der mathematischen Schule hat seine Nachteile. Erstens ist noch nicht einmal die Gegenwart so konsistent, wie man die Zukunft gerne machen würde. Zweitens entstammt die Szenario-Mathematik dem Weltbild der 1970er-Jahre, als viele noch glaubten, nur bessere Computer zu benötigen, um die Zukunft besser beherrschen zu können. Dass man in den Szenarien unwahrscheinliche Zukünfte berechnet, ändert nichts an der grundsätzlichen Kritik. Drittens ist der Aufwand für die Herstellung mathematischer Konsistenz in der Regel viel zu hoch, wenn man ihn mit dem für die Praxis kleinen oder gar nicht vorhandenen Grenznutzen gegenüber einfacheren Methoden vergleicht. Schließlich führen auch einfachere Methoden zu brauchbaren Szenarien. Und viertens stellt sich die Frage nach »ownership« und Akzeptanz von Szenarien aus dem Computer, wo Selbstentdeckung durch die Anwender doch als besonders wertvoll gilt[31].

> **Für Ihre praktische Arbeit sei eine Anlehnung an die intuitive Schule bei gleichzeitiger Beachtung der Prinzipien der mathematischen Schule (ohne mathematische Modellierung) empfohlen.**

Die möglichen Entwicklungen Ihres Umfelds respektive Ihres Marktes haben Sie bereits mit der blauen Zukunftsbrille erkannt. Darin haben Sie auch schon extreme Projektionen und Szenarien analysiert und eingeschätzt.

Wenn Sie Ihren Markt kennen, können Sie daher auf komplexe Simulationen verzichten. Erfahrene Marktexperten brauchen sie nicht. Nur wenn Sie einen Ihnen unbekannten Markt oder Gegenstand untersuchen, lohnt sich das komplexe Modellieren und Rechnen, weil es das Kennenlernen des unbekannten Marktes systematisiert.

7.6 Checklisten zur Methodik

Die rote Zukunftsbrille gilt vor allem denjenigen Zukünften, die nicht bereits als Nicht-Erwartungen im Rahmen der blauen Brille analysiert wurden. Die ereignishaften Überraschungen (Wild Cards) sind hier deshalb bedeutender als die klassischen Szenarien. Dieser Abschnitt stellt Ihnen eine Checkliste für Ihre Arbeit im Unternehmen und eine für Sie als Lebensunternehmer zur Verfügung. Die Methoden-Checkliste richtet sich an Experten im Zukunftsmanagement.

7.6.1 Vorgehensweise im Unternehmen

1. **Versammeln Sie Ihr Zukunftsteam**.

2. **Bestimmen Sie Ihre Überraschungsfragen** anhand der Beschreibung und der Beispiele auf Seite 234 f.

3. **Entwickeln Sie Projektionen und Szenarien überraschender Ereignisse** mit einer der folgenden Methoden und Techniken:

a) *Beantworten Sie intuitiv die gestellten Überraschungsfragen,* um die ganz offensichtlichen Überraschungen ohne großen Aufwand zu ermitteln. Dies kann bereits zu ausreichend guten Ergebnissen führen. Schließlich kommt es, um es nochmals zu betonen, nicht darauf an, besonders fantasievolle Überraschungen zu denken, sondern die wesentlichen Verletzlichkeiten zu identifizieren.

b) *Kehren Sie Ihre Zukunftsannahmen um.* Formulieren Sie jeweils das Gegenteil Ihrer Zukunftsannahme und beschreiben Sie diese Zukunft als einen relativ plötzlich stattfindenden Prozess. Wenn Ihre Zukunftsannahme ist, dass Ihr Markt mit fünf bis acht Prozent jährlich wächst, folgt daraus die potenzielle Überraschung, dass Ihr Markt binnen eines Jahres um zwanzig bis dreißig Prozent schrumpft. Wenn Ihre Zukunftsannahme darin besteht, dass persönliche Beratung nach wie vor die Domäne von Menschen sein wird, müssen Sie daraus die Überraschung entwickeln, dass ein Durchbruch in der künstlichen Intelligenz oder schlicht eine innovative Software die Hälfte der Beratungsfälle kostenlos ohne menschliches Zutun erledigen kann.

c) *Nutzen Sie Zukunftsfaktoren* (Trends, Technologien und Themen der Zukunft), wie sie in der Checkliste auf Seite 89 f. genannt sind. Aus so gut wie jedem Zukunftsfaktor lassen sich Antworten auf Ihre Überraschungsfragen ableiten. Dabei können Sie wie bei der grünen Zukunftsbrille auf drei Intensitäten der Analyse von Zukunftsfaktoren zurückgreifen (siehe Seite 148).

d) *Werten Sie Wild-Card-Kataloge aus.* Gute Quellen hierfür sind die Bücher *Ungezähmte Zukunft* von Karlheinz Steinmüller sowie *Out Of The Blue* von John Petersen. Die dort genannten Wild Cards müssen Sie jedoch auf Ihren Bedarf hin spezifizieren und präzisieren.

e) *Befragen Sie Vordenker und Querdenker.* Vordenker finden Sie sowohl innerhalb wie außerhalb Ihrer Branche. Autoren von Artikeln, Blogs und Büchern mit ungewöhnlichen Thesen sind hierfür gute Adressaten. Stellen Sie Ihnen Ihre Überraschungsfragen.

f) *Sehen Sie Ihr Chancenpanorama und Ihre Visionskandidaten durch.* Prüfen Sie, welche Chancen und Visionskandidaten Sie selbst nicht nutzen wollen, und stellen Sie sich vor, Ihre Wettbewerber tun es sehr erfolgreich.

g) *Engagieren Sie »Feinde«.* Beauftragen Sie mehrere Personen, sich schädliche Maßnahmen gegen Ihr Unternehmen auszudenken. Dies kann im Wege eines einfachen Brainstormings wie auch als Forschungsprojekt geschehen. Mit dieser aggressiven Methode erhöhen Sie die Wahrscheinlichkeit, negative Überraschungen frühzeitig erkennen zu können.

h) *Führen Sie Wargames[32] durch.* Ab Seite 225 werden zwei Fallbeispiele für die Anwendung von Wargames beschrieben. Was man früher Rollenspiel oder Simulation genannt hätte, hat heue zumindest im Umfeld dynamischer Wettbewerbsanalysen den Namen Wargame. Die blinden Flecken in der Aufmerksamkeit des Managements können mit diesem Instrument deutlich reduziert werden. Angesichts notorisch knapper Zeit, empfehlen wir, die folgenden drei Spielzüge durchzuführen:

- Versetzen Sie sich in die Lage jeweils eines von drei Wettbewerbern, ob real oder erdacht. Was könnten diese Wettbewerber gegen Sie unternehmen?
- Wie können Sie auf jeden dieser Angriffe reagieren, um keinen Nachteil oder sogar einen Vorteil zu erzielen?
- Wie würden die Wettbewerber nun wieder auf jede Ihrer Aktionen reagieren?

4. **Entwickeln Sie Szenarien überraschender Entwicklungen respektive alternativer Zukünfte.** Zwingen Sie sich und Ihre Mitgestalter im Zukunftsteam, alternative Zukünfte zu denken, die Sie mit der blauen Zukunftsbrille nicht sehen können und die folglich in Ihrem Annahmenpanorama nicht vorkommen. Ab Seite 236 finden Sie Beispiele.

a) Identifizieren Sie drei Annahmenfragen aus der Annahmen-Analyse mit der blauen Zukunftsbrille, denen Sie den höchsten Grad an Ungewissheit beimessen würden.

b) Bestimmen Sie je zwei Extremantworten.

c) Kombinieren Sie die Extremantworten nach dem Modell des Szenario-Würfels zu acht Szenarien alternativer Zukünfte.

d) Beschreiben Sie die Szenarien in Form von Projektionen so plausibel wie möglich.

e) Stellen Sie ein akzeptables Maß an Widerspruchsfreiheit sicher, indem Sie mit Hilfe einer Matrix jede Aussage (Projektion) in Ihrem Szenario auf Vereinbarkeit mit jeder anderen Aussage prüfen und nötigenfalls korrigieren.

5. Fügen Sie die Standard-Überraschung »4–40« hinzu: *Was machen wir, wenn wir innerhalb von vier Wochen dauerhaft vierzig Prozent unseres Deckungsbeitrages verlieren?*

6. Ermitteln Sie die potenziellen Auswirkungen auf Ihre (vorläufige) Zukunftsstrategie. Die rote Zukunftsbrille tragen Sie vor allem, um Ihre Vision wie auch Ihre Mission und Ihre Leitlinien gegen die unvorhersehbare Zukunft in Form von ereignishaften wie prozesshaften Überraschungen abzusichern. Wenn Sie nur zehn bis zwanzig Überraschungen auf Ihrer Liste haben, können Sie dies für jede einzelne Überraschung tun. Wenn es deutlich mehr sind, sollten Sie zunächst eine intuitive Bewertung nach der vermuteten Stärke der Auswirkungen durchführen. Wie mit der blauen Zukunftsbrille sollten Sie dies im Wege einer Delphi-Befragung unter den Mitgliedern Ihres Zukunftsteams tun. Die folgende Abbildung zeigt die grundsätzliche Denkstruktur für die Auswirkungsanalyse.

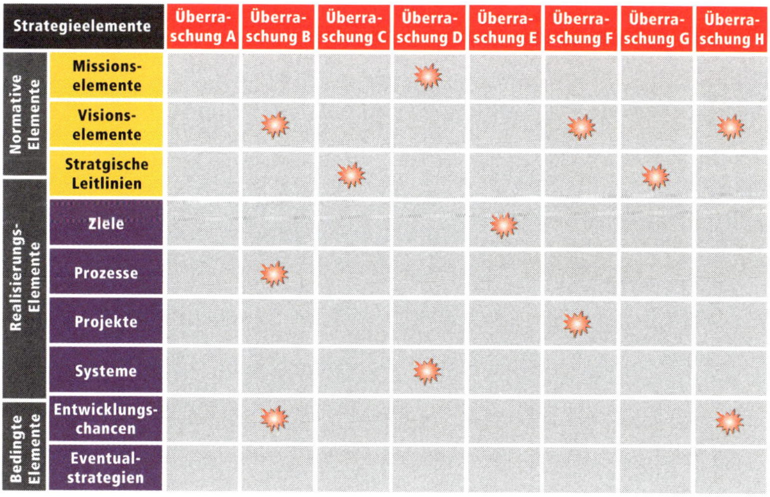

Strategieelemente		Überraschung A	Überraschung B	Überraschung C	Überraschung D	Überraschung E	Überraschung F	Überraschung G	Überraschung H
Normative Elemente	Missions-elemente				✦				
	Visions-elemente		✦				✦		✦
	Stratgische Leitlinien			✦			✦		
Realisierungs-Elemente	Ziele				✦				
	Prozesse		✦						
	Projekte						✦		
	Systeme				✦				
Bedingte Elemente	Entwicklungs-chancen		✦						✦
	Eventual-strategien								

Abb. 25: Impact-Matrix auf Zukunftsstrategie

7. **Alternativ: Ermitteln Sie die potenziellen Auswirkungen auf Ihr derzeitiges Unternehmen.** Wenn es Ihnen lediglich um die Absicherung Ihrer derzeitigen Situation geht, müssen Sie die Auswirkungen der Überraschungen nicht auf Ihre vorläufige Zukunftsstrategie, sondern auf Ihr gegenwärtiges Unternehmen beziehen. Hierzu vernetzen Sie die Überraschungen mit den Gestaltungsfeldern, die Sie bereits für die grüne Zukunftsbrille bestimmt haben (siehe Tabelle 17 auf Seite 129).

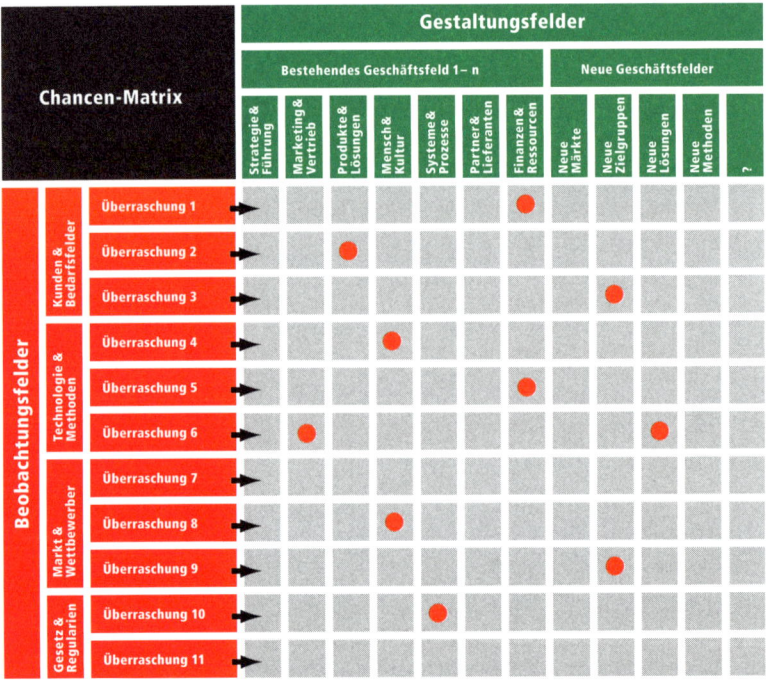

Abb. 26: Impact-Matrix auf Gestaltungsfelder

8. **Priorisieren Sie die Überraschungen** nach der Stärke ihrer Auswirkungen. Verwenden Sie dazu wieder eine Skala von 1 bis 9 analog zu der auf Seite 110 beschriebenen. Sie können sich nur auf einen kleinen Teil der Überraschungen tatsächlich vorbereiten, wenn Sie sich und Ihr Unternehmen nicht lähmen wollen. Bewerten Sie vor allem solche Überraschungen hoch, bei denen

Sie es im Falle ihres Eintritts am stärksten bedauern würden, sie ignoriert zu haben.

| **Der Grad des potenziellen Bedauerns ist entscheidend für die Bewertung von Überraschungen.**

9. **Erstellen Sie ein Überraschungspanorama.** Während Ihr Annahmenpanorama (blaue Zukunftsbrille) den Wahrscheinlichkeiten gilt, erstellen Sie mit der roten Zukunftsbrille ein Überraschungspanorama, also eine tabellarische Übersicht der erkannten potenziellen Überraschungen und ihrer möglichen Auswirkungen, die nach ihrer Stärke bewertet sind.

10. **Verbessern Sie Ihre Vision, Ihre Mission und Ihre Leitlinien.** Jeder Auswirkung, die zu einer existenziellen Bedrohung werden kann, muss mit einer entsprechenden Veränderung oder Verbesserung Ihrer vorläufigen Zukunftsstrategie entsprochen werden. Eine Anleitung für die Entwicklung von Eventualstrategien finden Sie in Tabelle 28 auf Seite 287 in der Beschreibung der violetten Zukunftsbrille. Auch die grüne Zukunftsbrille kann bei dieser Aufgabe hilfreich sein.

7.6.2 Vorgehensweise für Lebensunternehmer

Für Ihr persönliches Lebensunternehmen können Sie die rote Zukunftsbrille auf einige wesentliche Schritte fokussieren, deren Ergebnisse Sie schriftlich festhalten sollten:

1. Stellen Sie Ihre Überraschungsfragen.
   a) Im Privatleben kommen zu den im Abschnitt 7.4 genannten berufs- und unternehmensbezogenen Beispielen insbesondere Fragen nach Gesundheit, Familie und Partnerschaft hinzu. Wenn Sie viel mit Ihren Händen arbeiten: Was, wenn Sie ohne sie auskommen müssten? Wenn Sie auf Ihre Stimme angewiesen sind: Was, wenn sie für längere Zeit ihren Dienst versagt?
   b) Stellen Sie sich auch für Ihr Lebensunternehmen die Standardfrage: Was machen Sie, wenn Sie plötzlich und dauerhaft Ihren Beruf nicht mehr ausüben können?

2. Beschreiben Sie die denkbaren Überraschungen in wenigen Sätzen. Wenn Sie sich mehr Zeit nehmen möchten, können Sie auf die oben für Unternehmen beschriebenen Methoden zurückgreifen.

3. Ermitteln Sie die potenziellen Auswirkungen auf
   a) Ihre berufliche Tätigkeit,
   b) Ihre Familie und Ihre sozialen Beziehungen,
   c) Ihre psychische und seelische Konstitution,
   d) Ihr materielles Vermögen,
   e) Ihr Lebensumfeld.

4. Verbessern Sie Ihre Arbeitsergebnisse nach der gelben Zukunfts-brille. Eine Anleitung zur Entwicklung von Eventualstrategien finden Sie in Tabelle 28 auf Seite 287 zur violetten Zukunftsbrille.

7.6.3 Checkliste der Methoden und Techniken

Die Methoden-Checkliste für Profis im Zukunftsmanagement gibt Ihnen Hinweise, mit welchen Methoden und Techniken Sie Ihre Arbeit mit der roten Zukunftsbrille verbessern können.

Profi-Checkliste:
Methoden zur roten Zukunftsbrille und Literaturtipps
(siehe Literaturverzeichnis)

Überraschungsfragen erarbeiten (analog zur blauen Zukunftsbrille)
- Strukturanalyse (Geschka und Reibnitz, 1981; Godet, 1994; Gausemeier et al., 1996)
- Critical success factors (Rockart, 1979)
- Comprehensive situation mapping (CSM) (Georgantzas und Acar, 1995)
- Überraschungsfragen-Delphi (Mićić, 2006)

Projektionen / Szenarien überraschender Ereignisse erarbeiten
- Annahmenumkehrung im Annahmenpanorama (Mićić, 2005)
- Futures wheel / Mind Mapping (Glenn und Gordon, 2003; Buzan, 2006)
- Historische Analogien (Armstrong, 2001)
- Intuitive Ansätze (Glenn, 2003) und creative imagery (May, 1996)

Projektionen/Szenarien überraschender Entwicklungen erarbeiten

- Wie vorher für überraschende Ereignisse
- Scenarios (Schwartz, 1996; de Geus, 1988; van der Heijden, 1996; Godet, 1994; von Reibnitz, 1991; Gausemeier et. al., 1996; und andere)
- Cross impact analysis (Glenn und Gordon, 2003)
- Simulations (Rausch und Catanzaro, 2003)
- Games (Rausch und Catanzaro, 2003)
- Rollenspiele/Wargaming (Armstrong, 2001)
- Auswertung spekulativer Literatur und Kunst (May, 1996)
- Szenario-Würfel (Mićić, 2004)

Potenzielle Auswirkungen identifizieren

- Cross impact analysis (Glenn und Gordon, 2003) mit den Überraschungen und den Visionselementen
- Futures wheel/Mind Mapping (Glenn und Gordon, 2003; Buzan, 2006)
- Störereignisanalyse (von Reibnitz, 1991)
- Strategic conversation (van der Heijden, 1996)
- Delphi (Helmer, 1983)

Eventualstrategien entwickeln

- Methoden der grünen Zukunftsbrille
- Siehe bei violetter Zukunftsbrille

Ergebnisse präsentieren

- Text, strukturiert oder prosaisch
- Grafiken, Charts und Mind Maps
- Zeichnungen
- Film und Animationen
- Schauspiel

8 Ihre violette Zukunftsbrille: Welche Zukunft planen Sie?

Die Seeleute auf dem Windjammer brauchen einen Plan, um die langfristig erstrebte Vision durch praktisches Tun erreichen zu können. Der Plan muss Ziele, Projekte, Prozesse und Systeme sowie auch Leitlinien für die tägliche Arbeit enthalten. Die violette Farbe der hier passenden Zukunftsbrille haben wir in der Kapitänsanalogie mit der Farbe der Blutergüsse assoziiert, die beim Zupacken auf einem Segler so gut wie unvermeidlich sind.

Geht es um die Zukunft, denkt man für gewöhnlich zuerst an Prognosen, also an die blaue Zukunftsbrille im weiteren Sinne, und gleich darauf an die Planung. Hierzu benötigen Sie die violette Zukunftsbrille. Aus dem, was mit der grünen Zukunftsbrille als grundsätzlich vorstellbar und im Wesentlichen auch machbar erkannt ist, wird mit der gelben Zukunftsbrille das wirklich Gewünschte ausgewählt und schließlich mit der violetten Brille das für die Verwirklichung der Vision nötige praktische Tun geplant.

> Die violette Zukunftsbrille ist die, die Unternehmer und Manager im Tagesgeschäft tragen. Leider vergessen sie dabei meistens, dass die violette Zukunftsbrille erst sinnvoll getragen werden kann, wenn man vorher Zukünfte durch die vier anderen Brillen gesehen hat.

Umgekehrt gilt jedoch auch, dass jegliche Zukunftsschau lediglich künstlerischen und unterhaltenden Wert hat, wenn ihre wesentlichen Resultate nicht in konkrete Pläne und Taten münden. Wie viele mit großer Begeisterung erarbeitete Visionen und Strategien sind im unternehmerischen Alltag schon im Sand verlaufen, vergessen worden und gescheitert? Mit der violetten Zukunftsbrille machen Sie Ihre Zukunftsstrategie erst vollständig. Erst mit der Verbindlichkeit von Zielen, Projekten, Prozessen und Systemen im operativen Geschäft kann Zukunftsmanagement zum wirtschaftlichen Erfolg führen.

Über die violette Zukunftsbrille wurde in anderen Zusammenhängen bereits viel gedacht und geschrieben. Man denke nur an Fachgebiete wie die folgenden:

- Projektmanagement,
- strategische Planung,
- operative Planung (Balanced Scorecards etc.),
- Netzplantechniken und
- Zeitmanagement.

Weil die violette Zukunftsbrille eine den Unternehmern und Managern mittlerweile sehr vertraute und in der Breite praktizierte Sichtweise auf die Zukunft bietet, werden wir uns hier auf die wesentlichen Charakteristika im Rahmen unseres Modells konzentrieren. Die violette Zukunftsbrille erfüllt vor allem zwei Funktionen:

1. Sie stellt sicher, dass die strategische Vision im Rahmen der Mission und unter Beachtung der strategischen Leitlinien erreicht wird.
2. Sie hilft, Eventualstrategien als Antwort auf potenzielle Überraschungen zu entwickeln und umzusetzen.

8.1 Ihre violette Zukunftsbrille im Überblick

Die nachfolgende Tabelle fasst das Wesen der violetten Zukunftsbrille zusammen.

Tabelle 26: Die violette Zukunftsbrille im Überblick

Ziel: Die Zukunftsstrategie bestimmen, die im Rahmen der Mission zur Verwirklichung der strategischen Vision unter Beachtung der strategischen Leitlinien führt.

Arbeitsschritt und Leitfrage:
- Strategie-Entwicklung
- Wie gestalten wir unsere Zukunftsstrategie als Weg zu unserer Vision?

Tabelle 26: Die violette Zukunftsbrille im Überblick

Sinn und Zweck:

- Sie erhöhen die Wahrscheinlichkeit und den Grad des Erfolges.
- Sie schaffen Orientierung und Verantwortung im Tagesgeschäft.
- Sie erhöhen Ihre Effizienz durch Konzentration Ihrer Kräfte.
- Sie schaffen Werte.
- Sie ermöglichen regelmäßige Erfolgskontrolle.

Prinzipien:

- Strategische Ziele sind die mittelfristigen Etappen auf dem Weg zur Vision.
- Fundierung auf der Analyse der Zukunft des Umfeldes
- Flexibilität gegenüber sich ergebenden Strategieelementen schaffen
- Robustheit gegenüber Überraschungen gewährleisten
- Unterstützung durch einen kritischen Anteil an Akteuren innerhalb der Organisation
- Unterstützung der Strategie durch Systeme und Ressourcen
- Freiraum für Aktionen schaffen
- Sinnvolle Zielmaße verwenden
- Ziele müssen dem Unterbewusstsein wichtig sein, nicht dem Bewusstsein.
- Die Ergebnisse der violetten Zukunftsbrille sollten dokumentiert werden.

Denkhaltung:

- Fokussieren Sie sich auf das Erreichen einer vielversprechenden und vorteilhaften Position.
- Konzentrieren Sie sich auf herausfordernde und machbare Ziele.
- Konzentrieren Sie sich auf das Wesentliche.
- Begeistern Sie sich für Ihre Ziele.

Betroffene Denkobjekte:

- Strategie
- Ziele
- Projekte
- Prozesse
- Systeme
- Eventualstrategien
- Entwicklungschancen

Typische Methoden:

- Planung
- Roadmapping
- Projektmanagement
- Zeitmanagement

Vorgehensweise:

1. Bestimmen Sie die Strategiefragen.
2. Leiten Sie Ihre strategischen Ziele aus dem ersten Teil Ihrer Zukunftsstrategie ab.
3. Bestimmen Sie die Entwicklungschancen.
4. Leiten Sie Projekte, Prozesse und Systeme ab.
5. Integrieren Sie Eventualstrategien.
6. Überprüfen Sie Ihre Zukunftsstrategie anhand Ihrer Zukunftsannahmen.
7. Fassen Sie die Zukunftsstrategie in einem Satz oder Begriff zusammen.
8. Prüfen Sie die Machbarkeit Ihrer strategischen Vision.

Ergebnisse:

Eine auf effiziente Weise zur Verwirklichung der strategischen Vision führende und konsistente Zukunftsstrategie mit messbaren Zielen, Projekten, Prozessen, Systemen, Entwicklungschancen und Eventualstrategien ergibt sich.

8.2 Fallbeispiele zur violetten Zukunftsbrille

Als Standard-Zukunftsbrille der Unternehmer und Manager gibt es für diese Brille unzählige Beispiele, aus denen hier einige typische vorgestellt seien.

Von der Vision über das Ziel zum Projekt, Prozess und System

Ein großer Schweizer Hersteller von Konsumprodukten soll uns hier als Beispiel dienen. Seine Vorgehensweise entspricht dem altbekannten Herunterbrechen einer Vision auf Ziele und dann der Ziele auf Projekte, Prozesse und unterstützende Systeme.

Das Führungsteam des Unternehmens entwickelte um die Jahrtausendwende mit der gelben Zukunftsbrille die strategische Vision, von einem nur auf dem heimischen Markt tätigen Produzenten zu einem europaweit tätigen Entwickler von Handelsmarken zu werden. Internationalisierung und Wirkungsorientierung statt Produktion waren die Eckpunkte der strategischen Vision. Es wurden Etappenziele festgelegt. Unter anderem sollten die Stückkosten binnen dreier Jahre um dreißig Prozent sinken und ein Export-Team sollte aufgebaut werden.

Auf dem langen Weg zur Vision plante das Unternehmen so die einzelnen Schritte, die teils sofort, teils in den kommenden Jahren zu gehen waren. Dies hatte eine Reihe positiver Effekte. Zum einen wurde die Vision greifbarer, da klar erkennbar wurde, ob und auf welchem Weg sie zu erreichen sei. Zum anderen ließen sich Abweichungen schneller erkennen und entsprechend konnte früher darauf reagiert werden.

Dieses Herunterbrechen kann man auch Roadmapping nennen, obwohl das Roadmapping zu einem großen Teil der blauen Zukunftsbrille zuzuordnen ist. Andere bezeichnen die zentrale Aktivität der violetten Zukunftsbrille als »Strategy Map«[1] oder als »Transformation Map«.

Businesspläne entstehen mit der violetten Zukunftsbrille

Erfolgreiche Unternehmensgründungen basieren meist auf frühzeitigem Erkennen einer attraktiven Zukunftschance und der Dominanz der Vision des Gründers. Beides sind Grundvoraussetzungen für den Erfolg. Für den erfolgreichen Unternehmensaufbau bedarf es aber eines Plans zur Umsetzung. Ein Businessplan mit der violetten Zukunftsbrille zeigt, wie die Vision zu einer marktfähigen Leistung mit erfolgreichem Vertrieb und effizienter Unternehmensorganisation gemacht werden und wie dabei ein ausreichender Ertrag erwirtschaftet werden kann.

Die Planung der Zukunft in einem Businessplan dient als Nagelprobe des Geschäftsmodells. Sie ist zudem ein wichtiges Kommunikationsmittel in Verhandlungen mit Finanziers, Geschäftspartnern und Zulieferern. Erst durch eine solche Planung entsteht ein Mittel für die laufende Erfolgskontrolle und -steuerung.

Tuvalu entwickelt Plan für klimabedingte Evakuierung

Anfang 2007 hieß es, dass noch im 21. Jahrhundert der Nordpol eisfrei sein könnte. Wenn infolge der Klimaveränderung der Meeresspiegel ansteigt, sind einige Inselstaaten im Pazifik in ihrer Existenz bedroht. Die Zukunftsannahme der Regierung des 11 000 Einwohner zählenden Kleinstaates Tuvalu, der an seinem höchsten Punkt nur fünf Meter über dem Meeresspiegel liegt, muss also sein, dass ihr Land versinken wird. Tuvalu hat eine Vereinbarung mit Neuseeland getroffen. Jährlich werden 75 Einwohner aufgenommen, allerdings nur solche, die ein bestimmtes Einkommen nachweisen können. Australien lehnte eine ähnliche Vereinbarung und damit eine Aufnahme der Tuvaluer ab. Daneben gibt es einen Plan, alle Einwohner auf die Fidschi-Insel Kioa umzusiedeln. Die Kosten für diese Maßnahmen sollen nach Vorstellung der Tuvaluer Regierung die Industriestaaten tragen, da sie schließlich den Klimawandel verursacht hätten.[2]

McDonald's flexibilisiert sich durch eine Supply-Chain-Lösung

Als der BSE-Skandal (Rinderwahnsinn) auf seinem Höhepunkt war, hatte sich McDonald's längst auf eine solche Überraschung vorbereitet. Lieferketten sind durch die so genannten Peitscheneffekte sehr empfindlich. Im Zuge von Peitscheneffekten schaukeln sich kleinste Schwankungen im Absatz in ihren Effekten hin zu den Lieferanten immer stärker auf. Durch die frühzeitige Entwicklung und Implementierung eines speziellen Systems für das Supply-Chain-Management hat McDonald's nur vier Tage benötigt, um den durch den BSE-Skandal zusammengebrochenen Rindfleischbedarf in der Lieferkette zum Ausgleich zu bringen.

Trier bereitet sich auf mögliche Überraschungen vor

Die Stadt Trier hat nicht nur eine strategische Vision entwickelt, sondern diese auch gegen potenzielle Überraschungen abgesichert. Kernelement der Vision sind das Halten der Bevölkerung auf einem Niveau von 100 000 Einwohnern sowie die enge Verflechtung und Kooperation mit dem angrenzenden und auf absehbare Zeit stark prosperierenden Luxemburg. Die folgende Tabelle zeigt einige der erarbeiteten und analysierten potenziellen Überraschungen sowie die entsprechenden Eventualstrategien. Sowohl die Überraschungen wie auch die Eventualstrategien stellen eine Auswahl dar und sind stark verkürzt wiedergegeben.

Viele der Eventualstrategien haben dazu geführt, dass die strategische Vision überarbeitet und somit stark verbessert und gegen potenzielle Überraschungen der Zukunft robuster gemacht werden konnte.

Tabelle 27: Eventualstrategien der Stadt Trier

Überraschung	Eventualstrategien (Auszüge)
Luxemburg lehnt plötzlich eine enge Kooperation ab.	■ Von Beginn an die Win-Win-Vorteile einer Kooperation im Hinblick auf den Arbeitsmarkt, die Wohnsituation und weitere Gestaltungsfelder darstellen und mit konkludentem Handeln untermauern ■ Verstärkte Kooperation mit anderen Kommunen in der Region und im angrenzenden Ausland eingehen
Die Bevölkerung droht von 100 000 auf 75 000 zu sinken.	■ Trier im Rahmen eines vorzubereitenden Plans zu Gunsten von Grün- und Freiflächen zurückbauen ■ Die Ansiedlungsaktivitäten durch ein vorzubereitendes Programm deutlich verstärken
Die meisten Bürger lehnen bürgerschaftliches Engagement ab.	■ Bei schlechter Finanzsituation: das Gemeinwesen deutlich stärker bedarfsorientiert organisieren, das heißt, als Verwaltung weniger tun ■ Bei guter Finanzsituation: das Gemeinwesen mit erweiterten Aufgaben gestalten, das heißt, als Verwaltung mehr tun ■ Heute schon qualitative Anreize für bürgerschaftliches Engagement schaffen
Trier droht überdurchschnittlich stark zu überaltern. Mehr als die Hälfte der Menschen ist über 60 Jahre alt.	■ Ein Konzept für ein Programm mit aktiven »Verjüngungsmaßnahmen« vordenken ■ Im Eventualfall reagieren
Radikaler Abbau des sozialen Netzes.	■ Freiwilliges Engagement durch qualitative Anreize heute schon fördern (s. o.). ■ Konzept für die Anziehung finanzkräftiger Senioren zum Ausgleich von Finanzkraft und Sozialbedarf der älteren Bürger in Trier entwickeln (siehe Beispiel Konstanz)
Die Zahl der Beschäftigten in Trier sinkt dramatisch, die Steuereinnahmen brechen auf 30 Prozent ein.	■ Bereits heute auf die wirklich unverzichtbaren Aufgaben konzentrieren ■ Trier schon heute als Wohnstandort für Luxemburg qualifizieren
Politischer Wechsel in Trier.	■ Wie geschehen, von Beginn an den Stadtrat eng in die Zukunftsstrategie einbinden

8.3 Sinn und Zweck der violetten Zukunftsbrille

Die violette Zukunftsbrille, die Brille der Planung und Strategie, basiert auf den Ergebnissen der anderen vier Zukunftsbrillen. Die Resultate der blauen und roten Brille bieten die Zukunftsanalyse des Umfelds, die grüne Zukunftsbrille liefert das Material, aus dem die gelbe Zukunftsbrille schließlich die strategische Vision formt. Die violette Zukunftsbrille stellt schließlich sicher, dass diese Erkenntnisse in planvolles Handeln übersetzt werden. Mit der violetten Brille sind Sie auf dem Weg in die Zukunft, die Sie mit der gelben Brille als wünschenswert bestimmt haben. Gleichermaßen sichern Sie sich auf diesem Weg gegen Überraschungen ab, die Sie mit der roten Zukunftsbrille erkannt haben.

Sie schaffen eine Nahtstelle zur strategischen Planung

Die violette Zukunftsbrille baut die linke Seite der im Abschnitt 2.2. beschriebenen Brücke vom strategischen Management in die Zukunftsforschung und wieder zurück. Die violette Zukunftsbrille ist ihrem Charakter nach dem strategischen Management nah verwandt.

Sie bringen durch Planung Ihrer Aktivitäten und Ressourcen die Vision ins Tagesgeschäft

Mit der violetten Zukunftsbrille der Strategieentwicklung brechen Sie die gewünschte Zukunft der gelben Brille auf überschaubares Handeln herunter. Wie viele mit großer Begeisterung erarbeitete Visionen sind an der unternehmerischen Routine schon gescheitert? Selbst wenn es eine wirklich gute gemeinsame Vision ist, saugt das Tagesgeschäft oft die nötige Aufmerksamkeit auf und lässt auf diese Weise Vision und Strategie aus dem Bewusstsein verschwinden.

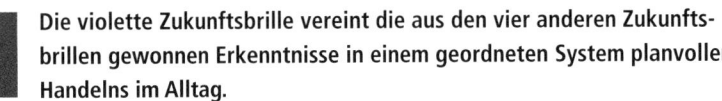

> Die violette Zukunftsbrille vereint die aus den vier anderen Zukunftsbrillen gewonnen Erkenntnisse in einem geordneten System planvollen Handelns im Alltag.

Sie schaffen Verantwortung im Alltag

Mit der violetten Zukunftsbrille erarbeiten Sie die Strategie Ihres Unternehmens unter anderem, indem Sie verbindliche strategische Ziele,

Projekte, Prozesse und Systeme festlegen, mit denen Ihre Vision schrittweise verwirklicht werden soll. Durch die persönliche Verantwortung der Manager und Mitarbeiter für die Erreichung ihrer jeweiligen Ziele wird Verbindlichkeit in die Umsetzung der Strategie gebracht.

Sie erhöhen Wahrscheinlichkeit und Grad Ihres Erfolges

Die Entwicklung, Implementierung und Verfolgung einer Strategie dient grundsätzlich der Steigerung des Erfolges einer Person, eines Unternehmens oder einer Organisation. Ohne eine mit der violetten Zukunftsbrille entwickelte und umgesetzte Strategie sind sowohl die Wahrscheinlichkeit wie auch der Grad des letztendlichen Erfolgs dem Zufall überlassen.

 Nur wenn in der Gegenwart planvoll gehandelt wird, kann eine strategische Vision mit annehmbar hoher Erfolgswahrscheinlichkeit erreicht werden.

Sie erhöhen Ihre Effizienz durch Kräftekonzentration

Eine Strategie fokussiert Geld, Zeit und Geist, also Ihre wesentlichen Ressourcen, auf die erfolgsentscheidenden Aktivitäten und Faktoren, die allesamt in Richtung der strategischen Vision zielen und somit Effektivität und Effizienz sicherstellen. Mit der violetten Zukunftsbrille werden alle Ziele, Projekte, Prozesse und Systeme unter Beachtung der Leitlinien auf die Verwirklichung der Vision ausgerichtet. Durch eine Strategie wird der Organisation also eine Richtung vermittelt, die sie effizienter macht. Eine Vision und eine Strategie haben daher, bezogen auf die Effizienz, selbst dann einen Wert, wenn sie sich als suboptimal oder gar falsch herausstellen.

Sie ermöglichen Erfolgskontrolle und Ziel-Navigation

Indem Sie Etappen auf dem Weg zu Ihrer strategischen Vision festlegen, können Sie regelmäßig überprüfen, ob und inwiefern Sie auf dem richtigen Kurs sind. Im Resultat erleichtern Sie sich die Ziel-Navigation durch unterstützende und korrigierende Maßnahmen.

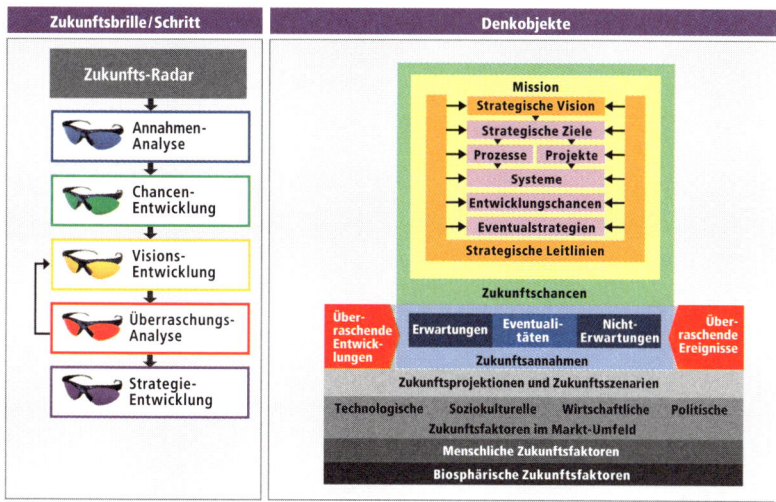

Abb. 27: Die violette Zukunftsbrille und ihre Denkobjekte

Sie sichern Ihre Zukunftsstrategie und Ihre Existenz

Die rote Zukunftsbrille zeigt, dass und wie die Zukunft Sie überraschen kann. Die violette Zukunftsbrille dient dazu, Ihre Zukunftsstrategie und letztlich auch Ihre wirtschaftliche Existenz gegen die wichtigsten Überraschungen abzusichern. Zu diesem Zweck entwickeln Sie Eventualstrategien, die Sie als Präventivstrategien gleich umsetzen oder als Akutstrategien für den Fall, dass die Überraschung eintritt, zur Umsetzung vorbereiten.

8.4 Denkobjekte der violetten Zukunftsbrille

Die violette Zukunftsbrille befasst sich mit Strategie und Planung. Das Wort Strategie geht auf die griechischen Begriffe »stratos« (Armee, etwas Umfassendes oder Überlegenes) und »agein« oder »igo« (führen, handeln) zurück. Zusammen bezeichnen sie entweder die Kriegskunst oder die Kunst der Führung und des umfassenden Handelns[3]. In den letzten Jahren wurde »strategisch« als Bezeichnung für alles Langfristige oder schlicht für alles Wichtige verwendet. Der Begriff des

Plans stammt aus dem Französischen und ist erst im 18. Jahrhundert entstanden. Auch wenn die violette Zukunftsbrille durch die geplante Zukunft gekennzeichnet ist, verzichten wir auf den Plan als Denkobjekt, weil dieser Begriff zu allgemein wäre.

Was Strategie und Planung aber genau sind, ist seit den 1950er-Jahren ein beliebtes Thema bei Praktikern und Theoretikern des Managements. Mehrere Dutzend Definitionen gibt es allein für das Konzept der Strategie. Manche plädieren gar dafür, den Versuch aufzugeben, den komplexen Begriff Strategie in eine Definition zu gießen[4]. Wir wollen an dieser Stelle dennoch ein grundlegendes Verständnis für die Praxis anbieten.

Strategie und Zukunftsstrategie

Die nachfolgende Grafik zeigt vier mögliche Verständnisbilder für den Begriff der Strategie, die auf einer grundsätzlichen Ebene deutlich machen, wie unterschiedlich man Strategie und in der Folge auch Planung verstehen kann:

1. Erstes Verständnis: Strategie bezeichnet die Aktivitäten zur Verfolgung langfristiger Ziele.
2. Zweites Verständnis: Strategie bezeichnet zusätzlich das Setzen langfristiger Ziele.
3. Drittes Verständnis: Strategie bezeichnet zusätzlich das Setzen von Mission, Vision und Leitlinien.
4. Viertes Verständnis: Strategie bezeichnet zusätzlich die Antizipation von Zukünften.

Im Rahmen der fünf Zukunftsbrillen und des *Eltviller Modells* schlagen wir zwei Definitionen vor. Die Strategie ist das Ergebnis der violetten Zukunftsbrille.

> **Strategie ist die Gesamtheit von Entscheidungen, Leitlinien und Aktivitäten für das Setzen und Verfolgen langfristiger Ziele.**

Die Zukunftsstrategie ist das Ergebnis aller fünf Zukunftsbrillen zusammen.

Abb. 28: Verständnisbilder von »Strategie«

> **Zukunftsstrategie** ist die Gesamtheit der Denkobjekte, die für die Antizipation der Zukunft, das Setzen von Mission, Vision und Leitlinien sowie das Setzen und Verfolgen von Zielen nötig sind.

Strategiefragen

> Mit Strategiefragen bestimmen Sie den wesentlichen Wissens- und Entscheidungsbedarf über den besten Weg zur Erreichung von Mission und Vision im Rahmen der Leitlinien.

Die Strategiefragen sind ebenso zahlreich und vielfältig wie die Denkobjekte der violetten Zukunftsbrille:

1. Welche strategischen Ziele setzen wir auf dem Weg zu unserer strategischen Vision?
2. Welche Projekte müssen wir umsetzen, um diese Ziele zu erreichen?
3. Wie müssen wir Prozesse gestalten, um die Ziele zu erreichen?
4. Welche Systeme müssen wir haben, um die Projekte und Prozesse umsetzen zu können?
5. Welche Chancen müssen wir weiterentwickeln?

6. Welche Eventualstrategien müssen wir umsetzen und welche vorbereiten?

Im Grundsatz können Sie mit der violetten Zukunftsbrille auch Fragen nach nötigen und unterstützenden strategischen Leitlinien stellen. An dieser Stelle berühren sich die Charakteristiken der gelben und der violetten Zukunftsbrille.

Strategische Ziele

»Wir haben einen neuen Geschäftszweig in der Optoelektronik bis zum Ende nächsten Jahres aufgebaut.« Dies könnte ein strategisches Ziel eines Management-Teams sein. Strategische Ziele nehmen in der Sicht der violetten Zukunftsbrille eine besondere Rolle ein, weil sie das Bindeglied zwischen der Vision und dem Tagesgeschäft bilden. Wir definieren strategische Ziele wie folgt:

> **Ein strategisches Ziel ist der gewünschte Zustand eines Gestaltungsfeldes, der nach Eigenschaften und Zeitpunkt in der Zukunft eindeutig definiert ist.**

Es sei hier für das *Eltviller Modell* zusammengefasst, was nahezu Allgemeingut ist:

1. **Zielname:** Ein Ziel muss in einem Satz (wie oben) den gewünschten Zustand zum betrachteten Zeitpunkt in der Zukunft beschreiben.
2. **Messkriterien:** Es muss unmissverständlich sein, woran man die Zielerreichung wird erkennen können.
3. **Zielbild:** Idealerweise lässt sich das Ziel in einem Bild visualisieren.
4. **Zielweg:** Es gehört zur Zielbeschreibung, dass der grundsätzliche Weg zur Zielerreichung bestimmt wird.
5. **Ressourcen:** Ziele können nur mit Ressourcen erreicht werden.
6. **Zielmanager:** Jedes Ziel braucht einen Menschen, der es mit Leidenschaft, Sachkenntnis und Entschiedenheit in der Aufmerksamkeit des Managements hält und so voranbringt.

Weitere Denkobjekte

Die weiteren Denkobjekte der violetten Brille sind verhältnismäßig bekannte Begriffe, die zumindest für die praktische Verwendung keiner ausführlichen Erörterung bedürfen:

1. **Prozess:** Regelmäßige Abfolge von Aufgaben und Aktivitäten zur Erreichung eines Ziels oder Ergebnisses in der Wertkette. Beispiel: Betrieb eines Qualitätsmanagements.

2. **Projekt:** Einmalige Abfolge von Aufgaben und Aktivitäten zur Erreichung eines Ziels. Beispiel: Einführung eines Qualitätsmanagements.

3. **System:** Einrichtung zur Unterstützung von Prozessen oder Projekten. Beispiel: ein Qualitätsmanagementsystem oder eine Produktionsanlage. Unter dem Begriff des Systems fassen wir alle materiellen und immateriellen Ressourcen und Werkzeuge zusammen.

4. **Entwicklungschance:** Hoch bewertete Zukunftschance, die noch nicht Teil der Zukunftsstrategie werden kann, da ihr Wert und ihre Machbarkeit noch unklar sind. Beispiel: *»Wir könnten ein automatisches Wettbewerbsbeobachtungssystem einführen, wissen aber noch nicht, ob solche Systeme wirklich aussagekräftige Informationen liefern.«*

5. **Eventualstrategie:** Mögliche Maßnahme, die im Falle des Eintretens von Überraschungen (unerwartete Ereignisse und Entwicklungen) und wesentlichen Änderungen in den Zukunftsannahmen durchgeführt werden kann. Beispiel: *»Für den Fall, dass eine substituierende Technologie in den Markt eintritt, wechseln wir auf Technologie X.«*

8.5 Denkhaltung und Prinzipien der violetten Zukunftsbrille

Die violette Zukunftsbrille erfordert eine realistische, pragmatische und analytische Denkhaltung. Ihre Erfahrungen sind wertvoll, weil Sie mit ihnen intuitiver und somit auch schneller entscheiden und handeln können. Die violette Zukunftsbrille bezeichnet in gewisser Weise auch ein progressives Denken.

> **Die violette Zukunftsbrille transformiert Ihre heutige Realität in eine zukünftig gewünschte Realität.**

Mit der violetten Zukunftsbrille betrachten Sie Ihre Welt aus der Mikro-Perspektive und richten Ihre Aufmerksamkeit vor allem nach innen. Sie sind involvierter, aktiver und eingreifender Treiber des Geschehens.

Sehen Sie die Verwandtschaft zur gelben Zukunftsbrille

Eine ganze Reihe von Denkhaltungen und Prinzipien der gelben Zukunftsbrille (siehe Abschnitt 6) gelten in gewisser Weise auch für die violette Brille, die jedoch stärker die praktische Verwirklichung der gewünschten Zukunft betont. Die Verwandtschaft der Denkhaltungen und Prinzipien wird in den nächsten Abschnitten deutlich.

Die Qualität Ihrer Strategie bestimmt die Qualität Ihrer Zukunft[5]

Die Qualität Ihrer Strategie und Ihrer Pläne ist zwar nicht der einzige, jedoch nach der Vision einer der wichtigsten Faktoren für die Qualität Ihrer Zukunft, aber auch Ihrer Gegenwart. Sie bestimmen mit der violetten Zukunftsbrille, worauf Sie Ihre Aufmerksamkeit als Ihr knappstes Gut zukünftig richten wollen. *»Zeige mir deine Ziele und ich sage dir deine Zukunft«*, könnte die Regel lauten. Visionäre und ambitionäre Ziele schaffen großartige Zukünfte. Rein extrapolierende Ziele schaffen bescheidene Zukünfte.

> **»Mein Erleben ist das, worauf ich mich entschieden habe, meine Aufmerksamkeit zu richten.«** (William James)

Retropolieren Sie ausgehend von Ihrer Vision

Die Ziele, Projekte, Prozesse und Systeme, die Sie mit der violetten Zukunftsbrille entwickeln, müssen stets der Vision entgegenführen. Die violette ist mit der gelben Zukunftsbrille verwandt. Beide streben nach einer gewünschten Zukunft. Während die gelbe Brille vor allem der visionären und normativen Richtungsentscheidung gilt, verfolgt die violette Zukunftsbrille das Ziel, pragmatische und praktikable Wege zu finden, auf denen die Vision verwirklicht werden kann.

Setzen Sie *nicht* die Finanzen ganz oben hin

Norton und Kaplan haben altbekannte Konzepte in zwei griffige und gut verkäufliche Namen gebracht: Balanced Scorecard[6] und Strategy Map[7]. Meist steht dabei die finanzielle Perspektive ganz oben in der Zielkette. Shareholder-Value oder ersatzweise Gewinn erscheinen als Causa finalis, als das letztlich Sinn Gebende. Wir sehen Gewinn jedoch eher als Ergebnis, nicht als Ziel.

 Sie können Menschen kaum mit Umsatz- und Gewinnwachstum und erst recht nicht mit Bilanzeckwerten begeistern.

Konzentrieren Sie sich auf Lücken und Überhänge

Die gelbe Zukunftsbrille liefert mit Mission, Vision und Leitlinien die Vorlage für die Zukunft. Dieses Bild können Sie, wie schon zur gelben Brille empfohlen, gedanklich über Ihre heutige Wirklichkeit legen und dabei erkennen, wo die strategischen Lücken sind, die Sie schließen müssen, und wo die strategischen Überhänge, die Sie abbauen müssen. Die »Gap-Analyse« schafft Klarheit über die zu erreichenden Ergebnisse, wenn auch nicht über die zu planenden und umzusetzenden Aktivitäten. Zwar werden die Ziele deutlich, jedoch können diese in vielfältiger Form erreicht werden.

Schaffen Sie Zielklarheit

Ihre Ziele müssen so konkret und eindeutig beschrieben sein, dass es zumindest am Anfang keinen Zweifel an ihrer Erreichung gibt. Wir meinen nicht die wachsweichen Ziele, wie sie üblicherweise in Millionen von Unternehmen formuliert werden. Ein Produkt zu verbessern ist kein Ziel, denn es ist ein Prozess. Einen Mitbewerber loszuwerden ist kein Ziel, denn es ist gegen andere gerichtet und seine Erreichung liegt nicht überwiegend in unserer Macht. Einen Markt zu erobern ist kein Ziel, denn es ist nicht geklärt, was »erobern« genau bedeutet. Vollkommene Leistungen zu erbringen ist kein Ziel, denn die Vollkommenheit ist nicht definiert, und wenn es ein Maß für Vollkommenheit gibt, kann die Vollkommenheit nicht vollkommen sein. Wenn wir aber festlegen, dass wir bis zum Ende des nächsten Geschäftsjahres 25 000 neue Kunden mit einem Mindestumsatz von jeweils 1200 Euro gewonnen haben werden, dann ist das ein klares Ziel.

 »Sobald der Geist auf ein Ziel gerichtet ist, kommt ihm vieles entgegen.« (Johann Wolfgang von Goethe)

Sich ein Ziel zu setzen heißt, sich zehn andere Ziele nicht zu setzen

Mit der Bestimmung der Mission, der strategischen Vision und der strategischen Leitlinien ist die Auswahl der Ziele wesentlich erleichtert. Letztlich können in diesem Rahmen nur solche Ziele gesetzt werden, die der Verwirklichung der strategischen Vision dienen. Nichtsdestotrotz können viele verschiedene Wege zur Vision führen und zudem können die Wege unterschiedlich beschritten werden. Konzentrieren Sie sich auf das Wesentliche. Wer große Ziele hat, lässt sich nicht von Nebensächlichkeiten ablenken und regt sich nicht über Kleinigkeiten auf.

 Die Kunst der Strategie besteht häufig darin zu sagen, was man nicht (mehr) tut.

Unterscheiden Sie strategische Ziele und Normalbetriebsziele

Es könne ja wohl nicht sein, dass Kundenzufriedenheit in diesem Jahr kein Ziel sei, empört sich mancher Mitarbeiter in Zieldiskussionen. Das Missverständnis ist schnell aufgeklärt, wenn man sich darauf einigt, dass es Normalbetriebsziele gibt, die immer und in jedem Fall gelten, und strategische Ziele, die im jeweiligen Zeitraum ganz besonders in der Aufmerksamkeit des Managements und aller Mitarbeiter stehen sollen.

Holen Sie sich die Unterstützung von Schlüsselakteuren

Die geschriebene Strategie alleine bewegt wenig. Die Zahl der Akteure Ihrer Organisation, die die Strategie wirklich kennen, können Sie mit deren hierarchischer Stellung und ihrem Einfluss auf andere Mitglieder der Organisation multiplizieren. Je höher das hierarchische Niveau eines Akteurs, desto stärker ist der Effekt seiner Unterstützung auf die Erfolgsaussichten der Strategie. Dies wirkt selbstverständlich in beide Richtungen. Eine renitente Aushilfe schadet natürlich weniger als ein opponierender Vorstand.

Denken Sie erst die Strategie, dann die Struktur

»*Struktur folgt der Strategie*«, lautet die alte Regel von Chandler[8]. Alles, was Ihre Organisation materiell ausmacht, also Gebäude, Anlagen, Maschinen, Geräte und Möbel, wie auch alles, was Sie an Systemen betreiben, vom Organigramm über das Prozessmodell bis hin zu den Aufgabenbeschreibungen, hat sich nach der Strategie zu richten, die sich ihrerseits an Mission und Vision orientiert. Diese Reihenfolge gilt im Denken, nicht aber im Handeln, wie das nächste Prinzip zeigt.

 Die Struktur folgt der Strategie, wenn es ums Denken geht, aber die Strategie folgt der Struktur, wenn es ums Handeln geht.

Schaffen Sie erst die Strukturen und Ressourcen, bevor Sie die Strategie umsetzen

Während im Denken die Strategie Priorität hat, muss im Handeln oft die Struktur an erster Stelle stehen. Eine Strategie kann ohne die zu ihrer Verwirklichung nötigen Strukturen, Prozesse und Ressourcen nicht wirken. Vor diesem Hintergrund kann es richtig sein, sich zunächst mit der Veränderung der Strukturen zu befassen, sofern dies auf einer klaren Strategie beruht.

Fassen Sie alle Aktivitäten in *einer* Strategie zusammen

Was in der Theorie so selbstverständlich ist, wird in der Praxis für gewöhnlich nicht gelebt. Da gibt es mitunter mehrere Strategien und Maßnahmenkataloge, die parallel gelten und verfolgt werden. Es braucht ein Gesamtwerk an Zielen, Projekten, Prozessen und Systemen, ob dies nun Masterplan, Strategy Map oder Roadmap genannt wird. Ein Management-Team, das dies nicht schafft, muss sich bei Licht betrachtet in seiner Existenzberechtigung in Frage stellen lassen.

Wählen Sie den optimalen Herausforderungsgrad

Menschen bringen bekanntlich sowohl bei Unterforderung wie auch bei Überforderung suboptimale Leistungen. Das gilt übrigens auch für ihre Zufriedenheit, wie die Glücksforscher zu berichten wissen. Finden Sie nach und nach das Maß an Herausforderung, das Sie persönlich und das vor allem das Ihre Kollegen und Mitarbeiter zu besten Leistungen und zur Zufriedenheit anspornt. Der Herausforderungsgrad wird dabei von zwei Faktoren bestimmt: erstens vom Unterschied zwischen heutiger und gewünschter zukünftiger Kompetenz und zweitens vom Unterschied der gegenwärtigen Wirklichkeit zur gewünschten Wirklichkeit.

Gleichen Sie Effizienz und Flexibilität aus

Schon mehrfach klang die Regel *»Flexibilität ersetzt Voraussicht«* an. Ihr Unternehmen ist dort am verwundbarsten, wo Sie zu Gunsten der Effizienz die größten Flexibilitätsopfer bringen. Wenn Sie die Wahl haben, wählen Sie die Option mit dem geringeren Flexibilitätsopfer, auch wenn sie mehr kostet.

■ Gewöhnen Sie sich an, für Flexibilität zu bezahlen.

Bleiben Sie offen für sich ergebende Strategieelemente

Wie oft haben Sie es erlebt, dass eine entwickelte und vereinbarte Strategie in jedem Detail wirklich umgesetzt wurde? Henry Mintzberg[9] hat darauf hingewiesen, dass sich jede Strategie, sei sie auch mit noch so viel Sorgfalt, Überblick und Intelligenz entwickelt, in realisierte und nicht realisierte Strategie aufteilt und dass die letzten Endes wirklich realisierte Strategie nur zu einem Teil aus der geplanten und zu einem nicht unerheblichen Teil aus ungeplanter und »emergenter« Strategie besteht. Es ist realistisch und vernünftig, davon auszugehen, dass dies immer auch für jede von Ihnen entwickelte Strategie gelten wird.

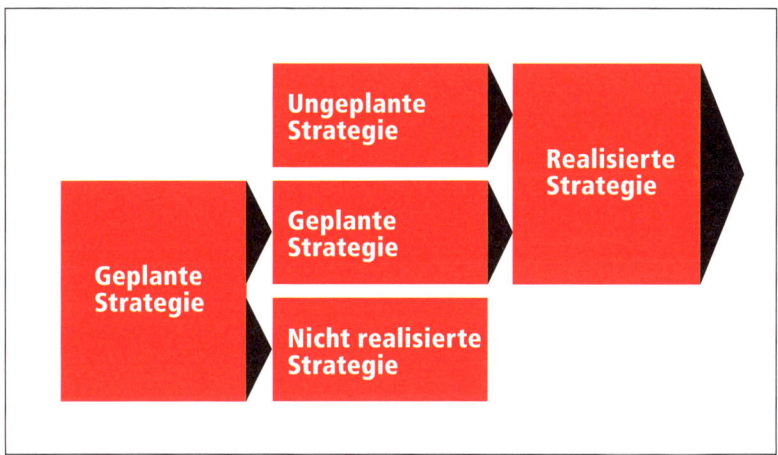

Abb. 29: Geplante und realisierte Strategie (Mintzberg, 1994)

Lernen Sie aus Irrtümern

Obschon die geplante Strategie praktisch nie der realisierten Strategie entspricht, so schafft die Planung und Festlegung von Zielen als Soll und die Kontrolle ihres Ist bekanntermaßen ein sehr fruchtbares Feedbacksystem.

 Die Planung ersetzt zwar den Zufall durch den Irrtum, aber aus Irrtümern kann man besser lernen als aus Zufällen.

Maximieren Sie die Kongruenz individueller und gemeinsamer Ziele

Sie haben mit der violetten Zukunftsbrille die große Herausforderung, vor allem solche Ziele zu setzen, die jedem einzelnen Mitglied des Management-Teams wie auch weiteren Verantwortungsträgern wirklich wichtig sind. Die Ziele des Unternehmens müssen so weit wie möglich mit den von den Akteuren persönlich als wichtig empfundenen Zielen kongruent (deckungsgleich) sein, damit sie auch kohärent (gleichgerichtet) sein können. Solche Ziele werden mit einer wesentlich höheren Wahrscheinlichkeit erreicht als die üblichen Ziele, die sich aus reinen betriebswirtschaftlichen Notwendigkeiten ableiten.

Ziele und Strategien müssen Ihrem Unterbewusstsein wichtig sein, weniger Ihrem Bewusstsein

Das Unterbewusstsein des Menschen kann weitaus mehr Informationen wahrnehmen als das Bewusstsein. Im quantitativen Vergleich soll sich die Informationsmenge des Unterbewussten zum Bewussten wie elf Kilometer zu fünf Millimetern verhalten. Das Unterbewusstsein, dieses geheimnisvolle Etwas, das uns Menschen zumindest informatorisch zum größten Teil ausmacht, entscheidet lange vor unserem Bewusstsein und viel entschlossener, was uns wirklich wichtig ist und was wir wirklich wollen.

 Was unserem Unterbewusstsein wichtig ist, das erreichen wir auch. Und was wir erreicht haben, ist das, was unserem Unterbewusstsein wirklich wichtig war.

Welche Bedeutung haben dann bewusste willentliche Entscheidungen von Menschen oder gar eines Management-Teams für die Umsetzung einer Zukunftsstrategie? Die zeitgenössische Psychologie nimmt an, dass unser Verhalten nur zu einem kleinen Teil auf bewussten und zum weitaus größten Teil auf unterbewussten Entscheidungen beruht. Das betrifft nicht nur Herrn Jedermann, der es zum 14. Mal nicht geschafft hat, fünf Kilo abzunehmen. Das betrifft in gleichem Maße die Fähigkeit eines Führungsteams, eine gemeinsam entwickelte strategische Vision zu verwirklichen. Man könnte meinen, unser Bewusstsein sei der Schwanz, der mit dem unbewussten Hund zu wedeln glaubt. Menschen tun nichts, von dem ihr Unterbewusstsein – oder das limbische System – meint, dass es sie aus dem emotionalen Gleichgewicht bringen würde. Es entscheidet oftmals, was wir später bewusst zu wollen glauben.

 Wir sind mit unserem Bewusstsein manches Mal wie ein Regierungssprecher, der Entscheidungen verkündet und begründet, von deren Hintergründen er nichts weiß [10].

Gerade im Umfeld der Politik ist die Frage nach Bewusstsein und Unterbewusstsein eine entscheidende. Zumindest die wirtschaftlich informierten Politiker wissen, dass eine fortgesetzte Staatsverschuldung früher oder später zu einem dramatischen Kollaps führen wird. Der

Politiker aber, zumindest sein Unterbewusstsein, will vor allem wiedergewählt werden, so dass er nicht anders kann, als weiter segensreich Geld zum kurzfristigen Wohle seiner Wähler auszugeben.

Noch dramatischer wird die Lage, wenn wir den Psychologen glauben, dass die Persönlichkeit des Unterbewusstseins in den wenigen ersten Lebensjahren entsteht und danach nur noch mit großem und immer weiter steigendem Aufwand verändert werden kann. Alle Bücher und Seminare, in denen Soft Skills trainiert werden, wären demnach ohne Sinn.

 »Wissen und Einsicht können nicht vermittelt werden, sie müssen in jedem Gehirn neu geschaffen werden.«[11] (Gerhard Roth)

Wenn wir Gerhard Roth zustimmen, hat das hat eine schwerwiegende Konsequenz. Es ist dann in Wirklichkeit gar nicht möglich, Menschen zu Zukunftsmanagern zu machen, wenn sie sich nicht bereits als solche verstehen und wenn sie es im Grunde nicht schon sind. Wer also dieses Buch liest, ist entweder ein vehementer Kritiker des Gedankens, die Zukunft managen zu können, oder – und das ist wahrscheinlicher – er ist eben schon ein guter Zukunftsmanager.

Ist es angesichts der Macht des trägen Unterbewusstseins dann noch sinnvoll, eine Vision zu entwickeln, Ziele abzuleiten und Projekte zu planen? Wir sagen aus zwei Gründen ja: Erstens geht es nicht darum, sich eine Vision vorzunehmen und Ziele zu setzen, die dem Unterbewussten widersprechen. Es geht ganz im Gegenteil darum, die dem Unterbewussten entsprechende Vision zu entdecken, was selbstverständlich nicht primär durch rationale analytische Methodenarbeit erreicht werden kann. Zweitens kann es in einem Unternehmen nicht gut ausgehen, wenn jeder nur seine eigene Vision verfolgt. Es braucht eine gemeinsame Vision, die ein annehmbarer Kompromiss aus den wirklichen individuellen beruflichen Visionen der Mitgestalter ist.

Machen Sie Ihre Zukunftsstrategie robust

Die oben beschriebene Erarbeitung der Ziele und Projekte als Weg zur Vision ist nur die eine Seite der violetten Brille. Auf der anderen Seite geht es um die Vorbereitung auf mögliche gravierende Überraschungen. Die rote Zukunftsbrille hat Sie dafür sensibilisiert, dass Überraschungen das einzig Sichere an der Zukunft sind. Eine gute Zukunftsstrategie muss robust gegen die wichtigsten Überraschungen sein. Dies gilt für alle Elemente der Zukunftsstrategie, von der Mission, der Vision und den Leitlinien über die Ziele, Projekte und Prozesse bis hin zu den Systemen und Entwicklungschancen.

Ihre Zukunftsstrategie ist robust, wenn die Auswirkungen wichtiger potenzieller Überraschungen Sie nicht existenziell gefährden würden, weil Sie sich bereits dagegen immunisiert haben oder weil Sie für den Eventualfall wissen, wie Sie sich schützen können. Höhere Robustheit geht allerdings oft einher mit einem geringeren Grad an Besonderheit und Ambition der Strategie. Je robuster eine Strategie, desto mehr tendiert sie zu einer konservativen Standard-Strategie, die viele andere Marktteilnehmer in gleicher Art und Weise verfolgen. Chancen und Bedrohungen beziehungsweise Risiken müssen gut gegeneinander abgewogen werden. Abbildung 25 auf Seite 259 zeigt das Denkmodell der Prüfung von Strategieelementen gegen Überraschungen.

Wählen Sie aus sieben Arten von Eventualstrategien

Was kann man tun, um sich auf Überraschungen einzustellen? Grundsätzlich stehen Ihnen die folgenden Arten von Eventualstrategien zur Verfügung, die Sie sich als »sieben V« merken können. Ein Beispiel für die Entwicklung von Eventualstrategien finden Sie in Tabelle 27 auf Seite 270. Die Präventivstrategien unter den Eventualstrategien werden zu regulären Zielen, Projekten, Prozessen und Systemen, während die Akutstrategien als solche Teil der Zukunftsstrategie sind.

Vernachlässigen

Es ist das Einfachste, die Augen vor möglichen Überraschungen der Zukunft zu verschließen. Das Gefährliche daran ist die Tatsache, dass das Fehlen der roten Zukunftsbrille nicht weh tut und nicht auffällt, bis die Überraschung eintritt. Dem gefeierten Unternehmer des Jahres sieht man nicht an, dass er volles Risiko fährt und damit sträflich die Existenz seines Unternehmens und die Arbeitsplätze seiner Mitarbeiter auf Spiel setzt. Die Berücksichtigung möglicher gravierender Diskontinuitäten in der Unternehmensstrategie kostet Zeit und Geld.

Tabelle 28: Sieben V – die Eventualstrategien

Name	Beschreibung	Art
Vernachlässigen	Nach eingehender Prüfung als nicht bearbeitungswürdig einstufen	Präventivstrategie
Verhindern	Die Überraschung verhindern, etwa durch Eliminierung von Voraussetzungen	Präventivstrategie
Vorbereiten	Bereits heute verteidigende und sichernde Elemente in die Strategie einarbeiten	Präventivstrategie
Vorsorgen	Für den Akutfall des tatsächlichen Eintritts einen schützenden Schubladenplan vorbereiten	Akutstrategie
Verwandeln	Für den Akutfall des tatsächlichen Eintritts einen offensiven Schubladenplan vorbereiten, mit dem die Überraschung relative Vorteile bringt	Akutstrategie
Vermindern	Den potenziellen Schaden vermindern (z. B. versichern)	Präventivstrategie
Vorgreifen	Die Überraschung selbst aktiv herbeiführen, um Vorteile zu erzielen	Präventivstrategie und Akutstrategie

Wer sie ignoriert, spart diese Ressourcen und verschafft sich so einen Vorteil zum Preis eines deutlich höheren Risikos. Viele grandiose Unternehmenserfolge hätten bei einem geringfügig anderen Verlauf der Geschichte ganz anders aussehen können.

 Manch gefeierter »Unternehmer des Jahres« sitzt wenige Jahre später vor dem Konkursrichter oder gar im Gefängnis.

Und doch müssen Sie den größten der Teil der denkbaren Überraschungen vernachlässigen. Wer alle Risiken ausschließen will, geht das höchste Risiko ein, denn er investiert zu viel Geld, Zeit und Geist in seine Absicherung, wodurch er wertvolle Flexibilität und Zeit im Wettbewerb verliert. Sie sollten alle denkbaren Überraschungen vernachlässigen, deren Eintritt Sie ohne existenziellen Schaden verkraften können.

Verhindern des Eintritts durch Präventivstrategien

Den größten Teil der denkbaren Überraschungen in Ihrem Marktumfeld können Sie nicht verhindern. Auch die teuerste Umerziehungskampagne wird Ihre Kunden nicht davon abhalten, ihre Werte neu zu sortieren. Ebenso wenig können Sie einen Terroranschlag auf das von Ihnen gesponserte Fußballstadion verhindern. Die Eventualstrategie »Verhindern« ist also nur in solchen Fällen anwendbar, in denen Sie direkten Einfluss haben, etwa durch Wahl anderer Geschäftspartner.

Vorbereiten durch Präventivstrategien

Bei dieser Eventualstrategie reichern Sie Ihre Zukunftsstrategie mit präventiven Elementen an, die vor der jeweiligen Überraschung schützen. Wenn Sie viel Geld in die Entwicklung eines Geschäftsfeldes investieren und sich damit dauerhaft binden würden, bestünde eine Präventivstrategie darin, parallel in geringerem Umfang in ein alternatives Geschäftsfeld zu investieren. *Gillette* teilte Anfang 2003 mit, dass man mit der Forschungsfirma *Palomar Medical Technologies* einen patentierten Laser zur nachhaltigen Haarentfernung zum Heimgebrauch entwickeln will. Ein wesentlicher Aspekt dieses Projektes ist zweifelsohne sein präventiver Charakter. Schließlich wäre *Gillette* von einer erfolgreichen Verbreitung einer laserbasierten Alternative für die tägliche Rasur in seinem Kerngeschäft stark bedroht. Weitere Beispiele haben wir schon oben ab Seite 230 beschrieben.

Vorsorgen mit Akutstrategien

Akutstrategien sind Schubladen- oder Notfallstrategien. Im Unterschied zur Präventivstrategie erfordert die Akutstrategie kein Handeln a priori, sondern nur die entsprechende Planung. Wenn ein Schaden wirklich eintritt, hilft oft nur noch die Schadensbegrenzung. Ist zum Beispiel ein Nahrungsmittelhersteller mit einer massenhaften Vergiftung von Kunden konfrontiert, muss durch schon im Vorfeld gut vorbereitete Krisenkommunikation und Krisenmaßnahmen alles dafür getan werden, den Imageschaden für das Unternehmen zu begrenzen.

Wenn die Konkurrenz plötzlich die Preise extrem senkt, können Sie
durch ein vorbereitetes radikales Kostensenkungsprogramm nachzie-
hen oder eine bereits vorab geplante Kampagne durchführen, mit der
Sie Ihren Kunden die Zweifelhaftigkeit dieser Strategie der Konkurrenz verdeutlichen. Für den Fall, dass Ihre Zentrale abbrennt, lassen
Sie bereits vorab Ausweichanlagen identifizieren, Verträge aushandeln
oder Sie bereiten ein massives und schnell umsetzbares »Home-Office-
Programm« vor.

Verwandeln mit Akutstrategien oder Präventivstrategien

Das obige Beispiel des radikalen Kostensenkungsprogramms und vor
allem des Home-Office-Programms zeigt, dass die rote Zukunftsbrille
oftmals zu Ideen führt, deren Umsetzung sich auch im Normalfall als
sinnvoll erweisen kann. Das gezielte Verwandeln durch Präventivstrategien ist dem Vorsorgen mit Akutstrategien gleich, nur dass die Aufmerksamkeit bewusst auf die Suche nach potenziellen relativen Vorteilen ausgerichtet wird. Das *Gillette*-Beispiel oben könnte auch durch
»Verwandeln« ausgelöst worden sein.

Vermindern des potenziellen Schadens durch Präventivstrategien

Die Versicherungswirtschaft bietet eine große Vielfalt an Lösungen zur
Absicherung des finanziellen Schadens aus dem Eintritt von überraschenden Ereignissen und Entwicklungen. Die finanziellen Verluste
aus Raub, Transportschäden und sogar Schäden aus dem Flop einer
Produkteinführung kann man versichern. Die Versicherer haben sich
kreative Lösungen wie die Fertigstellungsversicherung einfallen lassen. Das Instrument Versicherung versagt jedoch in der Regel, wenn es
um die Absicherung gegen die plötzliche Durchsetzung einer konkur-
rierenden Technologie am Markt geht. Und kaum ein Versicherer wird
Ihnen eine Versicherung gegen Konkurs anbieten. Zum Vermindern
des potenziellen Schadens muss daher auch die Selbstversicherung in
Form von Rücklagen in Erwägung gezogen werden.

Vorgreifen durch Präventivstrategien und Akutstrategien

Die offensivste Eventualstrategie besteht darin, die potenzielle Überraschung selbst herbeizuführen. Erkennt ein Unternehmen wie im obigen Fall *Gillette* oder wie viele Musikverlage, dass seine derzeitigen Produkte durch eine neue Technik substituiert werden könnten, steht im Grundsatz die Option offen, diese Substitution selbst herbeizuführen, um als Erster wohlvorbereitet in die neue Zukunft aufzubrechen. In der Praxis kommt dies jedoch selten vor, weil die Beharrungskräfte eher die alten Konzepte favorisieren.

 »Es waren nicht die Postmeister, die die Eisenbahn gründeten.«
(Joseph Alois Schumpeter)

8.6 Checklisten zur Methodik

Die violette Zukunftsbrille ist Ihnen methodisch sehr vertraut, wenn Sie sich schon mit Ziel-, Zeit- und Projektmanagement beschäftigt haben. Erfahrungsgemäß trifft dies auf die meisten Leser zu, die sich für ein Buch über methodisch fundiertes Zukunftsmanagement interessieren. Norton und Kaplan haben in ihren Werken *Balanced Scorecard* und *Strategy Maps* das für die Praxis Wesentliche zusammengefasst, wenn auch sicher nicht neu erfunden.

Sie erhalten nachfolgend eine Checkliste für Ihre Arbeit im Unternehmen und eine darauf aufbauende Checkliste für Sie als Lebensunternehmer. Die Methoden-Checkliste richtet sich an Experten im Zukunftsmanagement.

8.6.1 Vorgehensweise für Unternehmen

1. **Versammeln Sie Ihr Zukunftsteam**.

2. **Bestimmen Sie Ihre Strategiefragen** anhand der Beschreibung und der Beispiele auf Seite 275 f.

3. **Legen Sie die Zeithorizonte fest.** Ihre strategische Vision sollte sich nach dem bereits in den Checklisten zur blauen und gelben Zukunftsbrille empfohlenen Zeithorizont richten. Hat Ihre Vision einen sehr weiten Zeithorizont von zehn und mehr Jahren, sollten Sie strategische Ziele für die nächsten drei Jahre und zusätzlich bis zum Ende des nächsten Jahres formulieren. So haben Sie zwei Ziel-Ebenen unterhalb der Vision. Reicht Ihre Vision nicht mehr als fünf bis acht Jahre in die Zukunft, können Sie sich auf eine Ebene mit strategischen Jahreszielen konzentrieren.

4. **Identifizieren Sie die Unterschiede zwischen Vision und Gegenwart.** Machen Sie die Lücken und Überhänge zum Gegenstand Ihrer Strategie.

5. **Entwickeln Sie die nötigen Eventualstrategien**. Sie finden dazu auf den Seiten 286 ff. eine Anleitung. Die grüne Zukunftsbrille liefert dafür einen großen Fundus an Ansätzen. Die Eventualstrategien können in jeder Form in die Zukunftsstrategie einfließen, ob als Visionselemente oder Missionselemente wie auch als jedes andere Strategieelement, das in den folgenden Schritten beschrieben ist.

6. **Entwickeln Sie Zielkandidaten.** Ihre Vision und Ihre Leitlinien können Sie auf unzähligen Wegen erreichen. Entwickeln Sie, auch mit Hilfe Ihres Chancenpanoramas aus der grünen Zukunftsbrille, alternative strategische Ziele. Diese Zielkandidaten können Sie anschließend nach Kriterien wie Effektivität (Wirksamkeit) und Effizienz (Wirtschaftlichkeit) bewerten und priorisieren, um schließlich die geeignetsten strategischen Ziele zu bestimmen.

7. **Leiten Sie Ihre strategischen Ziele aus Ihrer strategischen Vision und Ihrer Mission ab**. Die strategischen Ziele bezeichnen Meilensteine auf dem Weg zur strategischen Vision. Brechen Sie daher die Elemente der strategischen Vision, wenn nötig auch der Mission, auf kleinere Einheiten herunter. Aus dem ersehnten technologischen Durchbruch wird so zunächst eine in drei Jahren oder gar einem Jahr realisierbare Teilentwicklung. Diesen Prozess nennt man Retropolieren oder auch »backcasting«. Sie zeichnen damit den Weg von Ihrer strategischen Vision zurück in Ihre heutige Gegen-

wart. Bestimmen Sie die Ziele nach den auf Seite 276 gezeigten Anforderungen.

8. **Ermitteln Sie die Entwicklungschancen.** Welche Chancen (grüne Zukunftsbrille) haben Sie hoch bewertet, die Sie aber noch auf ihren Wert und ihre Umsetzbarkeit hin prüfen und folglich weiterentwickeln müssen?

9. **Bestimmen Sie die Projekte und Prozesse zur Erreichung Ihrer strategischen Ziele.** Projekte und Prozesse sind die beiden Arten von Aktivitäten, mit denen Sie so gut wie Ihr gesamtes Berufsleben verbringen. Projekte müssen umgesetzt und Prozesse betrieben werden, um Ziele zu erreichen. Auch die Entwicklungschancen müssen mit einem gewissen Teil der Ressourcen verfolgt werden.

10. **Definieren Sie die Projekte und Prozesse zur Verwirklichung der anspruchsvollsten strategischen Leitlinien.** Die strategischen Leitlinien sind die Regeln für Ihr strategisches Verhalten nach außen wie nach innen. Sie müssen in der Gegenwart beachtet werden. Manche Leitlinien sind jedoch so anspruchsvoll, dass Sie besondere Aktivitäten entfalten müssen, um sie in absehbarer Zeit voll einhalten zu können. Insbesondere kulturelle Leitlinien können selten schnell eingehalten werden.

11. **Bestimmen Sie die Systeme zur Unterstützung der Projekte und Prozesse.** Was benötigen Sie, um Ihre Projekte umzusetzen, Ihre Prozesse zu betreiben und damit Ihre Ziele zu erreichen? Unter dem Begriff des Systems fassen wir alle materiellen und immateriellen Ressourcen zusammen.

12. **Gleichen Sie die Strategie mit Ihren Annahmen ab.** Die normativen Elemente Ihrer Zukunftsstrategie, also Mission, Vision und Leitlinien, haben Sie bereits auf ihre Kompatibilität mit Ihren Zukunftsannahmen überprüft. Stellen Sie nun in gleicher Weise sicher, dass auch Ihre Ziele und die weiteren Elemente Ihrer Strategie zu Ihren Zukunftsannahmen passen und idealerweise von ihnen unterstützt werden. Vernetzten Sie die Strategieelemente und die Zukunftsannahmen in einer Matrix, die Ihnen beim

systematischen Abgleich helfen wird. Wo sich Konflikte zeigen, müssen Sie das betreffende Element Ihrer Zukunftsstrategie verändern.

13. **Führen Sie alles in einer »Strategy Map« zusammen.** Führen Sie alle Ziele, Projekte, Prozesse und Systeme in einer Übersicht Ihres strategischen Handelns zusammen. Die Bezeichnungen Strategy Map[12], Transformation Map und Roadmap verwenden wir hier synonym. Wie im Abschnitt 8.5 zu den Prinzipien der violetten Brille bereits empfohlen, sollten Sie nicht den Shareholder-Value und den Gewinn, sondern die strategische Vision ganz oben als faszinierendes Zukunftsbild an die Spitze Ihrer Strategy Map setzen.

14. **Bestimmen Sie Zielmanager.** Stellen Sie sicher, dass jedes Ziel, jedes Projekt, jeder Prozess und auch jedes System einen Manager hat. Vor allem die Zielmanager sind nach unserer Erfahrung ein wertvolles Mittel, weil sie Verantwortung und Zielorientierung vereinen. Ihre Ziele sitzen dann in Ihren Management-Meetings quasi mit am Tisch.

15. **Installieren Sie ein Zukunfts-Radar**. Stellen Sie sich sicher, dass die Mitglieder Ihres Zukunftsteams aufmerksam die Vollständigkeit und Richtigkeit Ihrer Einschätzungen im Annahmenpanorama, Überraschungspanorama und Chancenpanorama überwachen. Erlauben Sie uns den Hinweis auf das Buch *Das ZukunftsRadar*, das sich diesem Thema ausführlich widmet.

16. **Vereinbaren Sie einen Kommunikationsplan.** Stellen Sie sicher, dass Sie regelmäßig und mit ausreichend Zeit und Ruhe über Ihre Zukunftsstrategie nachdenken und sprechen können.

8.6.2 Vorgehensweise für Lebensunternehmer

Für Ihr persönliches Lebensunternehmen können Sie die violette Zukunftsbrille auf einige wesentliche Schritte fokussieren, deren Ergebnisse Sie schriftlich festhalten sollten:

1. Bestimmen Sie Jahresziele auf dem Weg zu Ihrer Vision nach den auf Seite 276 genannten Kriterien.

2. Überprüfen Sie die mit der gelben Zukunftsbrille entwickelten Leitlinien, nach denen Sie zukünftig arbeiten und leben möchten.

3. Legen Sie für jedes Ziel und jede besonders anspruchsvolle Leitlinie ein Projekt fest.

4. Teilen Sie jedes Projekt in Aufgaben auf und verteilen Sie die Aufgaben so in Ihrem Kalender, dass Sie sie erledigen können.

5. Achten Sie darauf, dass Sie sich weder mit der Vision, noch mit den Leitlinien, noch mit den Projekten überfordern. Im Regelfall tendieren sehr ambitiöse Menschen dazu, sich ungefähr doppelt so viel vorzunehmen, wie sie schaffen können.

6. Planen Sie regelmäßige Nachdenkzeiten ein, beispielsweise einen Nachmittag im Monat oder einen Tag im Quartal.

7. Genießen Sie die Umsetzung Ihrer Zukunftsstrategie.

8.6.3 Checkliste der Methoden und Techniken

Die Methoden-Checkliste für Profis im Zukunftsmanagement nennt die wichtigsten Methoden und Techniken für die violette Zukunftsbrille.

Profi-Checkliste:
Methoden zur violetten Zukunftsbrille und Literaturtipps
(siehe Literaturverzeichnis)

Strategiefragen erarbeiten

- Critical success factors (Rockart, 1979)
- Comprehensive situation mapping (CSM) (Georgantzas und Acar, 1995)
- Wertschöpfungskette (Porter, 1985)
- Strategiefragen-Delphi (Mićić, 2006)

Mögliche Ziele, Projekte, Prozesse, Systeme und Entwicklungschancen ableiten

- Retropolation/Backcasting (Cornish, 2004)
- Roadmapping (Möhrle und Isenmann, 2002)
- Balanced scorecard (Kaplan und Norton, 1996)
- Strategy map (Kaplan und Norton, 2004)
- Wertschöpfungskette (Porter, 1985)
- Netzplantechniken
- Chancenpanorama (Mićić, 2005)

Bewerten, Priorisieren und Entscheiden

- Analytic hierarchy process (Saaty, 1996)
- Kosten-Nutzen-Analyse (May, 1996)
- Risikoanalyse (May, 1996)
- S-Kurven-Analyse (Pengg, 2003)
- Chancenpanorama (Mićić, 2005)

Eventualstrategien entwickeln und integrieren

- Sieben V, wie oben beschrieben

Abgleich der Zukunftsstrategie mit den Zukunftsannahmen

- Matrix der Zukunftsstrategieelemente und der Zukunftsannahmen

Ergebnisse präsentieren

- Balanced scorecard (Kaplan und Norton, 1996)
- Strategy map (Kaplan und Norton, 2004)
- Roadmapping (Möhrle und Isenmann, 2002)

9 Mehr von der Zukunft sehen

9.1 Die fünf Zukunftsbrillen und das Eltviller Modell

Das *Eltviller Modell* des Zukunftsmanagements beruht auf den fünf Zukunftsbrillen. Mit dem *Eltviller Modell* können Sie systematisch und strukturiert über Zukünfte nachdenken und dabei jederzeit den Überblick behalten.

Prozessmodell und Objektmodell

Das *Eltviller Modell* setzt sich aus zwei Teilen zusammen: dem Prozessmodell und dem Objektmodell. Das Prozessmodell besteht aus sieben methodischen Schritten: den fünf Zukunftsbrillen, ergänzt um einen einleitenden Schritt »Zukunfts-Radar« zur Beschaffung von Zukunftsinformationen und einen abschließenden Schritt »Institutionalisierung«, mit dem das Zukunftsmanagement zu einem regelmäßig betriebenen Prozess wird. Diese sieben methodischen Schritte bilden einen Denkprozess ab. Sie beantworten die Kernfragen des Zukunftsmanagements, die sich jeder Mensch, jedes Unternehmen und jede Organisation stellen und beantworten muss. Wenn Sie diese Arbeitsschritte durchführen, erhalten Sie Ergebnisse, die sich im Objektmodell darstellen lassen. Das Objektmodell enthält die Denkobjekte, die aus der Anwendung der fünf Zukunftsbrillen resultieren. Die Denkobjekte werden darin als solche wie auch in ihren Beziehungen zueinander definiert.

Die Denkobjekte im Eltviller Modell

In den vorangegangenen Kapiteln sind die zur jeweiligen Zukunftsbrille gehörenden Denkobjekte ausführlich präsentiert. Das System der fünf Zukunftsbrillen mit ihren Denkobjekten wurde auf der Grundlage

Tabelle 29: Die beiden Teilmodelle des *Eltviller Modells*	
Das Prozessmodell	**Das Objektmodell**
■ Beschreibung eines generellen Prozesses in sieben methodischen Schritten.	■ Beschreibung von miteinander verbundenen Denkobjekten.
■ Fünf der sieben Schritte werden mit den fünf Zukunftsbrillen charakterisiert und beschrieben.	■ Die Denkobjekte bilden einen »mentalen Setzkasten« für alle wichtigen Begriffe des Zukunftsmanagements.
■ Der einleitende Schritt »Zukunfts-Radar« sowie der abschließende Schritt »Institutionalisierung« runden das Prozessmodell ab.	■ Die Denkobjekte bilden mit ihren eindeutigen Relationen ein semantisches Netz.

von 250 Interviews und gut 800 Workshops und Seminaren mit Führungsteams verschiedenster Branchen sowie auf Basis der Fachliteratur ermittelt und konzipiert. Im Wege einer phänomenologischen Analyse haben wir die Essenz der Begriffsbedeutungen und ihrer Wechselbeziehungen herausgearbeitet und daraus ein mentales Modell[1] wie auch eine kognitive Landkarte (»cognitive map«[2]) abgeleitet.

Die Denkobjekte sind miteinander zu einem semantischen Netz verbunden. Das heißt, dass jedes Objekt nicht nur als Begriff, sondern auch in seinen Verbindungen und Verhältnissen zu den anderen Denkobjekten eindeutig beschrieben ist. Abbildung 30 zeigt eine vereinfachte Darstellung dieses semantischen Netzes. Tatsächlich existieren 113 Verbindungen zwischen den Denkobjekten – ohne Berücksichtigung der Zukunftsfragen.

In der Abbildung sind die Denkobjekte durch die Farbgebung eindeutig einer Zukunftsbrille zugeordnet. Die Signale und Zukunftsfaktoren wurden oben im Rahmen der Denkobjekte der blauen Brille vorgestellt, gehören jedoch eigentlich zum Prozessschritt Zukunfts-Radar, den das Buch *Das ZukunftsRadar* beschreibt.

Im Anhang finden Sie ab Seite 305 eine ausführliche tabellarische Übersicht der Denkobjekte mit Definitionen und Beispielen.

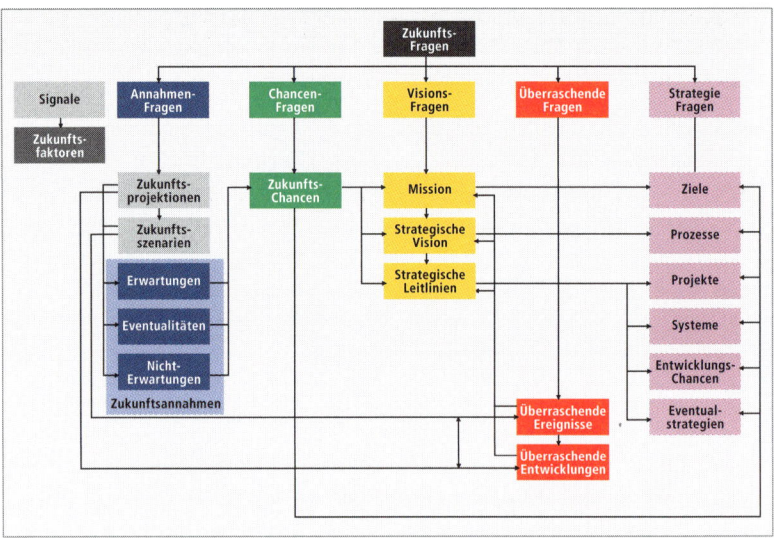

Abb. 30: Die Denkobjekte als semantisches Netz

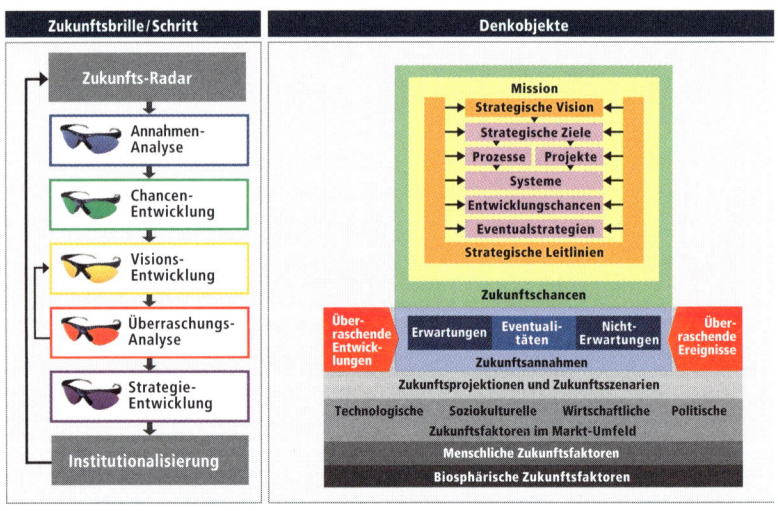

Abb. 31: *Eltviller Modell* mit Schritten und Denkobjekten

Prozesse und Denkobjekte des Zukunftsmanagements

Abbildung 31 zeigt schließlich das Prozessmodell und das Objektmodell in einer kognitiven Landkarte vereint.

Das *Eltviller Modell* ist einfach genug, um in der Praxis einen vollständigen Denk- und Handlungsrahmen in der Art eines mentalen Setzkastens zu bieten (siehe Abbildung 32). Andererseits ist es komplex genug, um die Prozesse und Ergebnisse des Zukunftsmanagements vollständig abzubilden und dabei neutral gegenüber einzelnen Methoden, Techniken und Werkzeugen zu bleiben.

9.2 So nutzen Sie die Zukunftsbrillen in der Praxis

Im Abschnitt 1.2 ab Seite 11 haben wir Ihnen eine Reihe von Nutzenpunkten versprochen, die Sie aus der Kenntnis und Anwendung der fünf Zukunftsbrillen gewinnen können. Wir schließen dieses Buch daher mit einer Zusammenfassung und gleichsam einem Überblick über die Anwendungsmöglichkeiten der fünf Zukunftsbrillen und des *Eltviller Modells* ab.

Die nachfolgend dargelegten Anwendungen betreffen sowohl Ihr persönliches Lebensunternehmen wie auch das Zukunftsmanagement in Ihrem Unternehmen oder in Ihrer Organisation.

Ordnen Sie Ihre Gedanken

Im Abschnitt 2.3 ab Seite 25 haben Sie die wichtigsten Zukunftsverwirrungen kennen gelernt, die Sie nun mit der Kenntnis der fünf Zukunftsbrillen vermeiden können.

Wer ist nicht verwirrt, wenn er über die Zukunft nachdenkt? Auf eine unangenehme Weise drehen sich die Gedanken im Kreis: Was halte ich für wahrscheinlich? Welche Zukunft möchte ich erschaffen? Was ist überhaupt möglich? Was ist, wenn es ganz anders kommt? Wie kann ich meine Zukunft kreieren? Das sind die Fragen, die man sich in puncto Zukunft häufig stellt. Die Lösung scheint auf der Hand zu

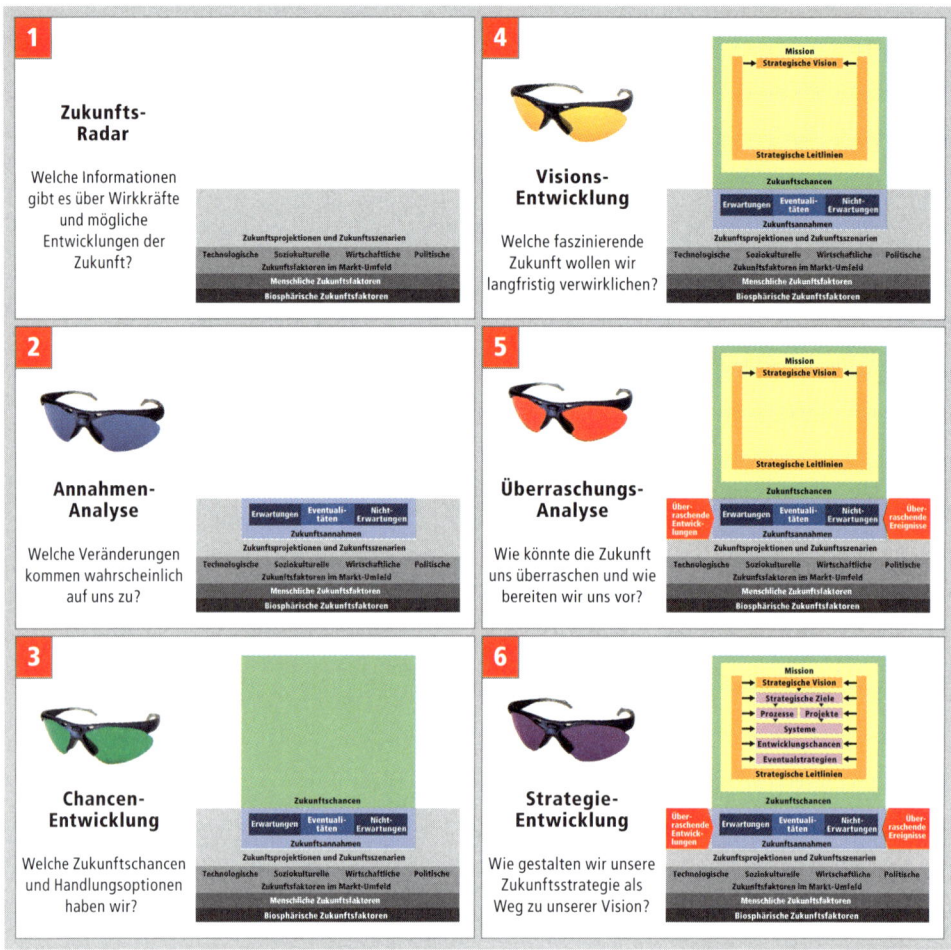

Abb. 32: *Eltviller Modell* Schritt für Schritt

liegen: Lesen wir doch einfach einen Zukunftsratgeber oder engagieren einen von diesen Zukunftsforschern. Doch wenn Letzterer seine Arbeit in einem Buch, einem Vortrag oder gar durch eine Beratung getan hat, bleiben die meisten noch verwirrter zurück als vorher.

Die fünf Zukunftsbrillen unterstützen Sie durch klare und aufeinander abgestimmte Definitionen der Denkprozesse und der mit ihnen eindeutig verbundenen Denkobjekte des Zukunftsmanagements. Sie sind nun in der Lage, die verschiedenen Zukünfte deutlich voneinander zu unterscheiden und routiniert mit ihnen umzugehen.

Kommunizieren Sie mit mehr Überblick und Präzision

Die bessere Ordnung in Ihrem eigenen Kopf und Bauch wird Sie in die Lage versetzen, weitaus präziser über die Zukunft zu sprechen und zu schreiben. Erleben und genießen Sie es, wie Sie souverän mit den Prozessen, Begriffen und Konzepten der Zukunft umgehen können. Die Ganzheitlichkeit des *Eltviller Modells* verschafft Ihnen zudem einen guten Überblick über das, was Sie wissen, und das, was Sie nicht wissen.

Beeindrucken Sie Ihre Gesprächspartner mit der Ganzheitlichkeit und gleichzeitigen Klarheit Ihres Denkens und Ihrer Sprache. Insbesondere bei Präsentationen und Vorträgen über die Zukunft werden Ihnen die fünf Zukunftsbrillen und, wenn es noch präziser sein soll, das *Eltviller Modell*, hervorragende Dienste leisten.

Helfen Sie anderen, sich besser zu verständigen

Nutzen Sie Ihre gedankliche und kommunikative Klarheit und Souveränität dazu, Gespräche und Diskussionen anderer zu unterstützen. Mit der Kenntnis der fünf Zukunftsbrillen eignen Sie sich hervorragend als Moderator in Ihrer Organisation. Lösen Sie Missverständnisse und Konflikte mit wenigen Worten und Beispielen auf. Weisen Sie auf einige einschlägige Prinzipien hin, um möglicherweise jahrelange Konflikte binnen kürzester Zeit zu beenden.

 Das *Eltviller Modell* gibt Ihnen in Ihrem Unternehmen eine einheitliche Sprache für das Denken und Arbeiten an der Zukunft.

Die sonst üblichen Missverständnisse, die zu enormen Kosten und nicht selten zu die Existenz gefährdenden Fehlentwicklungen führen, können Sie so gut wie ausschließen.

Ziehen Sie mehr Erkenntnisgewinn aus Zeitungen, Büchern, Vorträgen und Filmen

Im Abschnitt 1.1 auf Seite 8 haben Sie erfahren, wie stark Aussagen über die Zukunft buchstäblich »gefärbt« sein können. Da Sie nun die fünf Zukunftsbrillen mit ihrem Charakter und ihren Prinzipien kennen, können Sie Texte, Statistiken, Romane und Filme über die Zukunft deutlich besser zu verstehen, beurteilen und nutzen. Insbesondere die Ideenkathedralen der Zukunftsforscher werden Sie mit Ihrem neu erworbenen Methodenwissen wesentlich besser nutzen und dabei die Spreu vom Weizen trennen können.

 Sie können das Wesentliche besser und schneller erkennen und das Unwesentliche sofort identifizieren und mit gutem Gewissen ignorieren.

Verwenden Sie die Zukunftsbrillen als Vorlage für das Design von Zukunftsprojekten

Das *Eltviller Modell* ist die ideale Vorlage für das Design von Zukunftsprojekten. Sparen Sie sich Zeit und Mühe für die Entwicklung eines Denk- und Kommunikationsmodells über die Zukunft. Profitieren Sie von der durch mehrere Hundert Anwendungen erreichten Solidität des beschriebenen Modells.

Ob Sie eine Studie erstellen wollen, einen Vortrag halten, ein Seminar geben, einen Workshop durchführen oder ein ganzes Strategieprojekt für Ihr Unternehmen organisieren und planen möchten – die sieben Prozessschritte und die Denkobjekte im *Eltviller Modell* bilden eine hundertfach bewährte Vorlage für das Design von Zukunftsprojekten. Das Zukunfts-Radar ist die Vorphase für die Recherche, während Sie für jede Zukunftsbrille einen Workshop-Tag mit Vor- und Nachbereitung einplanen können. Je nach Schwerpunkt der Zielsetzung können Sie mehr oder weniger Zeit für die einzelne Zukunftsbrille vorsehen.

Die Denkobjekte bieten Ihnen eine strukturierte Vorlage für die Ergebnistypen Ihres Zukunftsprojektes. So können Sie den Mitgestaltern des Projektes gleich zu Beginn vermitteln, was die Ziele sind und was am Ende als Ergebnis zu erwarten ist.

Die zu jeder Zukunftsbrille gegebenen Checklisten zeichnen Ihnen jeden einzelnen Arbeitsschritt auf dem Weg zu einem wertvollen und schlüssigen Ergebnis vor.

Strukturieren Sie Ihre Zukunftsstrategie

Das Objektmodell des Zukunftsmanagements liefert Ihnen praktisch die Gliederung für Ihre Zukunftsstrategie und verbindet die Begriffe darüber hinaus im Sinne eines Wissensnetzes miteinander. Durch die präzisen Definitionen der Begriffe und ihrer Verbindungen sparen Sie sich viele Erläuterungen.

Sie können Ihren Mitarbeitern, Kollegen, Aufsichtsräten, Beiräten, Gesellschaftern wie auch anderen Interessenträgern gegenüber auf der Grundlage eines soliden Modells argumentieren.

Organisieren Sie Ihren Werkzeugkasten

Das *Eltviller Modell* ist bewusst methodenneutral. Die Prozessschritte wie auch die Denkobjekte können Sie mit vielen verschiedenen Methoden bearbeiten. Die Checklisten der Methoden und Techniken, die wir in erster Linie für die Profis im Zukunftsmanagement eingefügt haben, sind erstens nach den Zukunftsbrillen und zweitens nach den Teilschritten zu jeder Brille gegliedert. Auf diese Weise werden die Zukunftsbrillen zu einer idealen Struktur für Ihren Werkzeugkasten. Jeder Schritt, jeder Teilschritt sowie jedes Denkobjekt wird zu einem »Fach« in Ihrer Toolbox. Die unstrukturierten Methoden-Listen aus der Fachliteratur können Sie zukünftig auf eine Ihnen genehme Weise auswerten und zu Ihrem Vorteil nutzen.

Sehen Sie mehr von der Zukunft als die Konkurrenz

Wir haben es hundertfach erlebt, wie hilflos selbst die professionellsten Führungsteams sein können, wenn es um eine klare Struktur und Methodik für den Blick in die Zukunft geht. Seit der Jahrtausendwende hat sich in der Landschaft der Unternehmen wie auch der Organisationen und sogar der Staaten ein Wettbewerb um Voraussicht entwickelt. Wer es besser als andere versteht, mit der Zukunft umzugehen, erkennt die in ihr liegenden Bedrohungen und vor allem die Chancen früher und ist folglich besser in der Lage, sie zu seinem Vorteil zu nutzen.

> **Nutzen Sie Ihre Fähigkeit zur klaren Sicht auf und zur Kommunikation über die Zukunft als strategischen Vorteil im Wettbewerb um Voraussicht.**

Machen Sie mehr aus Ihrer Zukunft

Fassen wir alle genannten Anwendungen zusammen, sind Sie mit den fünf Zukunftsbrillen und dem *Eltviller Modell* in der Lage, mehr aus Ihrem Leben, Ihrem Unternehmen, Ihrer Stadt und Ihrem Land, folglich insgesamt mehr aus Ihrer Zukunft zu machen. Nutzen Sie diese große Chance!

Have a bright future

Anhang

Tabelle 30: Denkobjekte im *Eltviller Modell*		
Denkobjekt	**Definition**	**Beispiel**
Annahmenfrage	Mit Annahmenfragen bestimmen Sie den wesentlichen Wissens- bedarf über die wahrscheinliche Entwicklung Ihres Umfelds.	■ In welchem Maße wird die zunehmende Videofonie- und Videokonferenztechnik die Geschäftsreisetätigkeit ein- schränken?
Zukunftsfaktor	Zukunftsfaktoren sind Trends, Technologien und Themen, die als treibende Kräfte zukünf- tiger Veränderungen wirken.	■ Individualisierung (Trend) ■ Nanotechnologie (Technologie) ■ Klimaerwärmung (Thema)
	Ein **Trend** ist eine eindeutig ge- richtete Veränderung einer oder mehrerer Variablen im Umfeld.	■ Die Zahl der Reisekilometer pro Person und Jahr steigt.
	Eine **Technologie** ist ein Werk- zeug zur Erweiterung der mensch- lichen Fähigkeiten.	■ Nanotechnologie ■ Photonik ■ Mensch-Maschine-Schnitt- stellen
	Ein **Thema** bezeichnet ein Phänomen, das zukünftige Ver- änderungen in eine oder mehrere Richtungen verursacht.	■ Religiöse Konflikte ■ Militärische Konflikte
Signal	Ein Signal ist eine Information über mögliche Entwicklungen und Ereignisse in der Zukunft.	■ Zwanzig Prozent der jungen Ausländer und zehn Prozent der jungen Inländer verlassen die Schule ohne Abschluss.

Tabelle 30: Denkobjekte im *Eltviller Modell*

Denkobjekt	Definition	Beispiel
Zukunftsprojektion	Eine Zukunftsprojektion ist eine Aussage über den möglichen Zustand eines Beobachtungsobjektes im Umfeld zu einem bestimmten Zeitpunkt in der Zukunft.	■ Sechzig Prozent der Menschen in der Stadt X werden 2015 in Einpersonenhaushalten leben.
Zukunftsszenario	Ein Zukunftsszenario ist ein System von Projektionen, das ein komplexes Bild einer möglichen Zukunft und eventuell den Weg dorthin beschreibt.	■ Siehe als Beispiel die Schlacht von Dorking auf Seite 221, eine komplexe Geschichte über einen fiktiven zukünftigen Krieg.
Zukunftsannahme	Eine Zukunftsannahme ist eine Überzeugung über die wahrscheinliche Zukunft, die in der einer Projektion oder einem Szenario zugemessenen Erwartungswahrscheinlichkeit ausgedrückt wird.	■ »Wir nehmen mit achtzigprozentiger Wahrscheinlichkeit an, dass im Jahr 2020 sechzig Prozent der Menschen in der Stadt X in Einpersonenhaushalten leben werden.«
	Eine **Erwartung** ist eine Zukunftsannahme, die eine hohe Erwartungswahrscheinlichkeit ausdrückt.	■ Siehe oben: »Wir nehmen mit achtzigprozentiger …«
	Eine **Eventualität** ist eine Zukunftsannahme, die eine mittlere Erwartungswahr-scheinlichkeit ausdrückt.	■ Siehe oben: »Wir nehmen mit fünfzigprozentiger …«
	Eine **Nicht-Erwartung** ist eine Zukunftsannahme, die eine niedrige Erwartungswahrscheinlichkeit ausdrückt.	■ Siehe oben: »Wir nehmen mit zehnprozentiger …«
Chancenfrage	Mit Chancenfragen bestimmen Sie den wesentlichen Wissensbedarf über vorteilhafte Gestaltungsmöglichkeiten in wichtigen Gestaltungsfeldern Ihres Unternehmens.	■ Welche neuen Produkte und Lösungen können wir entwickeln und anbieten?

Tabelle 30: Denkobjekte im *Eltviller Modell*

Denkobjekt	Definition	Beispiel
Zukunftschance	Eine Chance ist eine vorteilhafte Gestaltungsmöglichkeit.	■ Wir treten in den chinesischen Markt ein. ■ Wir gründen ein Logistikunternehmen.
Visionsfragen	Mit Visionsfragen bestimmen Sie den wesentlichen Entscheidungsbedarf über Ihre erstrebte Zukunft.	■ Vision: Wie soll unser Unternehmen im Jahr 20XX aussehen? ■ Mission: Wofür soll unser Unternehmen in der Zukunft da sein? ■ Leitlinien: Wie wollen wir zukünftig entscheiden und handeln?
Strategische Vision	Eine strategische Vision ist das konkrete Bild einer faszinierenden, gemeinsam erstrebten und realisierbaren Zukunft.	■ Wir sind 2018 der schnellste Entwickler von individuellen Kosmetikprodukten in Europa.
	Visionselemente (Teile der Vision), die komplexe und visionäre Langfristziele sind, werden zu einer Vision zusammengesetzt. Die Vision ist die Gesamtheit der Visionselemente.	
Mission	Eine Mission ist der generelle langfristige Zweck, den eine Organisation (für ihre Kunden) erfüllt. Die Mission ist die Gesamtheit der Missionselemente.	■ Wir verringern die finanziellen Folgen von Unfällen. (Versicherungsgesellschaft)
Strategische Leitlinie	Strategische Leitlinien sind Regeln und Prinzipien zu strategischen Werten und Verhaltensweisen.	■ Wir investieren fünf Prozent unseres Umsatzes in Forschung und Entwicklung.
	Leitlinien können 1. auf einer normativ-strategischen Ebene (gemeinsam mit Vision und Mission), 2. auf einer kulturell-strategischen Ebene und 3. auf einer operativ-strategischen Ebene (gemeinsam mit Zielen, Projekten, Prozessen und Systemen) festgelegt werden.	

Tabelle 30: Denkobjekte im *Eltviller Modell*

Denkobjekt	Definition	Beispiel
Überraschungs-fragen	Mit Überraschungsfragen bestimmen Sie den wesentlichen Wissensbedarf über mögliche und auswirkungsstarke Überraschungen in Ihrem Umfeld.	■ Wie könnte der Bedarf unserer Kunden nach unseren Leistungen plötzlich drastisch sinken?
Überraschung	Eine Überraschung ist eine Projektion oder ein Szenario eines Ereignisses oder einer Entwicklung im Umfeld mit niedriger Wahrscheinlichkeit, aber mit potenziell starken Auswirkungen.	■ Prozesshafte Überraschung: ein Musikmarkt, der ohne physische Tonträger auskommt. ■ Ereignishafte Überraschung: Tsunami vom 26.12.2004.
Strategiefragen	Mit Strategiefragen bestimmen Sie den wesentlichen Wissens- und Entscheidungsbedarf über den besten Weg zur Erreichung von Mission und Vision im Rahmen der Leitlinien.	■ Welche strategischen Ziele setzen wir uns auf dem Weg zu unserer strategischen Vision? ■ Welche Projekte müssen wir umsetzen, um die Ziele zu erreichen?
Strategie	Strategie ist die Gesamtheit von Entscheidungen, Leitlinien und Aktivitäten für das Setzen und Verfolgen langfristiger Ziele. Zukunftsstrategie ist die Gesamtheit der Denkobjekte, die für die Antizipation der Zukunft, das Setzen von Mission, Vision und Leitlinien sowie das Setzen und Verfolgen von Zielen nötig sind.	■ Siehe Definitionen der Teilobjekte.
Strategisches Ziel	Ein strategisches Ziel ist der gewünschte Zustand eines Gestaltungsfeldes, der nach Eigenschaften und Zeitpunkt in der Zukunft eindeutig definiert ist.	■ Wir haben einen neuen Geschäftszweig im Optoelektronikgeschäft bis zum Ende nächsten Jahres aufgebaut.
Prozess	Regelmäßige Abfolge von Aufgaben und Aktivitäten zur Erreichung eines Ziels oder Ergebnisses in der Wertkette.	■ Betrieb eines Qualitätsmanagements

Tabelle 30: Denkobjekte im *Eltviller Modell*

Denkobjekt	Definition	Beispiel
Projekt	Einmalige Abfolge von Aufgaben und Aktivitäten zur Erreichung eines Ziels	■ Einführung eines Qualitätsmanagements
Aufgabe	Aktivität zur Erreichung eines Ziels innerhalb eines Prozesses oder Projektes	■ Ausarbeitung eines Konzeptes für ein Qualitätsmanagementsystems
System	Einrichtung zur Unterstützung von Prozessen oder Projekten Unter dem Begriff des Systems fassen wir alle materiellen und immateriellen Ressourcen und Werkzeuge zusammen.	■ Ein Qualitätsmanagementsystem ■ Eine Produktionsanlage
Entwicklungschance	Hoch bewertete Zukunftschance, die noch nicht Teil der Zukunftsstrategie werden kann, da ihr Wert und ihre Machbarkeit noch unklar sind	■ Wir könnten ein automatisches Wettbewerbsbeobachtungssystem einführen, wissen aber noch nicht, ob solche Systeme wirklich aussagekräftige Informationen liefern.
Eventualstrategie	Mögliche Maßnahme, die im Falle des Eintretens von Überraschungen (unerwartete Ereignisse und Entwicklungen) und wesentlichen Änderungen in den Zukunftsannahmen durchgeführt werden kann	■ Für den Fall, dass eine substituierende Technologie in den Markt eintritt, wechseln wir auf Technologie X.

Anmerkungen

1 Zu diesem Buch

1 de Bono, 1985

2 Warum man Zukunftsbrillen braucht

1 Berlyne, 1974
2 Kierkegaard, 1844
3 Heidegger, 1993
4 Maslow, 1971
5 www.worldvaluessurvey.com und andere
6 Mićić, 2007
7 Laswell, zitiert in Bell, 1997
8 Das Bild des Besteigens eines Berges stammt von Steven Covey.
9 Hamel und Prahalad, 1995
10 Schwartz und Randall, 2003

3 Viele Zukünfte und fünf Zukunftsbrillen

1 Bell, 1997; Godet, 1997; Dator, 2000; Bezold, 2000
2 Polak, 1973; Bell, 1997; Friedman, 1977
3 Loye, 1998
4 Fahey und Randall, 1998; Voros, 2003
5 Friedman, 1977
6 Financial Times Deutschland, Kurzausgabe, 31. Mai 2006
7 Bishop, 2002; Loye, 1998; Bell, 1997; Garrett, 2000; Lindgren und Bandhold, 2003; Voros, 2003
8 Bell, 1997; De Jouvenel, 1967; Bishop, 2002; Slaughter, 2000; Lindgren und Bandhold, 2003; Voros, 2003; Godet, 1994; Selby, 1993; Nanus, 1990
9 Frankfurter Allgemeine Zeitung (25.10.2006): Die fast perfekte Tarnkappe für die Mikrowelle
10 Bishop, 2002; Bezold, 2000; Hancock und Bezold, 1994; Voros, 2003
11 In diesem Zusammenhang könnte auch von realistischer Zukunft die Rede sein (Razak, 2000). Das Wort »realistisch« kann aber auch für die Einschätzung von Vorhaben verwendet werden, die jedoch möglichst nicht in der Kategorie von Wahrscheinlichkeit im klassischen Sinne behandelt werden sollten, da hier das eigene Eingreifen in die Umwelt einkalkuliert werden muss.
12 Hancock und Bezold, 1994: 24
13 Petersen, 1999; Steinmüller, 2003
14 Helmer, 1983; Friedman, 1977
15 Godet, 1994
16 Cunha, 2004
17 Bell, 1997; De Jouvenel, 1967; Bishop, 2002; Hicks, 2000; Bezold, 2000; Godet, 1994; Lindgren und Bandhold, 2003

18 Loye, 1998; Bell, 1997; Helmer, 1983; Sandi, 2000; Voros, 2003

19 Bell, 1997; Selby, 1993; Razak, 2000

20 Henderson, 2000

21 Hancock und Bezold, 1994

22 Mintzberg, Ahlstrand und Lampel, 1999

23 Petersen, 1999; Steinmüller, 2003

24 Kierkegaard, 1844

25 Gesprochen »fünf Fakultät«

26 Früher war die Wellentheorie linear. Danach dürfte es Freak Waves gar nicht geben. Heute weiß man, dass Wellen nicht-lineare Betrachtungen erfordern, wie praktisch alles in der Natur.

4 Ihre blaue Zukunftsbrille

1 Murray,1943

2 AP (2006): Boeing Shares Drop After Downgrade, http://biz.yahoo.com/ap/070122/boeing_mover.html, Veröffentlichungsdatum: 22.01.2007

3 Stieler, 2006

4 Just, 2004

5 Die Zeit, 27.03.2003, Nr. 14

6 Ärzte Zeitung, 31.03.2004

7 www.Die Weltwoche.ch, Ausgabe 50/06

8 Miersch, 2006

9 Die Welt, 24.03.2001

10 Dewar, 2002

11 Dewar, 2002

12 Mason und Mitroff, 1979

13 Interview mit Heinz Goldmann am 11.10.2004

14 Gausemeiner et. al., 1996

15 Bishop, 2003

16 Armstrong, 2001

17 Ruthen, 1993

18 Gleick, 1987; Gell-Mann, 1994

19 Lorenz, 1963

20 Heisenberg, 1959

21 Breiing und Knosala, 1997

22 Helmer, 1983

23 Helmer, 1983

5 Ihre grüne Zukunftsbrille

1 Handelsblatt, 03.06.2003

2 Reinhold Würth im Interview des Club 55 im Juni 2003 auf Kreta

3 Hamel und Prahalad, 1992

4 Eisenstat, Foote et al., 2001; Wolpert, 2002

5 Eisentat, Foote et al., 2001

6 Kim und Mauborgne, 2004

7 May, 1996

8 Kessler, 2004; Bradford, Duncan und Tarcy, 2000

9 Kessler, 2004

10 Inayatullah, 2003

11 Malaska und Hostius, 1999

12 Saul, 2005

13 van der Heijden, 1996

14 Bradford, Duncan und Tarcy, 2000

15 Wells, 1998; de Bono, 1991

16 Cormican und O'Sullivan, 2004: 820

17 Wells, 1998

18 Wolpert, 2002

19 de Bono, 1991; Kim und Mauborgne, 2004

20 Dawkins, 1976; Aunger, 2002

21 Schnaars, 1994

22 Süddeutsche Zeitung, 13.10.2006

23 Drucker, 2002

24 Bradford, Duncan und Tarcy (2000) schlagen den voraussichtlichen Managementaufwand als Kriterium vor.

25 Kelly, 2001

6 Ihre gelbe Zukunftsbrille

1 Collins und Porras, 1996

2 Dieser Satz wird in Österreich auch dem dortigen Altkanzler Franz Vranitzky zugeschrieben. Auch Herman Josef Abs, ehemals Vorstandsvorsitzender und Aufsichtsratsvorsitzender der Deutschen Bank, wird gelegentlich als Autor genannt.

3 IBM Anual Report, 2005

4 IBM Anual Report, 1994

5 Polak, 1973

6 Mewes, 1991

7 Collins und Porras, 1996

8 Collins und Porras, 1996; Bleicher, 1994

9 Die Zeit, 28.04.2005

10 Senge, 1993

11 Davis, 1998

12 Campbell und Park, 2004

13 Sprenger, 2004

14 Mary, 2005

15 Senge, 1993

16 Bishop, 2002

17 Malaska und Holtius, 1999

18 Lindgren und Bandhold, 2003

19 Senge, 1993

20 Tschirky und Müller, 1996

21 Berth, 1996
22 Campbell und Park, 2004
23 Tschirky und Müller, 1996
24 Bishop, 2003
25 Weick, 2003
26 Saaty, 1996

7 Ihre rote Zukunftsbrille

1 Petersen, 1999
2 www.heise.de (2004): Sharp steigt bei Loewe ein, http://www.heise.de/
newsticker/meldung/48508, Managermagazin, 09/2004, S. 30ff., veröffentlicht: 23.06.2004
3 Technology Review, 04/2006
4 www.portal.de zitiert die Wirtschaftswoche am 03.02.2007: »Telekom-Studie
stellt eigenen Netzbetrieb in Frage«
5 USAFA, 2006
6 www.Networld.de; 12.03.2001
7 Französisches Original: »L'éducation, c'est passer de la certitude ignorante à
l'incertitude réfléchie«, auch als »la prospective nous aide à passer de la certitude ignorante à l'incertitude réfléchie« (Verwendet von Ute von Reibnitz)
8 Fahey und Randall, 1998
9 Schwartz, 1996
10 Gausemeiner et. al., 1996
11 van der Heijden, 1996
12 Barber, 2003
13 Bishop, 2003
14 Ansoff, 1975
15 Prognosticon ist ein altgriechisches Wort für ein frühes Anzeichen
zukünftiger Ereignisse oder Entwicklungen.
16 Fahey und Randall, 1998
17 Caplan, 1964
18 »realtime decisional innovation« nach Mendonca und Cunha, 2004
19 Ansoff, 1975
20 Petersen, 1999
21 Petersen, 1999
22 Schwartz, 1996
23 Der Spiegel, 01.09.2004
24 Thom, 1975
25 Janis, 1972
26 Schwartz, 1996; van der Heijden, 1996
27 Geschka und Hammer, 1992; von Reibnitz, 1992; Georgantzas und Acar,
1995; Gausemeier et al., 1996; Godet, 2006
28 Neuhaus, 2006
29 Fahey und Randall, 1998
30 Wack, 1985

31 von Oetinger, 2003
32 Dunningan, 2000

8 Ihre violette Zukunftsbrille
 1 Norton und Kaplan, 2004
 2 Sardemann, 2004
 3 Hammer, 1998; Gälweiler, 1987
 4 Hammer, 1998
 5 Josef Schmidt, Managementberater (genaue Quelle nicht bekannt)
 6 Norton und Kaplan, 1996
 7 Norton und Kaplan, 2004
 8 Chandler, 1966
 9 Mintzberg, 1994
10 Roth, 2004
11 Zitiert in Mary, 2005
12 Norton und Kaplan, 2004

9 Mehr von der Zukunft sehen
 1 Spicer, 1998
 2 Spicer, 1998

Literaturverzeichnis

Ansoff, Igor (1975): Managing Strategic Surprise by Response to Weak Signals, in: California Management Review, Winter 1975, Vol. 18, No. 2, p. 21–33

AP (2006): Boeing Shares Drop After Downgrade, http://biz.yahoo.com/ ap/070122/boeing_mover.html, Veröffentlicht: 22.01.2007

Armstrong, J. S. (2001): Principles of Forecasting: A Handbook for Researchers and Practitioners, Boston et al.

Aunger, Robert (2002): The Electric Meme: A New Theory of How We Think, New York

Barber, Marcus (2003): Wildcards – Signals from a future near you

Bell, Wendell (1997): The Purposes of Futures Studies, in: The Futurist, Nov–Dec 1997, p. 42–45

Berlyne, Daniel E. (1974): Konflikt, Erregung, Neugier, Stuttgart

Berth, Rolf (1996): Marktmacht: Mind-Profit-Management wagt den visionären Quantensprung, Düsseldorf

Bezold, Clement (2000): Knowledge Base of Futures Studies Volumes 1–4, Futures Studies Centre Resource Pages, The Visioning Method, Indooroopilly (Australia)

Bishop, Peter (2002): Course in Social Change at the University of Houston Clear Lake, Summer 2002

Bishop, Peter (2003): Interviews mit Prof. Dr. Peter Bishop 23. – 26. September 2003

Bleicher, Knut (1994): Das Konzept integriertes Management. Visionen – Missionen – Programme, 5. Auflage, Frankfurt, New York

Bradford, Robert W.; Duncan, J. Peter; Tarcy, Brian (2000): Simplified Strategic Planning, Worcester

Breiing, A.; Knosala, R. (1997): Bewerten technischer Systeme, Springer-Verlag, Berlin

Campbell, Andrew; Park, Robert (2004): Stop kissing Frogs, in: Harvard Business Review Juli / Aug 2004, p. 27–28

Caplan, Gerald (1964): Principles of preventive psychiatry, New York 1964

Chandler, Alfred Dupont (1966): Strategy and structure: Chapters in the history of the industrial enterprise, 3rd Edition, New York

Collins, James C.; Porras, Jerry I. (1996): Building your company's vision, in: Harvard Business Review Sep / Oct 1996, p. 65–77

Cormican, Kathryn; O'Sullivan, David (2004): Auditing best practice for effective product innovation management, in: Technovation 24, 2004, p. 819–829

Cunha, Miguel Pina E. (2004): Time Traveling: Organizational Foresight as Temporal Reflexivity, in: Tsoukas, Haridimos; Shepherd, Jill (eds.): Managing the Future, Foresight in the Knowledge Economy, Blackwell

Dator, Jim (2000): Knowledge Base of Futures Studies, Volumes 1–4, Futures Studies Centre Resource Pages, From Future Workshops to Envisioning Alternative Futures, Indooroopilly (Australia)

Davis, Stanley, M. (1988): Vorgriff auf die Zukunft (Future Perfect), Freiburg

Dawkins, Richard (1976): The Selfish Gene, Oxford

Just, Tobias (2004): Studie Nr. 294 von DB-Research: Demografische Entwick-lung verschont öffentliche Infrastruktur nicht, Frankfurt

de Bono, Edward (1985): Six Thinking Hats, 1985, Boston

de Bono, Edward (1991): Chancen: Das Trainingsmodell für erfolgreiche Ideensuche, Düsseldorf, Wien

de Jouvenel, Bertrand (1976): The art of conjecture, New York

Dewar, James (2002): The essence of assumption-based planning, New York

Drucker, Peter F. (2002): The Discipline of Innovation, in: Harvard Business Review, Aug 2002, p. 95–103

Dunnigan, James F. (2000): Wargames Handbook, How to Play and Design Commercial and Professional Wargames, 3rd Edition, Lincoln

Eisenstat, Russell; Foote, Nathaniel; Galbraith, Jay; Miller, Danny (2001): Beyond the business unit, in: Mc Kinsey Quarterly 2001, No. 1, p. 54–63

Fahey, L.; Randall, R. (1998): Learning from the Future: Competitive foresight scenarios, John Wiley & Sons, USA

Friedman, Yona (1977): Machbare Utopien: Absage an geläufige Zukunfts-modelle, Frankfurt / M., S. IX–XIV

Gälweiler, Aloys (1987): Strategische Unternehmensführung, Frankfurt / New York

Garrett, Martha J. (2000): Knowledge Base of Futures Studies, Volumes 1–4, Futures Studies Centre Resource Pages, Planning and Implementing Futures Studies, Indooroopilly (Australia)

Gausemeier, Jürgen; Fink, Alexander; Schlacke, Oliver (1996): Szenario-Management. Planen und Führen mit Szenarien, 2. bearb. Auflage, München, Wien

Gell-Mann, Murray (1994): The Quark and the Jaguar: Adventures in the Simple and Complex, New York

Georgantzas, Nicholas C.; Acar, William (1995): Scenario-Driven Planning, Westport

Geschka, H.; Hammer, R. (1992): Die Szenario-Technik in der strategischen Un-ternehmensplanung, in: Hahn, D.; Taylor, B. (Hrsg.): Strategische Unterneh-mungsplanung – Strategische Unternehmensführung, 6. Auflage, Heidelberg

Gleick, James (1987): Chaos: Making a New Science, New York, Penguin, 1987, S. 11–31

Godet, Michel (1994): From Anticipation to Action, A Handbook of Strategic Prospective, Paris

Godet, Michel (1997): Scenarios and Strategies: A Toolbox for Scenario Planning, 1997, Conservatoire National des Arts et Métiers (CNAM); www.cnam.fr/lips/toolbox on 11 July 2001

Godet, Michel (2006): Creating futures: scenario planning as a strategic management tool, London, Paris, Genf

Hamel, Gary; Prahalad, C. K. (1992): So spüren Unternehmen neue Märkte auf, in: Harvard Business Manager 2 / 1992, S. 44–55

Hammer, Richard M. (1998): Strategische Planung und Frühaufklärung, München, Wien

Hancock, Trevor; Bezold, Clement (1994): Possible Futures – Preferable Futures, in: Healthcare Forum Journal, March/April 1994, p. 23–29

Heidegger, Martin (1993): Sein und Zeit, Tübingen, Erstausgabe 1927

Heisenberg, Werner (1959): Physik und Philosophie, Stuttgart

Helmer, Olaf (1983): Looking Forward, Beverly Hills

Henderson, Hazel (2000): Knowledge Base of Futures Studies, Volumes 1–4, Futures Studies Centre Resource Pages, Transforming Economics, Indooroopilly (Australia)

Hicks, David (2000): Knowledge Base of Futures Studies, Volumes 1–4, Futures Studies Centre Resource Pages, Educating for Sustainable Futures, Indooroopilly (Australia)

Inayatullah, Sohail (2003): Ageing: Alternative futures and policy choices, in: Foresight 5, 6 2003, p. 8–17

Janis, I. (1972): Victims of Groupthink: A Psychological Study of Foreign-Policy Decisions and Fiascoes, Boston

Kelley, Tom (2001): The Art of Innovation, New York

Kessler, Eric H. (2004): Organizational Innovation: A Multi-Level Decision-Theoretic Perspective, in: International Journal of Innovation Management, Vol. 8, No. 3, Sep 2004, p. 275–295

Kierkegaard, Sören (1844): Der Begriff Angst

Kim, Chan W.; Mauborgne, Renee (2004b): Blue Ocean Strategy, in: Harvard Business Review, Oct 2004, p. 76–84

Lindgren, Mats; Bandhold, Hans (2003): Scenario Planning: Thin Link between future and strategy, New York

Lorenz, Edward Norton (1963): Deterministic nonperiodic flow, in: Journal of Atmospheric Sciences. Vol. 20, 1963, p. 130–141

Loye, David (1998): The knowable future: A psychology of forecasting and prophecy, New York

Malaska, Pentti; Holstius, Karin (1999): Visionary Management, in: Foresight, Vol. 01, No. 04, Aug 1999, p. 353–361

Mary, Michael (2005): Die Glückslüge. Vom Glauben an die Machbarkeit des Lebens, Bergisch-Gladbach

Maslow, Abraham (1971): Farther Reaches of Human Nature, New York

Mason, Richard; Mitroff, Ian (1979): Assumptions of Majestic Metals: Strategy through dialectics, in: California Management Review, Vol. 22, No. 2, 1979, p. 80–88

May, Graham (1996): The Future Is Ours: Foreseeing, Managing and Creating the Future, Westport

Mendonca, Sandro; Cunha, Miguel et al. (2004): Wild Cards: Weak signals and organisational imrovisation, in: Futures, 36, 2004, p. 201–218

Mewes, Wolfgang (1991): Die kybernetische Managementlehre: EKS, Frankfurt

Mićić, Pero (2007): Morphology of Future Management in Top Management Teams, Leeds

Mićić, Pero (2006): Das ZukunftsRadar; Die wichtigsten Trends, Technologien und Themen der Zukunft, Offenbach

Miersch, Michael (2006): Das Debakel von Delphi, in: Die Weltwoche, Ausgabe 50/06, http://www.weltwoche.ch/artikel/?AssetID=15549&CategoryID=91

Mintzberg, Henry (1994): The Rise and Fall of Strategic Planning: Reconceiving Roles for Planning, Plans, Planners, New York, Toronto

Mintzberg, Henry; Ahlstrand, Bruce; Lampel, Joseph (1999): Strategy Safari: Eine Reise durch die Wildnis des strategischen Managements, Wien

Murray, Henry A (1943): Analysis of The Personality of Adolph Hitler, with Predictions of His Future Behavior and Suggestions for Dealing With Him Now and After Germany's Surrender http://library.lawschool.cornell.edu/donovan/hitler/ (Abrufdatum: 12.01.2007)

Nanus, Burt (1990): Futures-Creative Leadership, in: The Futurist, May–Jun 1990, p. 13–17

Neuhaus, Christian (2006): Zukunft im Management, Orientierungen für das Management von Ungewissheit in strategischen Prozessen, Heidelberg

Kaplan, Robert S.; Norton, David P. (1996): The Balanced Scorecard. Translating Strategy Into Action. Harvard Business School Press

Kaplan, Robert S.; Norton, David P. (2004): Strategy Maps. Converting Intangible Assets Into Tangible Outcomes, Harvard Business School Press

Petersen, John L. (1999): Out of the Blue: How to anticipate Big Future Surprises, Lanham

Polak, Fred (1973): The Image of the Future. Translated and abridged by Elise Boulding. Elsevier Publishers, Amsterdam

Prahalad, Gary; Hamel, C.K. (1995): Wettlauf um die Zukunft, Wien

Razak, Victoria M. (2000): Knowledge Base of Futures Studies, Volumes 1–4, Futures Studies Centre Resource Pages, Crafting in a Reflective Circle, Indooroopilly (Australia)

Roth, Gerhard (2004): Fühlen, Denken, Handeln. Wie das Gehirn unser Verhalten steuert, Frankfurt

Ruthen, Russel (1993): Trends in nonlinear dynamics: Adapting to Complexity, in: Scientific American, 268, 1993, p. 130–135

Saaty, Thomas L. (1996): Seven pillars of the Analytic Hierarchy Process, ISAHP Proceedings, New York

Sardemann, Gerhard (2004): Klimawandel – eine Frage der nationalen Sicherheit?, in: Technikfolgenabschätzung – Theorie und Praxis Nr. 2, 13. Jg., S. 120

Sandi, Ana Maria (2000): Knowledge Base of Futures Studies, Volumes 1–4, Futures Studies Centre Resource Pages, Visioning a Tender Revolution, Indooroopilly (Australia)

Saul, Peter (2005): Strategic Opportunism: Planning for Tough and Turbulent Times, at http://www.petersaul.com.au/strategic-opportunism.pdf , am 31.01.05

Schnaars, Steve P. (1994): Managing Imitation, New York

Schwartz, Peter (1996): The Art of the Long View: Paths to Strategic Insight for Yourself and Your Company, New York

Schwartz, Peter; Randall, Doug (2003): An Abrupt Climate Change Scenario and Its Implications for United States National Security

Selby, David (1993): Futurescapes: Teaching and Learning about the Future, in: Connections (the newsletter of the Global, Environmental, and Outdoor Education Council (GEOEC)), May 1993

Senge, Peter (1993): The Fifth Discipline, London

Slaughter, Richard (2000): Knowledge Base of Futures Studies, Indooroopilly (Australia)

Spicer, David P. (1998): Linking mental models and cognitive maps as an aid to organizational learning, in: Career Development International, 1998, Vol. 3, Iss. 3; p. 125

Sprenger, Reinhard (2004): Prinzip Selbstverantwortung. Wege zur Motivation, Frankfurt, New York

Steinmüller, Karlheinz (2003): The Future as Wild Card. A short introduction to a new concept, München

Stieler, Wolfgang (2006): MP3 für die Buchbranche, in: Technology Review 04/2006, S. 19–20

Technology Review: Ist die Telekom noch zu retten? Titelthema 04/2006

Thom, René (1975): Structural Stability and Morphogenesis, Reading

Tschirky, Hugo; Müller, Roland (Hrsg.) (1996): Visionen realisieren. Erfolgsstrategien, Unternehmenskultur und weniger Bürokratie, Zürich

United States Air Force Academy (2006): Air Force America wins NSA cyber defense exercise, http://www.usafa.af.mil/scripts/aweb/newsPopUp.cfm?newsid=786; Veröffentlicht: 21.04.2006, Abruf: 18.03.2007

Van der Heijden, K.; Schutte, P. (2000): Look before you leap: Key questions for designing scenario applications, in: Scenario & Strategy Planning, 1:6, 2000

von Oetinger, Bolko (2003): Das Boston Consulting Group Strategie-Buch, München

von Reibnitz, Ute (1992): Szenario-Technik: Instrumente für die unternehmerische und persönliche Erfolgsplanung, 2 Auflage, Wiesbaden

Voros, Joseph (2003): A generic Foresight Process Framework, in: Foresight 5, 3 2003, S. 10–21

Wack, P. (1985): Scenarios: Uncharted waters ahead, in: Harvard Business Review 9–10 1985, p. 73–89

Weick, Karl E. (2003): Managing the Unexpected. Assuring High Performance in an Age of Complexity, New Jersey

Wells, Stuart (1998): Choosing the Future: The Power of Strategic Thinking. Butterworth-Heinemann, Boston

Wolpert, John D. (2002): Breaking out of the innovation box, in: Harvard Business Review, The innovative enterprise, Aug 2002, p. 77–83

Stichwortverzeichnis

additive fabrication   98, 121
AIDS   161
Airbus   72 f., 237
Alterung   17, 32, 78, 88, 126
Analogien   113, 117, 148 f., 152, 237, 262 f.
Analytic hierarchy process   153, 158, 209, 214 f., 295
Angst   16 f., 56 f., 168, 233
Annahmen-
    -Analyse   24, 58, 60, 69, 71 f., 85, 101 f., 107, 110, 115, 134, 243, 259
    -frage   65, 70, 84–86, 90, 92, 258, 305
    -panorama   70, 110–112, 114 f., 259, 262 f., 295
    -umkehrung   219, 262
Antike   42 f.
Antizipation   20, 38, 52 f., 125, 231, 238, 274 f., 308
Appetenz   253
Arbeitsplätze   77, 121, 139, 164
Arbeitszeit   21, 34
Argumentenbilanz   70, 76, 101, 110, 114, 150, 209, 214
Aristoteles   67, 216
Atlantropa   160 f., 195, 211
Attraktoren   69, 84, 228
Aufholchancen   116, 135
Aufklärung   43, 78
Auswirkungsanalyse   66, 117, 260
Auto   63, 120, 163, 199 f.
Automatisierung   89

Backcasting   291, 295
Balanced Scorecard   266, 280, 292
Banken   50, 76 f., 86, 121–123, 220, 222 f., 238–240, 251
BASF   75, 2050
Bedrohung   16 f., 24, 57 f., 62, 116 f., 126 f., 130, 146, 157, 172, 222, 232, 241, 261, 286, 303

Beobachtungsfeld   82
Beschleunigung   88, 90, 227
Beteiligteninterviews   214
Bevölkerungsschrumpfung   90
Bevölkerungswachstum   90
Biodiversität   88 f.
Biometrie   89
Bionik   149
Bionisierung   89
Biotechnologie   120
Blind Spots   224 f., 252
Bodenerosion   89
Boeing   72 f., 121
Brainstorming   37, 113, 134, 152, 258
Braun, Wernher von   134
Brennstoffzelle   31 f.
Bronze- und Eisenzeit   43
BSE   270
Businessplan   268

Cäsar, Julius   71
Causal layered analysis   114, 152
Chancen-
    -Entwicklung   24, 58, 115–117, 125, 132–134, 139, 144–147, 152, 232
    -frage   65, 117, 128 f., 145–152, 308
    -horizont   124
    -Matrix   146 f., 152
    -panorama   117 f., 150 f., 153, 257, 291, 293, 295
Chaosforschung   96 f.
China   29, 140, 160
Club of Rome   30
Coca Cola   192
cognitive map   297
Comprehensive Situation Mapping   37, 113
Computerleistung   89
Convenience-Orientierung   90
Copenhagen Consensus   161 f.

Critical success factors 214, 263, 295
Cross impact analysis 113, 263
Csikszentmihalyi, Mihaly 197
Cyberspace 225
Cyberwar 225

Daimler 74, 163, 199f., 211
de Bono, Edward 14f. 313
Decision modeling 113
Delphi-Methode 66, 70, 106, 110,
    113f., 152, 214f., 259, 262f., 295
Dematerialisierung 86, 89, 92
Demographie 9, 98
Demokratisierung 89
Denk-
    -haltung 64, 69, 96, 100, 116,
        132f., 157, 179, 211, 218, 241,
        267, 279
    -hüte 14
    -objekt 11, 13, 64, 70, 84f., 90,
        93f., 117, 128, 158, 174f.,
        219, 233f., 236, 266, 273–
        277, 296–309
Deskriptor 254
Dienstleistung 75f., 122, 162
Differenzierung 39, 41, 158, 166,
    173, 187, 203f.
Digitales Geld 89
Diskontinuität 231–233, 238, 241,
    248, 251, 286
Display-Innovationen 89
Dorking 93, 221, 236, 306

E-Book 74
E-Business 89
Effizienz 25, 41, 138, 156f., 170,
    209, 266, 272, 282, 291
E-Learning 89
Eltviller Modell 11f., 14, 40f., 164,
    179, 244f., 274, 276, 296–309
E-Mail 119
Emanzipation 89
Empathie 117, 149, 152
Energiebedarf 32, 89
Energieinnovationen 89

Entrepreneurisierung 90
Entscheidungsmethoden 66, 158
Erdbeben 49, 231, 245
Erderwärmung 32
Erdölknappheit 89, 92, 118
Erlebnisorientierung 90
Erwartung / Nicht-Erwartung 12,
    27, 34, 60, 67, 70, 84f., 94f., 98,
    110, 117, 144, 146, 180f., 235,
    306
Erwartungswahrscheinlichkeit 39, 49,
    93, 104f., 110f., 114, 235, 306
Ethisierung 90
Europäische Integration 89
Eventualstrategie 25, 63, 65, 149,
    217, 219, 223f., 227, 229f., 243,
    249, 252, 261–267, 269f., 273,
    276f., 286–291, 295, 309
Evolution 136, 204

fast follower 140
Fehlprognosen 79
Feminisierung 78, 90
Field anomaly relaxation 113, 152,
    214
Film 215, 263, 302
Finanzdienstleistung 75, 86, 220,
    239f., 251
Flexibilisierung 17, 90
Flow 197
Fragmentierung 89
Frankl, Viktor Emil 173
Früherkennung 20, 126, 216, 228,
    237f., 252
Functional Food 31, 89
Furcht 16f., 57
Futures wheel 113, 152, 262f.

Gap-Analyse 152, 279
Gegenwart 12, 16, 35, 43, 46, 67,
    83, 102f., 127, 133f., 148, 158,
    171–174, 179, 184, 206, 241, 243,
    272, 278, 291f.
Gates, Bill 55
Genius forecasting 113

Gentechnologie   88 f.
Geschäftsfeld   39, 75, 89, 108, 123,
    129, 131, 146, 175, 194, 205, 208,
    288
Gestaltungsfeld   117, 128–131, 145–
    147, 150, 165, 260, 276, 306, 308
Gewinn   9, 142, 174, 203, 280, 295
Globalisierung   88 f.
Glücksstreben   18
Goethe, Johann Wolfgang von   13, 123,
    139, 280

Habermas, Jürgen   67, 174
Hamel, Gary   21, 313
Hayek, Nikolaus   200
Heisenberg, Werner   100
Helmer, Olaf   106, 114, 214 f., 263
Heraklit   67
Heuristik   95
Hitler, Adolf   71 f., 159
Human-Machine-Interfaces   89
Hybridmotor   118

IBM   162, 211
IDEO   149
Immermehrismus   191
Impact-Matrix   260 f.
Individualisierung   78, 88, 90, 92,
    209, 305
Industrialisierung   43
Inflation   79
Informatisierung   89, 92
Innovationsdiffusion   32
Innovatoren   27, 32, 36, 167
Insider   218, 253
Institutionalisierung   298 f.
Interdisziplinarisierung   89
Interkulturisierung   90
Internationalisierung   267 f.
Internet   75 f., 79, 88, 92, 103, 119,
    121, 222 f., 236, 239–238, 242,
    247
Internetisierung   89
Intuition   152, 179, 256 f.
Investition   18, 23, 77, 80, 166

Jahrtausendwende   30, 164, 267, 303
Jesus Christus   71
Judgmental bootstrapping   114

Kahn, Herman   38, 242
Kant, Immanuel   67, 195
Katastrophentheorie   247
Katharsis   43
Kennedy, John F.   159, 177
Kernkraft   88
Klimaveränderung   89, 118, 219, 268
Kohärenz   158, 184, 192, 193
Komplexe Systeme   97
Komplexität   38, 42, 57, 69, 82, 90,
    166, 168, 202, 209, 227, 246 f.
Kongruenz   164, 193, 204, 283
Konsistenz   159, 164, 210, 215, 245,
    254 f.
Konzeptionsmethoden   66, 158
Kosten-Nutzen-Analyse   153, 295
Kreativitätsmethoden   66, 117
Kriminalität   90, 92
Künstliche Intelligenz   89

Lebensunternehmer   18, 108, 112,
    150, 211, 248, 261, 293 f.
Leitfrage   69, 116, 157, 218, 253, 265
Leitlinie / Strategische Leitlinie   65,
    158, 178, 215, 307
Leuchtturmfunktion   156, 167, 206
Liberalisierung   89
Life-Balancing   90
LOEWE AG   221
Luther, Martin   159

Macht   159, 164, 182
Makro-Perspektive   65, 69, 96, 99 f.,
    240
Managementinnovationen   89
Mao Zedong   21, 159 f., 211
Marketing   129, 131, 176
Marktvolumen   98, 104
Marktführerschaft   203
Marx, Karl   159
McDonald's   269

Meadows, Dennis 30
Medizininnovationen 89
Meereswirtschaft 89
Mercedes 163, 199
Messbarkeit 201
Meta-Chancen 152
Methoden-Verwirrung 27, 37
Mewes, Wolfgang 171
Microsoft 79, 119, 192, 230
Mikro-Makro-Matrix 152
Mikro-
    -Perspektive 65, 132, 179
    -systemtechnik 89
    -verfahrenstechnik 89
Militär 29, 71, 177
Mind Mapping 43, 113 f., 152 f.,
    214 f., 262 f.
Mission 65, 80, 129, 143, 154, 156,
    158 f., 166, 174 f., 177 f., 180, 183,
    186, 190, 197, 201, 206, 208,
    210 f., 214, 217, 219, 259, 261,
    265, 274–281, 286, 291 f., 307 f.
MIT, Massachussets Institute of Tech-
    nology 30
Mitarbeiter 23, 25, 39, 55 f., 83,
    104–107, 112, 123, 127, 140,
    147 f., 166–170, 176, 184, 186 f.,
    191, 193 f., 198, 202, 205 f., 232,
    271, 280, 286, 303
Mitbewerber 18, 25, 39, 125, 130,
    139, 141, 172, 176, 187, 191, 201,
    281
Mitsubishi 163
Mittelalter 43
Mittelstand 32, 205
Mobilisierung 78, 89
Mobiltelefon 32, 242
Monitoring 84
Morphologie 113, 117, 131, 152,
    158, 208, 214 f.
Motiv 16, 17, 18, 155, 164
Motivation 25, 116, 127
Musikmarkt 237, 308

Nachfrage 42, 143

Nachhaltigkeit 47, 155, 165, 205
Nanotechnologie 120, 307
Netzwerkwirtschaft 89
Nike 119
Nutzen 7, 10, 24, 25, 38, 60, 66, 79,
    109, 137, 141, 142, 157, 161, 176,
    179, 195, 206, 210, 246

Objektmodell 296 f., 303
Ökonomisierung 89
Ölkrise 223 f.
Opaschowski, Horst W. 171
Opportunitätskosten 142
Optimismus 25, 101, 116, 127, 157,
    173
Optoelektronik 276

Pandemie 8, 65, 220, 244
Panel 161
Paradigma 202, 228
Pepsi Cola 192
Perikles 53
Permanenz 41
Personal Fabricator 31, 121
Pestizide 120 f.
Pflegeversicherung 78 f.
Philips 74
Photonik 89, 307
Polarisierung
    – der Arbeitswelt 89
    – der Märkte 88 f.
    – des Wohlstands 89
Popper, Karl 67, 103
Popularisierung 43
Post-it 142
Prävention 229 f.
Precursor analysis 113, 152
Priorisierung 53, 162, 179
Produktivitätswachstum 89
Prognostik 66, 70, 125
Projektion / Zukunftsprojektion 28,
    69, 81, 90–94, 103 f., 107–114,
    219, 226–229, 234, 236, 238,
    246 f., 251, 254, 256, 258, 262 f.,
    306, 308

Projektions-Matrix   91
Propheten   33–36
Proust, Marcel   13
Prozessmodell   201, 296–299
Puma   119

Qualitätsmanagement   277, 308f.
Quartarisierung   89

Radar, strategisches   85
RAND-Corporation   38, 106
Realismus   63, 133
Reformation   43
Religiöse Konflikte   307
Renaissance   42, 43
Replikator   121
Ressourcen   29, 52, 66, 129, 131,
     141, 158, 171, 176, 199, 266,
     271f., 276f., 281, 287, 292, 309
Retrograder Erfolgsbericht   214
Retropolation   297
Reuter, Edzard   74, 163, 199
RFID (Radio Frequency Identification)
     32
Risiko   64, 105, 117, 126, 137–140,
     144, 163, 197, 223, 233, 241, 250,
     286–288, 295
     -analyse   153, 296
     -management   126, 218, 223, 233
Roadmap   114, 266, 268, 282, 293,
     295
Robotik   89
Rollenspiele   113, 263
     – Verwirrung   27, 33

Salutogenese   90, 229, 230
Schiller, Friedrich   141, 169, 187
Schmidt, Helmut   155
Schrempp, Jürgen   74, 163, 199
Schumpeter, Joseph Alois   203, 291
Schwaches Signal   65, 70, 77, 84, 90,
     228, 233, 237f., 305
Science-Fiction   26, 31, 101, 121,
     148
Scoring-Verfahren   209, 214

Seher   43
Selbstberatungssoftware   75f.
Selbstmord 71, 124, 173
Selbstverantwortung   86, 157, 187,
     188
Semantisches Netz   298
Seneca, Lucius   7, 180
Senge, Peter   191
Sensoren   108
Sensorik   89
Setzkasten, mentaler   7, 11, 60
Shell   17, 60, 223, 224
Simulation   70, 113, 219, 229, 257
S-Kurve   136, 138, 152f., 295
Software   74f., 163, 230, 257
Sörgel, Hermann   161, 211
Spezialisierung   149
Spiritualisierung   90
Sprenger, Reinhard K.   187
Staat   52, 99
Staatsverschuldung   284f.
Statistical modeling   113
Steinzeit   43
Stillstand   43
Störereignisanalyse   264
Strategic conversation   114, 215, 263
Strategie-
     -Entwicklung   24, 58, 265
     -frage   65, 267, 275, 290, 295,
          308
Strategische Verwandtschaft   148
Strategy Map   268, 279, 282, 290,
     293, 295
Strukturanalyse   113, 152, 262
Substitutionstechnologie   223, 235
Supply-Chain   269
Supraleiter   18
Swatch   200
Szenario/Zukunftsszenario   25–30,
     34, 37–40, 59, 65f., 70–72,
     84, 90, 93f., 103f., 113f., 118,
     217–219, 221–232, 236–240,
     244f., 251, 254–259, 262f., 306,
     308
Szenario-Würfel   239f., 259, 263

Terrorismus   88, 90, 92
Tertiarisierung   89
Toyota   118
Transformation Map   268, 293
Trend   7, 12, 27, 33–35, 65, 73, 78,
    82, 87 f., 91, 100, 102, 109, 113,
    118, 147, 152, 172, 236 f., 247,
    257, 305
    -forscher   20, 25, 27, 33, 35 f.
    -impact analysis   113
Trinkwasserknappheit   89
Tschernobyl   237

Überforderung   282
Überlebensfähigkeit   138
Überraschungs-
    -Analyse   24, 58, 60, 218, 249
    -frage   65, 219, 233 f., 238, 256 f.,
        261 f., 308
    -panorama   219, 261, 293
Umfeld 25, 139, 156
Umwelt   30, 41, 52, 82, 97, 123, 130,
    155, 165, 177, 179, 205, 235, 253
Unschärferelation   100
Unsicherheit   60, 95, 142, 206, 218,
    226
Unterbewusstsein   116, 133, 266, 284
Unterforderung   282
Unternehmenskultur   21, 80, 147,
    203, 250
Urbanisierung   90
Utopie   43, 48, 155

Vergangenheit   68, 83, 133, 134, 184,
    200, 241
Verkehrsinnovationen   89
Vernetzung   146, 215, 247
Versicherung   120
Videofonie   86, 233, 305
Virtualisierung   86, 89
Vision / Strategische Vision   9, 21,
    24–26, 31, 40 f., 43, 55, 58–65,
    80, 104, 115 f., 154–219, 231,
    260, 259, 261, 264–286, 291–
    294, 307 f.

Visions-
    -Entwicklung   24, 58, 60, 157 f.,
        175, 186, 207 f.
    -frage   65, 158, 175 f., 208, 210,
        212–214, 307
    -kandidat   62, 121 f., 130, 158,
        166, 173, 192 f., 203 f., 208 f.,
        213 f., 257
Visualisierung   184 f.
VoIP (Voice over Internet Protocol)
    222
Volkstod   78
Vorhersage   16, 92, 98
Vorteilschancen   116, 135

Wachstum   74, 154, 171, 176, 191,
    203
Wahrnehmung   8, 79, 81, 84, 103 f.,
    139, 192
Wahrscheinlichkeit / Erwartungswahr-
    scheinlichkeit   10, 17, 30, 47,
    49–51, 81, 93–95, 99, 104 f., 110,
    114, 124, 137 f., 143, 169, 189 f.,
    202, 207, 235 f., 245, 258, 266,
    272, 283, 306, 308
Waldvernichtung   89
Wandel 43, 68, 82 f., 93, 96, 102, 109,
    197, 231, 247, 249
Wargaming   224 f., 258, 263
Wasserstoffantrieb   32
Wellness   86
Weltkrieg   43, 78, 133, 161
Weltraum   89
Werkstoffinnovationen   89
Werte   67, 104, 142, 186, 200 f., 210,
    266, 288
Wertschöpfungskette   295
Wettbewerbsfähigkeit   116, 132, 135,
    141, 143 f., 150, 251
Wiederaufbau   43
Wild Card   66, 219, 236 f., 244, 254,
    256 f.
Wissenssysteme   89
Wissenswachstum   88, 90
Wunschdenken   66, 100

Würth, Reinhold   119, 170

Zeithorizont   49, 158, 208, 292
Ziel / Strategisches Ziel   12, 17, 21,
    23, 26 f., 55, 64, 69, 82, 115 f.,
    144, 157, 161, 167, 189, 191, 207,
    212, 218, 225, 228, 265 – 267,
    271 f., 274 – 280, 282 – 286, 290 f.,
    295, 307 – 309
    -gruppe   148, 200
    -klarheit   279
    -Verwirrung   26 f.
Zufall   183, 187, 272, 283
Zukunft,
    – gedachte   46
    – geplante   63, 274
    – gestaltbare   51, 54, 62, 133
    – gewünschte   9, 54 – 56, 62, 64,
        157, 181, 192, 194, 271
    – mögliche   29, 46, 83
    – plausible   46
    – überraschende   10, 63, 242 f.,
        251
    – wahrscheinliche   9, 36, 51, 54,
        61, 68, 93, 96, 98, 104 f., 107,
        123, 206, 306

Zukunfts-
    -annahme   39, 56, 61, 62-84,
        93 – 95, 99 – 107, 110 – 112,
        117 – 119, 128, 146, 151 f.,
        157 – 159, 163, 181, 196, 207,
        210, 213, 215 – 217, 227, 233 –
        235, 241 f., 257, 267 f., 277,
        292, 295, 306
    -chance   18, 25, 39, 41, 65, 115 –
        128, 130 – 139, 141, 143 f.,
        146 – 157, 161, 174, 177, 181,
        210, 218, 232
    -faktoren   65, 70, 84, 87 – 92,
        109, 112, 117, 131, 147 f.,
        151 f., 257, 297, 305
    -forschung   7, 19, 20, 26, 37 f.,
        43, 60, 101, 179, 271
    -frage   85, 86, 88, 101, 297
    -management   7, 10 – 14, 19 – 26,
        37, 60, 63, 144 f., 151, 179,
        194, 205, 207, 214, 256, 262,
        265, 290, 294, 296 f., 299 – 303
    -Radar   85, 108, 295, 298 f., 302
    -strategie   64, 90, 94 f., 115 f.,
        127, 141, 149, 154, 216 – 219,
        229, 231, 233, 244, 251, 259 –
        261, 264 f., 270, 273 – 277,
        284, 291 – 295, 303, 308 f.
    -szenario   93, 121, 306
    -verwirrung   25 – 27, 31, 37, 41,
        299
    -wissen   69, 84, 103

Zukunftsmanagement live

Ein Vortrag von Dr. Pero Mićić eignet sich zur Eröffnung von Fachtagungen und Branchenkongressen wie auch als Keynote auf Kunden- und Mitarbeiterveranstaltungen.
Eine Auswahl möglicher Themen:

1. **Die fünf Zukunftsbrillen**
   Die Zukunft besser verstehen

2. **Mehr von der Zukunft sehen als die Konkurrenz**
   Wie Sie Marktchancen vor Ihren Mitbewerbern erkennen

3. **Zukunfts-Radar 2020**
   Welche mächtigen Trends und Technologien Ihr Leben und Ihre Arbeit verändern

4. **Die Zukunft Ihrer Branche**
   Wie Zukunftsforscher über Ihr Geschäft denken

5. **Visionäre Führung zwischen Schizophrenie und Shareholder Value**
   Die Zukunft als Führungsinstrument

6. **Szenario-Technik und strategisches Radar**
   Möglichkeiten und Grenzen der strategischen Früherkennung

7. **Es ist wahrscheinlich, dass etwas Unwahrscheinliches passiert**
   Wie die Zukunft Sie weniger überrascht

8. **Mensch und Zukunft**
   Können wir die Zukunft wirklich managen?

9. **Aristoteles, Heraklit und die Zukunftsforscher**
   Philosophien zu Zukunft und Wandel aus 3000 Jahren

Besprechen Sie Ihre Vortragsidee bitte mit Claudia Schramm (CS@FutureManagementGroup.com).
Weiterführende Informationen zur Arbeit des Autors:
www.FutureManagementGroup.com.